Fragen an die deutsche Geschichte

Wege zur parlamentarischen Demokratie

Historische Ausstellung im Deutschen Dom in Berlin

Die Deutsche Bibliothek – CIP-Einheitsaufnahme:
Fragen an die deutsche Geschichte : Wege zur parlamentarischen Demokratie;
historische Ausstellung im Deutschen Dom in Berlin ; Katalog /
[die Ausstellung wird vom Deutschen Bundestag veranst.
Hrsg. Deutscher Bundestag, Referat Öffentlichkeitsarbeit].
- Dt. Ausg., 20., unveränd. Aufl. - Bonn : Varus Verl., 2000
ISBN 3-928475-36-3

Herausgeber:
Deutscher Bundestag
Referat Öffentlichkeitsarbeit
D- 11011 Berlin

Umschlagentwurf:
Varus Verlag
– Business Services –
D- 53227 Bonn

Abbildungen auf dem Umschlag (v.l.n.r.):
Reichstagsgebäude, Berlin; Paulskirche, Frankfurt/M.;
Abgeordnetenhaus („Langer Eugen), Bonn;
Deutscher Bundestag, Bonn; Deutscher Bundestag, Berlin
© siehe Nachweis ab S. 500

Bezugsquelle für den Katalog in deutscher Sprache:
Varus Verlag
Königswinterer Str. 552
D- 53227 Bonn
Tel.: 0228/ 944 66-0, Fax: 0228/ 944 66-66
e-mail: info@varus.com

Bezugsquelle für den Katalog in Englisch und Französisch:
Deutscher Bundestag
Tel. Nr.: (030) 227-253 90, Fax: (030) 227-265 06
oder Historische Ausstellung im Deutschen Dom,
Am Gendarmenmarkt, Berlin (kein Versand)

Die Ausstellung ist dienstags bis sonntags von 10.00 bis 18.00 Uhr (in den Monaten Juni, Juli, August bis 19.00 Uhr) geöffnet. Wissenschaftliche Führungen durch die Ausstellung sollten unter der Tel. Nr. 030/ 227-304 31 oder Fax 030/ 227-304 38 frühzeitig angemeldet werden.

Die Ausstellung wird vom Deutschen Bundestag veranstaltet und steht unter der Schirmherrschaft des Präsidenten des Deutschen Bundestages.

Inhaltsverzeichnis

Vorwort zur 20. Auflage des Ausstellungeskataloges „Fragen an die deutsche Geschichte – Wege zur parlamentarischen Demokratie"

Die Deutschen mussten einen langen und schwierigen Weg gehen, bis sie gemeinsam in Frieden und Freiheit ihr Parlament wählen konnten. Die Ausstellung „Fragen an die deutsche Geschichte – Wege zur parlamentarischen Demokratie" zeichnet ihn über 200 Jahre nach.

Es lohnt zurückzublicken, denn das Bewusstsein unserer Geschichte ist wichtig, um gemeinsam an Gegenwart und Zukunft zu bauen. Einige Meilensteine auf dem Weg zur parlamentarischen Demokratie will ich hervorheben:

In der Märzrevolution 1848 forderten die Aufständischen Meinungsfreiheit, eine Verfassung und vor allem die Einberufung eines deutschen Parlaments. Dieses trat am 18. Mai 1848 in der Frankfurter Paulskirche zusammen. Es litt jedoch insbesondere an deutscher Vielstaaterei und eigener Machtlosigkeit. Es scheiterte, noch bevor es die drängenden sozialen und politischen Probleme seiner Zeit angehen konnte.

Die demokratische Revolution von 1848 war noch getragen gewesen von einem Streben nach nationaler Einheit. Der zweite Versuch der Deutschen hingegen, eine parlamentarische Demokratie zu errichten, fand auf den Trümmern des zerstörerischen Nationalismus des Ersten Weltkriegs statt. Die Weimarer Republik, die mit ihrer Ausrufung am 9. November 1918 und der Verkündung der Verfassung am 11. August 1919 begann, war die erste konstitutionell verankerte parlamentarische Demokratie auf deutschem Boden. Sie scheiterte jedoch ebenfalls – nicht an den Mängeln der Demokratie, sondern am Mangel an überzeugten Demokraten.

Erst nach dem Zusammenbruch der NS-Schreckensherrschaft mit Rassenhass, Massenmord und dem mutwillig begonnenen Zweiten Weltkrieg wurde den Deutschen im Westen eine parlamentarische Demokratie geschenkt. Mit dem Grundgesetz von 1949 hat die Bundesrepublik Deutschland die bis heute gültige Grundlage ihrer demokratischen Institutionen erhalten.

Die Ostdeutschen hingegen mussten noch vier Jahrzehnte unter einer anderen Diktatur leben, ehe sie sich in der friedlichen Revolution im Herbst 1989 die Demokratie erkämpften.

Die erste freie Volkskammerwahl in der DDR am 18. März 1990 war der Erfolg der DDR-Bürgerbewegung. Am 2. Dezember 1990 konnten die Deutschen dann erstmals gemeinsam in freien Wahlen über die Zusammensetzung des Deutschen Bundestages entscheiden.

Diese vier Meilensteine unseres Weges zur parlamentarischen Demokratie spiegeln sich in den vier Ebenen der Ausstellung im Deutschen Dom wider. Das ist eine anregende und gelungene Veranschaulichung unserer deutschen Geschichte.

Zugleich macht die Ausstellung deutlich, dass wir keinesfalls an das Ende des Weges gekommen sind. Keine Staatsform ist jemals perfekt. Gerade die parlamentarische Demokratie lebt von Reformen. Im Westen hat sie im letzten halben Jahrhundert unter wechselnden wirtschaftlichen und politischen Umständen ihre Leistungsfähigkeit und Stabilität bewiesen. Diese Erfahrung fehlt den Ostdeutschen noch. Daher können wir im Osten auch noch nicht die gleiche Identifizierung mit unserem politischen System erwarten wie im Westen.

Die parlamentarische Demokratie gewinnt in dem Maß an Zustimmung und Vertrauen, in dem sie die Probleme der Menschen in Ost und West zu lösen vermag. Durch die ökonomische Globalisierung haben sich nun manche Schwierigkeiten verschärft, sind neue Herausforderungen hinzugetreten. Diese können nur noch im europäischen bzw. im internationalen Verbund gelöst werden. Hierfür effektive und entscheidungsfähige übernationale Institutionen zu schaffen, ist eine zentrale Aufgabe für die parlamentarischen Demokratien im 21. Jahrhundert.

Die Ausstellung im Deutschen Dom in Berlin ermöglicht den Besucherinnen und Besuchern, auf zentrale Fragen an die deutsche Geschichte eigene Antworten zu finden. Eine meiner Antworten ist, dass parlamentarische Demokratie selbst ein Weg ist, den jede und jeder mitgehen und mitgestalten muss. Sie braucht vor allem Bürgerinnen und Bürger, die sich für sie einsetzen.

Wolfgang Thierse
Präsident des Deutschen Bundestages

Einführung

von Lothar Gall

Wer es unternimmt, rund 200 Jahre deutscher Geschichte im Medium einer Ausstellung zu befragen, wird sich zunächst selber einer ganzen Reihe von Fragen stellen müssen. Sie reichen von dem vieldiskutierten allgemeinen Problem, welchen Stellenwert geschichtliche Einsichten und Erkenntnisse für Gegenwartsverständnis und Zukunftsorientierung besitzen, über die eng damit zusammenhängende Frage, welche praktischen Ziele eine solche Ausstellung verfolgt, bis hin zu der Überlegung, ob der gewählte thematische Rahmen, die deutsche Geschichte, in einer immer mehr von übergreifenden Faktoren und Tendenzen bestimmten Welt nicht verengend wirkt, also etwa zentrale Probleme dieser Welt an den Rand des Blickfeldes rückt.

Das sind ohne Zweifel legitime Fragen. Sie richten sich im Kern auf das, was mit einer solchen Ausstellung erreicht werden soll, und damit zugleich auf die ihr zugrunde liegende Vorstellung von dem, was eine moderne Geschichtswissenschaft, gerade auch in der praktischen Vermittlung ihrer Ergebnisse im Rahmen einer Ausstellung, leisten soll und muß.

Dabei ist zunächst einmal eines unübersehbar und unbestreitbar: Eine gleichsam lineare Übersetzung geschichtswissenschaftlicher Einsichten und Erkenntnisse in das Medium einer Ausstellung ist nicht möglich. Solche Einsichten und Erkenntnisse sind in ihren wesentlichen Elementen abstrakt und allgemein, eine Ausstellung aber lebt von der unmittelbaren Anschauung, vom konkreten Beispiel, von ereignisbezogenen Bildern, von der situationsbedingten Wiedergabe von Vorgängen und Entwicklungen. Was daran typisch, den Einzelfall überschreitend, in einem allgemeineren Sinne charakteristisch ist, erschließt sich nicht unmittelbar, muß dem Betrachter vermittelt werden – durch die Kombination von Bildern, durch thematische Zusammenfassungen, durch Texte. Aus in Bildern aufscheinenden Geschichten, sehr unterschiedlichen und auf den ersten Blick oft nur sehr locker zusammenhängenden Geschichten muß dabei Geschichte werden, muß sich übergreifender »Sinn«, Zusammenhang, Bezug erschließen. Daß dabei in den Bildern immer auch mehr steckt als bloße Illustration eines Übergreifenden und Allgemeinen, daß sie stets zu eigenständigen Entdeckungen herausfordern, macht den eigentlichen Reiz einer Ausstellung aus, zumindest einer gut gemachten, und begründet ihre Offenheit, ihre Offenheit gegenüber neuen Sichtweisen, Fragen und Perspektiven. Und dabei befreit sie sich gewissermaßen selber gegenüber möglichen Verengungen durch den gewählten Rahmen: Die Realität des Lebens mit all der Vielfältigkeit seiner Bezüge bricht hier gleichsam unmittelbar durch.

Auf diese Eigenständigkeit des Mediums wird jeder, der eine Ausstellung vorbereitet und konzipiert, zu achten haben, aber auch bauen können. »Fragen an die deutsche Geschichte« der letzten zweihundert Jahre seit dem tiefen Epocheneinschnitt der Französischen Revolution und ihrer Folgen, Fragen speziell auch nach dem Weg zur parlamentarischen Demokratie in diesem Land müssen in einem solchen Rahmen vor allem in Bildern gestellt und beantwortet werden. Allerdings galt es dabei zugleich, die Vordergründigkeit bloßer Ereignisgeschichte zu vermeiden, die, wie jedermann aus dem Fernsehen weiß, am leichtesten in Bildern zu präsentieren ist.

Darin bestand eine der Vorentscheidungen, die zu treffen waren und die das Gesicht der Ausstellung entscheidend bestimmt haben. Die anderen hängen eng damit zusammen. Sie betrafen vor allem die inhaltliche Schwerpunktbildung und dabei insbesondere die anteilmäßige Gewichtung der einzelnen Faktoren auch in darstellerischer Hinsicht. Einer dieser Schwerpunkte, nämlich die Entwicklungsgeschichte des parlamentarisch-demokratischen Systems in Deutschland, wurde bereits erwähnt. Ein weiterer besonderer Akzent war daneben auf die tiefgreifende Veränderung der gesamten Lebenswelt im Zuge des Entstehens der modernen Industrie- und Dienstleistungsgesellschaft zu legen. Dabei ging es nicht allein darum, den Vorgang als solchen möglichst anschaulich zu illustrieren und in seinen Antriebskräften zu verdeutlichen. Es mußte gleichzeitig auch versucht werden, die jeweiligen politischen und sozialen Konsequenzen dieses Prozesses aufzuzeigen und damit, auch optisch, einen genaueren Eindruck zu vermitteln von der zeithistorischen Situation, ihren besonderen Problemen und unmittelbar anstehenden Aufgaben, ihren Widersprüchen und politischen Herausforderungen. Von dieser Basis aus waren schließlich als drittes die zentralen politischen Entscheidungssituationen in der historischen Entwicklung Deutschlands des 19. und 20. Jahrhunderts in ihren Ursachen, bestimmenden Faktoren und kurz- und langfristigen Ergebnissen zu analysieren: der Umbruch der Jahre 1806–1815; die Revolution von 1848; der große Verfassungskonflikt in Preußen und die Gründung des Deutschen Reiches von 1871;

die Revolution von 1918 und die Schaffung der Weimarer Republik; ihr Verfall und die Machtergreifung der Nationalsozialisten, der Todfeinde des liberalen parlamentarisch-demokratischen Systems und aller seiner staatlichen, gesellschaftlichen und wirtschaftlichen Voraussetzungen; der erfolgreiche Versuch einer Wiederherstellung und zeitgemäßen Fortbildung dieses Systems nach 1945 zunächst im westlichen Teil Deutschlands sowie die Errichtung und Entwicklung einer zweiten Diktatur in seinem östlichen Teil; und schließlich die Überwindung dieser Diktatur durch die ihr Unterworfenen in einem Akt der revolutionären Selbstbefreiung und die Vereinigung beider seit 1945 getrennten Gebiete auf parlamentarisch-demokratischem Wege. Mit dieser Konzentration auf die großen Wendepunkte des historischen Prozesses ergab sich zugleich eine Gliederung in größere Darstellungsblöcke, die in sich in gewisser Weise abgeschlossen sind und demgemäß auch jeweils für sich betrachtet werden können. In sie konnte dann auch manches integriert werden, was auf dem Gebiet der Kunst, der Literatur, der Wissenschaft, kurz, des kulturellen Lebens im weitesten Sinne das Gesicht und das geistige Klima der jeweiligen Epoche prägte, aber im Rückblick oft gar nicht mehr in unmittelbare Beziehung dazu gesetzt wird.

Eine derartige Akzentuierung und Gliederung enthält selbstverständlich eine ganze Reihe von Problemen. Manches, was dem einzelnen Betrachter besonders wichtig scheinen mag, tritt dabei zurück, manches, was nur schwer ins Bild umzusetzen war, konnte nur im Text angesprochen werden. Der eine oder andere bedeutsame Zusammenhang ließ sich eben nur andeuten, und manches bleibt sicher ganz unverbunden. Auch die Epochenaufteilung, wenngleich inhaltlich neu überdacht und nicht nur an äußerlichen Einschnitten, sondern an unbestritten entscheidenden Umbruchsituationen orientiert, läßt sich sicher von verschiedenen Standpunkten aus kritisieren. Dabei wird man freilich auch bedenken müssen, daß neben den skizzierten grundsätzlichen gleichzeitig eine ganze Reihe von pragmatischen Überlegungen zu berücksichtigen war, vor allem hinsichtlich dessen, was dem nicht besonders vorgebildeten Ausstellungsbesucher an »langem Atem«, und nicht zuletzt an zeitlichem Aufwand zuzumuten ist. Hier bedurfte es einer möglichst klaren Durchgliederung und Abgrenzung sowie des ständigen Bemühens, Themenzusammenhänge und zeitlich begrenzte Vorgänge auch jeweils für sich verständlich zu machen, um dem Besucher die selbständige Auswahl nach seinen besonderen Interessen zu ermöglichen.

Dem waren, zumal in einer eben nicht vornehmlich ereignis-, sondern problemgeschichtlich orientierten Ausstellung, natürliche Grenzen gesetzt. Sieht man jedoch das Ziel einer solchen Ausstellung vor allem auch darin, den Blick zu schärfen für die Komplexität der bestimmenden Faktoren und Bedingungen politischen Handelns, so mögen solche Grenzen vom einzelnen Besucher geradezu als Herausforderung empfunden werden zum selbständigen Weiterfragen, zum Vergleich, zum Aufspüren von Zusammenhängen. Der Anspruch, der damit an ihn gestellt wird, ist, unbeschadet aller inhaltlichen und gestalterischen Orientierungshilfen, die ihm an die Hand gegeben werden, sicher nicht gering. Aber er ist auch nicht höher als der, mit dem er als jetziger oder künftiger Wahlbürger eines nur durch ihn, durch seine Fähigkeit zu politischem Urteil und zu politischer Entscheidung funktionsfähigen demokratischen Gemeinwesens konfrontiert wird. Zwischen beidem besteht ein unauflöslicher Zusammenhang, und Veranstalter und Verantwortliche dieser Ausstellung haben in ihm sehr bewußt eine Art Leitlinie für das gesehen, was an Konzentrations-, an Kritik- und Urteilsfähigkeit vom Besucher realistischerweise zu erwarten sei.

Diese Leitlinie zog zugleich eine scharfe Grenze gegenüber jedem denkbaren Anspruch, die Geschichte in der Art unmittelbar für die Gegenwart einzuspannen, daß sie zu einem zusätzlichen Argument für oder gegen eine bestimmte Politik würde. Das gilt für die gesamte Ausstellung, naturgemäß aber in besonderem Maße für jene Abschnitte, die unmittelbar an die Gegenwart heranführen, also vor allem für den Teil, der der Geschichte Deutschlands seit 1945 gewidmet ist. Hier war, nicht zuletzt auch wegen der hinsichtlich der allerjüngsten Vergangenheit durchaus noch fragmentarischen Basis der Quellen für ein abgewogenes historisches Urteil, äußerste Zurückhaltung geboten. Die möglichst eingehende Information und Dokumentation mußte hier eindeutig den Vorrang haben gegenüber jedem Versuch einer definitiven Einordnung und Bewertung.

Das mag manchem unbefriedigend erscheinen und einige Diskussion und Kritik auslösen. Sie ist vom Standpunkt des einzelnen, zur täglichen politischen Mitentscheidung Aufgerufenen völlig legitim, ja, höchst wünschenswert. Aber es ist eines, als einzelner gerade auch die jüngste Vergangenheit zur politischen Urteilsbildung heranzuziehen, dieser damit eine zusätzliche Perspektive und Dimension zu verschaffen – dem will die Ausstellung ausdrücklich dienen –, ein anderes, von seiten der Veranstalter hier mit bestimmten historischen Urteilen bestimmte politische Schlußfolgerungen zumindest nahezulegen. Im übrigen wird man jedoch dort, wo der Stand der historischen Erkenntnisse und der wissenschaftlichen Diskussion dies erlauben, klare Urteile schwerlich vermissen. Daß diese sich nicht nach Art naiv-wohlmeinender Bilderbuchdarstellungen darauf beschränken, den Sieg der angeblich guten Prinzipien und Kräfte zu feiern, ihre Niederlagen zu beklagen, daß sie vielmehr den Konflikt der jeweils real vorhandenen verschiedenen Ideen und Interessen auszuloten, den wirklich gegebenen Entscheidungsspielraum auszumessen versuchen und sich nicht nur an dem jeweils Wünschbaren orientieren, versteht sich dabei nach der bereits skizzierten Konzeption von selbst. Auch hier wird sich unausweichlich mancher Widerspruch erheben, und auch hier ist er prinzipiell ebenso legitim wie erwünscht. Ja, man wird in ihm geradezu einen Gradmesser dafür sehen können, wieweit die Ausstellung in der Lage ist, die historisch-politische Urteilsbildung zu stimulieren und die Diskussion über Charakter und Tragweite bestimmter bis heute wirksamer Grundentscheidungen der Vergangenheit neu zu beleben.

Eine Frage, deren Aktualität und spezifische Problematik schwerlich zu leugnen ist, sollte dabei, wenn es nach dem Willen der Veranstalter und Verantwortlichen dieser Ausstellung ginge, besonders im Zentrum stehen: die Frage nach den historischen Bedingungen und damit zugleich auch nach den historischen Vorbelastungen des liberalen parlamentarisch-demokratischen Systems in Deutschland. Welche Hindernisse seiner Einführung im Wege standen, welche Kräfte es jeweils bekämpften oder trugen, auf welchen Voraussetzungen es basiert und warum diese Voraussetzungen in Deutschland erst relativ spät und lange Zeit nur bruchstückhaft gegeben waren, was es anfällig machte nicht nur für äußere Bedrohungen, sondern auch für einen Prozeß der Selbstzerstörung, für innere Krisen, die es schon während seiner Entstehung immer wieder bedrohten, und welche Momente schließlich seinem Widerpart, dem bevormundenden Obrigkeitsstaat ganz gleich welcher Couleur, eine so fortdauernde und bis in unsere Gegenwart hineinreichende Anziehungskraft verliehen – allen diesen Fragen wird in der Ausstellung mit besonderem Nachdruck nachgegangen. Die Antworten, die darauf jeweils aus dem spezifischen Kontext versucht werden, haben stets auch, wenn man genauer hinsieht und nicht nur auf vordergründige und damit allzuoft irreführende Parallelen aus ist, eine aktuelle Dimension. Das gilt nicht zuletzt auch für einen Aspekt, den zu übersehen sich leicht zu einer lebensbedrohlichen Krise für die gesamte liberale parlamentarisch-demokratische Ordnung ausweiten könnte: die Zeitbedingtheit bestimmter Ausdrucks- und Organisationsformen dieser Ordnung und auch bestimmter ihrer Grundlagen und Funktionsmechanismen, die ihre Substanz weit weniger ausmachen, als man gelegentlich glauben machen will. Auch und gerade hier kann die geschichtliche Analyse dazu beitragen, die Fähigkeit zu schärfen, zwischen äußerer Form und innerer Substanz zu unterscheiden, ja mehr noch, sich darüber klarzuwerden, wo sich Formen und Inhalt unter veränderten Bedingungen zu widersprechen beginnen. Gelingt es der Ausstellung, einen Anstoß in diese Richtung zu geben und das heißt zugleich zu wirklichem geschichtlichen Denken anzuregen, das die Erstarrungen und Verkrustungen historisch gewachsener und zu weiteren Entwicklungen fähiger Lebensformen von innen her aufzubrechen vermag, so liegt darin für sie wohl eine tiefere Rechtfertigung als in jedem modischen Aufruf zur Demontage von jeweils den anderen unterstellten angeblich falschen Geschichtsbildern.

Mitteleuropa am Ausgang des 18. Jahrhunderts

Von der ständischen zur bürgerlichen Welt

I. Von der ständischen zur bürgerlichen Welt

Um die Wende vom 18. zum 19. Jahrhundert gerät die politische und soziale Ordnung Deutschlands in eine tiefe Krise: Der rasche Zusammenbruch des Reiches unter dem Ansturm der Armeen der Französischen Revolution zeigt, daß es dem alten Heiligen Römischen Reich Deutscher Nation nicht nur an äußerer, sondern vor allem auch an innerer Einheit fehlt. Im siegreichen Frankreich präsentiert sich den Zeitgenossen das Bild einer politisch selbstbewußten Nation, in der durch die Revolution von 1789 alle Standesschranken beseitigt und die rechtliche Gleichheit der Bürger in einer Verfassung verankert sind und in der das Volk unter Führung eines wirtschaftlich erstarkten und aufgeklärten Bürgertums aus eigener Kraft die Bevormundung durch den absolutistischen Fürstenstaat abgeschüttelt hat. Gerade vor diesem Hintergrund erscheinen die politischen wie die sozialen Verhältnisse in Deutschland als hoffnungslos anachronistisch.

Das »Heilige Römische Reich Deutscher Nation«, zersplittert in Hunderte von Territorien, ist nur ein loser Staatenbund, dem jede politische Zentralgewalt fehlt. Deutschland – das sind die Fürsten und ihre absolutistisch regierten Untertanen. Während die alte Reichsidee nur noch in kleineren Territorien und bei einigen Staatsrechtlern lebendig bleibt, wird die politische Situation im Reich weitgehend bestimmt vom Gegensatz der beiden Großmächte Preußen und Österreich.

Im Innern der Staaten hemmen starre Standesschranken zwischen Adel, Bürgern und Bauern die soziale und wirtschaftliche Entwicklung. Ein politisches Nationalbewußtsein fehlt den unmündig gehaltenen Untertanen ebenso wie den dynastische Interessenpolitik treibenden Fürsten. Nur im geistigen Leben bildet sich in der zweiten Hälfte des 18. Jahrhunderts ein Bewußtsein einer die sozialen Grenzen übergreifenden nationalen Zusammengehörigkeit heraus, das Schiller in die Worte faßt: »Deutsches Reich und deutsche Nation sind zweierlei Dinge [...] indem das politische Reich wankt, hat sich das geistige immer fester und vollkommener gebildet.«

Weil ein starkes Bürgertum im wirtschaftlich noch unterentwickelten Deutschland fehlt, bleibt die Französische Revolution trotz erheblicher intellektueller Auswirkungen in Deutschland zunächst fast ohne konkrete politische Folgen. Die Revolutionskriege enthüllen nur die Schwäche der alten politischen und sozialen Ordnung. Unter dem Ansturm der französischen Revolutionsarmeen brechen die absolutistisch regierten Staaten zusammen, die Großmächte Preußen und Österreich werden besiegt, und nach der territorialen Neuordnung Deutschlands durch Napoleon wird das Reich 1806 aufgelöst.

In dieser Stunde der vollständigen Niederlage setzt sich bei einigen wenigen die Erkenntnis durch, daß die Ursache der Katastrophe vor allem in der tiefen Kluft zwischen Staat und Gesellschaft zu suchen sei. Eine auf Freiheit und Gleichheit gegründete bürgerliche Gesellschaft soll zum neuen Fundament des Staates werden und die Befreiung des Vaterlandes ermöglichen. Durch staatliche Reformen will man die politische Emanzipation des Bürgers einleiten und sein Interesse am Staat und an der Nation wecken.

Nach dem Willen der preußischen Reformer soll am Ende ein ›repräsentatives System‹, eingeführt werden, »welches der Nation eine wirksame Teilnahme an der Gesetzgebung zusichert, um hierdurch den Gemeinsinn und die Liebe zum Vaterland dauerhaft zu begründen«. Die Nichterfüllung dieses Versprechens durch die reaktionäre Politik nach 1815 nimmt der preußischen Sozialreform ihren politischen Sinn. Gleichzeitig zeigen sich die sozialen Schattenseiten der Reform: Zahlreiche Bauern und Handwerker werden Opfer der liberalen Wirtschaftsordnung und verarmen. Bildung und Besitz bleiben das Privileg einer schmalen Schicht.

Die Sozialreformen in den napoleonisch beeinflußten Rheinbundstaaten ähneln äußerlich den preußischen Reformen, sind aber auf ein anderes Ziel gerichtet. Es werden ebenfalls die Standesschranken aufgehoben, die Wirtschaft modernisiert und die Gleichheit der Bürger vor dem Gesetz gesichert. Aber es werden zunächst keine politischen Rechte gewährt, die Reformen dienen primär der Errichtung einer zentralistischen Verwaltung. Da in Preußen das versprochene Repräsentativsystem dann jedoch ausbleibt, ein solches hingegen in den süddeutschen Staaten nach 1815 eingeführt wird, schreitet hier die politische Emanzipation im Vormärz weiter fort als in Preußen. Österreich verharrt noch ganz im absolutistischen System.

Die nationalen Impulse der preußischen Reformer fallen – nicht zuletzt wegen der drückenden französischen Besatzung – auf fruchtbaren Boden. Nach der nationalen Selbstbestätigung durch den Sieg über die napoleonischen Armeen werden jedoch die Hoffnungen der Patrioten enttäuscht. Auf dem Wiener Kongreß bestimmen wiederum allein die Interessen der Fürsten die Neuordnung Deutschlands. Wie in den meisten Einzelstaaten gibt es auch beim Deutschen Bund keine Vertretung des Volkes. Nicht ein Nationalstaat, sondern ein lockerer Fürstenbund wird in Deutschland geschaffen. Sein Hauptziel wird die Verfolgung aller liberal und national Gesinnten, die es auch nach dem Sieg der Reaktion noch wagen, Verfassungen, Nationalvertretung und Pressefreiheit zu fordern. Außenpolitisch ist der Deutsche Bund mit seinen größten Gliedstaaten in das System der Heiligen Allianz und der Pentarchie eingespannt, das gleichfalls für die Zementierung der überlieferten politischen und sozialen Verhältnisse eintritt. Die Monarchen bleiben die alleinigen Souveräne. Zwar wirtschaftlich erstarkt, steht das Bürgertum im Kampf um politischen Einfluß noch am Anfang.

In den Jahrzehnten zwischen 1815 und 1848, im sogenannten Vormärz – der Zeit, die im weiteren Sinne der Märzrevolution von 1848 vorausgeht –, bilden sich in Opposition gegen das System des Deutschen Bundes zahlreiche Reformbewegungen. Getragen von unterschiedlichen gesellschaftlichen Schichten mit verschiedenen Zielvorstellungen, unterschiedlich auch in ihren politischen Methoden, sind sich alle diese Bewegungen darin einig, daß die wirtschaftliche, soziale und politische Ordnung entscheidend verändert werden müsse: in einem Nationalstaat auf parlamentarischer Grundlage, der die zersplitterten Kräfte sammeln und die unzeitgemäßen politischen Ordnungen beseitigen soll.

Und dies nicht allein in Deutschland. Der Nationalgedanke wirkt zu dieser Zeit in ganz Europa als revolutionäre Kraft. Die Befreiungskämpfe der Griechen, Spanier, Italiener und Polen beflügeln gleichzeitig die deutsche Nationalbewegung. Die französische Julirevolution von 1830 löst in ganz Europa eine Welle von nationalrevolutionären Erhebungen aus. Auch die deutsche Nationalbewegung artikuliert sich jetzt entschiedener als bisher. Starke Impulse zur nationalen Einigung gehen von der wirtschaftlichen Entwicklung aus. Nach dem Beginn der Industrialisierung in Deutschland leidet die weitere Entfaltung von Handel und Industrie vor allem unter der ökonomischen und politischen Zersplitterung Deutschlands, die sich in einer Fülle von Zollschranken, von uneinheitlichen Münz-, Maß- und Gewichtssystemen zeigt. Nicht nur die deutschen Staaten, sondern auch Provinzen und Städte sind durch Zollschranken voneinander getrennt. Das Bürgertum, das bereits die Freiheitskriege gegen Napoleon getragen und die Idee der nationalen Einigung proklamiert hatte, erhebt jetzt auch aus wirtschaftlichen Überlegungen die Forderung nach dem politischen Zusammenschluß der deutschen Staaten.

Ein erster Schritt zur ökonomischen Vereinheitlichung ist die Aufhebung der Binnenzölle in Preußen 1818. Über den mitteldeutschen Zollverein, über Zollverträge zwischen Preußen und den mittel- und süddeutschen Staaten kommt 1833 der Deutsche Zollverein zustande, der unter Führung Preußens die meisten deutschen Staaten unter Ausschluß Österreichs zusammenschließt. Parallel dazu schafft der Eisenbahn-, Straßen- und Kanalbau die Voraussetzungen für ein einheitliches Wirtschaftsgebiet. Zwar ist das Ziel des Zollvereins hauptsächlich die Vergrößerung des Wirtschaftsraumes, doch stehen bei einigen – etwa bei Friedrich List – von Anfang an politische Überlegungen im Vordergrund. Der wirtschaftliche Aufschwung der im Zollverein zusammengeschlossenen Länder übt eine starke Anziehungskraft auf andere Staaten aus. Nach dem wirtschaftlichen Zusammenschluß legt eine innere Logik auch den weiteren Schritt einer politischen Einigung nahe.

Seine eigentliche Antriebskraft erhält der Nationalgedanke jedoch zunächst aus der Tradition der Freiheitskriege, die vor allem unter den Studenten lebendig ist. Die Vorhut der nationalen Bewegung bilden bis 1830 die Burschenschaften, die sich auf gesamtdeutscher Ebene zusammenschließen. Sie veranstalten mit dem Wartburgfest 1817 die erste öffentliche Kundgebung für die Einheit Deutschlands. Ihr oppositioneller Charakter kommt in der Verbrennung von Symbolen und Schriften der Reaktion zum Ausdruck. Die »Gießener Schwarzen«, der radikale Flügel der Burschenschaften, sehen sogar bereits in der Republik ihr Ziel, das sie nur auf dem Wege der gewaltsamen Beseitigung der Fürsten für erreichbar halten.

Dagegen versuchen die Vertreter des politischen Liberalismus, der wichtigsten Oppositionsbewegung dieser Zeit, auf legalem Wege ihre Ziele zu erreichen – dies zunächst in den Einzelstaaten. Ihr allgemeines Ziel ist die Erringung persönlicher und politischer Freiheit für alle Untertanen, also die Gewährung bürgerlicher Freiheitsrechte wie Meinungs-, Presse- und Versammlungsfreiheit sowie die Mitbestimmung des Bürgers in den politischen Entscheidungsprozessen. Als Verfassungsform schwebt ihnen die konstitutionelle Monarchie nach englischem und französischem Muster vor. Die in den mittel- und süddeutschen Staaten nach 1815 erlassenen Verfassungen bilden die Grundlage für die Arbeit der Liberalen. Zwar gelingt es ihnen, in diesen Staaten einzelne Reformen durchzusetzen.

Tiefergreifende Veränderungen scheitern jedoch auch hier am monarchischen Prinzip, dem Souveränitätsanspruch der Einzelstaaten und den ständigen Versuchen der noch halbabsolutistischen Regierungen, Presse und Parlament zum bloßen Werkzeug der Exekutive zu machen.

Die eingeschränkte Freiheit in den deutschen Staaten verstärkt die nationale Zielsetzung des Liberalismus. Immer häufiger kommt es in den Landtagen zu Demonstrationen für die nationale Einigung: Am bekanntesten ist der Welckersche Antrag in der Zweiten Badischen Kammer auf Errichtung eines gesamtdeutschen Parlaments geworden, der in klassischer Form den nationalen Gedanken aus der Forderung nach größerer Freiheit herleitet. Volksversammlungen, Presse und bürgerliche Vereine, in denen die Liberalen aller Schattierungen zusammenwirken, sind das Zentrum der Agitation für den Nationalstaat. Die »Radikalen« gehen in ihren politischen und sozialen Forderungen weiter als die Mehrheit der übrigen Liberalen. Statt bloßer Beteiligung des Bürgers verlangen sie die Selbstregierung des »Volkes«. Und über die freie Entfaltung angeborener und erworbener Kräfte hinaus treten sie nachdrücklich für die Idee der sozialen Gleichheit ein. Für sie heißt das: Aufhebung aller äußeren Unterschiede, jeder Form der Bevorzugung und Privilegierung und damit gesellschaftliche und politische Besserstellung der sozial Benachteiligten.

Ganz wesentlich für die Stellung der »Radikalen« ist die mit der Bauernbefreiung und der Industrialisierung eintretende Massenverarmung. Der »Pauperismus« ist das zentrale Problem der gesellschaftlichen Entwicklung des Vormärz. Die »Radikalen« ziehen aus ihm politisch am weitesten reichende Forderungen. »Die unteren Volksklassen müssen zur Menschenwürde erhoben werden: nur als Mittel zu diesem Zweck haben die freien politischen Institutionen einen Sinn« (Johann Jacoby).

Die Hauptrichtung der politischen Opposition, der gemäßigte liberale Flügel und der radikalere demokratische, artikulieren sich beide kurz vor Ausbruch der Revolution von 1848 in verschiedenen Manifesten: dem Heppenheimer und dem Offenburger Programm. Darin werden die Alternativen einer Neuordnung aufgezeigt, über die schließlich in der Revolution entschieden werden sollte.

I/1
Kaiser Franz II.
Gemälde von Leopold Kuppelwieser

1. Das Alte Reich

Anders als die stärker zentralisierten Nachbarstaaten ist das »Heilige Römische Reich Deutscher Nation« gegen Ende des 18. Jahrhunderts nur ein loser Zusammenschluß einer Vielzahl von Territorien und Herrschaften ohne eine wirkliche politische Zentralgewalt. Die eigentliche Macht liegt bei den absolutistisch regierten Einzelstaaten mit den beiden europäischen Großmächten Preußen und Österreich an der Spitze.
Zentrale Institution des Reiches und äußerer Ausdruck seiner fortdauernden Einheit ist das Kaisertum. Die Macht des Kaisers beruht jedoch weniger auf seiner Stellung als Reichsoberhaupt, als vielmehr auf seiner Herrschaft in den habsburgischen Erblanden. Das Reich besitzt weder eine zentrale Verwaltung noch ein stehendes Heer. Nur als Rechtsgemeinschaft bietet es noch einen gewissen Schutz gegen fürstliche Willkür. Alle Versuche zur Bildung einer stärkeren Zentralgewalt scheitern am Widerstand der einzelnen Reichsstände. Ihre unterschiedlichen Interessen lähmen auch die Vertretung der Stände, den Reichstag zu Regensburg, mehr und mehr.
Trotz aller Reformansätze der absolutistischen Politik sind die meisten Territorien des Reiches auch wirtschaftlich und sozial rückständiger als die Länder Westeuropas. Die mittelalterliche Wirtschafts- und Gesellschaftsverfassung, die dem Adel die einflußreichsten Positionen sichert, ist noch fast ungebrochen. Starre Standesschranken zwischen Adel, Bürgern und Bauern hemmen die weitere Entwicklung.

I/3
Auffahrt der Reichstagsgesandten vor dem Regensburger Rathaus 1729

I/2 (Linke Seite)
Die Kaiserkrönung Josephs II. im Frankfurter Dom 1764

Die Verfassung des Heiligen Römischen Reiches

»Das Römische Reich wäre ohnstreitig noch jezo die formidabelste Potenz von ganz Europa, wenn dessen Stände, fürnehmlich aber die mächtigsten, einig wären und mehr auf das gemeine Beste als auf ihr Privat-Interesse sähen«, schreibt 1745 der deutsche Staatsrechtler Johann Jacob Moser. In der Tat sind die Zersplitterung des Reiches in Hunderte von kleinen, fast autonomen Herrschaftsgebieten, das Gegeneinander der Kurfürsten, Fürsten, Reichsritter und Reichsstädte und der ständige Streit zwischen katholischen und evangelischen Reichsständen die eigentliche Schwäche des »Heiligen Römischen Reiches Deutscher Nation«. Im Gegensatz zu seinen europäischen Nachbarn ist das Reich nur ein lockerer Bund selbständiger Partikulargewalten. Nach außen treten sie wegen ihrer sich überschneidenden Interessen nur selten geschlossen auf.

Ein Blick auf die Karte Europas am Vorabend der Französischen Revolution zeigt die bunte Vielfalt der Reichsterritorien. Mehr als 1790 eigenständige Herrschaftsgebiete machen ein gemeinsames politisches Handeln fast unmöglich. Allein in einem so kleinen Gebiet wie dem schwäbischen Reichskreis drängen sich 92 Herrschaften und Reichsstädte. Den Territorien fehlt darüber hinaus oft die staatliche Geschlossenheit, weil – wie z.B. beim Erzstift Mainz – die einzelnen Besitzungen über das ganze Reich verstreut sind. Ein umfangreiches und einigermaßen geschlossenes Herrschaftsgebiet besitzen allein die Großmächte Österreich und Preußen, deren Territorien sich überdies weit über die Reichsgrenze hinaus erstrecken.

Seit 1663 bis zum Ende des Reiches 1806 tagt in Regensburg ein »immerwährender Reichstag«. Hier versammeln sich die Gesandten der drei Reichsstände, der Kurfürsten, der Fürsten und der Reichsstädte, um über die Reichsangelegenheiten

I/4
Sitzung des Reichstages zu Regensburg 1663

zu beschließen. Als Kollegium von weisungsgebundenen Gesandten ist der Reichstag nicht mit einem modernen Parlament zu vergleichen. Seine Beratungen erfolgen in strengen Formen getrennt nach Konfessionen und Ständen. Der schleppende Verhandlungsgang und die widerstreitenden Interessen der einzelnen Stände lassen die politische Bedeutung des Reichstages mehr und mehr zurückgehen. Die »lange Bank«, auf der die zur Entscheidung anstehenden Vorgänge für die endlosen Verhandlungen bereitgehalten werden, wird sprichwörtlich.

Die Reichsidee ist vor allem lebendig bei den kleineren Reichsständen, die im Reich einen Schutz gegen die Machtansprüche der größeren Territorien sehen, und bei einigen Staatsrechtlern, die mit seiner Hilfe Reformen durchsetzen wollen. Gerade weil das Reich kaum exekutive Befugnisse vorweisen kann, wirkt es vor allem als Rechtsgemeinschaft zum Schutz seiner Glieder. Diese rechtliche Einheit des Reiches wird durch die beiden obersten Reichsgerichte verkörpert: den Reichshofrat in der Wiener Kaiserresidenz und das Reichskammergericht in Wetzlar. Während das Reichskammergericht, das seit 1689 seinen Sitz in der kleinen Reichsstadt Wetzlar an der Lahn hat, eher als ständische Institution gilt, ist der Reichshofrat die oberste Appellationsinstanz des Kaisers und vertritt in seinen Entscheidungen häufig die kaiserlichen Interessen. Trotz der Schwerfälligkeit des Rechtsverfahrens – besonders in Wetzlar ziehen sich einzelne Prozesse bisweilen über mehr als 100 Jahre hin – bieten die beiden Reichsgerichte einen gewissen juristischen Schutz vor allem gegen die Willkür der Fürsten.

Seit 1512 ist das Reich in zehn Kreise eingeteilt, die zunächst den inneren Frieden wahren sollen, nach und nach aber auch andere, etwa wirtschafts- und verkehrspolitische, Aufgaben übernehmen. Besonders im territorial zersplitterten südwestdeutschen Raum arbeiten die Stände im Rahmen dieser Reichskreise eng zusammen. Ständische Vertretungsorgane bestehen daneben auch in vielen Einzelstaaten. Trotz aller Brüche ist die ständische Tradition eine wichtige Grundlage für den im 19. Jahrhundert entstehenden modernen Parlamentarismus.

I/5
»Audienz« am Reichskammergericht in Wetzlar um 1735

Die wirtschaftliche und soziale Ordnung des Alten Reiches

Verglichen mit England und Westeuropa ist Deutschland am Ausgang des 18. Jahrhunderts in seiner wirtschaftlichen und sozialen Entwicklung weit zurück. Die Gesellschaft des Alten Reiches ist immer noch streng nach Ständen gegliedert. Die Ständepyramide symbolisiert die hierarchisch aufgebaute, vorgeblich gottgegebene soziale Ordnung, in der jeder in seinen Stand hineingeboren wird und an

I/6
Allegorische Darstellung der Ständeordnung aus dem 17. Jahrhundert

seine Position meist lebenslang gebunden ist. Die verschiedenen Stände sind durch Sprache, Kleidung und Verhalten streng voneinander geschieden. Allen Tendenzen zur Auflockerung dieser Ordnung versuchen die landesherrlichen oder städtischen Obrigkeiten durch genaue Vorschriften entgegenzutreten.

Das Alte Reich ist eine agrarisch strukturierte Gesellschaft: Vier Fünftel der Bevölkerung leben auf dem Lande. Die Landwirtschaft ist noch immer der wichtigste Wirtschaftsfaktor. Ihre oft schwankenden Erträge bestimmen unmittelbar die Lebensumstände nahezu aller Bevölkerungsschichten. In West- und Süddeutschland ist der Agrarsektor grundherrschaftlich organisiert: Die Bauern bewirtschaften ihr Land selbständig, sind aber dem Grundherrn gegenüber zu Naturalabgaben (»Zehnten«) und Diensten (»Fronden«) verpflichtet. Vor allem in den ostelbischen Gebieten dominiert dagegen das System der Gutswirtschaft. Adelige Junker bewirtschaften große Ländereien mit Leibeigenen und anderen abhängigen bäuerlichen Arbeitskräften.

In den Städten des Reiches lassen sich zwei gegenläufige Entwicklungen beobachten: Während vor allem die Haupt- und Residenzstädte, z.T. Neugründungen des 18. Jahr-

I/7
Die Einheit von Burg, Stadt und Dorf als Symbol der feudalen Ordnung des Alten Reiches

I/8
Der Münchener Marienplatz mit dem Alten Rathaus um 1760

hunderts, und einige zentral gelegene Handels- und Gewerbestädte sichtlich prosperieren, zeigt sich bei vielen einstmals führenden Städten eine Stagnation oder gar ein Niedergang. Die städtischen Gewerbe sind in Deutschland auch um 1800 noch ganz überwiegend in Zünften organisiert. Diese beharren auf ihren überkommenen Privilegien, unterbinden offene Konkurrenz und hemmen damit eine freiere Entfaltung des wirtschaftlichen Lebens. Zugleich sichern sie jedoch ihren Zunftgenossen eine ausreichende Nahrungsgrundlage. Die Zünfte vertreten nicht nur die wirtschaftlichen Interessen ihrer Genossen, sondern umfassen den ganzen Lebenskreis des Menschen außerhalb des Hauses und der Kirche.

Neben den zünftigen Handwerken entwickeln sich gegen Ende des 18. Jahrhunderts, oft unter starker landesherrlicher Förderung, neue Gewerbeformen: zum einen Manufakturen als größere vorindustrielle Gewerbebetriebe besonders bei der Fertigung von Luxusgütern, zum anderen das Verlagssystem, bei dem die Produktion auf eine Vielzahl von selbständig Arbeitenden verteilt ist. Der Versuch, die wirtschaftliche Stellung des Zunfthandwerks gegen die zunehmende Konkurrenz von Manufakturen und Verlagsorganisation zu behaupten, führt in vielen Städten gegen Ende des 18. Jahrhunderts zu scharfen sozialen Konflikten. 1794 kommt es z.B. in Augsburg zum offenen Aufstand der Weber, die das Rathaus gewaltsam besetzen.

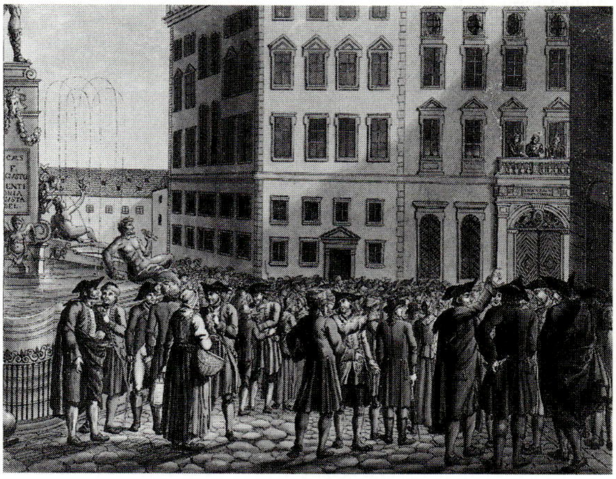

I/9
Aufständische Weber vor dem Augsburger Rathaus 1794

Der Handel nimmt bereits im Laufe des 18. Jahrhunderts einen allmählichen Aufschwung, obwohl aufgrund der vielfältigen Hemmnisse noch kein grundlegender Strukturwandel zu beobachten ist. Die Entwicklung des Handels wird allerdings durch die territoriale Zersplitterung und ein kompliziertes System verschiedenster Zölle und Abgaben behindert. Fast in jedem einzelnen Territorium gelten eigene Maße, Gewichte und häufig auch unterschiedliche Währungen. Vor allem die Kaufleute, die im Groß- und Fernhandel zu Vermögen kommen, bilden gegen Ende des 18. Jahrhunderts mehr und mehr die städtische Oberschicht. Ihr politischer Einfluß in der Stadt bleibt jedoch häufig durch ein adeliges Patriziat beschränkt.

I/10
Der Leipziger Marktplatz während der Messe um 1800

2. Revolution und Reform

Unter dem Eindruck und der Einwirkung der Französischen Revolution vollziehen sich auch in Deutschland zwischen 1789 und 1815 tiefgreifende Veränderungen in Staat, Wirtschaft und Gesellschaft. Durch den Druck zunächst des revolutionären, dann des napoleonischen Frankreich bricht das Alte Reich binnen weniger Jahre zusammen. Napoleon setzt eine umfassende territoriale Neugliederung des zersplitterten Mitteleuropa durch, aus der vor allem in Süddeutschland leistungsfähige Mittelstaaten hervorgehen.
Die kriegerischen Jahrzehnte um die Wende vom 18. zum 19. Jahrhundert sind zugleich eine Epoche der großen inneren Reformen. Einfluß und Vorbild der napoleonischen Politik, die sich rapide verschärfenden Finanzprobleme sowie die notwendige Integration sehr verschieden strukturierter Gebiete in ein einheitliches Gemeinwesen im Falle der süddeutschen Staaten und die Folgen der militärischen Niederlage im Falle Preußens führen nun auch in Mitteleuropa zu einer umfassenden politischen, militärischen, wirtschaftlichen und gesellschaftlichen Neuordnung. Mit den Reformen wird die überkommene feudal-ständische Ordnung endgültig aufgebrochen und eine

freiere Entwicklung von Wirtschaft und Gesellschaft ermöglicht – allerdings ausschließlich auf dem Wege einer »Reform von oben«, mit der Folge eines sich noch weiter verstärkenden staatlichen Einflusses.
Die Hoffnungen der sich in den Freiheitskriegen gegen Napoleon formierenden nationalen Bewegung auf einen deutschen Nationalstaat werden vom Wiener Kongreß enttäuscht. Der »Deutsche Bund« – ohnehin nur ein lockerer Zusammenschluß weitgehend souveräner Einzelstaaten – entwickelt sich, insbesondere nach der reaktionären

I/11
Die Erklärung der Menschenrechte in einer deutschen Fassung von 1792/93

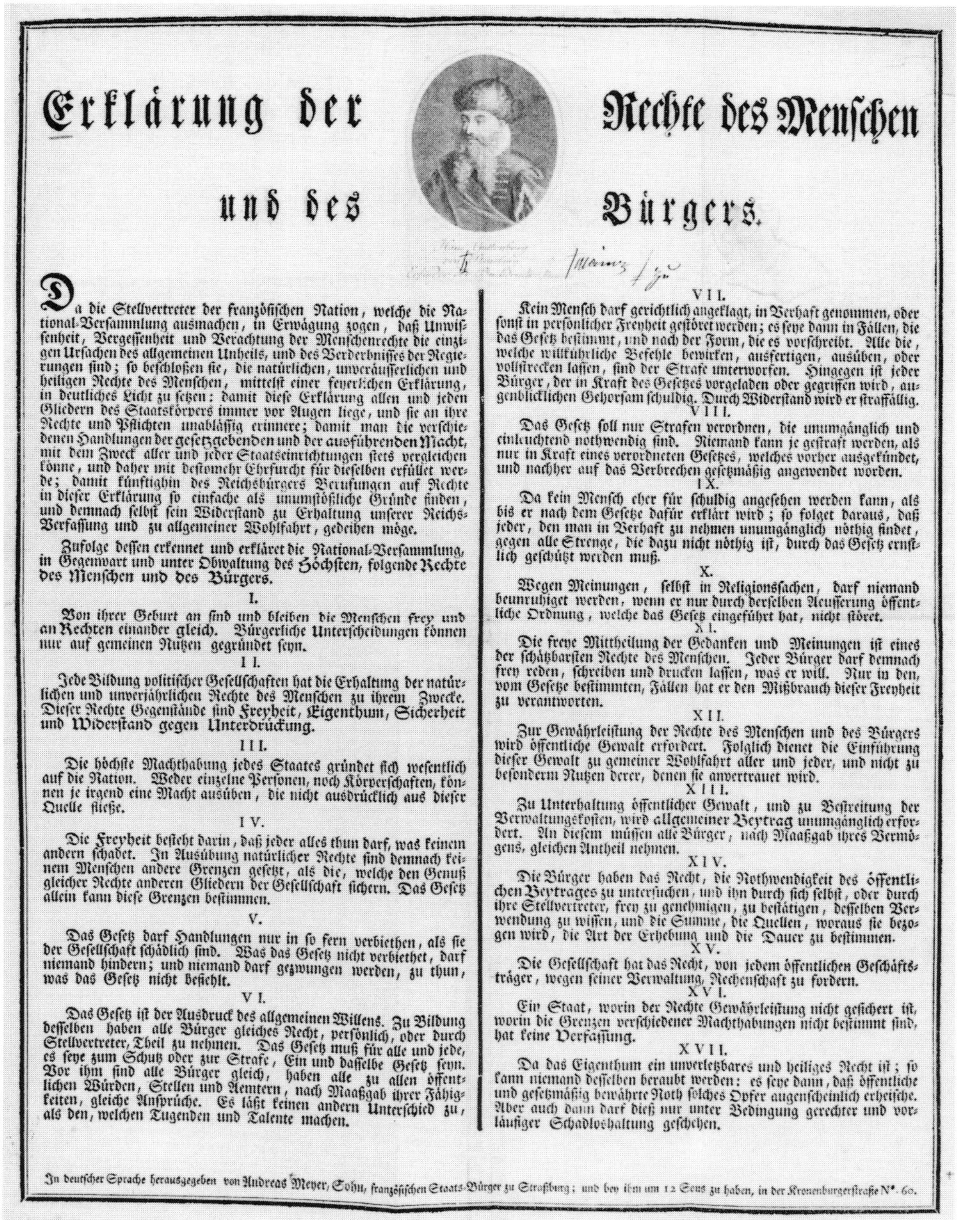

Erklärung der Rechte des Menschen und des Bürgers.

Da die Stellvertreter der französischen Nation, welche die National-Versammlung ausmachen, in Erwägung zogen, daß Unwissenheit, Vergessenheit und Verachtung der Menschenrechte die einzigen Ursachen des allgemeinen Unheils, und des Verderbnisses der Regierungen sind; so beschloßen sie, die natürlichen, unveräusserlichen und heiligen Rechte des Menschen, mittelst einer feyerlichen Erklärung, in deutliches Licht zu setzen: damit diese Erklärung allen und jeden Gliedern des Staatskörpers immer vor Augen liege, und sie an ihre Rechte und Pflichten unablässig erinnere; damit man die verschiedenen Handlungen der gesetzgebenden und der ausführenden Macht, mit dem Zweck aller und jeder Staatseinrichtungen stets vergleichen könne, und daher mit destomehr Ehrfurcht für dieselben erfüllet werde; damit künftighin des Reichsbürgers Berufungen auf Rechte in dieser Erklärung so einfache als unumstößliche Gründe finden, und demnach selbst sein Widerstand zu Erhaltung unserer Reichs-Verfassung und zu allgemeiner Wohlfahrt, gedeihen möge.

Zufolge dessen erkennet und erkläret die National-Versammlung, in Gegenwart und unter Obwaltung des Höchsten, folgende Rechte des Menschen und des Bürgers.

I.

Von ihrer Geburt an sind und bleiben die Menschen frey und an Rechten einander gleich. Bürgerliche Unterscheidungen können nur auf gemeinen Nutzen gegründet seyn.

II.

Jede Bildung politischer Gesellschaften hat die Erhaltung der natürlichen und unverjährlichen Rechte des Menschen zu ihrem Zwecke. Dieser Rechte Gegenstände sind Freyheit, Eigenthum, Sicherheit und Widerstand gegen Unterdrückung.

III.

Die höchste Machthabung jedes Staates gründet sich wesentlich auf die Nation. Weder einzelne Personen, noch Körperschaften, können je irgend eine Macht ausüben, die nicht ausdrücklich aus dieser Quelle fließe.

IV.

Die Freyheit besteht darin, daß jeder alles thun darf, was keinem andern schadet. In Ausübung natürlicher Rechte sind demnach keinem Menschen andere Grenzen gesetzt, als die, welche den Genuß gleicher Rechte anderen Gliedern der Gesellschaft sichern. Das Gesetz allein kann diese Grenzen bestimmen.

V.

Das Gesetz darf Handlungen nur in so fern verbiethen, als sie der Gesellschaft schädlich sind. Was das Gesetz nicht verbiethet, darf niemand hindern; und niemand darf gezwungen werden, zu thun, was das Gesetz nicht befiehlt.

VI.

Das Gesetz ist der Ausdruck des allgemeinen Willens. Zu Bildung desselben haben alle Bürger gleiches Recht, persönlich, oder durch Stellvertreter, Theil zu nehmen. Das Gesetz muß für alle und jede, es seye zum Schutz oder zur Strafe, Ein und dasselbe Gesetz seyn. Vor ihm sind alle Bürger gleich, haben alle zu allen öffentlichen Würden, Stellen und Aemtern, nach Maaßgab ihrer Fähigkeiten, gleiche Ansprüche. Es läßt keinen andern Unterschied zu, als den, welchen Tugenden und Talente machen.

VII.

Kein Mensch darf gerichtlich angeklagt, in Verhaft genommen, oder sonst in persönlicher Freyheit gestöret werden; es seye dann in Fällen, die das Gesetz bestimmt, und nach der Form, die es vorschreibt. Alle die, welche willkührliche Befehle bewirken, ausfertigen, ausüben, oder vollstrecken lassen, sind der Strafe unterworfen. Hingegen ist jeder Bürger, der in Kraft des Gesetzes vorgeladen oder gegriffen wird, augenblicklichen Gehorsam schuldig. Durch Widerstand wird er straffällig.

VIII.

Das Gesetz soll nur Strafen verordnen, die unumgänglich und einleuchtend nothwendig sind. Niemand kann je gestraft werden, als nur in Kraft eines verordneten Gesetzes, welches vorher ausgekündet, und nachher auf das Verbrechen gesetzmäßig angewendet worden.

IX.

Da kein Mensch eher für schuldig angesehen werden kann, als bis er nach dem Gesetze dafür erklärt wird; so folget daraus, daß jeder, den man in Verhaft zu nehmen unumgänglich nöthig findet, gegen alle Strenge, die dazu nicht nöthig ist, durch das Gesetz ernstlich geschützt werden muß.

X.

Wegen Meinungen, selbst in Religionssachen, darf niemand beunruhiget werden, wenn er nur durch derselben Aeusserung öffentliche Ordnung, welche das Gesetz eingeführt hat, nicht störet.

XI.

Die freye Mittheilung der Gedanken und Meinungen ist eines der schätzbarsten Rechte des Menschen. Jeder Bürger darf demnach frey reden, schreiben und drucken lassen, was er will. Nur in den, vom Gesetze bestimmten, Fällen hat er den Mißbrauch dieser Freyheit zu verantworten.

XII.

Zur Gewährleistung der Rechte des Menschen und des Bürgers wird öffentliche Gewalt erfordert. Folglich dienet die Einführung dieser Gewalt zu gemeiner Wohlfahrt aller und jeder, und nicht zu besonderm Nutzen derer, denen sie anvertrauet wird.

XIII.

Zu Unterhaltung öffentlicher Gewalt, und zu Bestreitung der Verwaltungskosten, wird allgemeiner Beytrag unumgänglich erfordert. An diesem müssen alle Bürger, nach Maaßgab ihres Vermögens, gleichen Antheil nehmen.

XIV.

Die Bürger haben das Recht, die Nothwendigkeit des öffentlichen Beytrages zu untersuchen, und ihn durch sich selbst, oder durch ihre Stellvertreter, frey zu genehmigen, zu bestätigen, desselben Verwendung zu wissen, und die Summe, die Quellen, woraus sie bezogen wird, die Art der Erhebung und die Dauer zu bestimmen.

XV.

Die Gesellschaft hat das Recht, von jedem öffentlichen Geschäftsträger, wegen seiner Verwaltung, Rechenschaft zu fordern.

XVI.

Ein Staat, worin der Rechte Gewährleistung nicht gesichert ist, worin die Grenzen verschiedener Machthabungen nicht bestimmt sind, hat keine Verfassung.

XVII.

Da das Eigenthum ein unverletzbares und heiliges Recht ist; so kann niemand desselben beraubt werden: es seye dann, daß öffentliche und gesetzmäßig bewährte Noth solches Opfer augenscheinlich erheische. Aber auch dann darf dieß nur unter Bedingung gerechter und vorläufiger Schadloshaltung geschehen.

In deutscher Sprache herausgegeben von Andreas Meyer, Sohn, französischen Staats-Bürger zu Straßburg; und bey ihm um 12 Sous zu haben, in der Kronenburgerstraße N°. 60.

Wende des Jahres 1819, unter der Führung Metternichs zu einem reinen Repressionsinstrument. Dagegen werden mit den ersten modernen Verfassungen vor allem in den süddeutschen Ländern neue Rahmenbedingungen und parlamentarische Institutionen geschaffen, die das aufstrebende Bürgertum in seinem liberalen Sinne politisch zu nutzen weiß.

Das revolutionäre Frankreich

Am Anfang des Umbruchs in Frankreich steht der revolutionäre Akt der Abgeordneten des Dritten Standes, die sich am 17. Juni 1789 zur Nationalversammlung erklären und drei Tage später gemeinsam den Schwur leisten, nicht eher auseinanderzugehen, als bis das Land eine gerechte Verfassung erhalten habe. Mit dem gewaltsamen Sturm auf das Symbol des verhaßten Absolutismus, das Staatsgefängnis der Bastille, kommt am 14. Juli 1789 die schwelende Unruhe und Erregung breiter Bevölkerungskreise zum offenen Ausbruch. Der Prozeß der revolutionären Veränderung wird unumkehrbar und breitet sich binnen kurzer Zeit über ganz Frankreich aus. In ihrer »Erklärung der Menschen- und Bürgerrechte« vom 26. August 1789 bekennt sich die französische Nationalversammlung zu den Prinzipien der politischen Freiheit und gesetzlichen Gleichheit als natürlichen, unveräußerlichen Rechten des Individuums. Wie kein anderer Text der Revolution dringt diese Proklamation als Grundgesetz jeder liberalen Ordnung in das allgemeine Bewußtsein.

Die Nachrichten von den revolutionären Ereignissen in Frankreich breiten sich auch in Deutschland rasch aus, doch eine größere politische Resonanz findet erst die zweite Phase der Revolution nach der Ausrufung der Republik im September 1792. Unter dem Einfluß der französischen Revolution differenziert sich vielerorts in Deutschland die politische Öffentlichkeit: Neben der Aufklärungsbewegung formiert

I/12
Sitzung des Mainzer Jakobinerclubs im Kurfürstlichen Schloß 1792

I/13 (Rechte Seite)
Johann Wolfgang von Goethe, Landschaft mit Freiheitsbaum, 1792

PASSANS
CETTE TERRE
EST LIBRE.

I/14
Einzug Napoleons in Berlin 1806

sich eine neue radikalere, den französischen Jakobinern nahestehende Richtung, die sich die republikanischen Forderungen zu eigen macht. Das Zentrum der jakobinischen Aktivitäten liegt allerdings bezeichnenderweise in West- und Süddeutschland, also im französischen Macht- und Einflußbereich. Während der französischen Besetzung der Stadt errichten Mainzer Jakobiner 1792/93 für kurze Zeit die erste Republik auf deutschem Boden. Sie kann sich allerdings nur auf eine Minderheit in der städtischen Bevölkerung stützen und bricht nach dem Abzug der Franzosen zusammen.

Die Revolutionskriege

Schon bald nach dem Ausbruch der Revolution strömt eine erste Welle von politischen Flüchtlingen aus Frankreich in die benachbarten Reichsgebiete. Die zumeist adeligen Emigranten sind wegen ihres oft arroganten Auftretens bei der Bevölkerung wenig beliebt. Sie drängen, wenn auch zunächst ohne durchgreifenden Erfolg, die europäischen Monarchien zum militärischen Vorgehen gegen das revolutionäre Frankreich. Mit dem Ausbruch des ersten Koalitionskrieges im April 1792 beginnt eine mehr als zwei Jahrzehnte dauernde Kriegsepoche, in der nur kurze Friedensphasen die militärischen Auseinandersetzungen unterbrechen. Nach ersten überraschenden Erfolgen der Revolutionsarmee wird der Krieg sogleich auch auf das Reichsgebiet getragen: Am 30. September 1792 erobern französische Truppen unter General Custine die Stadt Speyer.

Mit Napoleon wandelt sich die Verteidigung der Revolution endgültig in einen Eroberungskrieg im Namen der revolutionären Errungenschaften. Binnen weniger Jahre beherrscht Frankreich beinahe den ganzen europäischen Kontinent. Die innere und äußere Ordnung des Ancien Régime ist vollständig zusammengebrochen. Nach den militärischen Erfolgen des Jahres 1805 gegen Österreich und Rußland sowie der Neuordnung Süddeutschlands durch Napoleon folgt im Herbst 1806 der Feldzug gegen Preußen, das in der Doppelschlacht von Jena und Auerstedt am 14. Oktober eine vernichtende Niederlage hinnehmen muß. Der Einzug Napoleons durch das Brandenburger Tor nach Berlin am 27. Oktober 1806 besiegelt die preußische Niederlage. König Friedrich Wilhelm III. wird am 9. Juli 1807 im Diktatfrieden von Tilsit zur Abtretung aller Landesteile westlich der Elbe sowie der eben erst vereinnahmten polnischen Gebiete und zur Zahlung hoher Kriegsentschädigungen gezwungen. Auch der als fortschrittlich geltende Staat des preußischen Absolutismus erweist sich gegenüber dem revolutionären Frankreich politisch und militärisch als hoffnungslos unterlegen.

Neuordnung durch Napoleon

Die Niederlage des Reiches gegen Napoleon gibt den Anstoß zu einer grundlegenden Neuordnung aller staatlichen Verhältnisse in Mitteleuropa. Die größeren und mittleren Reichsfürsten sollen für ihre Gebietsverluste auf dem an Frankreich abgetretenen linken Rheinufer durch Territorien der Kirche und kleinerer weltlicher Herrschaften entschädigt werden. Mit dem Reichsdeputationshauptschluß vom 25. Februar 1803 erkennt das Reich die französisch-russischen Neuordnungspläne an.

Der Reichsdeputationshauptschluß und die territorialen Umwälzungen der Jahre 1805/06 berauben fast alle kleineren Reichsstände ihrer Reichsunmittelbarkeit. Die Landkarte des Reiches verliert einen guten Teil ihrer Buntscheckigkeit. Bistümer und Abteien, kleine Fürstentümer und Reichsstädte werden mediatisiert, d. h. größeren Territorien zugeschlagen. Die Säkularisierung, also die politische Entmachtung der geistlichen Herrscher und die Enteignung großer Teile kirchlichen

I/15
»Denkmal der Übergabe der Reichsstadt Nürnberg« an Bayern 1806

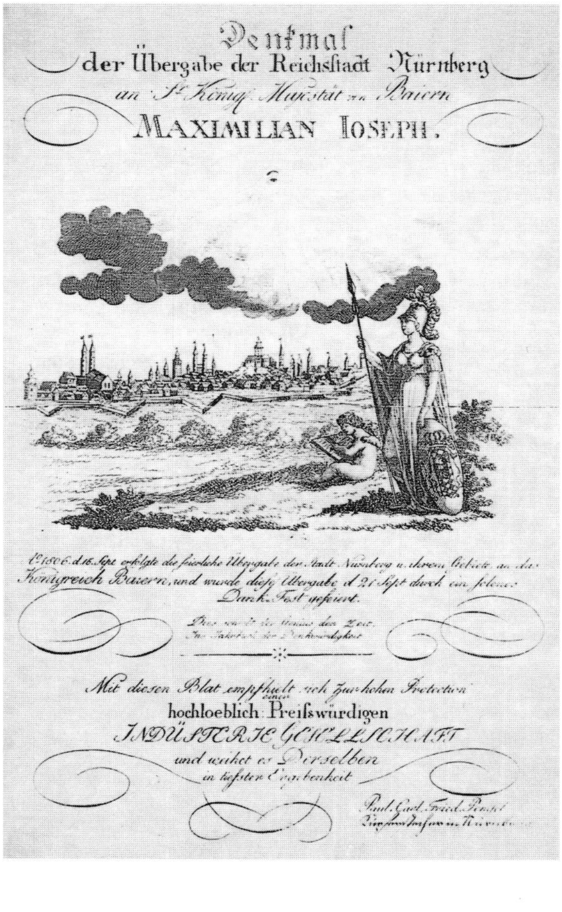

I/16
Huldigung der Rheinbundfürsten an Kaiser Napoleon 1806

Eigentums, bedeutet zugleich einen wichtigen Schritt zur Auflösung der überkommenen feudalen und ständischen Gesellschaft: Der Adel verliert wichtige Versorgungseinrichtungen, Bauern und Bürger erwerben kirchlichen Grund und Boden, in manches Kloster ziehen moderne Gewerbebetriebe ein.
Durch die territoriale Neugliederung des Reiches entstehen vor allem in Süddeutschland mit den

I/17
Öffentliche Verbrennung englischer Waren durch französische Truppen in Hamburg 1810

Königreichen Bayern und Württemberg und den Großherzogtümern Baden und Hessen-Darmstadt leistungsfähige Mittelstaaten. Ihre Herrscher fühlen sich im Interesse ihrer neu erworbenen Machtstellung Napoleon und Frankreich auf das engste verbunden. Mit der Unterzeichnung der »Rheinbundakte« durch 16 süd- und südwestdeutsche Staaten am 12. Juli 1806 in Paris ist auch das Ende des »Heiligen Römischen Reiches Deutscher Nation« gekommen. Am 1. August 1806 vollziehen die Rheinbundmitglieder ihren Austritt aus dem Reichsverband, fünf Tage später legt Kaiser Franz II. die Reichskrone nieder und erklärt das Reich für erloschen. Die Fürsten des Rheinbundes huldigen am 12. Juli 1806 dem französischen Kaiser in Paris. Ihr Bund, ein Offensiv- und Defensivbündnis unter dem Protektorat Napoleons, schafft in Mitteleuropa ein machtpolitisches Gegengewicht gegen Preußen und Österreich. Alle Projekte, den Rheinbund durch gemeinsame Institutionen zu einem Bundesstaat auszubauen, scheitern jedoch am Widerstand der größeren Mitgliedsstaaten.

Am 21. November 1806 verkündet Napoleon in der preußischen Hauptstadt das Dekret über die Kontinentalsperre: Mit einer völligen Wirtschaftsblockade soll England auch politisch in die Knie gezwungen werden. Zugleich erwartet Frankreich von einer Umorientierung der Wirtschaft auf dem europäischen Kontinent verbesserte Exportchancen und eine Stärkung seiner Position. Die wirtschaftlichen Auswirkungen der Kontinentalsperre, die Frankreich mit scharfen Kontrollen durchzusetzen versucht, differieren sehr stark: Während einzelne Gewerbezweige ohne die englische Konkurrenz aufblühen, leiden vor allem die Landwirtschaft und der Handel erheblich unter den Restriktionen.

Die preußischen und rheinbündischen Reformen

Der Wille zu umfassenden Reformen geht in den neugeschaffenen süddeutschen Staaten besonders auf die Notwendigkeit zurück, Gebiete ganz verschiedener historischer Traditionen und Verwaltungsstrukturen zu einem staatlichen Ganzen zu verschmelzen. Nach oft eher zaghaften ersten Schritten setzen sich meist die streng zentralistischen Reformkonzepte nach französischem Vorbild durch.

In Preußen werden die Reformen vor allem durch die schmerzliche Erfahrung der Niederlage gegen Napoleon angestoßen: In seiner »Nassauer Denkschrift« vom Juni 1807 entwickelt der Freiherr vom Stein ein umfassendes Konzept, wie dem preußischen Staat durch eine »Belebung des Gemeingeistes und des Bürgersinns« neue Kräfte zugeführt werden sollen. Schon früh gerät dieses Konzept jedoch in Konflikt mit den Machtansprüchen des preußischen Königs.

An der Spitze der Reformen steht jeweils eine durchgreifende Neuordnung der staatlichen Verwaltungsgliederung und der Finanzverfassung, die den bereits im Absolutismus begonnenen Prozeß der modernen Staatsbildung fortführt und vollendet. Den zweiten Schwerpunkt der Reformen bildet die Freisetzung der Gesellschaft durch ein neues bürgerliches Rechtssystem. Die damit verbundenen Probleme bündeln sich besonders in den Auseinandersetzungen um die Einführung des 1804 in Frankreich geschaffenen Zivilgesetzbuches, des Code Napoléon, in den Rheinbundstaaten.

Vielleicht am deutlichsten wird der Übergang vom Obrigkeitsstaat zum Bürgerstaat in der preußischen Reform der Heeresverfassung. Die Abschaffung des Adelsmonopols auf die Offiziersstellen erschüttert die

wichtigste Institution des alten Preußen. Auch die Auswahl der Offiziere soll sich künftig nach den bürgerlichen Bildungs- und Leistungsprinzipien richten. Das zweite Kernstück der Militärreformen in Preußen bildet die Einführung der allgemeinen Wehrpflicht. Der Dienst in der Armee soll nicht mehr als verhaßter Zwang, sondern als patriotische Pflicht des Staatsbürgers empfunden werden, die Armee soll Teil der bürgerlichen Gesellschaft werden.
Zu den wichtigsten gesellschaftlichen Reformen zählen die Bauernbefreiung und die sie begleitenden

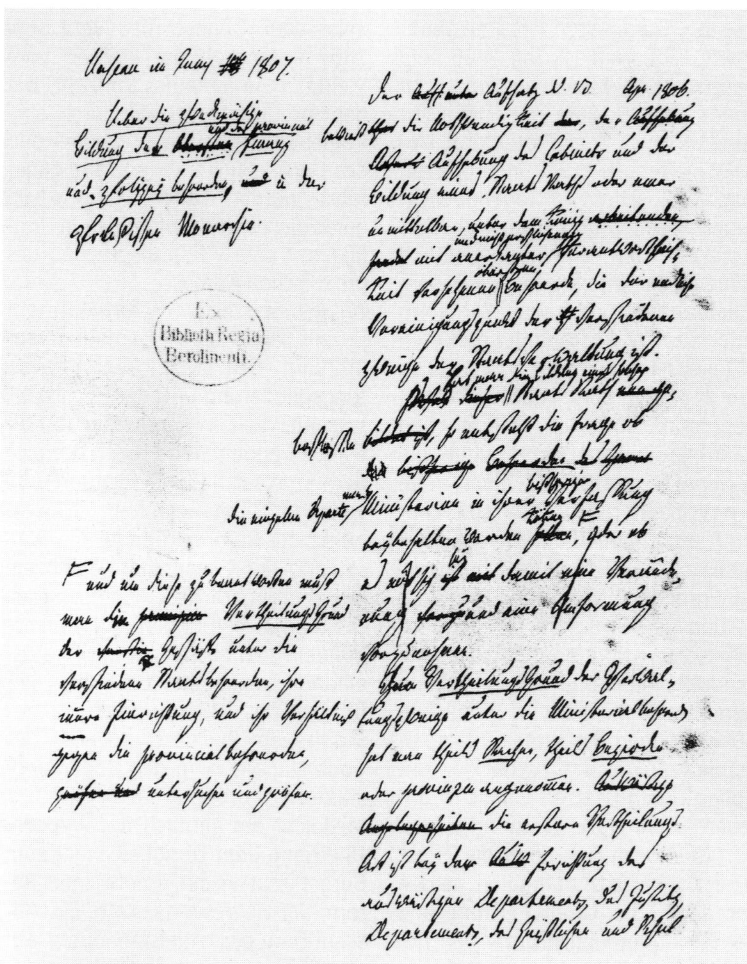

I/18,19
Die »Nassauische Denkschrift« des Freiherrn vom Stein, Juni 1807. Erste Seite in der Handschrift Steins

I/20
Entwurf von Friedrich Weinbrenner für die neue Synagoge in Karlsruhe 1798

Maßnahmen: Formen persönlicher Unfreiheit wie die Leibeigenschaft werden aufgehoben, die Dienste und Abgaben der Bauern sollen gegen Geldzahlungen abgelöst werden, Grund und Boden werden frei verkäufliche Wirtschaftsgüter. In engem Zusammenhang mit der Wirtschafts- und Gesellschaftsreform stehen auch die ersten gesetzlichen Schritte zur Emanzipation der Juden. In Preußen erlaubt das Edikt vom 11. März 1812 den Juden den Eintritt in das Gemeindebürgerrecht, die freie Gewerbeausübung und den Grunderwerb, während ihnen der Staatsdienst und das Offizierskorps weiter verschlossen bleiben. Nach Jahrhunderten der bloßen Duldung und z.T. auch der Ghettoisierung öffnet sich den Juden in dieser Zeit des Umbruchs, trotz vieler nach wie vor bestehender rechtlicher und faktischer Beschränkungen, der Weg zur bürgerlichen Gleichberechtigung.

Das Ideal des Freiherrn vom Stein, den preußischen Staat durch eine erweiterte Beteiligung seiner Bürger zu stärken, wird am ehesten in der Städteordnung von 1808 verwirklicht. Sie gewährt den Gemeinden weitgehende Selbstverwaltungsrechte und legt die kommunalen Geschicke in die Hände der von den Bürgern selbst gewählten Stadtverordneten. Die Beschränkung des Bürgerrechts auf die selbständigen Kaufleute und Gewerbetreibenden bleibt jedoch erhalten. Die weitergehenden Zielsetzungen, die Stein und Hardenberg mit dem Selbstverwaltungskonzept verbinden, nämlich repräsentative und konstitutionelle Elemente auch auf den höheren staatlichen Ebenen bis hin zu einer preußischen Verfassung, erfüllen sich jedoch nicht.

Preußen hat mit den Gebietsabtretungen des Jahres 1807 auch seine »Hauptuniversität« Halle verloren. Das Konzept für die Gründung einer neuen Universität in Berlin formuliert Wilhelm von Humboldt (1767–1835), der 1809 an die Spitze der preußischen Unterrichtsverwaltung berufen wird, in einem Schreiben an den preußischen König vom 24. Juli 1809. Humboldts Idee der Universität geht von dem Prinzip der Einheit von wissenschaftlicher Forschung und Lehre und von dem Leitbild zweckfreier, nicht unmittelbar auf eine Nutzanwendung gerichteter Wissenschaft aus, deren freie Entwicklung vom Staat getragen und gesichert werden soll. Neben der Reform der Universität steht die Neuordnung des Schulwesens, das nach dem Willen der Reformer in Preußen künftig nur noch aus der Volksschule für die elementare, allgemeine Bildung und dem neuen Typus des humanistischen Gymnasiums für die höhere Bildung bestehen soll.

I/21
Militärparade unter den Linden 1837, Gemälde von F. Krüger

I/22
Gottesdienst für die neugewählten Berliner Stadtverordneten in der Nikolaikirche 1808

I/23, 24
Wilhelm von Humboldts Antrag auf Errichtung der Universität Berlin, 12. Mai 1809. Erste Seite in der Handschrift Humboldts

Die Freiheitskriege

Philosophen und Dichter – so etwa Ernst Moritz Arndt 1813 in seinem patriotischen Lied »Was ist des Deutschen Vaterland?« – bekennen sich in der Zeit der napoleonischen Herrschaft zu einer »deutschen Nation« und rufen zum Kampf gegen die Fremdherrschaft auf. Die »Befreiung« von Napoleon soll zugleich zu einem allgemeinen Aufbruch in die »Freiheit«, in einen nationalen Verfassungsstaat werden. Nach und nach erwacht der Widerstand gegen die napoleonische Herrschaft in den deutschen Län-

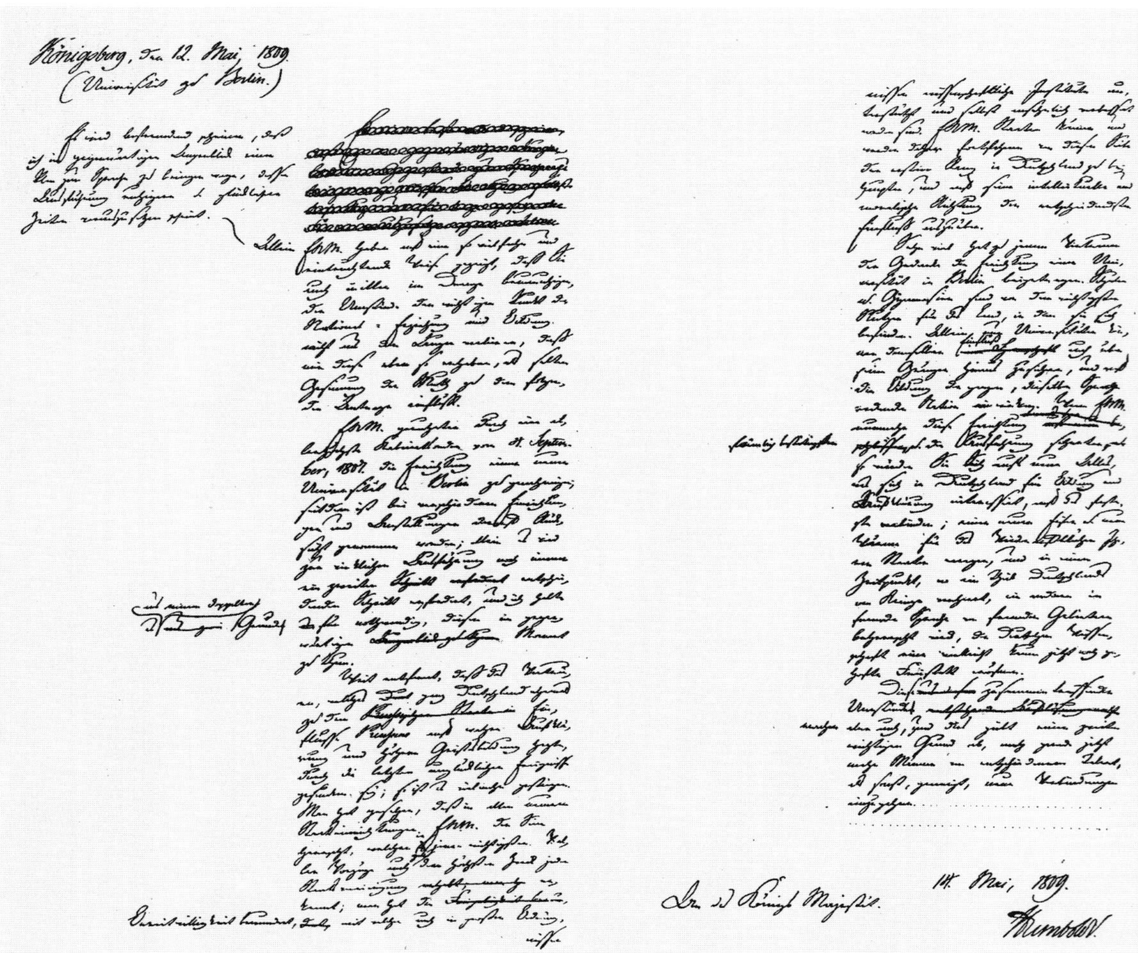

I/25
Die Völkerschlacht bei Leipzig vom 16. bis 19. Oktober 1813

dern. Immer drückender werden die Lasten der französischen Besatzung, die Aushebung deutscher Truppen und das Elend der fortgesetzten Kriege empfunden. In Preußen wird der eher zögernde König Friedrich Wilhelm III. von der aufflammenden nationalen Begeisterung zum Krieg gegen Napoleon getrieben. Der Widerstand gegen Napoleon kann sich bald auf eine breite Freiwilligenbewegung aus allen Bevölkerungsschichten stützen und organisiert sich in sogenannten Freikorps. Nach der Niederlage Napoleons in Rußland 1812 erringen die verbündeten preußischen, österreichischen und russischen Truppen in der »Völkerschlacht« bei Leipzig am 16.–19. Oktober 1813 den entscheidenden Sieg über den französischen Kaiser. Napoleon muß sich mit seiner Armee nach Frankreich zurückziehen, der Rheinbund löst sich auf.

Der Wiener Kongreß

Nach dem Sieg über Napoleon beraten von September 1814 bis Juni 1815 in Wien die Fürsten und Minister der verbündeten Großmächte Rußland, Großbritannien, Österreich und Preußen mit Vertretern anderer deutscher und europäischer Staaten sowie den Unterhändlern des besiegten Frankreich über die Neuordnung der europäischen Verhältnisse. Das Ergebnis des Wiener Kongresses – niedergelegt in der Schlußakte des Wiener Kongresses vom 9. Juni 1815 – steht einerseits im Zeichen der Restauration: Viele Grenzen und die Gewichtsverhältnisse zwischen den fünf Großmächten werden wiederhergestellt, gewaltsam vertriebene Dynastien wieder in ihre Rechte eingesetzt. Andererseits aber erweist sich eine vollständige Rückkehr zu den absolutistisch geprägten Ordnungen der

I/26
Sitzung der Bevollmächtigten auf dem Wiener Kongreß in der Staatskanzlei

vorrevolutionären Zeit als unmöglich. In einem großen »Länderschacher« werden auf dem Wiener Kongreß viele der von Napoleon vollzogenen Änderungen in der europäischen Staatenwelt wieder rückgängig gemacht. Lediglich die territoriale Neuordnung Deutschlands bleibt im wesentlichen unangetastet. Die konservativen Ostmächte Rußland, Österreich und Preußen verbünden sich in der »Heiligen Allianz« zur Erneuerung christlicher Grundsätze. In der Praxis läuft diese Zielsetzung auf die Aufrechterhaltung der bestehenden dynastischen Ordnung und die gewaltsame Unterdrückung aller nationalen Befreiungsbestrebungen hinaus.

Der Deutsche Bund

Statt des von der liberalen Bewegung erhofften Nationalstaats wird auf dem Wiener Kongreß für Deutschland nur ein loser Staatenbund geschaffen. Sein Hauptzweck ist es, die Unabhängigkeit seiner Mitglieder zu wahren, das monarchische System zu sichern und die neuen politischen und sozialen Kräfte niederzuhalten. Das höchste Organ dieses Bundes, die Bundesversammlung, später Bundestag genannt, residiert von 1816 bis 1866 im Palais Thurn und Taxis in Frankfurt am Main.
Die Bundesversammlung ist allerdings keine gesamtdeutsche Volksvertretung, sondern ein ständiger Gesandtenkongreß der deutschen Fürsten und Freien Städte unter österreichischem Vorsitz. In der politischen Praxis erweist sich die

Bundesorganisation als äußerst schwerfällig. Zu den Leistungen des Bundes zählt die Wahrung des inneren und äußeren Friedens über einen langen Zeitraum hinweg. Sie wird jedoch nur um den Preis der Unterdrückung aller freiheitlichen Bestrebungen erreicht.

Den »Deutschen Bund« bilden zunächst 37 Staaten und vier Freie Städte. Preußen und Österreich gehören nur mit ihren ehemaligen Reichsterritorien, nicht aber mit West- und Ostpreußen bzw. den nichtdeutschen Teilen der Habsburgermonarchie dem Bund an. Bundesmitglieder sind indirekt, über ihre deutschen Besitzungen, auch die Könige von Dänemark, von Großbritannien und der Niederlande.

Anfänge des Verfassungsstaates

Das vage Versprechen des Artikels 13 der Bundesakte: »In allen Bundesstaaten wird eine landständische Verfassung stattfinden.« wird in den deutschen Einzelstaaten ganz verschieden gehandhabt. Während Preußen und Österreich weiter absolutistisch regiert werden, sehen die süddeutschen Ländern in der Einführung moderner Repräsentativverfassungen eine Chance, ihre Souveränität gegenüber dem Deutschen Bund zu befestigen. In diesen Verfassungen werden den Bürgern erstmals freiheitliche Grundrechte und politische Mitsprachemöglichkeiten auf dem Wege über parlamentarische Vertretungen gewährt.

Im Zuge der sich verschärfenden Restauration wird der Artikel 13 der Bundesakte mehr und mehr als Verbot moderner Verfassungen ausgelegt. In diesem Sinne bekräftigt die Wiener Schlußakte vom 15. Mai 1820 das »monarchische Prinzip«. Demgegenüber versuchen vor allem die süddeutschen Liberalen, die errungenen Rechte demonstrativ zu behaupten.

I/27
Sitzung des Deutschen Bundestages in Frankfurt am Main 1817

I/28
Porträt des bayerischen Königs Max I. Joseph mit der Verfassungsurkunde

Das Wartburgfest

Am 18. Oktober 1817 ziehen rund 500 Studenten auf Einladung der Jenenser Burschenschaft auf die Wartburg. Sie wollen das 300jährige Jubiläum der Reformation und den vierten Jahrestag der Völkerschlacht bei Leipzig, die religiöse und die politische Befreiung Deutschlands feiern. Das Fest auf der Wartburg lenkt die Aufmerksamkeit der politisch interessierten Öffentlichkeit erstmals auf die neue burschenschaftliche Bewegung, die aus den Freiheitskriegen gegen Napoleon hervorgegangen ist. Die Feier steht aber auch am Anfang der Geschichte politischer Demonstrationen in Deutschland.

Die Hälfte der Teilnehmer kommt aus Jena, dem Zentrum der studentischen Reformbewegung, die übrigen meist von norddeutsch-protestantischen Universitäten; doch sind auch einzelne katholische Studenten beteiligt. Politische Akzente setzt vor allem die Festrede des Jenaer Studenten Riemann, der heftige Kritik am Deutschen Bund übt.

Besonderes öffentliches Aufsehen erregt das Nachspiel des Wartburgfestes: Eine kleine Gruppe von Studenten aus dem Umkreis des »Turnvaters« Friedrich Ludwig Jahn inszeniert eine Verbrennung »undeutscher« Schriften und absolutistischer Symbole: Neben einem Code Napoléon fliegen u.a. eine »Deutsche Geschichte« von August von Kotzebue und die »Restauration der Staatswissenschaften« des hochkonservativen Juristen Karl Ludwig von Haller, aber auch ein Zopf, eine Ulanenuniform und ein Korporalstock in das Feuer. Die Auswahl der Gegenstände zeigt die Ambivalenz der studentischen Bewegung, in der sich liberale und im Zeichen eines vergangenheitsorientierten Nationalismus rückschrittliche Elemente mischen.

I/29
Zug der Studenten auf die Wartburg 1817

Das System Metternich

Der Widerstand gegen das restaurative System des Deutschen Bundes formiert sich zuerst an den Universitäten, besonders in studentischen Kreisen. Burschenschaften und Turnvereine organisieren den Kampf für einen deutschen Nationalstaat. Die Ermordung des

I/30
Der Mord an August von Kotzebue am 23. März 1819

Schriftstellers und russischen Staatsrats August von Kotzebue durch den Studenten Karl Ludwig Sand am 23. März 1819 in Mannheim – gedacht als ein Fanal gegen die Restauration und für den deutschen Nationalstaat – eröffnet eine Periode verschärfter Reaktion und politischer Verfolgung. Sand wird am 20. Mai 1820 in Mannheim hingerichtet.

Mit den »Karlsbader Beschlüssen« vom 20. September 1819, die bis 1848 in Kraft bleiben, wird ein umfassendes polizeistaatliches Überwachungssystem zur Unterdrükkung der liberalen und nationalen Bewegung errichtet. Zur Verfolgung »demagogischer Umtriebe« und »revolutionärer Verbindungen« wird die »Central-Untersuchungs-Commission« mit Sitz in Mainz geschaffen. In einem »Schwarzen Buch« stellt diese berüchtigte Spitzelbehörde eine Liste aller Personen zusammen, die wegen politischer Delikte im Gebiet des Deutschen Bundes belangt worden sind. Für die Zeit bis 1837 umfaßt das Buch Eintragungen über 1867 Personen.

Im Mittelpunkt der Repressionspolitik aber steht die Pressezensur. Alle Druckschriften mit einem Umfang von weniger als 20 Bogen müssen vor ihrer Veröffentlichung die Zensur passieren. Die sich eben erst entfaltende Presse versucht, wenigstens durch das demonstrative Freilassen von »Zensurlücken« gegen diese Eingriffe zu protestieren – eine Praxis, die schließlich auch noch verboten wird. Viele Anhänger und führende Köpfe der liberalen und demokratischen Opposition sehen sich persönlichen Verfolgungen bis hin zu mehrjährigen Gefängnisstrafen ausgesetzt.

I/31
Gefangenentransport zur württembergischen Festung Hohenasperg

3. Gesellschaft im Umbruch

Seit dem ausgehenden 18. Jahrhundert gerät die traditionale, in Stände gegliederte Gesellschaft zunehmend in Bewegung. Staatliche Reformen wie die Bauernbefreiung und die Einführung der Gewerbefreiheit in einigen Gebieten verändern die ihr zugrundeliegende wirtschaftliche Ordnung ebenso wie ein allgemeiner Aufschwung der gewerblichen Produktion und des Handels. Hinzu kommen noch die Anfänge der Industrialisierung, deren Ausmaß allerdings von Region zu Region sehr unterschiedlich ist. Diese Kräfte der Veränderung drängen zugleich auf die Schaffung eines einheitlichen Wirtschaftsraumes in Mitteleuropa, wie er 1834 mit der Gründung des Zollvereins und dann auch verkehrspolitisch im Zeichen von Eisenbahn, Straße und Kanal zu entstehen beginnt.

Dieser tiefgreifende Wandel ist begleitet von schwerwiegenden sozialen Problemen. Landwirtschaft und Handwerk, die traditionell dominierenden Wirtschaftsbereiche, können der sich rasch vermehrenden Bevölkerung kein Auskommen mehr sichern. Auch die neue Industrie ist noch zu wenig entwickelt, ja sie verschärft als zusätzlicher Konkurrenzfaktor in einzelnen Gewerbesektoren sogar noch die Probleme. So ist die erste Hälfte des 19. Jahrhunderts geprägt durch Massenarmut und Hungersnöte, durch Epidemien aufgrund unzureichender hygienischer Verhältnisse und große Auswanderungswellen.

Zugleich aber beginnt sich vor allem in den Städten eine neue gesellschaftliche Struktur auszuformen. Mehr und mehr regt sich ein selbstbewußtes Bürgertum, das zunächst auf der kommunalen Ebene seine Geschicke selber in die Hand nimmt. Es entsteht das Modell einer sich politisch selbst bestimmenden, auf dem Prinzip der »Assoziation«, des freien Zusammenschlusses in Vereinen, gegründeten und zugleich wirtschaftlich prosperierenden Gesellschaft. Dieses Konzept entfaltet bald eine ungeheure Dynamik, die sich in den Jahren des Vormärz auch politisch in den Einzelstaaten und auf der nationalen Ebene durchzusetzen versucht.

I/32
Kaufleute im Kontor um 1800

I/33
Die Harkortsche Fabrik auf Burg Wetter um 1834, Gemälde von Alfred Rethel

I/34
Der Viktualienmarkt in München, Gemälde von Domenico Quaglio, 1824

Der wirtschaftliche Wandel

Die wirtschaftlichen Veränderungen, die sich in der ersten Hälfte des 19. Jahrhunderts vollziehen, hängen auf das engste mit der Entwicklung vielfältiger neuer Techniken in Produktion und Kommunikation zusammen. Gerade der technologische Wandel nährt den bürgerlichen Fortschrittsoptimismus.
Die Landwirtschaft bildet mit einem Anteil von weit mehr als 50 % der Beschäftigten nach wie vor den wichtigsten Wirtschaftszweig. Die Entwicklung auf dem Agrarsektor ist vor allem durch eine allgemeine Verbesserung der Produktionsmethoden bestimmt, die zunehmend systematisch erforscht werden. Ein dichtes Netz landwirtschaftlicher Vereine, die vom Staat nachhaltig gefördert werden, sorgt für die Verbreitung der neuen Erkenntnisse über Bodenbearbeitung, Fruchtanbau oder auch Tierhaltung.

Der wirtschaftliche Aufstieg des städtischen Bürgertums beruht in den ersten Jahrzehnten nach 1800 noch überwiegend auf dem Aufschwung des Handels; hier werden, neben der Landwirtschaft, die meisten Kapitalien investiert und auch die größten Gewinne erzielt. Im Handel dominiert nach wie vor der klassische Typ des Großkaufmanns, der, oft spezialisiert auf bestimmte Produkte, entweder selber direkt oder auf Kommissionsbasis handelt und meist daneben auch Bank- und Wechselgeschäfte betreibt. Zur prosperierenden Entwicklung im Handelssektor trägt nicht zuletzt bei, daß die traditionellen Hemmnisse und Restriktionen Schritt für Schritt abgebaut werden. Eine Vorreiterrolle übernimmt dabei Preußen, das mit seinem Zollgesetz von 1818 einen entschieden freihändlerischen Kurs einschlägt. Unter preußischer Führung schließen sich 1833 18 Einzelstaaten mit 23 Millionen Ein-

I/35
Bayerische Münze auf den Zollverein von 1833

wohnern zum »Deutschen Zollverein« zusammen. Die Anziehungskraft seines einheitlichen Wirtschaftsgebietes ist so groß, daß – mit Ausnahme des schutzzöllnerischen Österreich – in den folgenden Jahren fast alle übrigen deutschen Länder diesem Schritt folgen. Die wirtschaftliche Einheit, die der Zollvereinsvertrag mit seinem Inkrafttreten am 1. Januar 1834 für die Mitgliedsstaaten schafft, nimmt in gewisser Weise die kleindeutsch-preußische Lösung der staatlichen Einheit vorweg, wie sie sich – nach dem Scheitern der Nationalstaatsbildung 1848/49 – mit der Reichsgründung durchsetzt.

Schon in der napoleonischen Zeit beginnt daneben mit dem Neubau leistungsfähiger Chausseen eine Verbesserung der Verkehrsverbindungen. Der Gütertransport auf dem Straßenwege kann wesentlich gesteigert werden, für die Personenbeförderung steht ein immer besser ausgebautes Postkutschennetz zur Verfügung. Weiterreichende Möglichkeiten, vor allem für den Transport von Massengütern, eröff-

I/36
Eisenbahn, Straße und Ludwigskanal bei Erlangen 1844

I/37
Eröffnung der Eisenbahnlinie München–Augsburg am 1. September 1839

I/38
Maschinensaal einer Baumwollspinnerei um 1830

nen sich auf den Wasserwegen: Handelsrestriktionen wie Zölle und Zwangsstapel werden mehr und mehr aufgehoben, Flüsse und Kanäle werden ausgebaut, die Transportleistungen mit dem Beginn der Dampfschiffahrt erheblich ausgeweitet. Den entscheidenden Schritt aber von der alten zur neuen Zeit, von der Muskelkraft zur Maschine, verkörpert im Verkehrssektor die Eisenbahn. Sie verändert stärker als alle anderen technischen Errungenschaften das öffentliche und private Leben. Weit über ihre verkehrspolitische Bedeutung hinaus nimmt die Eisenbahn eine Schlüsselstellung im Prozeß des wirtschaftlichen Wandels ein. Sie eröffnet nicht nur ganz neue Handelswege, mit weitreichenden Folgen für die Produktionsstandorte, sondern kurbelt auch die Eisen- und Stahlproduktion sowie den Maschinenbau entscheidend an und wird damit zum Motor der Industrialisierung.

I/39
Eisengewinnung im Puddelverfahren um 1830

I/40
Die Borsigsche Eisengießerei am Oranienburger Tor 1837

Die industrielle Warenproduktion beginnt sich nach 1830 auch in Mitteleuropa mehr und mehr durchzusetzen. Während in der ersten Industrialisierungsphase die neuen Produktionsverfahren im wesentlichen auf das Textilgewerbe beschränkt gewesen sind, vollzieht sich jetzt parallel zum Eisenbahnbau der Aufschwung der Eisen- und Stahlindustrie sowie des Maschinenbaues. Ein treffendes Beispiel für diese neue Phase der Industrialisierung bieten die Borsig-Werke in Berlin. Johann Carl Friedrich August Borsig (1804–1854) hat seine praktischen Erfahrungen, nach einer Zimmermannslehre und zeitweisem Studium am Königlichen Gewerbeinstitut, vor allem als Angestellter einer Berliner Maschinenbauanstalt und Gießerei gewonnen, bevor er sich 1837 mit einer eigenen Firma am Oranienburger Tor selbständig macht. Zum Zeitpunkt der Gründung 1837 beginnt Borsig seine

I/41
Borsigs »Maschinenbau-Anstalt« 1847

I/42
Die schlesischen Weber, Gemälde von Karl Wilhelm Hübner, 1844.

Tätigkeit mit etwa 50 Arbeitern, zehn Jahre später, im gewerblichen Hochkonjunkturjahr 1847, sind in seinem Werk bereits 1200 Arbeiter beschäftigt. Schon bald nach ihrer Gründung liefert die Firma Borsig auch Teile für den Eisenbahnbau. Bei der Reparatur englischer Lokomotiven erwirbt sie das nötige Know-how, um ab 1841 selbst Lokomotiven herstellen zu können. Binnen weniger Jahre steigt Borsig – 1847 liefert das Werk 67 Lokomotiven aus – zum größten Lokomotivproduzenten in Preußen und Deutschland auf.

Pauperismus und sozialer Protest

In der ersten Hälfte des 19. Jahrhunderts steigt die Bevölkerungszahl Mitteleuropas um mehr als 60%. Der hohe Geburtenüberschuß ist teils durch eine zurückgehende Sterblichkeit, teils durch die nun – nach Aufhebung ständischer Beschränkungen – auch in den unteren Schichten stark zunehmende Zahl von Familiengründungen bedingt.
Auf dem Lande führt die Bauernbefreiung in vielen Gebieten nicht zu einer Vermehrung selbständiger bäuerlicher Existenzen. Sie kommt vielmehr eher den Guts- und Grundherren zugute. Vor allem in Preußen wächst daher die breite Masse der ländlichen Unterschicht stark an. Aus ihr rekrutiert sich die

neue soziale Gruppe der Landarbeiter, die oft am Rande des Existenzminimums leben.
In den Städten nimmt das Handwerk in der ersten Hälfte des 19. Jahrhunderts eine von Gewerbe zu Gewerbe sehr unterschiedliche Entwicklung. Während etwa das Bau- und Metallhandwerk oder auch einzelne Nahrungsgewerbe wirtschaftlich expandieren, steigt in anderen Handwerkszweigen parallel zur Bevölkerungsexplosion die Zahl derjenigen Meister stark an, die ohne Hilfskräfte arbeiten und deren Betriebe dahinkümmern. Viele Handwerker, Meister wie Gesellen und Lehrlinge, steigen so in die soziale Unterschicht ab, deren Existenz dauernd gefährdet ist.
Kinder aus Familien der ländlichen und städtischen Unterschichten müssen von früh auf durch Betteln oder Arbeit in Manufakturen und Fabriken zum Unterhalt beitragen. Nur sehr allmählich entwickeln sich Initiativen, die auf die gesundheitlichen und sozialen Gefahren der Kinderarbeit hinweisen und staatliche Schutzmaßnahmen verlangen. Neben den Kindern stellen auch Frauen einen hohen Anteil der Beschäftigten: So sind etwa in Sachsen 1846 36% der industriellen Arbeitskräfte, vor allem im Textilgewerbe, weiblich. Die Konkurrenz auf dem Arbeitsmarkt drückt das ohnehin niedrige Lohnniveau so weit herab, daß selbst der Lohn eines qualifizierten Arbeiters nicht zur Ernährung einer Familie ausreicht. Zugleich löst sich die traditionale Familie mehr und mehr auf. Auf dem Lande wie in der Stadt bestehen daher für große Teile der Unterschicht keine Möglichkeiten mehr, sich durch Arbeit ein Auskommen zu sichern. Die staatliche Politik zur Bekämpfung der Massenarmut bleibt unzureichend, ja, vielfach verschärft sie, wie etwa das sozial höchst ungerechte Steuersystem in Preußen, noch die Notlage der unteren Schichten. Zudem bleiben trotz deutlich steigender agrarischer Produktion Ernährungs-

I/43
Schusterwerkstatt am Sonntagmorgen, Karikatur von Theodor Hosemann 1845

I/44
Betreuung verarmter und verwaister Kinder im Rauhen Haus in Hamburg um 1845

krisen keineswegs aus: Besonders 1816/17 und dann erneut 1846/47 erlebt fast ganz Europa nach Mißernten noch einmal Hungersnöte größten Ausmaßes. Die Massenarmut, der »Pauperismus«, ist also die Folge einer grundsätzlichen Störung im Verhältnis von Bevölkerungsentwicklung und Nahrungsspielraum.
Die soziale Not treibt eine sprunghaft steigende Zahl von Menschen zur Abwanderung aus ihrer angestammten Heimat, teils in andere deutsche Staaten, teils aber auch über die deutschen Grenzen hinaus, vor allem in die Vereinigten Staaten von Amerika. Der Höchststand wird nach 1845 mit über 60.000 Auswanderern jährlich erreicht. Sie kommen in der Mehrzahl aus den kleinbäuerlichen Regionen der hessischen Staaten, Frankens und des Südwesten.

I/45
»Neujahrsfeier des armen Mannes in der ganze Welt«, zeitgenössischer Holzstich

I/46
Hessische Auswanderer auf dem Weg nach Bremen 1824

In den Städten wird das Bevölkerungswachstum vielfach noch im Rahmen der bestehenden Bebauung, innerhalb der alten Stadtmauern, aufgefangen. Die Bevölkerungsdichte steigt ebenso wie die Belegung der einzelnen Häuser stark an, die sozialen und hygienischen Probleme nehmen massiv zu. Die Städtetechnik, Wasserversorgung und Abwässerbeseitigung, hält zunächst mit dem Bevölkerungswachstum nicht Schritt. Die unzureichenden hygienischen Verhältnisse begünstigen die Verbreitung von Seuchen. Als ein Zeichen für die Unfähigkeit der traditionalen Stadt, mit den neu heraufkommenden Problemen fertig zu werden, wird schon von den Zeitgenossen der große Brand von Hamburg gesehen, der vom 5. bis zum 8. Mai 1842 praktisch die gesamte, sehr dicht bebaute Altstadt zerstört.

I/47
Nikolai-Kirche und Hopfenmarkt während des großen Brandes in Hamburg 1842

Die neue bürgerliche Gesellschaft

Die Umrisse einer neuen, bürgerlich geprägten gesellschaftlichen Ordnung bilden sich zunächst in den Städten aus. Das städtische Bürgertum besteht auch nach den Neuregelungen der Reformzeit zunächst als eine Rechtsgemeinschaft. Zu ihr gehört jeder erwachsene Mann, der eine gesicherte Existenz nachweisen kann und das Bürgerrecht seiner Gemeinde erworben hat. Mit ihren Familien stellen die Bürger etwa ein Drittel bis die Hälfte der städtischen Einwohner. Die von den Bürgern gewählten Selbstverwaltungsorgane, die mit den neuen Gemeindeordnungen geschaffen werden, wecken zunehmend das allgemeine Interesse an der eigenverantwortlichen Regelung der die Stadt betreffenden Fragen. Den Ruf der größten Fortschrittlichkeit genießen die Gemeindereformgesetze des Großherzogtums Baden vom Dezember 1831. Die sich selbst verwaltende bürgerliche Gemeinschaft in der Stadt wird im Vormärz zunehmend zum Leitbild der allgemeinen Mitbestimmungsforderungen, die das neue Bürgertum gegenüber dem Staat erhebt.

I/49
Der Eid der Frankfurter Bürgerschaft auf die Konstitutionsergänzungsakte 1816

Der Wandel der Gesellschaft wird nicht zuletzt von einer neuen bürgerlichen Öffentlichkeit begleitet und getragen. Technische Erfindungen für den Zeitungs- und Zeitschriftendruck wie die Schnellpresse und das lithographische Verfahren ermöglichen einen ungeheuren Aufschwung der Publizistik. Zeitungen und Zeitschriften, aber auch die wichtigsten literarischen Neuerscheinungen werden vom städtischen Bürgertum meist gemeinsam in Kaffeehäusern und eigens gegründeten Gesellschaften gelesen und diskutiert. Darüber hinaus bilden sich kurz nach der Jahrhundertwende in fast allen größeren Städten unter Bezeichnungen wie »Ca-

I/50
Sitzung des Hamburger Rat- und Bürgerkonvents im alten Rathaus 1834

I/48 (Linke Seite)
Die Klosterstraße mit der Parochialkirche in Berlin, Gemälde von Eduard Gaertner, 1830

I/51
Berliner Lesecafé, Gemälde von Gustav Taubert, 1832

sino«, »Harmonie« oder »Museum« allgemeine gesellige Vereine, denen sowohl Adelige und hohe Staatsbeamte als auch die führenden Köpfe des Stadtbürgertums angehören. In und mit diesen Vereinen erhebt das neue Bürgertum den Anspruch, Adel und Bürokratie gesellschaftlich ebenbürtig zu sein. Zugleich festigt sich in gemeinsamer Bildung und Diskussion, in Kunstgenuß und geselligem Beisammensein das Zusammengehörigkeitsgefühl, die neue bürgerliche Identität. Gerade der Musik, aber auch der Literatur und der bildenden Kunst kommt in diesem Prozeß der bürgerlichen Selbstfindung eine herausragende Rolle zu. Dies zeigt sich besonders, als sich nach 1830 das bürgerliche Vereinswesen in einer Fülle von Musik-, Gesang- und Kunstvereinen differenziert und breiter entfaltet.

Auch bei der wirtschaftlichen Interessenwahrnehmung setzen sich die neuen bürgerlichen Organisationsstrukturen mehr und mehr durch. So wird etwa im gewerblichen Bereich die traditionale Form der

I/52
Berliner
Wohnzimmer
um 1820

Zünfte nach 1840 durch Handwerker- und Gewerbevereine abgelöst. Aufbauend auf den Prinzipien der gesellschaftlichen Selbstorganisation und des freiwilligen Zusammenschlusses in Vereinen versucht das vormärzliche Bürgertum zunächst auch, die schwerwiegenden sozialen Probleme der Zeit zu bewältigen. Dagegen ist die offene Vertretung politischer Ziele in Form von Vereinen aufgrund der restriktiven Haltung des Deutschen Bundes nicht möglich. Die bürgerlich-liberale Bewegung sucht sich daher, etwa in Festbanketten für ihre Abgeordneten, andere Möglichkeiten, die eigenen politischen Zielvorstellungen zu diskutieren und abzustimmen.

I/53
Festbankett
eines liberalen
Bürgervereins
um 1840

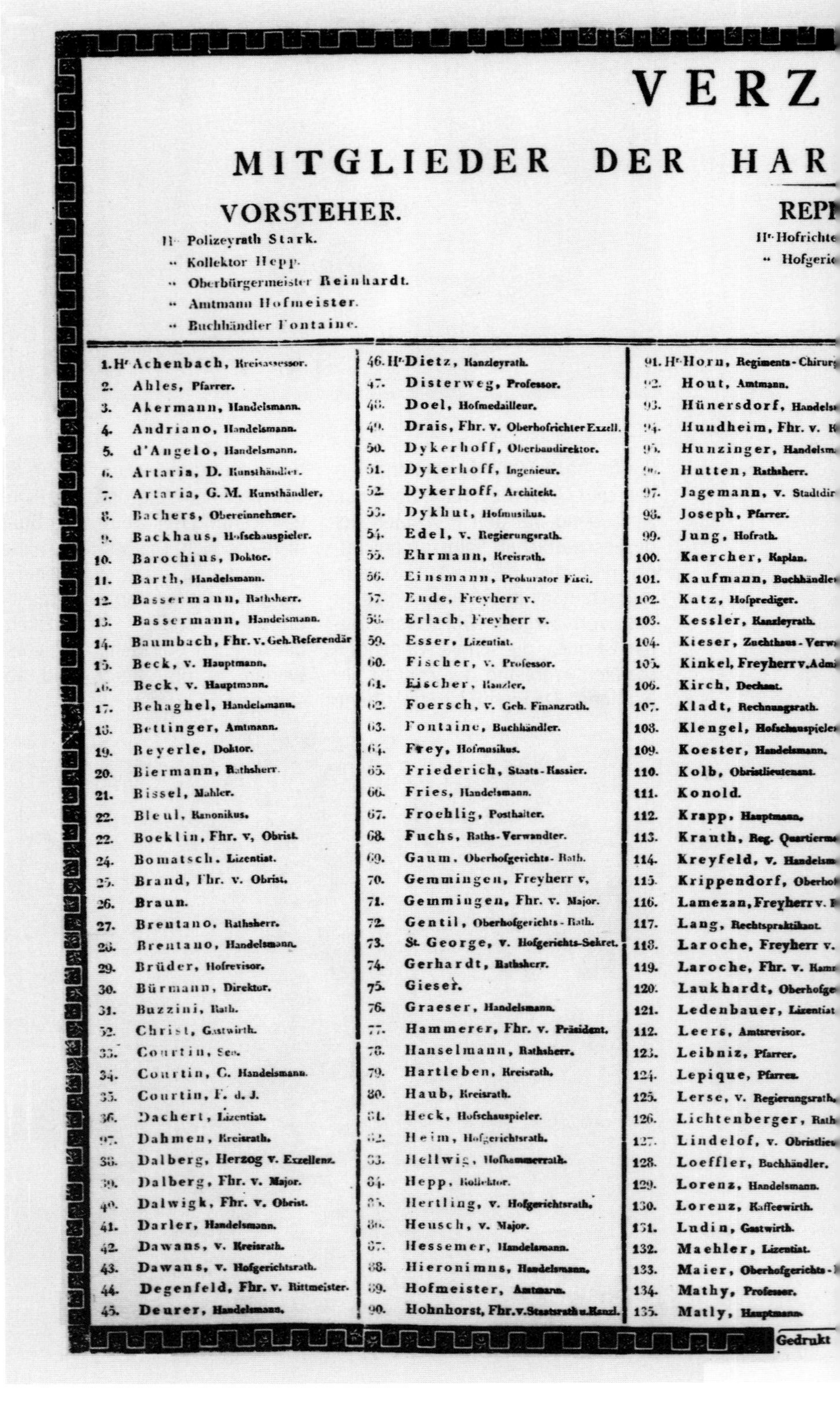

VERZ

MITGLIEDER DER HAR

VORSTEHER.

H. Polizeyrath Stark.
" Kollektor Hepp.
" Oberbürgermeister Reinhardt.
" Amtmann Hofmeister.
" Buchhändler Fontaine.

REPI

Hr. Hofrichte
" Hofgeri

1. Hr Achenbach, Kreisassessor.
2. Ahles, Pfarrer.
3. Akermann, Handelsmann.
4. Andriano, Handelsmann.
5. d'Angelo, Handelsmann.
6. Artaria, D. Kunsthändler.
7. Artaria, G. M. Kunsthändler.
8. Bachers, Obereinnehmer.
9. Backhaus, Hofschauspieler.
10. Barochius, Doktor.
11. Barth, Handelsmann.
12. Bassermann, Rathsherr.
13. Bassermann, Handelsmann.
14. Baumbach, Fhr. v. Geh. Referendär
15. Beck, v. Hauptmann.
16. Beck, v. Hauptmann.
17. Behaghel, Handelsmann.
18. Bettinger, Amtmann.
19. Beyerle, Doktor.
20. Biermann, Rathsherr.
21. Bissel, Mahler.
22. Bleul, Kanonikus.
22. Boeklin, Fhr. v, Obrist.
24. Bomatsch. Lizentiat.
25. Brand, Fhr. v. Obrist.
26. Braun.
27. Brentano, Rathsherr.
28. Brentano, Handelsmann.
29. Brüder, Hofrevisor.
30. Bürmann, Direktor.
31. Buzzini, Rath.
32. Christ, Gastwirth.
33. Courtin, Sen.
34. Courtin, C. Handelsmann.
35. Courtin, F. d. J.
36. Dachert, Lizentiat.
97. Dahmen, Kreisrath.
38. Dalberg, Herzog v. Exzellenz.
39. Dalberg, Fhr. v. Major.
40. Dalwigk, Fhr. v. Obrist.
41. Darler, Handelsmann.
42. Dawans, v. Kreisrath.
43. Dawans, v. Hofgerichtsrath.
44. Degenfeld, Fhr. v. Rittmeister.
45. Deurer, Handelsmann.

46. Hr Dietz, Kanzleyrath.
47. Disterweg, Professor.
48. Doel, Hofmedailleur.
49. Drais, Fhr. v. Oberhofrichter Exzell.
50. Dykerhoff, Oberbaudirektor.
51. Dykerhoff, Ingenieur.
52. Dykerhoff, Architekt.
53. Dykhut, Hofmusikus.
54. Edel, v. Regierungsrath.
55. Ehrmann, Kreisrath.
56. Einsmann, Prokurator Fisci.
57. Ende, Freyherr v.
58. Erlach, Freyherr v.
59. Esser, Lizentiat.
60. Fischer, v. Professor.
61. Eischer, Kanzler.
62. Foersch, v. Geh. Finanzrath.
63. Fontaine, Buchhändler.
64. Frey, Hofmusikus.
65. Friederich, Staats-Kassier.
66. Fries, Handelsmann.
67. Froehlig, Posthalter.
68. Fuchs, Raths-Verwandter.
69. Gaum, Oberhofgerichts-Rath.
70. Gemmingen, Freyherr v,
71. Gemmingen, Fhr. v. Major.
72. Gentil, Oberhofgerichts-Rath.
73. St. George, v. Hofgerichts-Sekret.
74. Gerhardt, Rathsherr.
75. Gieser.
76. Graeser, Handelsmann.
77. Hammerer, Fhr. v. Präsident.
78. Hanselmann, Rathsherr.
79. Hartleben, Kreisrath.
80. Haub, Kreisrath.
81. Heck, Hofschauspieler.
82. Heim, Hofgerichtsrath.
83. Hellwig, Hofkammerrath.
84. Hepp, Kollektor.
85. Hertling, v. Hofgerichtsrath.
86. Heusch, v. Major.
87. Hessemer, Handelsmann.
88. Hieronimus, Handelsmann.
89. Hofmeister, Amtmann.
90. Hohnhorst, Fhr. v. Staatsrath u. Kanzl.

91. Hr Horn, Regiments-Chirur
92. Hout, Amtmann.
93. Hünersdorf, Handels
94. Hundheim, Fhr. v. K
95. Hunzinger, Handelsm
96. Hutten, Rathsherr.
97. Jagemann, v. Stadtdir
98. Joseph, Pfarrer.
99. Jung, Hofrath.
100. Kaercher, Kaplan.
101. Kaufmann, Buchhändle
102. Katz, Hofprediger.
103. Kessler, Kanzleyrath.
104. Kieser, Zuchthaus-Verw
105. Kinkel, Freyherr v. Admi
106. Kirch, Dechant.
107. Kladt, Rechnungsrath.
108. Klengel, Hofschauspiele
109. Koester, Handelsmann.
110. Kolb, Obristlieutenant.
111. Konold.
112. Krapp, Hauptmann.
113. Krauth, Reg. Quartierm
114. Kreyfeld, v. Handelsm
115. Krippendorf, Oberho
116. Lamezan, Freyherr v. I
117. Lang, Rechtspraktikant.
118. Laroche, Freyherr v.
119. Laroche, Fhr. v. Kam
120. Laukhardt, Oberhofge
121. Ledenbauer, Lizentiat
112. Leers, Amtsrevisor.
123. Leibniz, Pfarrer.
124. Lepique, Pfarrer.
125. Lerse, v. Regierungsrath.
126. Lichtenberger, Rath
127. Lindelof, v. Obristlie
128. Loeffler, Buchhändler.
129. Lorenz, Handelsmann.
130. Lorenz, Kaffeewirth.
131. Ludin, Gastwirth.
132. Maehler, Lizentiat.
133. Maier, Oberhofgerichts-
134. Mathy, Professor.
135. Matly, Hauptmann.

Gedrukt

I/54
Verzeichnis der Mitglieder der »Harmonie« zu Mannheim 1815

HNISS

IE ZU MANNHEIM. 1815.

NTEN.

ardt Exzellenz.

BIBLIOTHECARE.

Hr. Pfarrer Lepique.
" Baron von Erlach.

Maubuisson, v. Hofkammerrath.
Mayer, Kaufhausschreiber.
Mayer, Handelsmann.
Mayer, Holzhändler.
Menges, Hoftheater-Tanzmeister.
Messonier, Baumeister.
Michel, Handelsmann.
Micheroux, Kreisassessor.
Minet, v. Hofgerichtsrath.
Moehl, Rathsherr.
Moehl, Rath.
Moerdes, Hofgerichtsrath.
Mohr, Lizentiat.
Molliet, Handelsmann.
Morgenstern, C. Handelsmann.
Morgenstern, P.
Müller, Hofrath.
Müller, Hofschauspieler.
Munz, Hofmusikus.
Newhouse, Handelsmann.
Nicola, Hofmusikus.
Noll, Gastwirth.
Nüsslin, Professor.
Otto, Geb. Referendär.
Paine, Wm.
Palm, Magazinverwalter.
Pattberg, v. Premierlieutenant.
Perglass, Fhr. v. Hofgerichtsrath.
Pierron, v. Hauptmann.
Pistorius, Hofgerichtsrath.
Pozzi, Professor.
Reinhardt, Oberbürgermeister.
Reinhardt, Handelsmann.
Reinhardt, Gastwirth.
Renner, Gastwirth.
Renner, von Weinheim.
Renner, C. Handelsmann.
Renner, Doktor.
Renner, L. Handelsmann.
Richard, Schlossverwalter.
Ritter, Apotheker.
Ritter, Kapellmeister.
Roddé, Banquier.
Rodenstein, Fhr. v. Kammerherr
Roeder, Handelsmann.

181. Hr. Rupprecht, Hofrath.
182. Sachs, Handelsmann.
183. Sachs, Professor.
184. Sartori, Handelsmann.
185. Schaaf, Handelsmann.
186. Schachleiter, Hofgerichtsrath.
187. Schaefer, Kandidat.
188. Scharpf, Handelsmann.
189. Schies, Lizentiat.
190. Schloesser, v. Rath.
191. Schmieg, Oberhofgerichts-Rath.
192. Schoepf, v. General.
193. Schuler, Hofrath.
194. Schumacher, Prof. u. Hofastronom
195. Schumacher, Rathsherr.
196. Schweikhardt, Freyherr v.
197. Schweikhardt, Fhr. v. L.G. Rath.
198. Seibold, Doktor.
199. Seiler, Professor.
200. Siegel, Staatsrath und Kanzler.
201. Singer, Hofschauspieler.
202. Soeldner, Amtmann.
203. Soiron, v. Postamts-Direktor.
204. Sperl, v. Hofgerichtsrath.
205. Speck, Oberlieutenant.
206. Stark, Polizeyrath.
207. Stengel, Fhr. v. Oberhofger. Rath.
208. Stengel, Fhr. v. Kreisdirektor.
209. Stengel, Hofkammerrath.
210. Stengel, Rechtspraktikant.
211. Stryk, Freyherr v.
212. Stumm, Hofrath.
213. Sturmfeder, Fhr. v. Kammerherr.
214. Tannstein, v. General.
215. Thurneisen, Handelsmann.
216. Thürnagel, Hofschauspieler.
217. Trau, Handelsmann.
218. Türk, Hoftheater-Kassier.
219. Ungern Sternberg, Fhr. v.
220. Venningen, Fhr. v. ObKr. Junker Exz.
221. Verschafelt, v. Hofgerichtsrath.
222. Vincenti, v. General-Lieut. Exzell.
223. Vogt, Handelsmann.
224. Volz, Handelsmann.
225. Waechter, Freyherr v.

226. Hr. Walderdorf, Graf v. Kais. G.R. Exz.
227. Waldkirch, Graf v. Oberjägerm. Exz.
228. Walter, Rathsherr.
229. Walther, Sekretair.
230. Walz, Oberhofgerichts-Rath.
231. Walz, Kreisrevisor.
232. Wambold, Fhr. v. Domdechant.
233. Weber, Hofgerichtsrath.
234. Weber, Hofgerichtsrath.
235. Wedekind, Doktor.
236. Wedekind, Oberhofgerichts-Rath.
237. Weikum, Professor.
238. Weiler, v. Hofgerichtsrath.
239. Wevelinchoven, v. Kammerherr.
240. Wermerskirch, Gastwirth.
241. Werner, Hofschauspieler.
242. Wilhelmi, Hofkammerrath.
243. Woestenradt, Lizentiat.
244. Wolf, Geh. Justizrath.
245. Wolfinger, Doktor.
246. Yrsch, Graf v. Kammerherr.
247. Ysenburg, Fürst v. Durchlaucht
248. Zeroni, Doktor.
249. Ziegler, Hofgerichtsrath.
250. Zyllnhardt, Fhr. v. Hofrichter. Exzell.

s-Schriften.

S.GUZWILLER

I/55
Das Familienkonzert, Gemälde von Sebastian Gutzwiler, 1849

4. Vormärz

Die Jahrzehnte vor der Märzrevolution von 1848, der »Vormärz«, sind eine Zeit des politischen Aufbruchs. Überall in Deutschland und im übrigen Europa organisiert sich die liberale und nationale Bewegung des aufstrebenden Bürgertums, bereitet sich allmählich jene politische Konstellation vor, die dann 1848/49 in die große, gemeineuropäische Revolution führt.

Ihr wichtigstes Aktionsfeld findet die bürgerlich-liberale Bewegung in den einzelstaatlichen Parlamenten, die vor allem in Süddeutschland mit den nach dem Wiener Kongreß erlassenen Verfassungen geschaffen werden. Neben einer Ersten Kammer als Repräsentation des Adels, der Kirche und anderer Institutionen sehen diese Konstitutionen eine Zweite Kammer vor, die aus Wahlen der Staatsbürger – wenngleich nach einem mehr oder minder beschränkten Wahlrecht – hervorgeht. Trotz der begrenzten parlamentarischen Befugnisse gelingt es den Liberalen, in diesen Staaten zeitweise einzelne Reformen durchzusetzen. Zugleich tragen die Landtagswahlen und die parlamentarische Arbeit dazu bei, daß sich die Abgeordneten in Fraktionen organisieren, ihre politischen Zielsetzungen klären und so für größere politische Aufgaben vorbereiten.

Aber auch außerparlamentarisch schreitet die Sammlung der oppositionellen Kräfte gegen die reaktionäre Ordnung des Deutschen Bundes fort – immer wieder angestoßen durch die gleichzeitigen nationalen und revolutionären Erhebungen in anderen europäischen Ländern. Phasen großer politischer Unruhe, besonders nach der französischen Julirevolution von 1830, und neuerlicher Befestigung des bestehenden Systems wechseln einander ab. In den 1840er Jahren differenziert sich, trotz nach wie vor bestehender Übereinstimmung in der allgemeinen nationalen Zielsetzung, die Opposition: Der linke Flügel, die Demokraten, tritt für eine Ausweitung der politischen Rechte auch auf die unteren Schichten und für soziale Reformen ein, während der rechte Flügel, die Liberalen, aus Sorge vor einer sozialen Revolution zu einem vorsichtigeren, reformerischen Vorgehen mahnt.

I/56
Das Ständehaus in Dresden

I/57
Innenansicht des Ständesaales in München 1819

Anfänge des Parlamentarismus

Am Vorabend der Revolution von 1848/49 besitzt mehr als die Hälfte der 39 Einzelstaaten des Deutschen Bundes moderne parlamentarische Vertretungen im Rahmen einer konstitutionellen Monarchie. Der Schwerpunkt des parlamentarischen Lebens liegt dabei eindeutig in den süddeutschen Staaten, die bereits nach dem Wiener Kongreß ihre Verfassungen erhalten haben. Die Parlamentarisierung weiterer Einzelstaaten, besonders in Nord- und Mitteldeutschland, folgt in einem zweiten Schub nach der Julirevolution von 1830.

Die meisten Verfassungen sehen ein Zweikammersystem vor, in dem die Erste Kammer als konservatives Element aus Vertretern des Adels, der Kirchen, der Universitäten oder anderer Institutionen besteht und die Zweite Kammer als eigentliche Volksvertretung das dynamische Element darstellt. Häufig werden für die Kammern neue Gebäude errichtet, eine spezifische Parlamentsarchitektur beginnt sich zu entwickeln.

Das Wahlrecht zu den Zweiten Kammern ist in allen vormärzlichen Verfassungen ein beschränktes. Relativ am weitesten geht das Großherzogtum Baden, das allen Gemeindebürgern und den Staatsbeamten das aktive Wahlrecht zubilligt. Andere Staaten begrenzen die Zahl der Wahlberechtigten durch einen hohen »Zensus«, den Nachweis eines Mindestvermögens.

Die politischen Befugnisse der neuen Parlamente sind noch relativ eng begrenzt. Weder können sie selbst Gesetzesvorlagen einbringen noch bei der Regierungsbildung mitbestimmen. Doch ihre Mitwirkungsrechte in Fragen der Staatsfinanzen und bei der Gesetzgebung lassen sie ebenso wie ihr allgemeines Petitionsrecht, das sie immer wieder zu Debatten über aktuelle politische Themen nutzen, schon bald zu Brennpunkten des öffentlichen Lebens werden.

PLAN
DES SITZUNGS SAALES DER IIten KAMMER
des
Großherzogthums Baden

Nebst Übersicht der zur Vten Stände Versammlung (im Jahr 1831) gegenwärtigen Deputirten, der Wahlbezirke welche sie abordneten, der Sitze, welche sie einnehmen, und der Abtheilungen, in welchen sie sich zu den geheimen Vorberathungen versameln.

No. der Plätze	Der Herren Deputirten: Namen	Stand	Wohnort	No. der Wahl-Bezirks	Benennung des Wahl-Bezirks	Abtheilung	No. der Plätze	Der Herren Deputirten: Namen	Stand	Wohnort	No. der Wahl-Bezirks	Benennung des Wahl-Bezirks	Abtheilung
1	Präs. Föhrenbach	Oberhofgr. Rath	Mannheim	XII.	Stdt. Mannheim	V.	35	Fecht	Decan u. Pfarrer	Kork	17	Am. Freyburg, Hornberg, u. Wolfach	V.
2	I. Sec. Grimm	Oberbürg. u. Professor	Weinheim	35	A. Ladenburg u. Weinheim	V.	36	Herr	Geistl. Rath	Kuppenheim	VII.	Stdt. Baden	V.
3	II. Sec. Speierer	Bürgermeister	Heidelberg	32	A. Wiesloch u. Neckargemündt	II.	37	Platz	O. Bürgermeister	Wertheim	XIV.	Stdt. Wertheim	IV.
4	III. Sec. Schinzinger	Univ. Wirtsch. Administr.	Freyburg	III.	Stdt. Freyburg	II.	38	Löhlein	Bürgermeister	Gernsbach	25	A. Baden, Gernsbach u. Steinbach	III.
5	Winter	Min. Chef d. Inn. u. Staatsr.	Carlsruhe	26	Landamt Carlsruhe	I.	39						
1	v. Tscheppe	Hofrath	Stockach	3	A. Stockach, Meersburg u. Engen	III.	40						
2							41						
3	Vetter	Bürgermeister	Villingen	5	A. Villingen u. Hüfingen	V.	42						
4							43						
5							44						
6							45						
7	Regenauer	Domainenrath	Carlsruhe	30	A. Bretten u. Eppingen	II.	46						
8	Schaaff	Stadtdirector	Freyburg	37	A. Eberbach u. 1. Theil v. Mosbach	IV.	47	Schüssler	Vogt	Steinbach bey [illegible]	41	A. Wertheim u. Walldürn	II.
9	Rettig	Kreisdirector	Constanz	II.	Stdt. Constanz	III.	48	Hubert	Kaufmann	Adelsheim	38	A. Bucken u. Osterburken	I.
10	Körner	Vogt	Seckenheim		O. Amt Heidelberg		49	Kreglinger	Posthalter	Emmendingen	15	O. A. Emmendingen	I.
11	Dörr	Gastwirth	R. Bischofsheim	22	A. Kork u. R. Bischofsheim	II.	50	Sonntag	Bürgermeister	Emmendingen	14	L. A. Freyburg, Waldkirch u. Elzach	I.
12	Lauer	Kaufmann	Mannheim	XII.	Stdt. Mannheim	V.	51	Weysser	O. Bürgermeister	Durlach	IX.	Stdt. Durlach	III.
13	Völker	Fabrikinhaber	Lahr	19	A. Lahr	II.	52	Seltzam	Geh. Referendair	Carlsruhe	40	A. T. Bischofsheim u. Gerlachsheim	V.
14	Rindeschwender	Hofger. Advocat	Rastadt	23	A. Achern u. Bühl	IV.	53						
15	Aschbach	Hofger. Rath	Rastadt	39	A. Boxberg	I.	54	Klose	O. Bürgermeister	Carlsruhe	VIII.	Stdt. Carlsruhe	IV.
16	Welcker	Hofr. u. Professor	Freyburg	18	A. Ettenheim	III.	55	Wetzel II	O. Vogt	Freyburg	6	A. Thiengen, Jestetten, St. Blasien u. Waldshut	IV.
17	Martin	Bürgermeister	Staufen	11	A. Staufen u. Heitersheim	II.	56	Knapp	Gastwirth	Appenweier	20	O. A. Offenburg	II.
18	Buhl	Fabrikinhaber	Ettlingen	24	A. Rastadt u. Ettlingen	IV.	57	Gerbel	Hofr. u. O. Hofg. Advocat	Mannheim	23	A. Sinsheim	II.
19	v. Itzstein	Hofger. Rath	Mannheim	31	A. Philippsburg u. Schwezingen	IV.	58						
20	Blankenhorn	Bürgermeister	Müllheim	10	A. Müllheim	IV.	59						
21	Posselt	Apotheker	Heidelberg	XIII.	Stdt. Heidelberg	III.	60	Trotschler	Hammerwerksbesitzer	Tiefenstein	7	A. Säckingen, Schönau u. Laufenburg	III.
22	Merk	Hofger. Rath	Freyburg	4	A. Blumberg, Stühlingen, Bondorf, Löffingen	III.	61	Margel	Alt Bürgermeister	Schopfheim	8	A. Schopfheim u. Kandern	V.
23	Bekk	Hofger. Assessor	Meersburg	1	A. Meersburg, Salem, Pfullendorf, Überlingen	IV.	62	v. Rotteck	Hofr. u. Professor	Freyburg	[illegible]	A. Kenzingen, Endingen, Gengenbach u. Oberkirch	V.
24	Rettig	Amtmann	Lahr	IV.	Stdt. Lahr	I.	63						
25	Kindt	Handelsmann	Lahr	IV.	Stdt. Lahr	IV.	64	Bader	Amtmann	Meersburg	2	A. Radolphzell, Blumenfeld u. Constanz	IV.
26	Duttlinger	Geh. Rath u. Prof.	Freyburg	13	1ter L. Amt Freyburg u. A. St. Peter	I.	65	Mittermaier	Geh. Rath u. Prof.	Heidelberg	XI.	Stdt. Bruchsal	II.
27	Wetzel I	Hofger. Rath	Freyburg	III.	Stdt. Freyburg	I.	66	Magg	Bürgermeister	Überlingen	I.	Stdt. Überlingen	I.
28	Witzenmann	Kaufmann	Pforzheim	X.	Stdt. Pforzheim	V.	67	Seramin	Kaufmann	Rotweil	12	A. Breisach u. Freyburger Stadt Amts Orte	III.
29	Müller	Gutsbesizer	Rastadt	VI.	Stdt. Rastadt	III.	68	Winter	Univ. Buchhändl.	Heidelberg	XIII.	Stdt. Heidelberg	I.
30	Kienle	Fabrikinhaber	Pforzheim	X.	Stdt. Pforzheim	II.	69						
31	Hoffmann	Finanz Rath	Carlsruhe	27	A. Stein u. Durlach	V.	70	Armbruster	Vogt	Rottingen	28	A. Pforzheim	V.
32	Gell	Senator u. Kaufmann	Carlsruhe	VIII.	Stdt. Carlsruhe	II.	71	Grether	O. Bürgermeister	Lörrach	9	A. Lörrach	I.
33	Rutschmann	Finanz Rath	Carlsruhe	VIII.	Stdt. Carlsruhe	III.	72	Mohr	O. Hofg. Advocat	Mannheim		Stdt. Mannheim	III.
34													

Abtheilungen der IIten Kammer

I.
Präsident Duttlinger, Secretair Magg. Aschbach, Dörr, Grether, Hubert, Kreglinger, Rettig v. Lahr, Sonntag, Wetzel I, Winter v. Carlsr., Winter v. Heid.

II.
Präsid. Mittermaier, Secret. Speierer, Gerbel, Gell, Kienle, Knapp, Körner, Martin, Regenauer, Schinzinger, Schüssler, Völker.

III.
Präsid. Welcker, Secret. Mohr, Löhlein, Merk, Müller, Posselt, Rettig v. Constanz, Rutschmann, Seramin, v. Tscheppe, Trotschler, Weysser.

IV.
Präsid. v. Itzstein, Secret. Bekk, Bader, Blankenhorn, Buhl, Kindt, Klose, Platz, Rindeschwender, Schaaff, Wetzel II.

V.
Präsid. v. Rotteck, Secret. Seltzam, Armbruster, Fecht, Föhrenbach, Grimm, Herr, Hoffmann, Lauer, Margel, Witzenmann, Vetter.

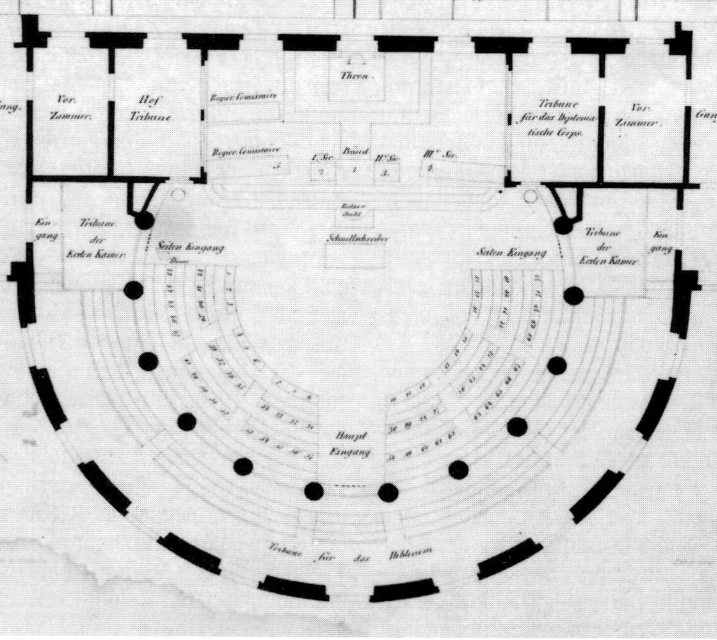

Budgets Commission der IIten Kammer.

Duttlinger, Grether, Gell, Speierer, Posselt, Weysser, Buhl, v. Itzstein, Lauer, Hoffmann.

Verstärkung.

Fecht, Knapp, Martin, Rutschmann, Völker, Winter von Heidelberg, Witzenmann.

Petitions Commission der IIten Kammer

Präsid. v. Rotteck, Secret. Gerbel, Aschbach, Bader, Rettig v. Const.

Verstärkung.

Blankenhorn, Buhl, Fecht, Winter v. Heidelberg.

I/59
Die bedeutendsten Abgeordneten der badischen Zweiten Kammer um 1847

Zwischen monarchischer Regierung und Parlament entwickeln sich im Laufe des Vormärz regelrechte »Kammerkämpfe«, in denen es um die Rechte der Kammern selbst, aber auch um die Durchsetzung der wichtigsten politischen Grundrechte geht. Vor allem der badische Landtag, auf dessen Debatten die liberale Bewegung in ganz Deutschland blickt, spielt hier eine Vorreiterrolle.

In den Parlamenten profiliert sich dabei allmählich eine neue politische Führungsschicht aus Advokaten, Gelehrten und Beamten sowie auch einzelnen Köpfen des Wirtschaftsbürgertums. Die parlamentarische Praxis bildet jene Kenntnisse und Fähigkeiten aus, mit denen die Abgeordneten dem Herrschaftsanspruch des Adels und der Bürokratie entgegentreten können. Seine soziale Basis hat der vormärzliche Parlamentarismus – auch da, wo nicht wie in Baden die Städte durch das Wahlrecht sogar ausdrücklich begünstigt werden – vor allem im städtischen Bürgertum. Gerade bei den großen Festen, mit denen das Bürgertum »seine« Abgeordneten ehrt und feiert, festigt sich die liberale Opposition gegen den Obrigkeitsstaat.

I/58 (Linke Seite)
Plan des Sitzungssaales der badischen Zweiten Kammer 1831

I/60
Blick in den
Halbmondsaal des
Stuttgarter Landtags
1833

Die liberale Bewegung

Bereits die erste nationale Erhebung nach dem Wiener Kongreß, der griechische Aufstand gegen die türkische Herrschaft, löst in ganz Europa eine Welle der Sympathie und Unterstützung aus. Am 6. Februar 1833 kann der erste griechische König, der Wittelsbacher Otto von Bayern, in Nauplia einziehen. Diese Vollendung der griechischen Staatsbildung wird nicht nur in Deutschland als weitere Bestätigung für den unaufhaltsamen Siegeszug des nationalen Prinzips und der mit ihm verbundenen liberalen Reformvorstellungen verstanden. Ausgehend von der Pariser Julierhebung gegen die restaurierte Bourbonenherrschaft rollt 1830 eine revolutionäre Welle über weite Teile Europas hinweg. Nationale Aufstände gegen die bestehende Herrschaft erschüttern vor allem die südlichen Niederlande und Polen. Zugleich gibt die revolutionäre Unruhe vielfach – wie etwa in England

I/61
Flugblatt zum griechischen Freiheitskampf

I/62
Kasseler Deputation bei Kurfürst Wilhelm II. 1830

oder der Schweiz – Anlaß zu Wahlrechts- und Verfassungsreformen im liberalen Sinne. In Deutschland werden besonders jene nord- und mitteldeutschen Staaten, die bisher Reformen verweigert haben, von der Revolutionswelle erschüttert. In Braunschweig wird in der Nacht vom 7. zum 8. September 1830 der reaktionäre Herzog Karl II. aus dem Lande verjagt, sein Schloß erstürmt, geplündert und in Brand gesetzt. Auch im Königreich Sachsen tritt nach Unruhen in Leipzig und Dresden der konservative König Anton zugunsten seines reformbereiteren Neffen Friedrich August zurück. Unter dessen Regentschaft wird ein liberales Ministerium berufen und ein Jahr später eine Verfassung nach süddeutschem Vorbild in Kraft gesetzt.

Überhaupt wird die politische Unruhe des Jahres 1830 zum Auslöser für einen erneuten Schub verfassungspolitischer Reformen nach der Einführung der süddeutschen Verfassungen um 1818. Als liberalste

I/63
Der Wachensturm in Frankfurt am Main am 3. April 1833

Landung in Algier d. 14. Juni.
Einzug des Herzog von Orleans als General-Verweser v. Frankreich in d. Stadthaus, d. 31. Juli.
Abreise Karl X. v. Rambouillet den 3. Aug.
Die denkwürdigsten Tage des Jahres 1830.
GEDÄCHTNISSTAFEL
in 12. Tableaux,
Nürnberg in der J. A. Endterischen Handlung.
Aufstandt in Brüssel den 28. Septem.
Vertheidigung des Parks in Brüssel, den 23.–27. Sept.
Aufstandt in Leipzig d. 4. Septemb.
Zerstörung d. Polizeyhauses z. Dresden d. 10. Sep.
Ruinen d. Schlosses v. Braunschweig d. 8. Sep.
Scene in der grofsen Woche in Paris den 29. Juli.
Demolirung d. Licentamts in Hanau d. 24. Sept.
Bombardement von Antwerpen, den 27. October.
Aufstand in Warschau, den 26. November.

dieser neuen Konstitutionen gilt das Grundgesetz des Kurfürstentums Hessen-Kassel vom Januar 1831, das nach heftigen Unruhen auf das energische Drängen einer Deputation des Kasseler Magistrats gegenüber Kurfürst Wilhelm II. am 15. September 1830 zurückgeht.
Die allgemeine politische Mobilisierung wird in Deutschland nicht zuletzt durch den polnischen Aufstand von 1830/31 gefördert. Nach der endgültigen Niederschlagung des Aufstandes durch russische Truppen im Herbst 1831 werden die emigrierten polnischen Patrioten in vielen deutschen Regionen als Vorkämpfer für die eigene Befreiung begeistert begrüßt und enthusiastisch gefeiert. Im Zuge der breiten öffentlichen Diskussion über das Schicksal der Polen bilden sich vielerorts Solidaritätsvereine. Diese Polenvereine werden zu Schlüsselorganisationen der liberalen Opposition.
In der Pfalz mündet diese Mobilisierung und organisatorische Stärkung am 27. Mai 1832 in den Festzug zur Ruine des Hambacher Schlosses – mit 20–30.000 Teilnehmern eine der machtvollsten Kundgebungen der liberalen und nationalen Bewegung für Pressefreiheit, Verfassungsreformen und die nationalstaatliche Einigung Deutschlands. Dieser politische Aufschwung erlischt jedoch rasch wieder unter dem Druck der reaktionären Beschlüsse des Deutschen Bundes in den Jahren 1832 bis 1834. Der Versuch einer Gruppe radikaler Burschenschaftler, mit der Erstürmung der Wachen in Frankfurt am Main, am Sitz des Bundestages, eine allgemeine Revolution auszulösen,

I/65
Zug auf das Hambacher Schloß am 27. Mai 1832

I/64 (Linke Seite)
Bilderbogen zu den revolutionären Ereignissen des Jahres 1830

I/66
Versammlung deutscher Handwerksgesellen im Steinhölzli bei Bern am 24.Juni 1834

bleibt ohne Resonanz in der Bevölkerung und scheitert am 3. April 1833 kläglich. Die radikaleren Kräfte der Opposition sehen sich großenteils zur Emigration in die Nachbarstaaten gezwungen. Vor allem in der Schweiz sammeln sich die schließlich fast 40.000 Emigranten in Handwerkervereinen und ähnlichen Organisationen. Die Vertreter der äußersten Linken vereinen sich 1834 in Paris zum geheimen »Bund der Geächteten«, der in seiner »Erklärung der Menschen- und Bürgerrechte« den Kampf gegen die soziale Ungleichheit in den Mittelpunkt stellt. In den 1840er Jahren gehen aus diesen Ansätzen die ersten sozialistischen Organisationen hervor.

I/67
Die »Göttinger Sieben«

Von der allgemeinen Politisierung wird in den 1830er Jahren auch die Literatur erfaßt. Ludwig Börne, Heinrich Heine und das »Junge Deutschland« wenden sich gegen Romantik und Innerlichkeit und verstehen ihre schriftstellerische Arbeit als bewußt politische, demokratisch-radikale Kritik an den bestehenden Zuständen. Die »Bibel« der liberalen Bewegung des Vormärz bildet das »Staatslexikon«, das die Freiburger Staatsrechtslehrer Karl von Rotteck und Karl Theodor Welcker in den Jahren 1834 bis 1843 herausgeben. In den Artikeln des Lexikons wird das politische Programm des Liberalismus in ganzer Breite formuliert und staatsrechtlich begründet. 1837 rückt die Göttinger Universität in den Mittelpunkt der deutschen Öffentlichkeit, als sich sieben ihrer Professoren öf-

I/68
Festaufzug vor dem Kölner Dom

fentlich gegen den neuen hannoverschen König Ernst August stellen, der die gerade erst 1833 erlassene Verfassung einseitig aufgehoben hat. Die daraufhin von ihren Lehrstühlen vertriebenen »Göttinger Sieben«, unter ihnen die Gebrüder Grimm, der Historiker Friedrich Christoph Dahlmann und der Literarhistoriker Georg Gottfried Gervinus, werden mit einem Schlag zu nationalen Symbolfiguren des liberalen Widerstandes gegen die reaktionäre Obrigkeit.

Angesichts der fehlenden staatlichen Einheit gründet sich das Bewußtsein nationaler Zusammengehörigkeit in Deutschland besonders auf die gemeinsame Sprache, Dichtung und Geschichte, auf die Einheit der Kulturnation. Die romantische Verklärung der Vergangenheit, zumal des Mittelalters, wird etwa in der großen Begeisterung deutlich, mit der weite Kreise der Öffentlichkeit 1842 den Entschluß feiern, den Kölner Dom zu vollenden.

In Preußen kommt König Friedrich Wilhelm IV. aus finanzpolitischen Gründen im April 1847 den wachsenden Forderungen nach einer parlamentarischen Vertretung mit

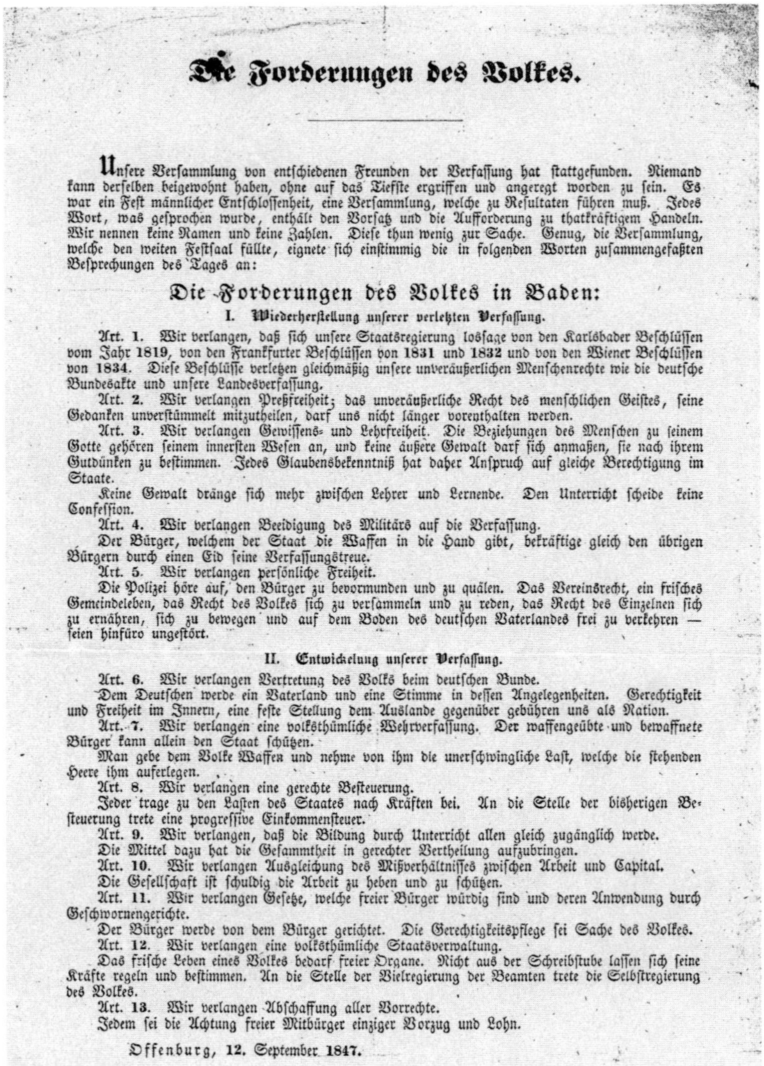

Die Forderungen des Volkes.

Unsere Versammlung von entschiedenen Freunden der Verfassung hat stattgefunden. Niemand kann derselben beigewohnt haben, ohne auf das Tiefste ergriffen und angeregt worden zu sein. Es war ein Fest männlicher Entschlossenheit, eine Versammlung, welche zu Resultaten führen muß. Jedes Wort, was gesprochen wurde, enthält den Vorsatz und die Aufforderung zu thatkräftigem Handeln. Wir nennen keine Namen und keine Zahlen. Diese thun wenig zur Sache. Genug, die Versammlung, welche den weiten Festsaal füllte, eignete sich einstimmig die in folgenden Worten zusammengefaßten Besprechungen des Tages an:

Die Forderungen des Volkes in Baden:

I. **Wiederherstellung unserer verletzten Verfassung.**

Art. 1. Wir verlangen, daß sich unsere Staatsregierung lossage von den Karlsbader Beschlüssen vom Jahr 1819, von den Frankfurter Beschlüssen von 1831 und 1832 und von den Wiener Beschlüssen von 1834. Diese Beschlüsse verletzen gleichmäßig unsere unveräußerlichen Menschenrechte wie die deutsche Bundesakte und unsere Landesverfassung.

Art. 2. Wir verlangen Preßfreiheit; das unveräußerliche Recht des menschlichen Geistes, seine Gedanken unverstümmelt mitzutheilen, darf uns nicht länger vorenthalten werden.

Art. 3. Wir verlangen Gewissens- und Lehrfreiheit. Die Beziehungen des Menschen zu seinem Gotte gehören seinem innersten Wesen an, und keine äußere Gewalt darf sich anmaßen, sie nach ihrem Gutdünken zu bestimmen. Jedes Glaubensbekenntniß hat daher Anspruch auf gleiche Berechtigung im Staate.

Keine Gewalt dränge sich mehr zwischen Lehrer und Lernende. Den Unterricht scheide keine Confession.

Art. 4. Wir verlangen Beeidigung des Militärs auf die Verfassung.

Der Bürger, welchem der Staat die Waffen in die Hand gibt, bekräftige gleich den übrigen Bürgern durch einen Eid seine Verfassungstreue.

Art. 5. Wir verlangen persönliche Freiheit.

Die Polizei höre auf, den Bürger zu bevormunden und zu quälen. Das Vereinsrecht, ein frisches Gemeindeleben, das Recht des Volkes sich zu versammeln und zu reden, das Recht des Einzelnen sich zu ernähren, sich zu bewegen und auf dem Boden des deutschen Vaterlandes frei zu verkehren — seien hinfüro ungestört.

II. **Entwickelung unserer Verfassung.**

Art. 6. Wir verlangen Vertretung des Volks beim deutschen Bunde.

Dem Deutschen werde ein Vaterland und eine Stimme in dessen Angelegenheiten. Gerechtigkeit und Freiheit im Innern, eine feste Stellung dem Auslande gegenüber gebühren uns als Nation.

Art. 7. Wir verlangen eine volksthümliche Wehrverfassung. Der waffengeübte und bewaffnete Bürger kann allein den Staat schützen.

Man gebe dem Volke Waffen und nehme von ihm die unerschwingliche Last, welche die stehenden Heere ihm auferlegen.

Art. 8. Wir verlangen eine gerechte Besteuerung.

Jeder trage zu den Lasten des Staates nach Kräften bei. An die Stelle der bisherigen Besteuerung trete eine progressive Einkommensteuer.

Art. 9. Wir verlangen, daß die Bildung durch Unterricht allen gleich zugänglich werde.

Die Mittel dazu hat die Gesammtheit in gerechter Vertheilung aufzubringen.

Art. 10. Wir verlangen Ausgleichung des Mißverhältnisses zwischen Arbeit und Capital.

Die Gesellschaft ist schuldig die Arbeit zu heben und zu schützen.

Art. 11. Wir verlangen Gesetze, welche freier Bürger würdig sind und deren Anwendung durch Geschwornengerichte.

Der Bürger werde von dem Bürger gerichtet. Die Gerechtigkeitspflege sei Sache des Volkes.

Art. 12. Wir verlangen eine volksthümliche Staatsverwaltung.

Das frische Leben eines Volkes bedarf freier Organe. Nicht aus der Schreibstube lassen sich seine Kräfte regeln und bestimmen. An die Stelle der Vielregierung der Beamten trete die Selbstregierung des Volkes.

Art. 13. Wir verlangen Abschaffung aller Vorrechte.

Jedem sei die Achtung freier Mitbürger einziger Vorzug und Lohn.

Offenburg, 12. September 1847.

I/69
Das Offenburger Programm vom 12. September 1847

der Einberufung eines »Vereinigten Landtages« entgegen. Das Ausmaß der Kompetenzen dieses Gremiums bleibt jedoch zwischen den Abgeordneten und der Krone heftig umstritten; der Landtag wird nach nur zwei Monaten wieder aufgelöst. Im unmittelbaren Vorfeld der Revolution von 1848/49 vollzieht sich auch bereits die Spaltung der Opposition in Liberale und Demokraten. Beide Flügel stimmen zwar in Kernforderungen wie der nach einem Nationalstaat überein, doch verlangen die Demokraten in ihrem »Offenburger Programm« vom 12. September 1847 darüber hinaus die Republik, das allgemeine Wahlrecht und eine tatkräftige Sozialpolitik zugunsten der unteren Schichten. Die Liberalen antworten darauf am 10. Oktober 1847 mit der »Heppenheimer Erklärung«, die in der Heidelberger »Deutschen Zeitung«, ihrem eben gegründeten Zentralorgan, veröffentlicht wird. Im Mittel-

1. Von der Bundesversammlung, wie sie gegenwärtig besteht, ist für die Förderung der Nationalanliegen nichts Ersprießliches zu erwarten. Sie hat ihre in der Bundesakte vorgezeichnete Aufgabe, soweit sie die Herstellung landständischer Verfassungen, freien Handels und Verkehrs, des freien Gebrauchs der Presse usw. betrifft, nicht gelöst. Dagegen ist die Presse unter Zensurzwang gestellt, sind die Verhandlungen der Bundesversammlung in Dunkel gehüllt, aus welchem von Zeit zu Zeit Beschlüsse zu Tage kommen, die jeder freien Entwicklung Hindernisse in den Weg legen.

2. Das einzige Band gemeinsamer deutscher Interessen, der Zollverein, wurde nicht vom Bunde, sondern außerhalb desselben, durch Verträge zwischen den einzelnen deutschen Staaten geschaffen.

3. Hieran knüpft sich die Frage, ob eine Vertretung der Nation bei der Bundesversammlung Besserung bewirken kann und daher als Ziel der Vaterlandsfreunde aufzustellen ist. Doch die Aussicht auf Verwirklichung dieses Gedankens ist nicht vorhanden: der Bund enthält Glieder, die als zugleich auswärtige Mächte, wie Dänemark und Niederland, sich mit einer deutschen Politik und Stärkung deutscher Macht niemals befreunden werden. Ferner bedingt eine Nationalvertretung auch eine Nationalregierung, ausgerüstet mit den Befugnissen der obersten Staatsgewalt, die bei dem völkerrechtlichen Bunde nicht vorhanden ist.

4. Das Ziel der Einigung Deutschlands zu einer deutschen Politik und gemeinsamen Leitung und Pflege nationaler Interessen, wird wohl eher erreicht, wenn man die öffentliche Meinung für die Ausbildung des Zollvereins zu einem deutschen Vereine gewinnt. Jetzt schon hat der Zollverein die Leitung einer Reihe wichtiger gemeinschaftlicher Interessen in Händen und steht auch in Vertragsverhältnissen zu auswärtigen Staaten. Durch weitere Ausbildung wird der Zollverein eine unwiderstehliche Anziehungskraft für den Beitritt der übrigen deutschen Länder üben, auch den Anschluß der österreichischen Bundesländer herbeiführen und somit eine wahre deutsche Macht begründen.

5. Unbestritten bleibt, daß die Mitwirkung des Volkes durch gewählte Vertreter hierbei unerläßlich, und unbezweifelt, daß bei dem Entwicklungsgang des Jahrhunderts und Deutschlands die Einigung durch Gewaltherrschaft unmöglich, nur durch die Freiheit und mit derselben zu erringen ist.

6. Anträge, welche in allen deutschen Kammern gleichlautend zu stellen sind:

Einführung der Pressefreiheit
Öffentliches und mündliches Gerichtsverfahren mit Schwurgerichten
Trennung der Verwaltung von der Rechtspflege
Befreiung des Bodens und seiner Bearbeiter von mittelalterlichen Lasten
Selbständigkeit der Gemeinden in der Verwaltung ihrer Angelegenheiten
Minderung des Aufwands für das stehende Heer und Einführung einer Volkswehr.

7. Aus Abgeordneten verschiedener Länder wird eine Kommission gewählt, die im nächsten Jahr über das Steuerwesen und die Zustände der ärmeren Klassen berichten und Anträge formulieren soll, wobei besonders die gerechte Verteilung der öffentlichen Lasten zur Erleichterung des kleinen Mittelstands und der Arbeiter zu berücksichtigen ist.

(Nach dem Bericht der Heidelberger Deutschen Zeitung, Oktober 1847)

I/70
Die Forderungen der Heppenheimer Versammlung am 10. Oktober 1847

punkt stehen hier die konstitutionelle Monarchie als Ziel der inneren Neuordnung, der bundesstaatliche Ausbau des Zollvereins als Form der nationalen Einigung und allgemein ein Weg der Reformen über Vereinbarungen mit den bestehenden Gewalten.

Begleitet und mit getragen wird der erneute politische Aufbruch der 1840er Jahre von sich zunehmend verschärfenden sozialen Spannungen, die einen ihrer Höhepunkte im Aufstand der von der maschinellen Konkurrenz besonders betroffenen schlesischen Weber im Juni 1844 finden. Vor allem 1847 führt die allgemeine Wirtschaftskrise und die schlechte Versorgungslage in vielen Städten zu Hungerkrawallen der unteren Schichten. Diese tiefgreifenden gesellschaftlichen Probleme bilden zugleich die Vorgeschichte und den Hintergrund der im Frühjahr 1848 ausbrechenden Revolution.

Die drei Konzepte zur Lösung der »Deutschen Frage«

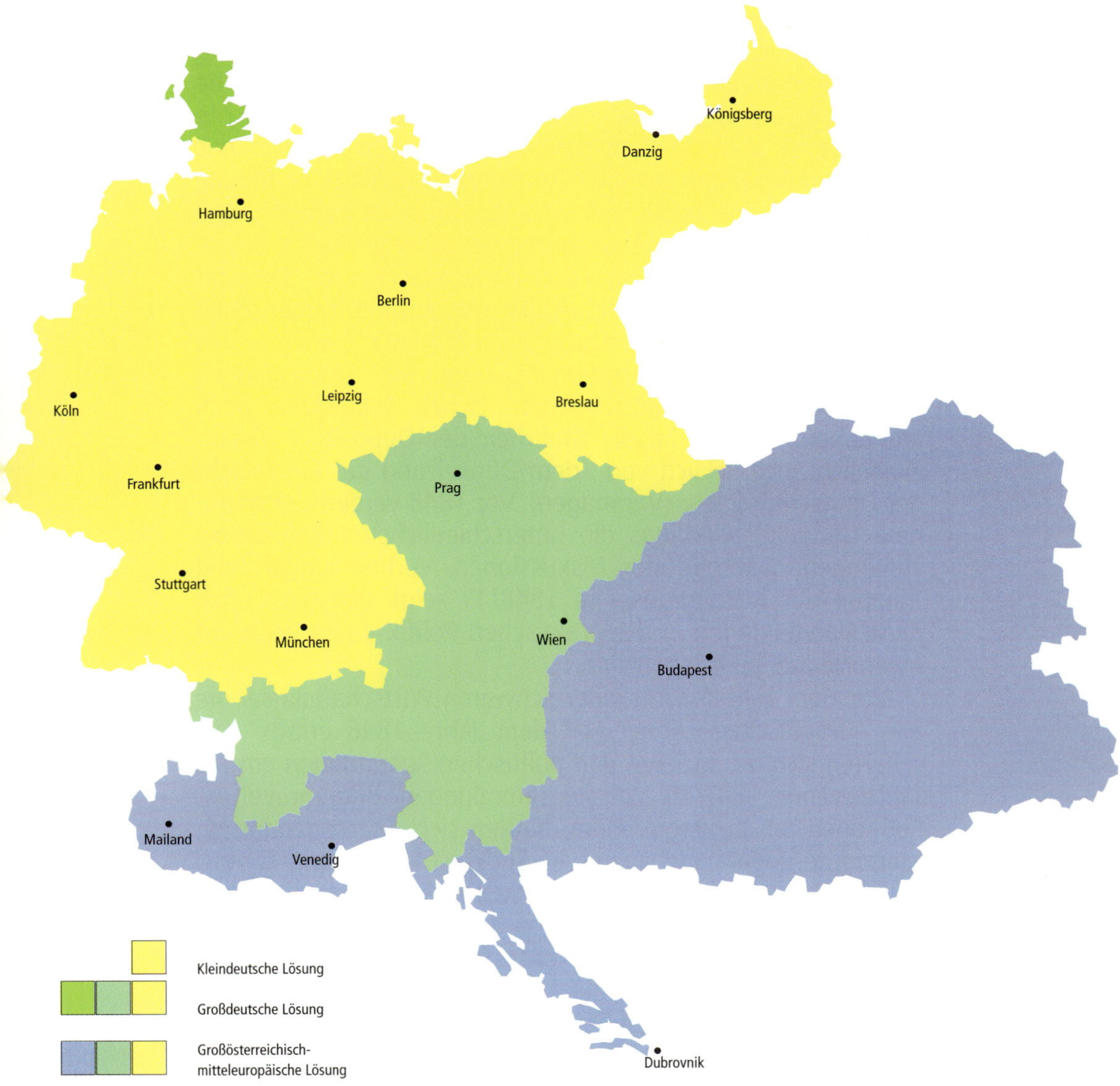

Die Revolution von 1848/49

II. Die Revolution von 1848/49

Um die Mitte des 19. Jahrhunderts hat sich in Deutschland eine starke Bewegung liberaler und demokratischer Oppositionsgruppen gebildet. Gemeinsam ist ihnen die Forderung nach der nationalstaatlichen Einigung Deutschlands – eine Forderung, die gegen die herrschenden staatlichen Mächte gerichtet ist und mit dem nationalen Problem zugleich das einer grundlegenden sozialen Veränderung aufwirft. Nationale und soziale Frage sind unmittelbar aufeinander bezogen, und je nach der politischen Ausrichtung der divergierenden Bewegungen ist die Forderung nach nationaler Einheit Resultat oder Voraussetzung der wirtschafts- und sozialreformerischen Bestrebungen. Zwar zeigen sich in der Nationalidee bisweilen bereits pangermanisch-irrationale Züge. Sie treten jedoch gegenüber ihren sozialemanzipatorischen Tendenzen noch weitgehend zurück, ja, die Mehrheit der Opposition distanziert sich ausdrücklich von »dem Dünkel und der Eigensucht der Deutschtümelei« (Varnhagen). Vor 1848 vereint der nationale Gedanke allerdings die unterschiedlichsten Reformvorstellungen; während der Diskussionen, Verhandlungen und Kämpfe der Revolutionsjahre 1848/49 zeigt sich dann, daß diese Vorstellungen in der praktischen Politik kaum noch auf einen Nenner zu bringen sind.

Vor dem Hintergrund einer schweren Wirtschaftskrise, die alle europäischen Länder seit dem Jahre 1846 erfaßt, verschärfen sich die sozialen und politischen Spannungen um die Jahreswende 1847/48: Volksversammlungen, Bauernrevolten, Petitionen an die Regierenden häufen sich. Die sogenannten Märzforderungen, die zuerst in Südwestdeutschland formuliert werden, zielen vor allem auf Pressefreiheit, Schwurgerichte, konstitutionelle Verfassungen in den Einzelstaaten und Berufung eines deutschen Parlaments. Schließlich führt das Vorbild der Pariser Februarrevolution zu den Märzaufständen in Wien und in Berlin. Die deutschen Fürsten sehen sich zu Konzessionen gezwungen: Sie gewähren liberale Verfassungen, berufen liberale Ministerien, versprechen Presse- und Versammlungsfreiheit und die Einberufung eines deutschen Parlaments.

Frankfurt wird der wichtigste Schauplatz der Revolution. Hier tagt das unmittelbar aus der revolutionären Bewegung entstandene Vorparlament. Das Bemühen der zahlenmäßig schwachen republikanischen Linken, das Vorparlament zu einer Art permanentem revolutionärem Exekutivausschuß umzuwandeln, scheitert. Es siegt die liberale Mehrheit, die die Wahl eines Nationalparlaments in Übereinstimmung mit den einzelstaatlichen Regierungen anstrebt. Am 18. Mai 1848 wird schließlich die Ende April gewählte Nationalversammlung in der Frankfurter Paulskirche eröffnet. Noch gibt es keine Parteien im modernen Sinn. Erst in den Debatten entwickeln sich parteiähnliche Gruppierungen. Die liberale Mitte ist in der Mehrheit. Eine bemerkenswerte Bereitschaft zum Kompromiß mit den Regierungen der verschiedenen deutschen Staaten kennzeichnet die Politik der Nationalversammlung von Anfang an.

Sie hat eine doppelte Aufgabe: eine nationale Verfassung und eine zentrale Regierungsgewalt zu schaffen. Schon seit Anfang Juni beschäftigt sie sich mit der Frage einer Reichsexekutive und setzt aus eigener Vollmacht eine provisorische Reichsregierung ein. In deren Zusammensetzung spiegelt sich die Problematik des Verhältnisses eines deutschen Einheitsstaates zu den Einzelstaaten, insbesondere den mächtigsten unter ihnen: Während die Wahl des österreichischen Erzherzogs Johann zum Reichsverweser den Weg nach Wien offen halten soll, herrscht im neugeschaffenen Reichsministerium der preußische Einfluß vor. Doch gelingt es der Nationalversammlung, die mit dieser Regierungsbildung von der Fiktion eines schon bestehenden Nationalstaates ausgeht, nicht, der Zentralgewalt Macht und Autorität zu verleihen. Sie verfügt über keinen eigenen Beamtenapparat und kein Heer; ein Teil der deutschen Monarchen lehnt es ab, ihre Truppen dem Reichsverweser huldigen zu lassen.

Wichtigstes und am leidenschaftlichsten diskutiertes Thema der Parlamentsdebatten sind von Juni bis September die »Grundrechte des deutschen Volkes«, die erst am 27. Dezember 1848 verabschiedet werden. Kostbare Zeit, in der die alten Mächte wieder erstarken, verstreicht über diesen Debatten. Sie zeigen aber die Bedeutung, die der Liberalismus der Sozial- und Rechtsreform innerhalb des zu schaffenden Nationalstaates beimißt. Die Grundrechte sind Ausdruck des Bemühens, die ständisch gestufte Hierarchie der alten Sozialordnung und mit ihr die Privilegien des Adels und die Reste feudaler Verhältnisse zu beseitigen. Sie sollen abgelöst werden durch die gesetzliche Verankerung der Rechts- und Chancengleichheit aller Staatsbürger nach dem Vorbild der amerikanischen und französischen Revolution.

Während die Abgeordneten zur Beratung der Reichsverfassung übergehen, kommt es im Spätsommer des Jahres zu der entscheidenden Krise der Nationalversammlung. An der schleswig-holsteinischen Frage offenbart sich die Ohnmacht der Zentralregierung. Einer nationaldeutschen Erhebung in Schleswig, das von Dänemark annektiert zu werden droht, sind der Deutsche Bund und die Nationalversammlung mit preußischen Truppen zu Hilfe gekommen. Doch Preußen gibt schließlich im Waffenstillstand von Malmö dem russischen und englischen Druck nach. Die Bundestruppen werden zurückgezogen. Nachdem die Nationalversammlung den Waffenstillstand zunächst abgelehnt hat, sieht sie sich schließlich gezwungen, ihn doch zu akzeptieren. Für eine eigene Politik fehlt ihr jede reale Macht. Auf der anderen Seite verstärken die radikaldemokratischen Kräfte ihre Agitation: In Lörrach ruft Struve am 21. September die »deutsche soziale Republik« aus. Diese Erhebung scheitert ebenso wie schon zuvor die Heckers vom April 1848. In Frankfurt wird die Nationalversammlung von einem Aufstand der Gegner des Waffenstillstands und der sich darin ausdrückenden Kompromißpolitik der liberalen Mehrheit unmittelbar bedroht. Sie kann sich nur mit Hilfe österreichischer und preußischer Truppen retten. Dieser Erfolg wie auch die Niederschlagung weiterer Aufstände in Wien im Oktober und in Berlin im November 1848 stärken die reaktionären Kräfte.

Im September 1848 beginnt in der Paulskirche die Arbeit an einer deutschen Verfassung. Auch in ihr schlägt sich die Kompromißbereitschaft der Versammlung nieder: Unitarische und föderative, demokratische und monarchische Elemente werden miteinander verbunden. Hauptgegenstand der Beratungen ist die Frage nach der territorialen Abgrenzung des deutschen Nationalstaates. Anfänglich neigt die Mehrheit der Abgeordneten einer großdeutschen Lösung zu, die Deutsch-Österreich einbeziehen und damit staatsrechtlich von den übrigen Gebieten des Habsburgerreiches trennen soll. Diese Lösung wird durch den österreichischen Ministerpräsidenten Fürst Felix Schwarzenberg vereitelt, der nach der Niederschlagung der nichtdeutschen Nationalbewegungen eine zentralistische Verfassung für Gesamtösterreich einführt. Damit ist einem großdeutschen Einheitsstaat der Boden entzogen, und die Versammlung beschließt, dem preußischen König die erbliche Kaiserwürde eines kleindeutschen Nationalstaats anzutragen. Doch Friedrich Wilhelm IV., der einer romantisch-legitimistischen Nationalidee anhängt, lehnt 1849 diesen Beschluß der auf revolutionärem Wege zustandegekommenen Volksvertretung ab und spricht sich gegen die inzwischen von 28 Regierungen anerkannte Reichsverfassung aus. Im Frühjahr 1849 kommt es erneut zu Aufständen mit dem Ziel, die Reichsverfassung durch Druck von unten dennoch durchzusetzen. Diese Erhebungen werden jedoch blutig niedergeschlagen. Nach dem Auszug eines großen Teils der Liberalen wird die Nationalversammlung von den republikanischen Linken beherrscht und schließlich in Stuttgart, wo das Rumpfparlament weitertagt, von württembergischem Militär auseinandergejagt. Damit ist das Werk der Paulskirche gescheitert. Die Märzerrungenschaften werden in allen deutschen Staaten mit Hilfe des wiedereingesetzten Deutschen Bundes rückgängig gemacht. Auch die Grundrechte werden 1851 fast überall wieder aufgehoben.

Die deutsche Revolution von 1848/49, der Versuch, einen den politischen und sozialen Forderungen der Zeit entsprechenden nationalen Verfassungsstaat auf freiheitlichem und demokratischem Wege von unten her durchzusetzen, scheitert in ihrer Endphase insbesondere an dem Problem der deutschen Einheit. Die nationale Frage wird zu einer reinen Machtfrage zwischen dem wiedererstarkten Preußen und Österreich. Während mit der beginnenden Reaktion der Weg für soziale Reformen vorläufig abgeschnitten ist – erst die »Neue Ära« in Preußen eröffnet für sie wieder eine Chance –, bleibt die Frage eines einheitlichen deutschen Nationalstaates weiterhin im Mittelpunkt des preußisch-österreichischen Dualismus, der die Politik der folgenden Jahrzehnte bestimmt. Im Zuge einer um sich greifenden Skepsis gegenüber den Idealen der vorausgegangenen Jahre kommt es zu einer »realpolitischen« Orientierung an praktikablen Lösungen innerhalb der bestehenden Verhältnisse. So schreibt D. F. Strauß, einer der einstigen Anhänger der Revolution, im Jahre 1852: »Neben dieser Einheitsfrage betrachte ich das Mehr oder Weniger von Despotismus oder Konstitutionalismus, Junker- oder Demokratentum in den einzelnen deutschen Ländern als sehr gleichgültig«. Der nationale Gedanke beginnt sich von den sozialreformerischen Bestrebungen zu lösen.

II/71
Sturm auf das Palais Royal am 24. Februar 1848

1. Die Märzrevolution von 1848

Vor dem Hintergrund einer gesamteuropäischen Wirtschaftskrise verschärfen sich 1847/48 die sozialen und politischen Spannungen und führen in allen europäischen Ländern mit Ausnahme Rußlands und Englands zu Aufständen gegen die bestehende Ordnung: in Frankreich gegen die einseitige Interessenherrschaft des Großbürgertums, in Italien und Deutschland gegen die staatliche Zersplitterung, gegen die Überreste der alten Feudalordnung und die absolutistische Staatsverfassung, in den osteuropäischen Gebieten gegen Fremdherrschaft und soziale Ungerechtigkeit. Die Ausgangsbedingungen und die zu lösenden Probleme differieren so erheblich, daß es zu keinem gleichförmigen Verlauf der Revolution in Europa kommt.

Die Erhebung in Deutschland wird getragen von einer starken nationalen Bewegung, in der die Forderungen nach nationaler Einheit und politischen und sozialen Reformen zusammentreffen. Sie finden ihren Ausdruck in dem von allen Schichten des Volkes getragenen Wunsch nach einem nationalen Parlament und einer für ganz Deutschland gültigen Verfassung. In der ersten Phase der Revolution im März 1848 gelingt es, zunächst in Süddeutschland die Regierungen zu Konzessionen zu bewegen. Begleitet von Erhebungen der Landbevölkerung setzen Volksversammlungen in den großen Städten die Monarchen unter Druck und formulieren die sogenannten Märzforderungen. In Berlin und Wien lenken die Monarchen dagegen erst nach blutigen Stra-

II/72
Kampf an der Porta Tosa in Mailand am 22. März 1848

ßenkämpfen ein. Überall werden nun liberale Ministerien berufen.

Die Revolution in Frankreich

Das Signal für die Revolution und den Umsturz der alten politischen Ordnung in Europa gibt der Aufstand in Paris. Die Wirtschaftskrise von 1846/47 hat Frankreich eine Hungersnot gebracht. Das neue städtische Proletariat und die Landbevölkerung radikalisieren sich. Kleinbürger und Arbeiter fordern – geführt von Louis Blanc – staatliche Arbeitssicherung in Nationalwerkstätten. Politische Reformversuche des demokratischen Bürgertums scheitern. Das Ergebnis ist die Februarrevolution. Arbeiter, Bürger und Nationalgarde kämpfen

II/73
Zerstörung der Mariahilfer Linie in Wien am 13. März 1848

zunächst gemeinsam: Das Palais Royal wird gestürmt, die Abdankung des »Bürgerkönigs« Louis Philippe erzwungen und die Republik ausgerufen. Bald bricht jedoch der Konflikt zwischen der bürgerlichen Mehrheit und den radikalen Sozialisten über die Ziele der Revolution auf. Bürgertum und Militär verbünden sich: Der Juniaufstand der Arbeiter wird blutig niedergeschlagen.

Die Märzrevolution in Mitteleuropa

Unter dem Eindruck der Pariser Februarereignisse kommt es auch in den deutschen Einzelstaaten zu einer Kette von Revolutionen. Oft begleitet von sozialen Tumulten vor allem auf dem Lande, bringen Volksversammlungen, Demonstrationen und Petitionen die politische Unruhe der Bevölkerung zum Ausdruck. Zuerst werden in Süddeutschland die sogenannten Märzforderungen formuliert. Sie zielen vor allem auf Pressefreiheit, Schwurgerichte und Volksbewaffnung, auf Verfassungen in den Einzelstaaten und auf die Berufung eines deutschen Parlaments. Besonders Konstitutionen und Nationalstaat stehen für eine grundlegend neue Ordnung; sie sind die Leitwerte, hinter denen sich die revolutionären Kräfte sammeln, über deren konkrete politische Umsetzung die Auffassungen jedoch weit auseinandergehen. Die Regierungen wagen zumeist nicht, gegen die Erhebungen gewaltsam einzuschreiten. Die politische Macht fällt vielfach fast von selbst in die Hände des liberalen Bürgertums.

Die wirtschaftliche Not der Arbeiter und Bauern, verschärfte Unterdrückung der Presse- und Meinungsfreiheit und der von den Massen begeistert begrüßte Ausbruch der Revolution in Paris fördern die soziale Erhebung auch in Österreich. Während um die gleiche Zeit die Tschechen, Ungarn und Italiener rebellieren, kommt es in Wien am 13. März nach einer Demonstration zum Kampf zwischen dem Militär und Arbeitern und Studenten. Der leitende Minister, Staatskanzler Fürst Metternich, wird gestürzt und flieht nach England. Die kaiserliche Regierung muß die Bewaffnung der Bürgergarde zulassen und eine Konstitution versprechen, die im April erlassen wird.

In Berlin schlägt die seit Anfang März spürbare politische Unruhe am 18. März in den offenen Auf-

II/74
Angriff der Kavallerie auf das Volk vor dem Schloß in Berlin am 18. März 1848

II/75
Gemeinsamer Barrikadenkampf von Arbeitern und Bürgern in den Märztagen 1848

stand um. Als die Kavallerie vor dem Schloß gegen eine Demonstration für Bürgerwehr, Pressefreiheit und ein preußisches Parlament vorgeht, werden Barrikaden errichtet und von Bürgern, Arbeitern und Studenten verteidigt. Der König befiehlt schließlich den Abzug der Truppen und beugt sich den Revolutionären. Mit den Worten »Preußen geht fortan in Deutschland auf« kommt der König am 21. März der Forderung nach nationaler Einheit entgegen. Ein liberales Ministerium wird eingesetzt, eine preußische Nationalversammlung tritt im Mai zusammen. Preußen soll konstitutionelle Monarchie werden.

II/76
Barrikade an der Neuen Königsstraße in Berlin am 19. März 1848

II/77
Aufbahrung der Märzgefallenen, Gemälde von Adolf Menzel, 1848

II/78
Der Brand des Schlosses Waldenburg am 5. April 1848

Die sozialen Ursachen der Revolution

1846 und 1847 wird Deutschland im Gefolge von Mißernten durch eine schwere Agrar- und Hungerkrise getroffen. Steigende Lebensmittelpreise und sinkende Realeinkommen verschärfen die soziale Not großer Teile der Bevölkerung bis zum Äußersten. Hinzu kommt schließlich noch eine internationale Konjunkturkrise, die 1847 und Anfang 1848 zu einem scharfen Einbruch auch in der gewerblichen Produktion und zu steigender Arbeitslosigkeit führt. Agrar- und Gewerbekrise bleiben jedoch eine vorübergehende Erscheinung; bereits im Laufe des Jahres 1848 entspannt sich die Situation wieder.

Vor allem in Süddeutschland, aber auch in Schlesien ist die agrarische Bevölkerung ein Hauptträger der Revolution. Wie in den Tagen des großen Bauernkrieges ziehen radikale Gruppen gegen die Schlösser und verlangen die Aufhebung der noch bestehenden feudalen Verpflichtungen. Die Agrarrevolten stellen jedoch die überkommenen Autoritäten kaum in Frage. Mit der Erfüllung ihrer Forderungen, mit dem weitgehenden Abschluß der »Bauernbefreiung« scheidet die Landbevölkerung bald wieder aus der Revolution aus.

Daneben verdankt die Revolution ihre schnellen Erfolge nicht zuletzt der breiten Unterstützung in der städtischen Bevölkerung: Bürger und Arbeiter, Handwerksmeister und Gesellen, städtische Mittel- und Unterschichten kämpfen im März 1848 gemeinsam auf den Barrikaden. Im Verlaufe der Revolution

II/79
Hungerkrawall
in Stettin, 1847

werden die sozialen Gegensätze der verschiedenen Gruppen jedoch immer deutlicher. Die Mehrheit des Bürgertums hindert die unteren sozialen Schichten schon bald daran, die Revolution weiter voranzutreiben. Die Auseinandersetzung um deren radikalere politische und soziale Forderungen läßt nicht nur die anfängliche Einheit zerbrechen, sondern spaltet auch das Bürgertum selbst.

II/80
Auseinandersetzung zwischen der Mannheimer Bürgerwehr und protestierenden Hecker-Anhängern am 9. April 1848

2. Das Werden der politischen Nation

Der Weg zur Paulskirche

Versammlungen, Demonstrationen und Straßenkämpfe haben bisher den Gang der Revolution bestimmt. Angesichts der erreichten Erfolge soll jedoch nun nach dem Willen der bürgerlich-liberalen Mehrheit und auch vieler Demokraten der Weg parlamentarisch legitimierter Reformen beschritten werden. Eine Nationalversammlung soll eine gesamtdeutsche Verfassung ausarbeiten und eine regierungsfähige Zentralgewalt errichten.

Am 5. März 1848 versammeln sich in Heidelberg führende Liberale und Demokraten Süd- und Westdeutschlands und erklären die Einberufung einer Nationalversammlung für unaufschiebbar. Zwar wenden sie sich mit ihrem Appell an die bestehenden Regierungen, ernennen aber dann selbst einen Siebenerausschuß zur Vorbereitung und Wahl der Nationalversammlung. Damit ist ein erstes revolutionäres Organ geschaffen. Der Siebenerausschuß lädt alle »früheren oder gegenwärtigen Ständemitglieder und Teilnehmer an Gesetzgebenden Versammlungen in allen deutschen Landen« und darüber hinaus eine Anzahl weiterer Persönlichkeiten des öffentlichen Lebens zu einem »Vorparlament« nach Frankfurt. Am 30. März ziehen über 500 Männer in die Paulskirche ein.

In dieser revolutionären Versammlung sind die einzelnen deutschen Staaten unterschiedlich stark vertreten. Ein festes Programm besitzt nur die Minderheit der demokratischen Linken unter der Führung Gustav von Struves. Sie fordert die Errichtung einer föderativen Republik und die sofortige Übernahme der revolutionären Vollzugsgewalt durch das Vorparlament. Von solchen Forderungen ist die Mehrheit weit entfernt: sie will die politische Neuordnung durch eine Vereinbarung mit den Fürsten erreichen. Mit dieser Haltung, die später auch von

II/82
Wahlversammlung des Berliner Politischen Clubs am 20. April 1848

II/81 (Linke Seite)
Einzug des Vorparlaments in die Paulskirche am 30. März 1848

der Mehrheit der Nationalversammlung vertreten wird, ist die revolutionäre Position im Grunde bereits preisgegeben, an ihre Stelle der Kompromiß mit den alten Gewalten getreten. Als die »Radikalen« dies erkennen, verlassen unter der Führung Heckers 40 Mitglieder die Versammlung.

Hecker beginnt mit Freiwilligenscharen in Baden den Aufstand zur Verwirklichung der sozialen Republik. Er wird von einer Gruppe deutscher Emigranten aus der Schweiz und Frankreich unterstützt, überschätzt aber die Werbekraft der republikanischen Idee. Nach wenigen Tagen unterliegen er und seine Anhänger den regulären badischen und hessischen Truppen. Hecker flieht in die Schweiz und emigriert später in die USA.

Das Vorparlament hat Grundsätze zur Wahl und zur künftigen deutschen Verfassung beraten und einen Fünfzigerausschuß für die Wahlvorbereitung eingesetzt. Dieser revolutionäre Ausschuß arbeitet mit dem alten Bundestag und den Regierungen der Einzelstaaten zusammen, die sich beeilen, die Wahl zu legitimieren und Wahlgesetze zu erlassen. Alle »Selbständigen« sollen das Wahlrecht besitzen, was die Einzelstaaten sehr unterschiedlich interpretieren. Teilweise werden Arbeiter und Dienstboten von der Wahl ausgeschlossen. Eine direkte Wahl gestatten nur sechs Staaten, während in allen anderen indirekt über Wahlmänner gewählt wird. Vergeblich fordern in Berlin die Mitglieder des Politischen Clubs auf einer Wahlversammlung »In den Zel-

I/83
Einführung des Reichsverwesers Erzherzog Johann in der Nationalversammlung am 12. Juli 1848

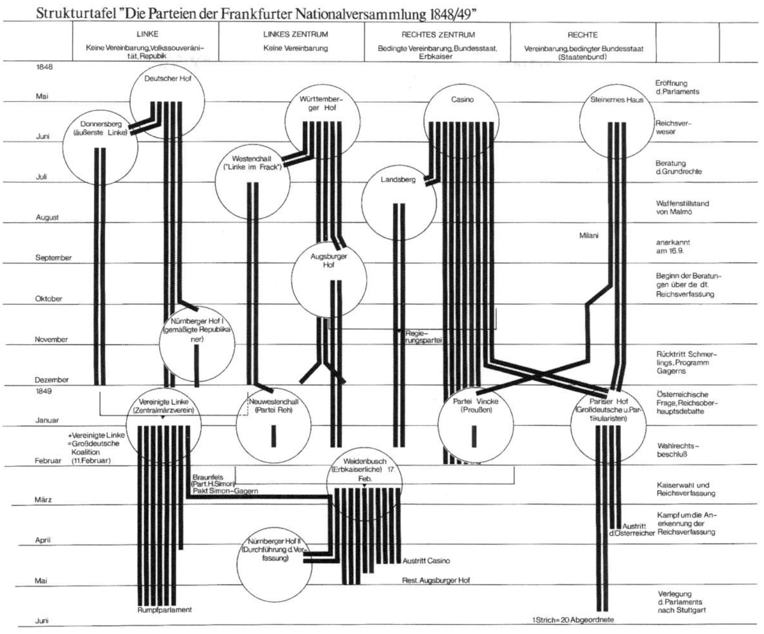

II/84
Die Fraktionen der Frankfurter Nationalversammlung 1848/49

ten« für Preußen das direkte Wahlrecht. Politische Parteien existieren noch nicht. Die örtlichen Kandidaten werden von den überall entstehenden politischen Klubs oder von schnell organisierten Wahlkomitees aufgestellt. Gewählt werden fast überall bürgerliche Liberale.

Die Nationalversammlung

Am 18. Mai tritt die Nationalversammlung in der Paulskirche zusammen. Der Enthusiasmus und die Erwartungen sind groß. In der ersten Ansprache nach seiner Wahl zum Präsidenten der Nationalversammlung beruft sich Heinrich von Gagern auf die »Souveränität der Nation« und ihr Recht, sich eine neue Verfassung zu geben. Gleichzeitig betont er aber die Notwendigkeit der Mitwirkung der Regierungen.
Einschließlich der Stellvertreter werden in die Paulskirche 831 Abgeordnete gewählt, von denen zu Beginn 330, später durchschnittlich 400-500 anwesend sind. Die Mehrheit der Parlamentarier entstammt dem liberalen Bildungsbürgertum. Beamte und Akademiker – darunter vor allem Juristen – bestimmen das Bild. Handel und Gewerbe sind nur durch wenige Abgeordnete vertreten, das gleiche gilt für den Adel und das Kleinbürgertum. Ohne direkte Vertretung in der Nationalversammlung bleiben Bauern und Arbeiter.
Aufbauend auf den Erfahrungen in den süddeutschen Landtagen bilden sich auch in der Frankfurter Nationalversammlung bald festere politische Gruppierungen, die auch die parlamentarische Arbeit wirkungsvoll zu organisieren versuchen. Die meisten Abgeordneten gehören solchen Fraktionen an, die sich regelmäßig in Frankfurter Gasthäusern treffen und nach diesen benennen. Die Fraktionen wählen Vorstände, legen Mitglieder-

listen an und beschließen Programme. Sie übernehmen bald die Vorberatungen für das Plenum und werden von manchen schon »Parteien« genannt.
Am schnellsten organisiert sich die in der Minderheit befindliche demokratische Linke. Unter der Führung Robert Blums sammelt sie sich im »Deutschen Hof«, schon bald aber spalten sich die entschiedenen Republikaner als Fraktion »Donnersberg« ab und bilden damit die äußerste Linke im Parlament. Ungeachtet der politischen Gegensätze schließt sich der größte Teil der Linken im Februar 1849, als sich die kleindeutsch-preußische Lösung abzeichnet, in der nationalen Frage mit dem »Pariser Hof« der Rechten zur großdeutschen Koalition zusammen.
Die Rechte der Paulskirche ist eine liberal-konservative Gruppe, die sich – zuerst katholisch und österreichisch orientiert – im »Steinernen Haus«, dann unter der Leitung des preußischen Freiherrn von Vincke im »Café Milani« organisiert. Im Gegensatz zur Linken will diese Gruppe die Aufgabe der Nationalversammlung auf die Ausarbeitung der Verfassung beschränken und die Konstitution auf eine Vereinbarung mit den Fürsten stützen.
Der größte Teil der Abgeordneten rechnet sich der liberalen Mitte zu, die ihrerseits in zwei Flügel zerfällt: den »Württemberger Hof« (linkes Zentrum) und die »Casinopartei« (rechtes Zentrum). Der »Württemberger Hof« lehnt wie die Linke die Vereinbarung mit den Fürsten ab. Die zahlenmäßig und intellektuell stärkste Gruppe ist die »Casinopartei«, die weitgehend das Geschehen im Parlament bestimmt und mit Heinrich von Gagern auch den Präsidenten stellt. Zum »Casino« gehören viele der Professoren, wie die Historiker Dahlmann, Droysen, Waitz und Giesebrecht. Die meisten Mitglieder der Fraktion erstreben eine konstitutionelle Monarchie mit beschränktem Wahlrecht und treten später für die kleindeutsche Lösung ein.

II/85
Die Linke in der Frankfurter Nationalversammlung

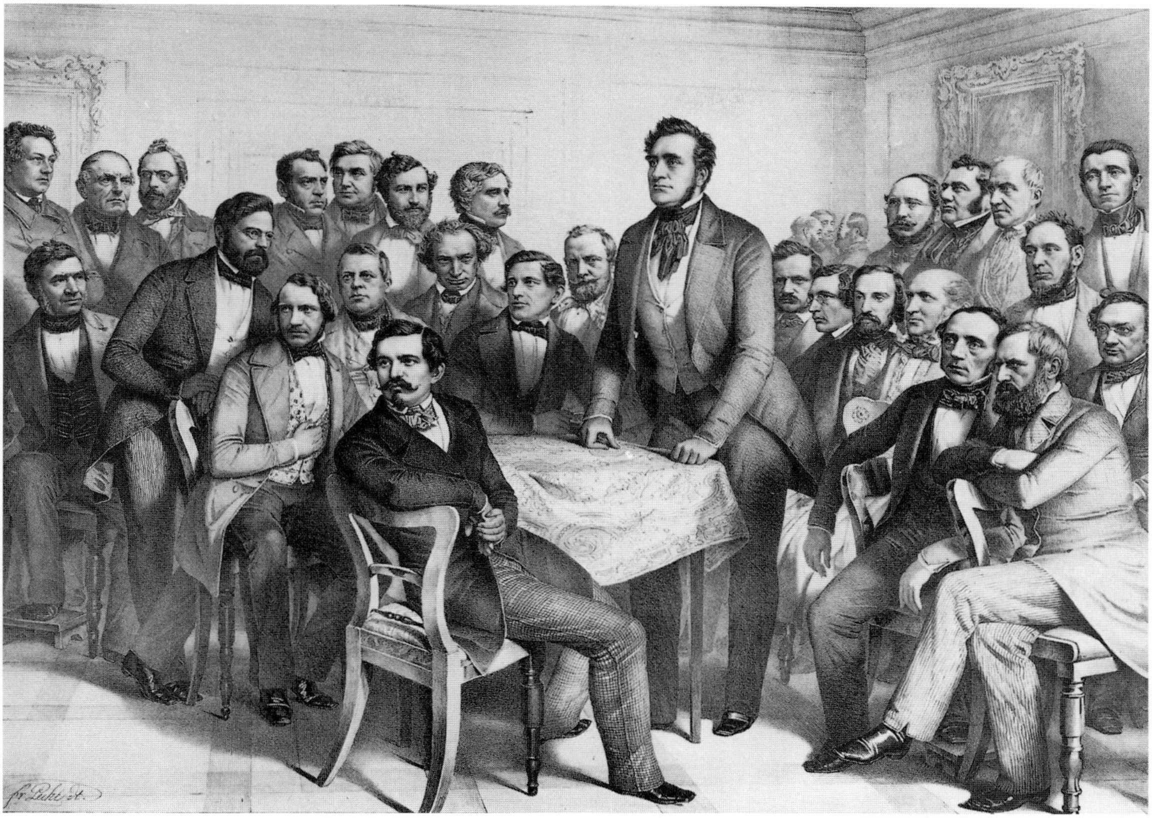

II/86
Die Casino-Partei in der Frankfurter Nationalversammlung

Die Anfänge der Parteien

Die Revolution von 1848/49 wird, trotz mancher Vorläufer vor allem im Westen und Süden Deutschlands, zur eigentlichen Geburtsstunde der politischen Parteien im modernen Sinne. Mit der Aufhebung der Zensur und der Freigabe des Vereins- und Versammlungsrechts entfaltet sich schon in den Märztagen eine breite politische Öffentlichkeit. In vielen Städten verfestigen sich die politisch-sozialen Richtungen organisatorisch so weit, daß fünf parteiartige Gruppierungen unterschieden werden können: die Liberalen und die Demokraten, die Konservativen, der politische Katholizismus und die frühe Arbeiterbewegung. Daneben beginnen sich in zunehmenden Maße die verschiedensten Arten von Interessen zu artikulieren und zum Teil auch in Vereinen und Verbänden zusammenzuschließen. Die politische Selbstorganisation der deutschen Gesellschaft erreicht damit eine ganz neue Stufe.

Die parlamentarisch stärkste Kraft ist die bürgerlich-liberale Mitte. Sie will, bei weitgehender Liberalisierung von Wirtschaft und Gesellschaft, die politische Demokratisierung eher schrittweise vollziehen. Die Monarchie wird als Garant der bürgerlichen Ordnung gegen sozialrevolutionäre Gefahren gesehen. In der außerparlamentarischen Organisation bleiben die Liberalen deutlich hinter den Demokraten zurück; zumeist erst als Antwort auf deren Aktivitäten entsteht auch ein liberales Vereinswesen.

II/87
Demokraten-Versammlung in Berlin, 1848

Als erste politische Richtung bauen die bürgerlichen Demokraten eine eigene parteiähnliche Organisation auf, ein regional breit gestreutes Netz von Vereinen bis hin zu nationalen Kongressen und Zentralvereinen. Ausgehend von dem Prinzip der Volkssouveränität befürworten die Demokraten zumeist eine republikanische Ordnung. Dahinter steht das Konzept der sozialen Reform und einer offenen Staatsbürgergesellschaft, in die von vorneherein auch die unteren Schichten einbezogen sein sollen.
Nach anfänglichem Zögern und einer eher defensiven Haltung nutzen auch die konservativen, gegenrevolutionären Kräfte, vor allem in Preußen, die neuen Formen der politischen Organisation und Öffentlichkeit. Als ihr Organ erscheint in Berlin die »Neue Preußische Zeitung«, die sog. »Kreuz-Zeitung«. Zugleich organisieren die Junker die Verteidigung des monarchischen Systems in patriotischen Vereinen, aber auch ihrer ökonomischen Interessen und Privilegien in entsprechenden Verbänden. Schon bald überzieht ein Netz solcher Vereine weite Teile des östlichen Preußens.
Im Kampf für die Freiheitsrechte der Kirche bildet sich seit dem Frühjahr 1848 eine große katholische Bewegung. Eine Fülle von Zeitungen, Versammlungen und Petitionen, die »Piusvereine für religiöse Freiheit«, schließlich der erste deutsche Katholikentag im Oktober 1848 in Mainz sind die Instrumente einer politischen Bewegung, die in den

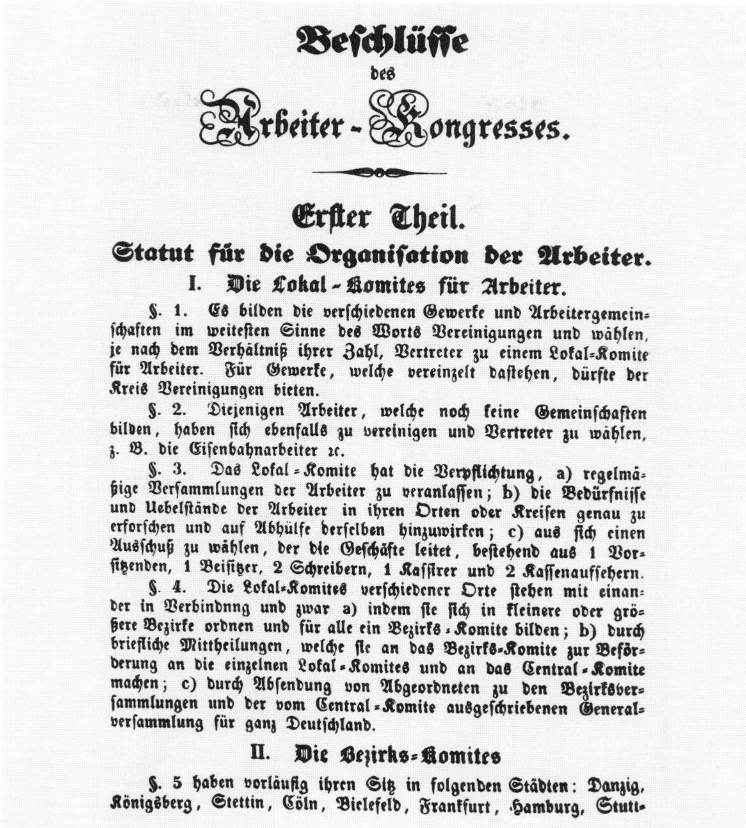

Beschlüsse des Arbeiter-Kongresses.

Erster Theil.

Statut für die Organisation der Arbeiter.

I. Die Lokal-Komites für Arbeiter.

§. 1. Es bilden die verschiedenen Gewerke und Arbeitergemeinschaften im weitesten Sinne des Worts Vereinigungen und wählen, je nach dem Verhältniß ihrer Zahl, Vertreter zu einem Lokal-Komite für Arbeiter. Für Gewerke, welche vereinzelt dastehen, dürfte der Kreis Vereinigungen bieten.

§. 2. Diejenigen Arbeiter, welche noch keine Gemeinschaften bilden, haben sich ebenfalls zu vereinigen und Vertreter zu wählen, z. B. die Eisenbahnarbeiter rc.

§. 3. Das Lokal-Komite hat die Verpflichtung, a) regelmäßige Versammlungen der Arbeiter zu veranlassen; b) die Bedürfnisse und Uebelstände der Arbeiter in ihren Orten oder Kreisen genau zu erforschen und auf Abhülfe derselben hinzuwirken; c) aus sich einen Ausschuß zu wählen, der die Geschäfte leitet, bestehend aus 1 Vorsitzenden, 1 Beisitzer, 2 Schreibern, 1 Kassirer und 2 Kassenaufsehern.

§. 4. Die Lokal-Komites verschiedener Orte stehen mit einander in Verbindnng und zwar a) indem sie sich in kleinere oder größere Bezirke ordnen und für alle ein Bezirks-Komite bilden; b) durch briefliche Mittheilungen, welche sie an das Bezirks-Komite zur Beförderung an die einzelnen Lokal-Komites und an das Central-Komite machen; c) durch Absendung von Abgeordneten zu den Bezirksversammlungen und der vom Central-Komite ausgeschriebenen Generalversammlung für ganz Deutschland.

II. Die Bezirks-Komites

§. 5 haben vorläufig ihren Sitz in folgenden Städten: Danzig, Königsberg, Stettin, Cöln, Bielefeld, Frankfurt, Hamburg, Stutt-

II/88
Beschlüsse des Berliner Arbeiterkongresses vom 23. August bis 3. September 1848

Parlamenten kaum vertreten ist. Die politische Spannweite des Katholizismus reicht von einzelnen Befürwortern einer christlichen Demokratie, die sich in vielem der Märzrevolution verbunden fühlen, bis hin zu der Mehrheit der ultramontanen, streng konservativen Kräfte.

Noch ganz in den Anfängen steckt 1848/49 die selbständige politische Organisierung der Arbeiterschaft. Oft sind die Arbeitervereine noch nicht eindeutig von der demokratischen Bewegung geschieden. Auch die soziale Differenzierung in Handwerksgesellen, frühes Proletariat und besitzlose Unterschichten steht vielfach noch einer einheitlichen Organisation entgegen. Neben sozialkonservativen und sozialreformerischen Ansätzen melden sich mit dem »Bund der Kommunisten« um Marx und Engels auch sozialrevolutionäre Kräfte nachdrücklich zu Wort.

Auch die Organisation aller Arten von wirtschaftlichen und sozialen Interessen kommt im Revolutionsjahr mächtig voran. Kaum eine gesellschaftliche Gruppe verzichtet darauf, ihren Wünschen mit zahlreichen Adressen und Petitionen, mit Versammlungen und Vereinsbildungen der Öffentlichkeit und insbesondere der Nationalversammlung gegenüber Ausdruck zu verleihen. Eine große Massenbasis und breite Resonanz erreichen vor allem der deutsche Handwerker- und Gewerbekongreß und die mit diesem teilweise verbundene Schutzzollbewegung.

3. Das Werk der Nationalversammlung und die Krise der Revolution

Die Zentralgewalt: Ein Haupt ohne Körper

Erster demonstrativer Höhepunkt der Arbeit der Nationalversammlung ist die Reichsverweserwahl. Sie geht auf einen Kompromiß zwischen den Vorstellungen der verschiedenen Fraktionen über eine provisorische Zentralgewalt zurück. Die Linke will einen einzigen Mann als Träger der Exekutive, die Rechte ein Kollegium, die Linke einen Abgeordneten, der durch die Nationalversammlung selbst gewählt und ihr verantwortlich sein soll, die Rechte die Ernennung durch die Fürsten ohne Verpflichtung zur parlamentarischen Verantwortung.

Um die Versammlung trotz ihrer Gegensätze zu einer Entscheidung zu zwingen, macht ihr Präsident Heinrich von Gagern einen »kühnen Griff«: Er schlägt der Nationalversammlung die Wahl eines Reichsverwesers vor. Gewählt wird Erzherzog Johann von Österreich, »nicht weil, sondern obgleich er ein Fürst ist«. Er ist der Nationalversammlung nicht verantwortlich und wird nach seiner Wahl von den Fürsten der Einzelstaaten anerkannt. Er ist damit »legitimer« Nachfolger der Bundesversammlung, die ihre Kompetenzen auf den Reichsverweser überträgt.

Dieser Kompromiß mit den alten Mächten schafft für die National-

II/89
Einzug des Reichsverwesers Erzherzog Johann in Frankfurt am Main am 11. Juli 1848

II/90 (Rechte Seite)
Proklamation des Reichsverwesers nach der Übernahme der provisorischen Zentralgewalt

An das deutsche Volk.

Deutsche! Eure in Frankfurt versammelten Vertreter haben mich zum deutschen Reichsverweser erwählt.

Unter dem Zurufe des Vertrauens, unter den Grüßen voll Herzlichkeit, die mich überall empfingen, und die mich rührten, übernahm ich die Leitung der provisorischen Centralgewalt für unser Vaterland.

Deutsche! nach Jahren des Druckes wird Euch die Freiheit voll und unverkürzt. Ihr verdient sie, denn Ihr habt sie muthig und beharrlich erstrebt. Sie wird Euch nimmer entzogen, denn Ihr werdet wissen sie zu wahren.

Eure Vertreter werden das Verfassungswerk für Deutschland vollenden. Erwartet es mit Vertrauen. Der Bau will mit Ernst, mit Besonnenheit, mit ächter Vaterlandsliebe geführt werden. Dann aber wird er dauern, fest wie Eure Berge.

Deutsche! Unser Vaterland hat ernste Prüfungen zu bestehen. Sie werden überwunden werden. Eure Straßen, Eure Ströme werden sich wieder beleben, Euer Fleiß wird Arbeit finden, Euer Wohlstand wird sich heben, wenn Ihr vertrauet Euren Vertreten, wenn Ihr mir vertraut, den Ihr gewählt, um mit Euch Deutschland einig, frei und mächtig zu machen.

Aber vergeßt nicht, daß die Freiheit nur unter dem Schirme der Ordnung und Gesetzlichkeit wurzelt. Wirkt mit mir dahin, daß diese zurückkehren, wo sie gestört wurden. Dem verbrecherischen Treiben und der Zügellosigkeit werde ich mit dem vollen Gewichte der Gesetze entgegentreten. Der deutsche Bürger muß geschützt seyn gegen jede strafbare That.

Deutsche! Laßt mich hoffen, daß sich Deutschland eines ungestörten Friedens erfreuen werde. Ihn zu erhalten ist meine heiligste Pflicht.

Sollte aber die deutsche Ehre, das deutsche Recht gefährdet werden, dann wird das tapfere deutsche Heer für das Vaterland zu kämpfen und zu siegen wissen.

Frankfurt am Main, den 15. Juli 1848.

Der Reichsverweser
Erzherzog Johann.

Die Reichsminister
Schmerling. Peucker. Heckscher.

versammlung zusätzliche Probleme. An der Spitze steht jetzt ein Mitglied des österreichischen Herrscherhauses. Damit wird die Entscheidung über die Zugehörigkeit des österreichischen Vielvölkerstaates zum künftigen deutschen Nationalstaat noch schwieriger.
Zunächst richten sich jedoch große Erwartungen auf den Reichsverweser. In einem Aufruf »An das deutsche Volk« verspricht er »nach Jahren des Drucks [...] die Freiheit voll und unverkürzt« und die Vollendung des Verfassungswerks für Deutschland. Demokratische Vereine appellieren an den Reichsverweser, die Volkssouveränität zu achten und für die Verantwortlichkeit eines künftigen Reichsoberhaupts einzutreten. Bald jedoch enthüllt sich die Schwäche der Zentralgewalt. Nach der Berufung des Reichsministeriums unter Karl Fürst zu Leiningen, einem hohen Aristokraten und Verwandten des englischen Königshauses, zeigt sich, daß die Handlungsfähigkeit der Zentralgewalt durch organisatorische Mängel und Kompetenzstreitigkeiten mit den deutschen Einzelstaaten stark begrenzt ist. Ohne Armee, Polizei und Beamte ist sie bei der Durchführung ihrer Beschlüsse von der Mitarbeit der politischen Machtträger in den Einzelstaaten abhängig, mit deren Bevollmächtigten sie in Frankfurt verhandelt. Bei diesen Verhandlungen ist die völkerrechtliche Vertretung kontrovers. Die Einzelstaaten weigern sich zum Teil, ihre Truppenkontingente einem zentralen Oberbefehl zu unterstellen. Am 6. August ergeht an die Truppen aller Staaten ein Appell, dem Reichsverweser zu huldigen. Preußen und Österreich folgen nur mit Vorbehalten.

Die Grundrechtsdebatten

Die Ausarbeitung eines verbindlichen Katalogs von Menschen- und Bürgerrechten nach dem Vorbild der amerikanischen und der Französischen Revolution ist für die verfassunggebende Versammlung in der Paulskirche das erste Ziel ihrer Bemühungen. Am 3. Juli 1848, nach der Konstituierung der provisorischen Zentralgewalt, beschließt die Nationalversammlung, »mit der Feststellung der allgemeinen Rechte, welche die Gesamtverfassung dem deutschen Volke gewähren sollte, den Anfang zu machen [...]. Das Verfassungswerk, welches jetzt unternommen ist, soll ja die Einheit und Freiheit Deutschlands, das Wohl des Volkes auf Dauer begründen«. Das liberale Bürgertum debattiert monatelang über die Inhalte der endlich errungenen Freiheiten. Es geht um eine neue soziale Ordnung und um die Bildung eines deutschen Nationalstaates mit demokratischer Verfassung.
Ganz Deutschland verfolgt die Debatten in der Paulskirche mit großer Aufmerksamkeit. Viele Bürger versuchen, mit Flugschriften, Petitionen und Änderungsvorschlägen Einfluß auf die Formulierung der Grundrechte zu nehmen.
Der Beschluß der Nationalversammlung, mit der Diskussion der Grundrechte zu beginnen und die übrigen Verfassungsprobleme zurückzustellen, ist die unmittelbare Folge der Erfahrungen der Abgeordneten mit dem vormärzlichen Polizeisystem. Sie haben vor allem den Willen, die Rechte des einzelnen dem Staat gegenüber zu sichern: »Wir wollen jetzt aus dem herauskommen, was uns der Polizeistaat der letzten Jahrhunderte gebracht hat. Wir wollen den Rechtsstaat auch für Deutschland begründen [...]. Es soll die Bevormundung entfernt werden, die von oben her auf Deutschland lastet«.

II/91 (Rechte Seite) Die Grundrechte des Deutschen Volkes, Lithographie von Adolf Schroedter, Mainz 1848

Die Grundrechte des deutschen Volkes.
Gesetz,
betreffend die Grundrechte des deutschen Volks.
Grundrechte des deutschen Volks.
Artikel I.
Artikel II.
Artikel III.
Artikel IV.
Artikel V.
Artikel VI.
Artikel VII.
Artikel VIII.
Artikel IX.
Frankfurt a. M., den 27. December 1848.
Der Reichsverweser:
Erzherzog Johann.
Die Reichsminister:
H. v. Gagern. v. Peucker. v. Beckerath. Duckwitz. R. Mohl.

Die Grundrechte garantieren den bürgerlichen Rechtsstaat. Zum erstenmal in der deutschen Geschichte wird zugleich ein einheitliches »Reichsbürgerrecht« (§ 2) geschaffen. Ständische Vorrechte sollen durch die allgemeine Gleichheit vor dem Gesetz abgelöst werden: »Der Adel als Stand ist aufgehoben [...]. Die Deutschen sind vor dem Gesetze gleich« (§ 7).

Rechtsgleichheit, ein einheitliches Staatsbürgerrecht und die Gleichheit der Bürger vor dem Gesetz bilden das Kernstück der Grundrechte. Vor allem geht es der Paulskirchenversammlung darum, die Rechte des Individuums gegenüber dem Staat zu garantieren: »Die Freiheit der Person ist unverletzlich« (§ 8). Jeder Staatsbürger erhält die Meinungs- und Glaubensfreiheit: »Jeder Deutsche hat das Recht, durch Wort, Schrift, Druck und Bild seine Meinung frei zu äußern« (§ 13). Die Vereins- und Versammlungsfreiheit werden gesichert (§§ 29, 30), besonders geschützt werden die Freiheit der Wissenschaft und der Lehre (§§ 22, 23). Die Unabhängigkeit der Kirche vom Staat wird in den Debatten leidenschaftlich diskutiert.

Schließlich sichern die Grundrechte die freie Verfügungsgewalt des Bürgers über sein Eigentum: »Das Eigentum ist unverletzlich« (§ 32). Alle noch bestehenden Adelsprivilegien werden beseitigt. Einerseits werden alle noch auf Grund und Boden lastenden Abgaben und Leistungen für ablösbar erklärt, andererseits erhalten die besitzlosen Abhängigen freie Verfügungsgewalt über ihre Arbeitskraft: »Jeder Untertänigkeits- und Hörigkeitsverband hört für immer auf« (§ 34). Die Grundrechte zielen auf die freie, durch die Sicherung des Eigentums gewährleistete Entfaltung des Individuums, also auf die Freisetzung aller Kräfte des einzelnen unter allgemein verbindlichen gesetzlichen Regeln. Dagegen werden alle über die rechtliche Sicherung des Individuums hinausgehenden sozialreformerischen Maßnahmen von der Mehrheit der Abgeordneten nicht gebilligt. Obwohl die »soziale Frage« durch das Elend breiter Volksschichten schon ins allgemeine Bewußtsein gedrungen ist, findet sich in den Grundrechten nichts über eine soziale Verpflichtung des Eigentums und über einen Anspruch auf soziale Sicherheit. Hier setzt die Kritik der Arbeiter- und Gesellenvereine und der entschiedenen Demokraten an. Die sozialen Interessengegensätze, die das Werk der Paulskirche schließlich so sehr belasten, zeichnen sich bereits ab.

Die Schleswig-Holstein-Frage

Noch während der Diskussion über die Grundrechte kommt es zu einer für das Schicksal der Nationalversammlung entscheidenden Krise. Die Herzogtümer Schleswig und Holstein haben sich der deutschen Revolution angeschlossen und sich gegen ihren Herrscher, den dänischen König, erhoben, weil er das im Unterschied zu Holstein nicht zum Deutschen Bund gehörende Schleswig dem dänischen Nationalstaat einverleiben will. Die revolutionäre provisorische Regierung der Herzogtümer ersucht den Bundestag um militärische Hilfe, die sie unter preußischem Oberkommando erhält. Die deutsche Nationalbewegung nimmt sich des Kampfes der Schleswig-Holsteiner mit einem Enthusiasmus ohnegleichen an. Er wird zu einem Kristallisationspunkt der deutschen Einheitsbestrebungen und zur Prestigefrage für die Nationalversammlung. Die Bundestruppen kämpfen unter preußischem Kommando erfolgreich. Trotzdem zwingt ausländischer Druck, vor allem von England und Rußland, Preußen zur Annahme

II/92
Einzug der preußischen Truppen in Schleswig am 23. April 1848

des Waffenstillstandsvertrages von Malmö, dessen Bestimmungen weitgehend zu Lasten der Schleswig-Holsteiner gehen. Die Frankfurter provisorische Zentralgewalt, Rechtsnachfolgerin des Bundestages, in dessen Namen der Krieg geführt worden ist, wird bei den Waffenstillstandsverhandlungen von Preußen übergangen. Preußen verwirft damit den nationalen Gedanken zugunsten seiner Interessen als europäische Macht.

Diese erste außenpolitische Krise zeigt die Probleme, vor denen die Nationalversammlung steht und die sie zum Teil selbst geschaffen hat. Die Wahl des Reichsverwesers hatte für kurze Zeit den Eindruck geschaffen, als liege die Macht tatsächlich bei der neuen Zentralgewalt. Nun kommt es im Verlauf der Auseinandersetzungen um Schleswig-Holstein zu einer Konfrontation mit den realen Machtverhältnissen. Die gemäßigten und die radikalen Abgeordneten der Paulskirche reagieren unterschiedlich. Die tiefgreifenden Differenzen zwischen den verschiedenen politischen Gruppen treten deutlicher als je zuvor zutage. Die Nationalversammlung muß eine Entscheidung über das eigenmächtige Vorgehen Preußens fällen. Denn von Annahme oder Ablehnung des Waffenstillstands durch die Nationalversammlung hängt nicht nur das Schicksal Schleswig-Holsteins, sondern das ganz Deutschlands ab. Die Annahme bedeutet den Sieg Preußens über die deutsche Nationalbewegung, den Sieg eines Monarchen über das gesamtdeutsche Parlament. Die Ablehnung würde bedeuten, daß die Nationalversammlung entschlossen ist, sich gegen Preußen und auch gegen die europäischen Mächte durchzusetzen und damit den Weg der Vereinbarung mit den Fürsten zu verlassen.

II/93
Stürmische Debatte in der Frankfurter Nationalversammlung am 5. September 1848

Am 5. September lehnt die Nationalversammlung mit 238 gegen 221 Stimmen nach der turbulentesten Debatte seit ihrem Bestehen den Waffenstillstand ab. Es ist der erste Sieg der Linken in der Paulskirche. Viele Liberale stimmen für diese Entscheidung, darunter der Hauptredner der Schleswig-Holsteiner, Dahlmann, der in seiner Rede sagt, daß das Parlament sein ehemals stolzes Haupt nie wieder erheben werde, falls es sich hier ausländischem Druck beuge und die Einheit Deutschlands in Schleswig-Holstein verrate. Das Ministerium Leiningen tritt nach der Abstimmung zurück. Dahlmann gelingt allerdings weder die Bildung eines neuen Ministeriums, noch kann er sich dazu entschließen, die Forderung der Linken zu übernehmen und zum Kampf gegen Preußen aufzurufen.

Die Nationalversammlung verharrt in ohnmächtiger Passivität. Am 16. September schließlich akzeptiert sie mit 257 gegen 236 Stimmen doch noch den Waffenstillstand. Viele Liberale, die sich vorher wie Dahlmann leidenschaftlich dagegen ausgesprochen hatten, stimmen nun dafür. Damit opfert die Nationalversammlung ihr Ansehen, indem sie jetzt für die Politik Preußens eintritt. Die Paulskirche begibt sich endgültig in die Abhängigkeit der Fürsten. In dieser Entscheidung sehen Karikaturisten schon die Beerdigung des »Siebenmonatskindes« der deutschen Einheit.

Das Unvermögen der Nationalversammlung, die preußische Regierung zur Ablehnung des Waffenstillstandsvertrages von Malmö zu bewegen, dokumentiert ihre Ohnmacht vor den bestehenden Gewalten. Für die Republikaner ist dies der Beweis für die Aussichtslosigkeit der gemäßigt-liberalen Konzeption, die Fürsten auf dem Wege von Verhandlungen zu freiwilligem Verzicht auf einige Souveränitätsrechte

II/94 (Rechte Seite)
Straßenkampf vor der Paulskirche am 18. September 1848

Das merkwürdige Jahr 1848. — Eine neue Bilderzeitung. — 37stes Bild.

Wüthender Angriff der Republikaner auf das in der Paulskirche zu Frankfurt versammelte deutsche National-Parlament, am 18. September 1848.

Was woget und brauset so dumpf heran,
Erfüllt mit Gebrülle die Straßen?
Es ist der Pöbel im tollen Wahn,
Er wühlet über die Maßen.

Warum wogt und braus't er so dumpf heran,
Erfüllt mit Morden die Straßen?
Er will sie morden Mann für Mann,
Die vom Recht sich nicht abbringen lassen.

Wer hat sie getrieben so toll heran,
Zu erfüllen mit Morden die Straßen?
Die Republikaner im irren Wahn,
Sie können die Ruhe nur hassen.

Die Abgeordneten Preußens für die deutsche National-Versammlung hatten sich ermannt, hatten für den Waffenstillstand mit Dänemark, für Ruhe und Frieden in ihrem Lande und in ganz Deutschland, für Gesetz und Ordnung gesprochen und der Fürst Lichnowsky und General v. Auerswald sich besonders ausgezeichnet; und der größte Theil der Versammlung war auf ihre Seite getreten. Das hatte nun die Republikaner, deren Dichten und Trachten nur darauf geht, durch eine allgemeine Revolution alles von Unterst zu Oberst zu kehren, alles Bestehende zu vernichten und sich selbst zur Herrschaft zu bringen, aufs Höchste erbittert. Sie hetzten das Volk in großen Volksversammlungen auf, machten Verschwörungen und beschlossen endlich durch ihre angeworbenen Haufen die National-Versammlung in der Paulskirche aus einander zu jagen und die, welche für die gute Sache gestimmt hatten, umzubringen. Sie setzten dies am 18. September in's Werk. Tobende Haufen umlagerten die Paulskirche und wollten hineindringen, wurden aber durch das Militair vertrieben. Nun vertheilten sie sich in die Straßen, bauen Barrikaden und schießen aus den Fenstern der Häuser. Das Militair wird nun kommandirt, die Barrikaden zu nehmen, die Anführer zu vertreiben. Und sie rücken vor, die Oesterreicher treu, die Hessendarmstädter muthig und gewandt und die Preußen sicher, rasch und ohne Besinnen. Die Barrikaden werden überwältigt, das Feuer aus den Häusern gedämpft. Es war eine Freude, Offiziere und Mannschaft so vieler Stämme wie eine lebendige, muthvolle Mauer für die National-Versammlung des deutschen Reichs in den Tod gehen zu sehen. Das Gefecht entschied sich unaufhörlich zu Gunsten der Truppen. Aus der Umgegend waren schnell 6 — 7000 Mann versammelt. 12 Geschütze mit Kartätschen und Kavallerieangriffe bereiteten dem frevelhaften Aufruhr raschen Untergang. Abends 8 Uhr war der Sieg entschieden.

Original u. Eigenthum No. 2108.

Neu-Ruppin, zu haben bei Gustav Kühn

II/95
Angriff preußischer Truppen auf Barrikaden in Frankfurt am Main am 18. September 1848

zugunsten eines deutschen Nationalstaates und eines parlamentarischen Systems zu bewegen.

Aufstände gegen die Nationalversammlung

Republikaner und Demokraten finden jetzt in der Frankfurter Bevölkerung immer mehr Anhänger. Die Befürworter des Waffenstillstandes werden als Verräter bezeichnet, die Republikaner dagegen zunehmend als die Sachwalter der revolutionären Nationalbewegung angesehen. Stark besuchte Versammlungen der Arbeiter- und Demokratenvereine, bei denen bereits die roten Fahnen die schwarz-rot-goldenen zu verdrängen beginnen, verlangen den geschlossenen Auszug der gesamten Linken aus der Paulskirche oder die Auflösung der Nationalversammlung. Die provisorische Zentralgewalt fordert gleichzeitig zum Schutz der Nationalversammlung preußisches und österreichisches Militär an. Die Lage verschärft sich. Die Erbitterung richtet sich vor allem gegen die preußischen Truppen, die nun gegen die Revolutio-

II/96
Ermordung von Fürst Lichnowsky und General von Auerswald in Frankfurt am Main am 18. September 1848

näre auf der Straße eingesetzt werden. Während in der Paulskirche über die Freiheit der Wissenschaft debattiert wird, tobt draußen der Straßenkampf. Nach dem Mord an zwei Abgeordneten der Rechten, Lichnowsky und Auerswald, wird über die Stadt der Belagerungszustand verhängt. Der Aufstand wird niedergeschlagen.

Nach diesem militärischen Sieg fühlt sich die Zentralgewalt gestärkt. Sie verbindet sich zunehmend mit den alten Dynastien und leitet jetzt ihrerseits gegenrevolutionäre Maßnahmen ein. Sie plant die Ahndung von »Pressvergehen« gegen Beamte und Behörden und fordert die Einzelstaaten zur Einsendung einer genauen »Statistik der in Deutschland bestehenden demokratischen Volksvereine und deren Verzweigungen« auf. Doch der Sieg kommt schließlich nicht der Zentralgewalt, sondern den alten Mächten zugute.

Die Ausrufung der Republik

Die Unruhen in Frankfurt greifen auf die mittel- und südwestdeutschen Staaten über. Überall werden jetzt sozialrevolutionäre und republikanische Forderungen erhoben, die über die Ziele der Mehrheit in der Nationalversammlung hinausgehen. In Baden, wo neue Finanzgesetze und Gerichtsverfahren gegen die Aufständischen des Frühjahres in den unteren Schichten große Unruhe verbreitet haben, versucht Gustav von Struve einen Putsch. Seine Flugblätter nach der Annahme des Malmöer Waffenstillstands durch die Nationalversammlung geben die Stimmung wieder: »Triumph! Das Frankfurter Parlament ist entlarvt! Es gibt kein deutsches Parlament mehr – nur noch ein erzürntes Volk, ihm gegenüber eine Handvoll Schurken [...]. Ganz Deutschland erhebt sich im Augenblick gegen die Fürstenherrschaft

II/97
Gustav von Struve ruft vom Lörracher Rathaus die Deutsche Republik aus

und für die Erringung der Volksfreiheit«. Unter der Losung »Wohlstand, Bildung, Freiheit für alle« ruft er am 21. September vom Lörracher Rathaus die »deutsche soziale Republik« aus. Zu ihrer Finanzierung wird gegen Schuldscheine Geld aus der Bevölkerung aufgenommen. Die Anhänger der Monarchie sollen verhaftet, das Vermögen des Staates, der Kirche und der Monarchisten eingezogen und den Gemeinden übergeben werden. Der Aufstand breitet sich rasch über das badische Oberland aus, wird aber am 26. September von der Übermacht badischer Truppen bei Stauffen niedergeschlagen.

Sieg der Reaktion in Wien

Auch in den nichtdeutschen Teilen der Habsburger Monarchie, vor allem in Ungarn und Italien, kommt es zu neuen Unruhen. Der ungarische Landesverteidigungsausschuß unter Lajos Kossuth plant eine Offensive zur Erringung der Unabhängigkeit. Als die in Wien stationierten deutschen und italienischen Truppen am 5. Oktober den kaiserlichen Kontingenten gegen die Ungarn eingegliedert werden sollen, bricht in der österreichischen Hauptstadt der offene Aufstand aus. Studenten der »Akademischen. Legion« verbünden sich mit der Bürgerwehr und Arbeitern und verhindern den Abmarsch der Truppen. Die Minister und der Kaiser fliehen aus der Stadt. Wien ist in den Händen der Revolutionäre.

Die provisorische Zentralgewalt in Frankfurt entsendet den liberalen Abgeordneten Welcker und Oberst Mosle als »Reichskommissare« nach Österreich, um »alle zur Beendigung des Bürgerkrieges, zur Herstellung des Ansehens der Gesetze und des öffentlichen Friedens erforderlichen Vorkehrungen zu treffen«. Sie wagen jedoch nicht, Wien zu betreten, und kehren aus dem

II/98
Brand der Wiener Bibliothek nach der Einnahme der Stadt durch die Truppen von Feldmarschall Windischgrätz

II/99
Erschießung Robert Blums in der Brigittenau bei Wien am 9. November 1848

II/100
Ermordung des österreichischen Kriegsministers Latour am 6. Oktober 1848

kaiserlichen Hauptquartier ohne Ergebnis zurück. Robert Blum dagegen, linker Abgeordneter der Paulskirche, kämpft mit den Aufständischen auf den Barrikaden.
Feldmarschall Fürst Windischgrätz, der Befehlshaber der kaiserlichen Truppen, verhängt über Wien den Belagerungszustand. Nach fünf Tagen ist die Stadt zurückerobert. Die Aufständischen leisten erbitterten, aber vergeblichen Widerstand. Mehrere tausend Tote und schreckliche Verwüstungen sind die Bilanz des Sieges der monarchistischen Reaktion über die Stadt. Robert Blum wird ohne Rücksicht auf seine Immunität als Abgeordneter standrechtlich erschossen. Die Nationalversammlung protestiert nur matt. Fürst Schwarzenberg, ein starrer Verfechter der absoluten Monarchie und des großösterreichischen Machtstaates, wird Ministerpräsident, der Reichstag aufgelöst, eine Verfassung oktroyiert. Die Revolution in Österreich ist gescheitert.

Gegenrevolution in Berlin

Ein weiteres Zentrum der zweiten revolutionären Welle ist Berlin. Der äußere Anlaß ist die Ernennung des Generalleutnants Brandenburg, eines Verwandten des Königshauses und reaktionären Mitglieds der »Kamarilla«, zum Ministerpräsidenten. Er soll die »Contrerevolution« einleiten. In der Stadt kommt es zu Unruhen. Auch die Liberalen sind nicht bereit, diesen Affront zu akzeptieren. Fast einstimmig lehnt die preußische Nationalversammlung am 2. November das Ministerium der Krone ab. Sie teilt diesen Beschluß durch eine Deputation dem König mit, der sie jedoch nicht zu Wort kommen läßt. Die preußische Nationalversammlung wird gegen ihren Widerstand aus Berlin in die Stadt Brandenburg verlegt. Den demokratischen Abgeordneten und denen des linken Zentrums, die sich weigern, der Verlegung Folge zu leisten, werden die Versammlungslokale gesperrt. Schließlich werden sie mit Waffengewalt auseinandergetrieben.
Obgleich die am 10. November in Berlin einziehenden 40.000 Soldaten des Generals von Wrangel auf keinen Widerstand stoßen, wird am 12. November der Belagerungszustand über die Stadt verhängt. Erst jetzt wächst der Widerstand der demokratischen Gruppen in der Stadt. Zur Unterstützung der Linientruppen wird die Landwehr einberufen. So bleibt die Monarchie Herr der Lage. Sie kann es sich schließlich erlauben, die nach Brandenburg verlegte Nationalversammlung end-

II/101
Entwaffnung der Berliner Bürgerwehr am 11. November 1848

II/102
Bürgerwehr schießt in Berlin auf aufständische Arbeiter am 16. Oktober 1848

gültig aufzulösen und eine Verfassung zu oktroyieren, die mit einer Reihe von Konzessionen das liberale Bürgertum besänftigt. Doch schon vorher war das Auseinanderbrechen der im März noch weitgehend geschlossenen revolutionären Gruppen deutlich geworden, nachdem bei den Spandauer Krawallen Bürgerwehr auf republikanische Arbeiter geschossen hatte. In Berlin erscheint die Broschüre »Gegen Demokraten helfen nur Soldaten«. Die Mehrheit des liberalen Bürgertums resigniert. Die monarchistische Gegenrevolution hat auch in Preußen gesiegt.

„Das ist immer das Unglück der Könige gewesen, daß sie die Wahrheit nicht hören wollen!“

Der König hat die mit Ueberreichung der bereits bekannten Adresse von der National-Versammlung beauftragte Deputation empfangen. Nach Verlesung derselben faltete der König die Adresse zusammen und wandte sich mit kurzer Verbeugung zum Fortgehen. Als nun der Präsident Unruh das Wort zu ergreifen zauderte, trat der Abgeordnete Jacobi vor und sprach dem, der Deputation in der Adresse ausdrücklich ertheilten Auftrage zufolge, die Worte:

„Majestät! Wir sind nicht blos hierher gesandt, um eine Adresse „zu überreichen, sondern auch, um Ew. Majestät mündlich über „die wahre Lage des Landes Auskunft zu geben. Gestatten Ew. „Majestät daher —

hier unterbrach der König mit dem Worte:

„Nein!!“

Jacobi entgegnete:

„Das ist immer das Unglück der „Könige gewesen, daß sie die Wahr„heit nicht hören wollen!“

Der König entfernte sich.

Der Abgeordnete Jacobi hat sich hierdurch den Dank des gesammten Vaterlandes verdient. Möge er und seine Freunde in diesem hochwichtigen Augenblicke nicht nachlassen, die in Wien wie in Berlin bedrohte Sache des Volkes und der Wahrheit zu vertreten, dann werden alle ihm mit Gut und Blut zur Seite stehen, um endlich eine von Fürstenlaune unabhängige Grundlage der Volksfreiheit und des Volksglückes zu erlangen!

Berlin, den 3. November 1848.

Der democratische Club.

Druck von Ferd. Reichardt u. Co., Neue Friedrichs-Straße 24.

II/103
Flugblatt des Demokratischen Clubs in Berlin, November 1848

II/104
Gewaltsame Auflösung der preußischen Nationalversammlung am 14. November 1848

4. Das Scheitern der Revolution

Das Problem der nationalen Einheit

Die deutsche Einheit wird nach der Niederschlagung der »zweiten Revolution« zur Machtfrage zwischen den wiedererstarkten Staaten Preußen und Österreich. Österreichs Interesse zielt auf den Ausbau seiner Großmachtstellung. Nach Schwarzenbergs Programm soll die gesamte Habsburger Monarchie gemeinsam mit allen deutschen Staaten einen mitteleuropäischen Staatenbund bilden, ein Siebzigmillionenreich. Dagegen steht die kleindeutsch-preußische Lösung: ein kleindeutscher Bundesstaat unter preußischer Führung, der später zu einem »Doppelbund« mit Österreich erweitert werden könnte.
Die Mehrheit der Nationalversammlung bekennt sich zu Beginn der Einheitsdebatte im Oktober 1848 zum großdeutschen Prinzip, das auch dem ersten Verfassungsentwurf zugrunde liegt. Das Reichsgebiet soll danach das Gebiet des bisherigen Deutschen Bundes umfassen und darüber hinaus das Herzogtum Schleswig und die preußischen Ostprovinzen einbeziehen, nicht jedoch die fremdsprachigen Nationalitäten der Habsburgermonarchie.
In der Debatte um das Reichsoberhaupt im Januar 1849 tritt die kleindeutsche Partei für ein preußisches Erbkaisertum ein. Die großdeutsche Seite mit ihren verschiedenen politischen Fraktionen dagegen bietet die widersprüchlichsten Konzepte an. Sie reichen von einem dynastischen Reichsdirektorium bis zu einer unitarischen demokratischen Republik.
Österreichs Vorgehen – seine entschiedene Absage an die Nationalversammlung und die Verabschiedung einer zentralistischen Gesamtstaatsverfassung für das Habsburger-Reich im März 1849 – zerstört die großdeutschen Hoffnungen endgültig. Viele Großdeutsche tre-

ten zur kleindeutschen Fraktion Heinrich von Gagerns über. Die demokratische Linke läßt sich durch das Zugeständnis des allgemeinen, gleichen, geheimen und direkten Wahlrechts für die kleindeutsche Lösung gewinnen. Am 28. März wählt die Nationalversammlung den preußischen König zum »Kaiser der Deutschen«.

Die Reichsverfassung

In einer Phase äußerster Spannung, schon stark beschränkt in ihrem Handlungsspielraum, nimmt die Nationalversammlung im Oktober 1848 den brisantesten Teil ihres Neuordnungswerks in Angriff, den institutionellen Teil der Verfassung. Besonders bei den Entscheidungen über den Umfang des künftigen Reichsgebiets und über die monarchische Spitze sind die Einwirkungen der österreichischen und preußischen Machtpolitik unübersehbar. Dennoch gelingt der Nationalversammlung am 27. März 1849 in scheinbarer Souveränität die Verabschiedung der Reichsverfassung.

Die Arbeit an der neuen Verfassung liegt zunächst in den Händen eines dreißigköpfigen Verfassungsausschusses, dem die führenden Köpfe des vormärzlichen Liberalismus angehören. Sein Verfassungsentwurf entspricht ganz den Vorstellungen der Casino-Fraktion und damit der bürgerlich-liberalen Mehrheit der Nationalversammlung. Erst im Winter 1848/49 treten im Zuge des Ringens zwischen kleindeutsch und großdeutsch gesonnenen Kräften Verschiebungen der Mehrheitsverhältnisse ein, die zu Kompromissen auch mit der demokratischen Linken führen.

Die Verfassung ist insgesamt ein ausgewogener Kompromiß, der vorbildlich für die weitere deutsche Verfassungsentwicklung bleibt. Geprägt ist er vor allem von den Vorstellungen der bürgerlich-liberalen Mehrheit des Frankfurter Parlaments: ein Bundesstaat mit einem Zweikammersystem und einem erblichen Monarchen an der Spitze. Als Konzessionen an die Linke sind jedoch die Befugnisse des Monarchen begrenzt und das allgemeine, gleiche Wahlrecht eingefügt worden.

Die liberalen und nationalen Hoffnungen, die Preußens König Friedrich Wilhelm IV. in den Märztagen 1848 mit seiner Losung »Preußen geht fortan in Deutschland auf« geweckt hat, glaubt die kleindeutsche Partei mit der Verfassung der Paulskirche nun einlösen zu können. Am 28. März 1849 wählt die Nationalversammlung den preußischen König zum »Kaiser der Deutschen«.

II/105
Medaille auf die Wahl Friedrich Wilhelms IV. von Preußen zum »Kaiser der Deutschen«

II/106
Friedrich Wilhelm IV. empfängt die »Kaiserdeputation« der Nationalversammlung am 3. April 1849

Die »Kaiserdeputation« der Nationalversammlung unter Leitung ihres Präsidenten Eduard von Simson überbringt dem preußischen König das Ergebnis der Wahl. Friedrich Wilhelm IV. aber hält an seinem Gottesgnadentum fest und lehnt ein demokratisches Volkskaisertum entschieden ab: Die deutsche Einheit soll nicht das Werk einer vom Volk gewählten, souveränen Nationalversammlung sein, sondern allein auf dem Weg der »Vereinbarung« mit den anderen Fürsten geschaffen werden. In einem Schreiben an Bunsen erklärt der König im Dezember 1848: »Einen solchen imaginären Reif, aus Dreck und Letten gebacken, soll ein legitimer König von Gottes Gnaden, und nun gar der König von Preußen sich geben lassen, der den Segen hat, wenn auch nicht die älteste, doch die edelste Krone, die niemandem gestohlen ist, zu tragen [...]. Ich sage es Ihnen rund heraus: soll die tausendjährige Krone deutscher Nation, die 42 Jahre geruht, wieder einmal vergeben werden, so bin ich es und meinesgleichen, die sie vergeben werden; und wehe dem, der sich anmaßt, was ihm nicht zukommt.«
Mit der Ablehnung der Kaiserkrone durch den preußischen König ist das Verfassungswerk der Paulskirche gescheitert.

Der Kampf um die Reichsverfassung

»Die Stunde ist gekommen, da es sich entscheiden wird, ob Deutschland frei und stark, oder geknechtet und verachtet sein soll. Die Vertreter der deutschen Nation, von allen Bürgern und von Euch gleichfalls gewählt, haben die Reichsverfassung für ganz Deutschland beschlossen und als unverbrüchliches Gesetz verkündet. Die ganze Nation ist fest entschlossen, die Reichsverfassung durchzuführen [...]. Die größeren Fürsten und ihre Kabinette verweigern der Reichsverfassung den Gehorsam. Sie sind Rebellen gegen den Willen und das Gesetz der Nation.«

Mit diesen Worten ruft der Kongreß sämtlicher Märzvereine Deutschlands am 6. Mai 1849 zur Durchsetzung der Reichsverfassung auf, die zwar von 28 deutschen Staaten anerkannt wird, doch von den Regierungen fast aller größeren Länder – insbesondere Preußen, Sachsen, Bayern – abgelehnt worden ist. Überall in Deutschland versuchen Arbeiter-, Volks- und Vaterlandsvereine mit Petitionen, Pressekampagnen und Straßenversammlungen, Druck auf die Regierungen auszuüben. Man beruft sich auf das »heilige Recht der Revolution«. Durch die Ablehnung der monarchischen Regierungen erscheint in Deutschland alles, was die bürgerlich-demokratische Revolution bisher erreicht hat, in Frage gestellt. Die Resolutionen sprechen immer deutlicher davon, die Verfassung notfalls auch mit Waffengewalt zu sichern. So erklären Heidelberger Bürger am 8. Mai »aus eigenem Antrieb und freiem Willen, öffentlich und feierlichernst, daß wir die von der deutschen verfassunggebenden National-Versammlung in Frankfurt a. M. geschaffene und bekanntgemachte deutsche Reichsverfassung samt den Grundrechten und dem Wahlgesetz [...] bereit sind [...] mit Leib und Leben, Gut und Blut zu schützen und zu verteidigen«. In Sachsen, im Rheinland, in der Pfalz und in Baden schlägt die Agitation in den offenen Aufstand um.

In Dresden ruft der Ausschuß des »Vaterlandsvereins« zur bewaffneten Demonstration auf: »Eilt

II/107
Die provisorische sächsiche Regierung im Dresdener Rathaus, Mai 1849

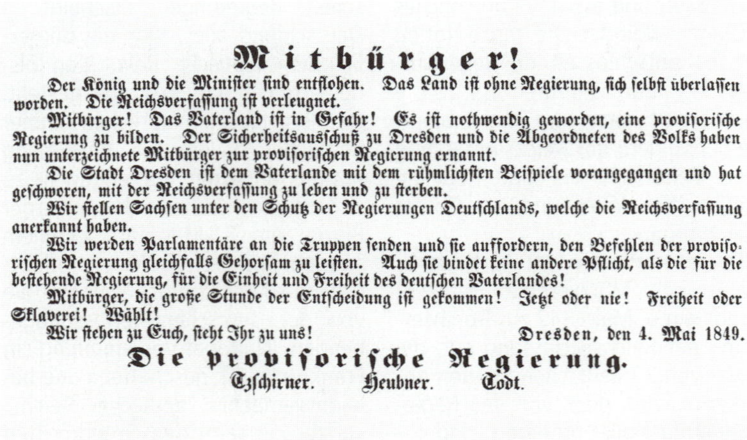

Mitbürger!

Der König und die Minister sind entflohen. Das Land ist ohne Regierung, sich selbst überlassen worden. Die Reichsverfassung ist verleugnet.

Mitbürger! Das Vaterland ist in Gefahr! Es ist nothwendig geworden, eine provisorische Regierung zu bilden. Der Sicherheitsausschuß zu Dresden und die Abgeordneten des Volks haben nun unterzeichnete Mitbürger zur provisorischen Regierung ernannt.

Die Stadt Dresden ist dem Vaterlande mit dem rühmlichsten Beispiele vorangegangen und hat geschworen, mit der Reichsverfassung zu leben und zu sterben.

Wir stellen Sachsen unter den Schutz der Regierungen Deutschlands, welche die Reichsverfassung anerkannt haben.

Wir werden Parlamentäre an die Truppen senden und sie auffordern, den Befehlen der provisorischen Regierung gleichfalls Gehorsam zu leisten. Auch sie bindet keine andere Pflicht, als die für die bestehende Regierung, für die Einheit und Freiheit des deutschen Vaterlandes!

Mitbürger, die große Stunde der Entscheidung ist gekommen! Jetzt oder nie! Freiheit oder Sklaverei! Wählt!

Wir stehen zu Euch, steht Ihr zu uns! Dresden, den 4. Mai 1849.

Die provisorische Regierung.

Tzschirner. Heubner. Todt.

II/108
Aufruf der provisorischen sächsischen Regierung am 4. Mai 1849

schleunigst mit Waffen und Munition herzu! Es gilt!« Am Nachmittag des 3. Mai stürmt das Volk das Zeughaus. Der König flieht. Eine provisorische Regierung wird eingesetzt. Für kurze Zeit ist die Volkssouveränität Wirklichkeit.

In der Altstadt werden Barrikaden gegen das sächsische Militär und die anrückenden preußischen Truppen errichtet. Aber der Kampf bleibt auf Dresden beschränkt, der Aufruf der provisorischen Regierung an die Bürger Sachsens ohne

II/109
Gefecht bei Waghäusel zwischen Aufständischen und preußischen Truppen am 22. Juni 1849

Die Landesversammlung in Offenburg

erklärt:

Deutschland befindet sich fortwährend im Zustand voller Revolution, aufs neue hervorgerufen durch die Angriffe der größeren deutschen Fürsten auf die von der deutschen Nationalversammlung endgültig beschlossenen Reichsverfassung und die Freiheit überhaupt. — Die deutschen Fürsten haben sich zur Unterdrückung der Freiheit verschworen und verbunden; der Hochverrath an Volk und Vaterland liegt offen zu Tage; es ist klar, daß sie sogar Rußlands sämmtliche Armeen zur Unterdrückung der Freiheit zu Hülfe rufen. — Die Deutschen befinden sich also im Stande der Nothwehr, sie müssen sich verbinden, um die Freiheit zu retten; sie müssen dem Angriff der fürstlichen Rebellen den bewaffneten Widerstand entgegensetzen.

Die deutschen Stämme haben die Verpflichtung, sich gegenseitig die Freiheit zu gewährleisten, um den Grundsatz der Volkssouveränität vollkommen durchzuführen; sie müssen daher unterstützen überall, wo sie angegriffen werden. — Das badische Volk wird daher die Volksbewegung in der Pfalz mit allen ihm zu Gebote stehenden Mitteln unterstützen.

Die Landesversammlung des badischen Volkes in Offenburg hat nach vorhergegangener Berathung die gestellten Anträge in dem Landeskongresse der Volksvereine, nach ferner stattgefundener öffentlicher Berathung, wobei Abgeordnete aus allen Landestheilen vertreten waren, nach fernerer ausführlicher Diskussion in der Versammlung des Volkes

beschlossen:

1) Die Regierung muß die Reichsverfassung, wie sie nun nach der durch die Ereignisse beseitigten Oberhauptsfrage feststeht, unbedingt anerkennen und mit der ganzen bewaffneten Macht, deren Durchführung in andern deutschen Staaten zunächst in der baierischen Pfalz unterstützen.
2) Das gegenwärtige Ministerium ist sofort zu entlassen, und Bürger Brentano, Obergerichtsadvokat zu Mannheim, und Bürger Peter, Reichstagsabgeordneter von Konstanz mit der Bildung eines neuen Ministeriums zu beauftragen.
3) Es muß alsbald unter sofortiger Auflösung der jetzigen Ständekammern eine verfassungsgebende Landesversammlung berufen werden, welche in sich die gesammte Rechts- und Machtvollkommenheit des badischen Volkes vereinigt; — diese Landesversammlung soll gewählt werden von und aus den sämmtlichen volljährigen Staatsbürgern des Landes und zwar unter Beibehaltung der für die bisherige II. Kammer beanstandenen Wahlbezirke.
4) Es muß ohne allen Verzug die Volksbewaffnung auf Staatskosten in's Leben gerufen werden, und es sind alle ledigen Männer von 18—30 Jahren als erstes Aufgebot sofort mobil zu machen. — Alle diejenigen Gemeindebehörden, welche nicht alsbald die Bewaffnung ihrer Bürger anordnen, sind augenblicklich abzusetzen.
5) Die politischen Flüchtlinge sind sofort zurück zu rufen, die politischen Militär- und Civilgefangenen zu entlassen und alle politischen Prozesse nieder zu schlagen; — namentlich verlangen wir aber auch die Entlassung derjenigen Militärgefangenen, welche in Folge der politischen Bewegungen wegen sogenannter Disciplinar- und Insubordinationsvergehen bestraft wurden. —
6) Die Militärgerichtsbarkeit muß aufgehoben werden. —
7) Bei dem Heere soll eine freie Wahl der Offiziere stattfinden.
8) Wir verlangen alsbaldige Verschmelzung des stehenden Heeres mit der Volkswehr.
9) Es müssen sämmtliche Grundlasten unentgeldlich aufgehoben werden.
10) Es müssen die Gemeinden unbedingt selbständig erklärt werden, sowohl was die Verwaltung des Gemeindevermögens, als die Wahl der Gemeindevertreter betrifft; es müssen alsbald im ganzen Lande neue Wahlen für die Gemeindevertretung stattfinden.
11) Es werden sämmtliche von den s. g. Kammern in Karlsruhe seit dem 17. Januar d. J. gefaßten Beschlüsse für null und nichtig erklärt und darunter namentlich das s. g. Wahlgesetz vom 10. v. M., welches einen förmlichen Angriff auf die in den Reichsgesetzen gegebenen Bestimmungen enthält.
12) Die Geschwornengerichte sind augenblicklich einzuführen und kein einziger Criminal-Prozeß darf mehr von Staatsrichtern entschieden werden.
13) Die alte Verwaltungsbüreaukratie muß abgeschafft werden und an ihre Stelle die freie Verwaltung der Gemeinden oder andern Körperschaften treten.
14) Errichtung einer Nationalbank für Gewerbe, Handel und Ackerbau zum Schutze gegen das Uebergewicht der großen Kapitalisten.
15) Abschaffung des alten Steuerwesens, hierfür Einführung einer progressiven Einkommensteuer nebst Beibehaltung der Zölle.
16) Errichtung eines großen Landespensionsfonds, aus dem jeder arbeitsunfähig gewordene Bürger unterstützt werden kann. — Hierdurch fällt der besondere Pensionsfond für die Staatsdiener von selbst weg. Der Landesausschuß der Volksvereine besteht aus folgenden Mitgliedern:

L. Brentano von Mannheim.
J. Fickler von Konstanz.
A. Goeg von Mannheim.
Peter von Konstanz.
Werner von Oberkirch.
Rehmann von Offenburg.
Stay von Heidelberg.
Willmann von Pfohren.
K. Steinmetz von Durlach.
Wernwag von Kenzingen.
Richter von Achern.
Degen von Mannheim.
K. Ritter von Karsau, } Soldaten aus der Garnison
J. Stark von Lottstetten, } in Rastatt.

Als Ersatzmänner wurden gewählt:

H. Hoff von Mannheim.
Torrent von Freiburg.
K. Rotteck von Freiburg.
Happel von Mannheim.
Junghanns von Mosbach.
Kiefer von Emmendingen.

Ersatzmänner der Soldaten:

Aurelius Cordel aus Philippsburg.
Sebastian Bannwarth aus Bleichheim, Amts Kenzingen.

Derselbe wird beauftragt, die nöthigen Anordnungen zur Durchführung dieser Beschlüsse mit allen ihm zu Gebote stehenden Mittel zu treffen, und von dem Ergebniß der heutigen Volksversammlung dem Landesausschuß in Rheinbaiern, sowie den Landesausschüssen der übrigen Nachbarstaaten sofort Nachricht zu geben.

Offenburg, den 13. Mai 1849.

Im Namen der Landes-Volksversammlung.
Goegg.

* Der Landes-Ausschuß hat sich in zahlreicher Begleitung von Offenburg nach der Festung Rastatt begeben, wo er vorerst inmitten der Bürgerschaft und der braven 6000 Mann starken Besatzung in Permanenz berathet. Heute (14. Mai) Nacht 3 Uhr trafen die befreiten Bürger Struve, Blind, Bornstedt nebst den gleichfalls vom Volke aus den Bruchsaler Kerkern befreiten Soldaten in Rastatt ein.

II/110
Beschlüsse der Offenburger Landesversammlung am 13. Mai 1849

Echo. Angesichts der Überlegenheit des Gegners bricht die Front der Aufständischen in der belagerten Stadt auseinander: Die Bürgerwehr zieht sich von den Barrikaden zurück, diejenigen, die den Kampf weiterführen – unter ihnen der russische Anarchist Michail Bakunin und Richard Wagner – unterliegen nach sechstägigem Kampf den aus Preußen herbeigerufenen Truppen.

Trotz der Niederlage in Sachsen bricht der Aufstand nun in der Pfalz und in Baden aus. Die Pfälzer kämpfen zugleich für die Loslösung ihres Landes von Bayern. Demokratisch-republikanische Ideen prägen diesen Volkskrieg. Am 17. Mai trennt sich die Pfalz von Bayern.

In Baden beschließt am 13. Mai eine Landesvolksversammlung in Offenburg, an der etwa 35.000 Menschen teilnehmen: »Die deutschen Fürsten haben sich zur Unterdrückung der Freiheit verschworen und verbunden; der Hochverrath an Volk und Vaterland liegt offen zutage [...]. Das badische Volk wird daher die Volksbewegung in der Pfalz mit allen ihm zu Gebote stehenden Mitteln unterstützen.« Zwar hat die badische Regierung die Verfassung akzeptiert; doch die badischen Republikaner wollen mehr; anstelle der monarchisch-konstitutionellen Lösung fordern sie die Republik und demokratische und soziale Reformen, freie Wahl der Offiziere, unentgeltliche Aufhebung sämtlicher Grundlasten, Schutz gegen das

Übergewicht der Kapitalisten und staatliche Arbeitslosenunterstützung.
Zwischen dem 10. und 12. Mai meutert das badische Militär in den wichtigsten Festungen des Landes. Die Rebellion der Truppen gegen ihre Offiziere ermuntert die demokratische Volksbewegung zum offenen Aufstand. Die Chancen der Revolution sind günstig. Sie wird zur letzten Hoffnung aller Demokraten in Deutschland. Turner- und Schützenkompanien, Arbeiterbataillone, polnische und ungarische Legionen ziehen zur Unterstützung nach Baden. Preußisches Militär und Truppen des Reichsverwesers unter dem Oberbefehl des Prinzen von Preußen, des späteren Kaisers Wilhelm I., marschieren ein. In nahezu zweimonatigem Kampf wird die badisch-pfälzische Erhebung besiegt. Ausdauer, Zähigkeit und der Mut der Volksarmee haben die wachsende militärische Desorganisation nicht aufwiegen können. Die provisorische Regierung in Baden selbst, unter Leitung des zaudernden Lorenz Brentano, verhindert ein energisches Vorgehen: Zunächst versagt sie den nur schlecht bewaffneten Pfälzern ernsthafte militärische Unterstützung, in Baden verbietet sie die radikal-demokratische Opposition, die sich im »Klub des entschiedenen Fortschritts« zusammengefunden hat; vor allem wendet sie sich gegen eine Ausweitung des Kampfes auf andere deutsche Länder.
Auch die Linke in der Frankfurter Paulskirche vermag nicht, sich an die Spitze der Bewegung zu stellen, nachdem die liberalen und konservativen Abgeordneten ausgezogen sind und die Durchsetzung der Reichsverfassung der »selbstthätigen Fortbildung der Nation« überlassen haben.

II/111
Der Ausbruch des Rastatter Aufstandes am 13. Mai 1849

II/112
»Begnadigt zu Pulver und Blei«

Rastatt, die letzte Festung der Aufständischen und Ausgangspunkt der Revolution, fällt am 23. Juli 1849. Bis Ende Oktober 1849 arbeiten in Baden die preußischen Militärtribunale: standrechtliche Erschießungen, Zuchthaus und Gefängnis für die Aufständischen sind das Ende. 80.000 Verfolgte, 6% der badischen Bevölkerung, wandern aus.
Im Herbst 1849 ist die liberale und demokratische Bewegung in Frankreich, Italien, Ungarn und Deutschland besiegt.

Die Reaktion in den 1850er Jahren

Die Revolution ist gescheitert. Sie ist gescheitert am Widerstand der alten Dynastien, der königstreuen Heere und der Bürokratie, aber auch an wachsenden Gegensätzen im eigenen Lager. Die bürgerlichen Liberalen scheuen vor den radikalen politischen Forderungen der Republikaner und entschiedenen Demokraten zurück. Hinzu kommt der Interessenkonflikt zwischen Besitzenden und Besitzlosen, der sich im Zeitalter der beginnenden industriellen Revolution ständig verschärft.
In der nun einsetzenden Reaktion werden die liberalen Ministerien in allen deutschen Ländern durch konservative ersetzt. Viele Parlamente

II/113
Der Sieg der Reaktion in Europa 1849, Zeichnung von F. Schroeder in den »Düsseldorfer Monatsheften«

werden aufgelöst, die Verfassungen revidiert. Die Monarchen regieren wieder ohne wirkliche Kontrolle durch das Volk. Die preußische Regierung führt das Dreiklassenwahlrecht ein. Die Wähler werden darin je nach der Höhe des von ihnen entrichteten Steuerbetrages in drei Klassen eingeteilt: die kleine Zahl der Großverdiener der ersten Klasse (4% der Bevölkerung) kann ebensoviele Wahlmänner und Abgeordnete stellen wie die zahlenmäßig stärkste Klasse der Kleinverdiener (80% der Bevölkerung). Durch die Öffentlichkeit der Wahl soll darüber hinaus eine Kontrolle der abhängigen Wähler gesichert werden.

II/114
Der Geschworenenprozeß gegen Johann Jacoby im Dezember 1850

Meinungs- und Pressefreiheit werden durch Zensur und Polizeispitzel eingeschränkt. 1851 hebt der Deutsche Bund die »Grundrechte des deutschen Volkes« wieder auf. Er ist von Österreich und Preußen, den Hauptmächten der Reaktion, wieder eingesetzt worden als Instrument der Unterdrückung. Während im Vielvölkerstaat Österreich die letzten nationalen Aufstände niedergeschlagen werden, triumphiert unter Leitung des Deutschen Bundes überall die Reaktion. Liberale, Demokraten und Sozialrevolutionäre werden verhaftet und zu langjährigen Freiheitsstrafen verurteilt. Alle »verdächtigen« politischen Vereine werden verboten.
Die Folgen der Unterdrückung sind Massenauswanderungen in die Schweiz, nach England und vor allem in die Vereinigten Staaten von Amerika. Der Versuch einer demokratischen Nationalstaatsgründung durch das deutsche Volk aber ist gescheitert.

II/115
Auswandererschiff, 1850

Der Deutsche Bund nach 1815

Industrielle Revolution und Reichsgründung

III. Industrielle Revolution und Reichsgründung

In den 1850er Jahren, der Zeit der politischen Reaktion, schafft die wirtschaftliche Entwicklung eine völlig neue politische und soziale Situation: Auch in Mitteleuropa setzt sich jetzt die industrielle Revolution durch. Die Schwerindustrie wächst sprunghaft; industrielle Ballungsräume entstehen vor allem an der Ruhr, im Saargebiet und in Oberschlesien. Neue Finanzierungsmethoden über Aktiengesellschaften und Wirtschaftsbanken erlauben den Einsatz moderner Produktionsverfahren im großen Stil und die rasche Erweiterung der Märkte. Deutschland ist auf dem Wege zu einem modernen Industrieland.

Mit der Industrialisierung verändert sich die soziale Landschaft von Grund auf. Neben einem wohlhabenden und selbstbewußten Industriebürgertum entsteht ein ständig wachsendes Industrieproletariat, das sich vor allem aus ehemals selbständigen Handwerkern und aus den in die großen Städte strömenden Landarbeitern rekrutiert. Mit sinkenden Reallöhnen verschlechtert sich dessen Situation zunehmend. Die Arbeiter wohnen in oft menschenunwürdigen Behausungen. Ihr Verdienst liegt meist an der Grenze des Existenzminimums. Selbsthilfeorganisationen wie Konsumgenossenschaften, Krankenversicherungen und Darlehenskassen versuchen, die ärgste Not zu lindern. In die gleiche Richtung zielen karitative Institutionen wie Kolpings Gesellenvereine. Alle diese Einrichtungen stellen die bestehende wirtschaftliche und soziale Ordnung nicht in Frage. Der Sozialismus dagegen zieht radikale Konsequenzen und ruft zum Umsturz des kapitalistischen Systems durch die Arbeiter selbst auf. In Karl Marx findet er seinen führenden Theoretiker. Das Kernland der industriellen Entwicklung ist Preußen, das – noch dazu als Führungsmacht des Zollvereins – ein immer stärkeres wirtschaftliches Gewicht innerhalb Deutschlands gewinnt. Damit wird zugleich auch seine politische Stellung gegenüber Österreich gestärkt. Bedeutsam für die weitere politische Entwicklung ist außerdem, daß bereits in den Jahren der Reaktion die Wirtschaftspolitik Preußens den Interessen weiter Kreise des Bürgertums entspricht.

Seit 1858 scheint sich noch einmal die Chance zu bieten, daß der preußische Staat auch den politischen Wünschen des liberalen Bürgertums entgegenkommt. In dem Regierungsantritt des Prinzregenten Wilhelm, der ein liberal-konservatives Ministerium beruft und in einer programmatischen Ansprache an das Staatsministerium weitreichende Reformen ankündigt, sehen viele Zeitgenossen den Beginn einer »Neuen Ära« in Preußen. Sie gibt überall in Deutschland dem politischen Liberalismus großen Auftrieb. Man hofft auf die Einlösung der Reformzusagen und darüber hinaus auf eine nationale Einigung unter Führung des liberalen Preußen.

Ermutigt von der Entwicklung in Preußen, angespornt überdies von der italienischen Einigung, gründen jetzt Liberale und Demokraten den Nationalverein. Er nimmt das 1849 gescheiterte kleindeutsche Konzept einer nationalen Einigung auf parlamentarischer Grundlage unter preußischer Führung wieder auf. 1861 entsteht mit der Deutschen Fortschrittspartei die »Exekutive des Nationalvereins in Preußen«: ein Parteibündnis ebenfalls aus entschiedenen Liberalen und Demokraten, deren führende Männer dem Nationalverein angehören. Die Fortschrittspartei hat innerhalb Preußens die gleiche Zielsetzung wie der Nationalverein. Statt zur Zusammenarbeit mit den Liberalen wie in anderen deutschen Staaten kommt es hier jedoch über die Frage der Heeresform bald zu einer grundsätzlichen Auseinandersetzung zwischen der Exekutive und dem Parlament, die sich mehr und mehr zu einem Verfassungskonflikt entwickelt. Die Fortschrittspartei sieht in ihm die entscheidende Machtprobe mit dem monarchisch-konservativen Staat und dem »mit absolutistischen Tendenzen verbündeten Junkertum«. Doch sie kann diese Machtprobe nicht für sich entscheiden. Mit Bismarck, der im September 1862 zum preußischen Ministerpräsidenten berufen wird, betritt jetzt der große Gegenspieler der liberalen Bewegung die politische Bühne. Schon 1848 als ultrakonservativer Junker bekannt geworden, steuert er nun einen schroff antiparlamentarischen Kurs und regiert ohne einen von der Volksvertretung verabschiedeten Haushalt praktisch außerhalb der Verfassung. Die Fortschrittspartei steht dem letztlich ohnmächtig gegenüber. Die konservative Haltung der Landbevölkerung und die Interessenbindung weiter Kreise des besitzenden Bürgertums an den preußischen Staat lassen sie vor einem revolutionären Vorgehen zurückschrecken. Sie opponiert deshalb in dem Rahmen, »wo sich die besitzenden Schichten noch nicht von uns trennen«.

Diese Haltung ist einer der Gründe dafür, daß sich die Arbeiterschaft von der Fortschrittspartei abwendet. Mit der Gründung des Allgemeinen Deutschen Arbeitervereins durch

Lassalle im Jahre 1863 bleibt der Fortschrittspartei, die sich ursprünglich als Sammelbecken aller liberalen und demokratischen Reformkräfte verstanden hatte, nur noch das Wählerreservoir des Bürgertums. Bürgerliche und proletarische Demokratie gehen von nun an eigene Wege.

Während so die Front der Opposition zerfällt, gelingen Bismarck auf außenpolitischem Gebiet ständig neue Erfolge. Im Konflikt um Schleswig-Holstein, in dem sich alle nationalen Kräfte – ob großdeutsch oder kleindeutsch – leidenschaftlich engagieren, übernimmt Preußen die Führung und zwingt Österreich an seine Seite. Nach dem Sieg über Dänemark werden die Herzogtümer unter die Verwaltung der beiden kriegführenden Mächte gestellt. Preußen aber dringt schließlich auf eine Annexion der Herzogtümer und treibt damit den Konflikt mit Österreich bis zum Kriege. Mit Preußens Sieg ist der Kampf um die Vormachtstellung in Deutschland endgültig zu seinen Gunsten entschieden. Der Deutsche Bund wird aufgelöst, der Weg zur kleindeutschen Lösung der nationalen Frage unter Führung des konservativen Preußen zeichnet sich ab.

Der außenpolitische Sieg bringt Bismarck auch einen innenpolitischen Erfolg. Ein Teil der Liberalen unterstützt fortan seine Machtpolitik, weil er sich von ihr – obgleich sie allen liberalen Traditionen widerspricht – den deutschen Nationalstaat erhofft. Während der linke Flügel der Fortschrittspartei am Primat der Freiheit festhält und den nationalen Führungsanspruch Preußens ablehnt, »solange Preußen nicht innerlich zur Freiheit gelangt ist« (Waldeck), glauben andere Liberale, daß die Verhältnisse in Preußen erst dann im liberalen Sinne geändert werden können, wenn Deutschland geeint ist. »Ohne eine andere Gestaltung der deutschen Verhältnisse [...] ist für die Dauer auch die Existenz einer vernünftigen und freien Verfassung Preußens eine Unmöglichkeit« (Forckenbeck).

Der Norddeutsche Bund – die erste Stufe der Einigung Deutschlands – dehnt den Machtbereich Preußens bis zur Mainlinie aus. Die Abgeordneten des Reichstags sind zwar nach dem allgemeinen, geheimen, gleichen und direkten Wahlrecht gewählt, doch bleiben die Rechte des Parlaments begrenzt. Bismarck als Bundeskanzler ist allein vom König von Preußen als dem »Inhaber« des Bundespräsidiums, nicht aber vom Parlament abhängig.

Die Verfassung des Norddeutschen Bundes ist bereits auf den möglichen Beitritt der süddeutschen Staaten hin angelegt. Überdies sind die süddeutschen Staaten durch Schutz- und Trutzbündnisse mit dem Norddeutschen Bund verbunden.

Eine weitere Klammer bildet das neugeschaffene Zollparlament des deutschen Zollvereins, zu dem Abgeordnete aus allen deutschen Staaten gewählt werden. Doch folgt Bismarck aus außenpolitischen Gründen dem Drängen der Nationalliberalen, die politische Einigung voranzutreiben, zunächst nicht. Vor allem befürchtet er eine Intervention Frankreichs, das seit dem preußischen Sieg über Österreich seine europäische Vormachtstellung in Gefahr sieht. Die wachsenden Spannungen zwischen Preußen und Frankreich führen über die Verwicklungen der Hohenzollernschen Thronkandidatur schließlich zur französischen Kriegserklärung. Sie löst in ganz Deutschland eine Welle nationaler Empörung aus. Die militärischen Bündnisverträge zwischen den deutschen Staaten treten in Kraft und werden im Verlauf des Krieges nach diplomatischen Verhandlungen durch völkerrechtsähnliche Verträge zwischen den deutschen Monarchen und Regierungen ergänzt. Nach der militärischen Niederlage Frankreichs und dem Sturz des französischen Kaisertums wird am 18. Januar 1871 im Spiegelsaal von Versailles in einem höfisch-militärischen Zeremoniell der Akt der Reichsgründung von oben, durch die konservative preußische Staatsmacht und die Fürsten, vollzogen.

III/116
Ansicht eines Eisenwalzwerkes in Hagen um 1860

1. Die industrielle Revolution

Zu Beginn der 1850er Jahre setzt in Deutschland im Zusammenhang mit einem weltweiten wirtschaftlichen Aufschwung die eigentliche »industrielle Revolution« ein. Eisenbahnbau und Schwerindustrie sind die Hauptträger dieser Entwicklung. Der entscheidende Impuls geht vom Eisenbahnbau aus. Das Schienennetz wächst sprunghaft: um 1845 waren es 3280 km, 1860 sind es schon 11.633 km und 1870 schließlich 19.575 km. In der Hausse der 1860er Jahre schütten die Eisenbahngesellschaften zwischen 10 und 20% Dividende aus. Gleichzeitig setzen sich Dampf- und Werkzeugmaschinen durch. Billige Arbeitskräfte rekrutieren sich aus den niedergehenden Zweigen des Handwerks, vor allem aber aus dem ostdeutschen Landarbeiterproletariat und strömen in die neuen Industriezentren. Aktiengesellschaften und Großbanken bringen das erforderliche Kapital auf. Mit der »industriellen Revolution« entsteht ein neues, selbstbewußtes, wirtschaftlich mächtiges, aber oft unpolitisches Großbürgertum.

Der Prozeß der Reichseinigung begünstigt zusätzlich den wirtschaftlichen Aufschwung. Auf den Boom der »Gründerjahre« folgt jedoch schon wenig später die große Krise von 1873 und damit eine längere Zeit wirtschaftlicher Unsicherheit.

Für den Eisenbahnbau, den Ausbau der Schwerindustrie und später auch für die Werkzeugmaschinenindustrie werden Arbeitskräfte in bisher unbekanntem Ausmaß benötigt. Sie kommen im weiteren Verlauf vor allem aus den agrarischen Gebieten Ostdeutschlands. Hier ist im Zuge der »Bauernbefreiung«

und der Kapitalisierung der ländlichen Wirtschaftsbeziehungen mit dem nur saisonweise beschäftigten und notleidenden Landarbeiterproletariat eine Art industrielle Reservearmee entstanden. Sie zieht seit den 1860er Jahren in einer großen Wanderung von Osten nach Westen in den Berliner Raum, in die Industriestädte und die neuen Industriereviere des Ruhrgebiets.

Die zweite Voraussetzung für das wirtschaftliche Wachstum ist die Kapitalbeschaffung im großen Stil. Aktiengesellschaften und Aktienbanken entstehen allein zu dem Zweck, industrielle Unternehmen zu finanzieren. Während zwischen 1818 und 1849 in Deutschland nur 18 Aktiengesellschaften gegründet wurden, sind es allein in der Zeit von 1850 bis 1859 251.

Die neuen Geschäfts- und Wirtschaftsmethoden beschleunigen auch die Entwicklung neuer Technologien in der Produktion und ermöglichen so eine rasche Erhöhung der Produktivität: Ein Puddelofen benötigt zum »Frischen« von drei Tonnen Roheisen 24 Stunden, eine Bessemerbirne braucht für die gleiche Menge nur noch 20 Minuten. Die stark phosphorhaltigen deutschen Erze verhindern allerdings den Großeinsatz der Bessemerbirne in Deutschland. Phosphorarme Erze müssen importiert werden und sind daher teuer. Erst mit dem Siemens-Martin-Ofen und der Thomasbirne, einer Weiterentwicklung der Bessemerbirne, wird die Verhüttung der lothringischen Erze wirtschaftlich und damit eine Massenproduktion von Stahl in Deutschland möglich. Neue Industriezweige entstehen, so die Chemie- und Elektroindustrie. 1863 wird die Badische Anilin- und Sodafabrik gegründet, 1866 entwickelt Werner von Siemens die Dynamomaschine. Die Weltausstellungen werden zum Schauplatz der konkurrierenden Nationen. Selbst-

III/117
Maschinensaal der Hartmannschen Maschinenbaufabrik in Chemnitz

III/118
Innenansicht eines Eisenwalzwerkes in Königshütte (Oberschlesien), Gemälde von Adolf Menzel

III/119
Großer Saal der
Berliner Börse

bewußt urteilt ein deutscher Zeitgenosse über die Pariser Weltausstellung 1867: »Unser Gußstahl war unerreicht; unser Glas, unser Papier standen auf der höchsten Stufe, in chemischen Produkten schlugen wir die englische und französische Konkurrenz. Unsere mechanischen Webstühle, Werkzeugmaschinen, Lokomotiven, standen englischen und amerikanischen mindestens gleich – und dieses Ziel war in verhältnismäßig sehr kurzer Zeit erreicht worden«. Im Zeichen einer gewaltigen Hochkonjunktur entwickelt sich Deutschland innerhalb von wenigen Jahrzehnten zum Industriestaat.

Auch in der Landwirtschaft kann durch eine neue, rationellere Produktionsweise der Ertrag um ein Vielfaches gesteigert werden; denn der großflächige Getreideanbau, vor allem der ostelbischen Grund-

III/120
Das Reichsbankgebäude in Berlin

III/121
Stahlgewinnung mit der Bessemerbirne

besitzer, macht den Einsatz von Maschinen rentabel. Die Mineraldüngung, die bahnbrechende Entdeckung Justus von Liebigs, sorgt für eine intensivere Nutzung der Anbauflächen. In großer Zahl entstehen landwirtschaftliche Vereine, die die neuen Produktionsmethoden propagieren und die erforderlichen Maschinenparks anlegen.
Günstig wie nie zuvor sind auch die Absatzchancen für landwirtschaftliche Erzeugnisse. Die Idee des Freihandels vereint zu jener Zeit die politisch meist konservativen Großgrundbesitzer mit dem liberalen Bür gertum. Erst im Laufe der 1870er Jahre führt die wachsende Bedrohung durch billige russische und amerikanische Getreideimporte zu einem grundlegenden Kurswechsel.
Die Impulse der Reichseinigung von 1871 und die Milliarden der französischen Kriegsentschädigung füh-

III/122
Die Riesenkanone von Krupp auf der Pariser Weltausstellung 1867

III/123
Technisierung der Landwirtschaft: dampfbetriebene Dreschmaschine

ren zum Boom der »Gründerjahre«. In einer völlig überhitzten konjunkturellen Situation schießen Unternehmen wie Pilze aus dem Boden. Diese Welle von Unternehmensgründungen zwingt den Industriestädten ein oft unorganisches Wachstum auf, das häufig irreparable soziale Folgen hat.
1873 bricht die »Epidemie entfesselter Geldgier« (S. v. Waltershausen) zusammen. Der Börsenkrach, der von Wien nach Berlin übergreift, führt zu gewaltigen Kursstürzen am Aktienmarkt und damit erstmals zu einer Wirtschaftskrise, die auf eine industrielle Überproduktion zurückzuführen ist. Konkurse sind an der Tagesordnung. Unternehmen, die weniger auf Solidität als auf einen »Wechsel auf die Zukunft« gegründet wurden, sind dieser Krise nicht gewachsen. Der Zusammenschluß zu Konzernen und Trusts ist die Antwort, Marktbeherrschung, aber auch Sicherheit bei Konjunkturschwankungen sind das Ziel. Der Umschwung von 1873 und die Verlangsamung des realen Wirtschaftswachstums erschüttern das Selbstvertrauen des Bürgertums. Der Jurist Rudolf von Gneist gibt einem allgemeinen Zeitgefühl Ausdruck, wenn er die Jahre nach 1873 eine »Epoche der allgemeinen Unzufriedenheit« nennt, »in welcher die pessimistischen Lebensanschauungen als zusammenfassender Ausdruck der Geistesrichtung der Zeit auftreten«.

2. Sozialer Strukturwandel und politische Theorien

Die Jahre der raschen wirtschaftlichen Entwicklung zwischen 1850 und 1870 bedeuten auch den Übergang vom vormärzlichen Landarbeiter- und Handwerker-Proletariat zum Industrieproletariat. Gleichzeitig beginnt die Verstädterung: Handwerksgesellen, die nicht mehr hoffen können, sich seßhaft zu machen, kleine Meister, die der Konkurrenz erliegen, und ehemalige Tagelöhner verdingen sich in den Fabriken. Das soziale Elend der Arbeiter ist unbeschreiblich. Es entstehen karitative Vereine, die die unmittelbare Not lindern wollen. Zur gleichen Zeit breiten sich neue sozialistische Theorien aus, die die Befreiung der Arbeiterklasse nur durch den Sturz des Kapitalismus für möglich erklären.

In den 1850er und 1860er Jahren ziehen die wachsenden Industriestädte vor allem die Arbeitskräfte der unmittelbaren Umgebung an. Gleichzeitig setzt die große Ost-West-Wanderung ein. Die ostelbischen Landarbeiter werden nun in immer stärkerem Maße zum Arbeitskräftereservoir der rheinisch-westfälischen Industrie. Die Bevölkerungszahl steigt zwischen 1850 und 1870 von 35 auf 41 Millionen; davon leben um 1860 2,6 Millionen in Großstädten mit über 100.000 Einwohnern. Die Werksanlagen verändern die alte Silhouette der Städte. Vor allem im Ruhrgebiet entsteht bereits eine Industrielandschaft. 1873 leben aber noch immer zwei Drittel der deutschen Bevölkerung auf dem Lande.

Die Lage der Industriearbeiter bessert sich durch die günstige Konjunktur der Wirtschaft keineswegs. Vor allem die Wohnverhältnisse der neu in die Städte geströmten Proletarier sind menschenunwürdig. Am Rande Berlins entstehen ausgedehnte Barackensiedlungen; zu-

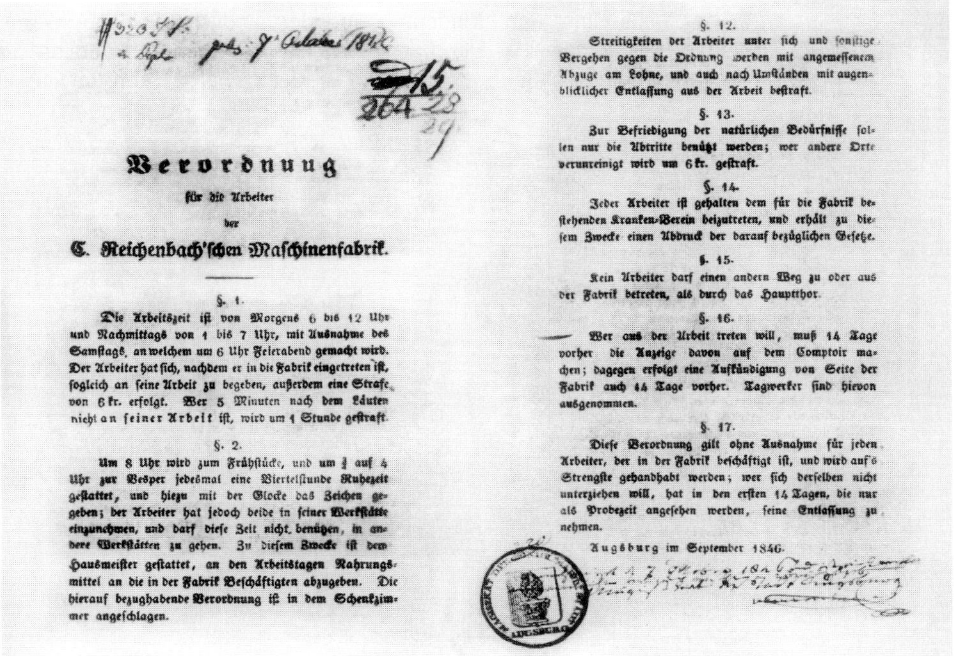

Verordnung

für die Arbeiter

der

C. Reichenbach'schen Maschinenfabrik.

§. 1.

Die Arbeitszeit ist von Morgens 6 bis 12 Uhr und Nachmittags von 1 bis 7 Uhr, mit Ausnahme des Samstags, an welchem um 6 Uhr Feierabend gemacht wird. Der Arbeiter hat sich, nachdem er in die Fabrik eingetreten ist, sogleich an seine Arbeit zu begeben, außerdem eine Strafe von 6 kr. erfolgt. Wer 5 Minuten nach dem Läuten nicht an seiner Arbeit ist, wird um 1 Stunde gestraft.

§. 2.

Um 8 Uhr wird zum Frühstücke, und um ½ auf 4 Uhr zur Vesper jedesmal eine Viertelstunde Ruhezeit gestattet, und hiezu mit der Glocke das Zeichen gegeben; der Arbeiter hat jedoch beide in seiner Werkstätte einzunehmen, und darf diese Zeit nicht benützen, in andere Werkstätten zu gehen. Zu diesem Zwecke ist dem Hausmeister gestattet, an den Arbeitstagen Nahrungsmittel an die in der Fabrik Beschäftigten abzugeben. Die hierauf bezughabende Verordnung ist in dem Schenkzimmer angeschlagen.

§. 12.

Streitigkeiten der Arbeiter unter sich und sonstige Vergehen gegen die Ordnung werden mit angemessenem Abzuge am Lohne, und auch nach Umständen mit augenblicklicher Entlassung aus der Arbeit bestraft.

§. 13.

Zur Befriedigung der natürlichen Bedürfnisse sollen nur die Abtritte benützt werden; wer andere Orte verunreinigt wird um 6 kr. gestraft.

§. 14.

Jeder Arbeiter ist gehalten dem für die Fabrik bestehenden Kranken-Verein beizutreten, und erhält zu diesem Zwecke einen Abdruck der darauf bezüglichen Gesetze.

§. 15.

Kein Arbeiter darf einen andern Weg zu oder aus der Fabrik betreten, als durch das Hauptthor.

§. 16.

Wer aus der Arbeit treten will, muß 14 Tage vorher die Anzeige davon auf dem Comptoir machen; dagegen erfolgt eine Aufkündigung von Seite der Fabrik auch 14 Tage vorher. Tagwerker sind hievon ausgenommen.

§. 17.

Diese Verordnung gilt ohne Ausnahme für jeden Arbeiter, der in der Fabrik beschäftigt ist, und wird auf's Strengste gehandhabt werden; wer sich derselben nicht unterziehen will, hat in den ersten 14 Tagen, die nur als Probezeit angesehen werden, seine Entlassung zu nehmen.

Augsburg im September 1846.

III/124 Erste und letzte Seite einer Arbeitsordnung aus der Zeit der industriellen Revolution

III/125
Wochenmarkt auf dem Berliner Alexanderplatz um 1860

gleich wachsen die Mietskasernen, in denen 1867 im Schnitt auf ein Zimmer 6–7 Personen kommen. 18-Stunden-Tag, Löhne am Rande des Existenzminimums und Kinderarbeit vervollständigen das Elend der Industriearbeiterschaft.

Die von der industriellen Entwicklung bedrohten sozialen Gruppen schließen sich zu Selbsthilfeorganisationen zusammen: Raiffeisen gründet ländliche Darlehnskassen, Schulze-Delitzsch Kreditvereine für das Kleingewerbe; Konsumvereine

III/126
Barackenstadt vor Berlin um 1875

und erste Gewerkschaften entstehen. Die katholische und die evangelische Kirche richten karitative Vereine für Gesellen und Arbeiter ein; Kolping und Ketteler, Wichern und Bodelschwingh versuchen, aus dem Geist des Christentums eine Antwort auf die sozialen Probleme der Zeit zu finden. Alle diese Versuche, die sozialen Folgen der Industrialisierung und der kapitalistischen Wirtschaftsordnung für bestimmte Gruppen der Bevölkerung zu mildern, beschränken sich auf Verbesserungsvorschläge im Rahmen der bestehenden Ordnung.

Für Marx und Engels dagegen ist die Arbeiterklasse kein Gegenstand der Fürsorge: Es gehe nicht um reformistische Verbesserungen, sondern das System der kapitalistischen Ausbeutung selbst müsse in einem Akt der Selbstbefreiung durch diejenigen abgeschafft werden, die seine Opfer seien. Zu Beginn der Revolution von 1848 hatten Marx und Engels in London das »Manifest der Kommunistischen Partei« verfaßt. Erst jetzt gewinnt es allgemeine Bedeutung. Es endet mit den Sätzen: »Proletarier haben nichts zu verlieren als ihre Ketten.

III/127
Berliner Volksküche

III/128, 129, 130
Friedrich Engels und Karl Marx, die Verfasser des Kommunistischen Manifests

Sie haben eine Welt zu gewinnen. Proletarier aller Länder, vereinigt euch!« In den 1850er und 1860er Jahren geht Marx daran, die Bewegungsgesetze und Tendenzen der kapitalistischen Produktionsweise zu erforschen, um nachzuweisen, daß die Revolution des Proletariats nicht nur ein subjektiver Willensakt, sondern zugleich eine objektiv-historische Notwendigkeit sei. Diese grundlegenden Untersuchungen veröffentlicht er in seinem unvollendeten Hauptwerk »Das Kapital«, dessen erster Band 1867 erscheint.

Manifest

der

Kommunistischen Partei.

Ein Gespenst geht um in Europa—das Gespenst des Kommunismus. Alle Mächte des alten Europa haben sich zu einer heiligen Hetzjagd gegen dies Gespenst verbündet, der Papst und der Czar, Metternich nnd Guizot, französische Radikale und deutsche Polizisten.

Wo ist die Oppositionspartei, die nicht von ihren regierenden Gegnern als kommunistisch verschrieen worden wäre, wo die Oppositionspartei, die den fortgeschritteneren Oppositionsleuten sowohl, wie ihren reaktionären Gegnern den brandmarkenden Vorwurf des Kommunismus nicht zurückgeschleudert hätte?

Zweierlei geht aus dieser Thatsache hervor.

Der Kommunismus wird bereits von allen europäischen Mächten als eine Macht anerkannt.

Es ist hohe Zeit daß die Kommunisten ihre Anschauungsweise, ihre Zwecke, ihre Tendenzen vor der ganzen Welt offen darlegen, und den Mährchen vom Gespenst des Kommunismus ein Manifest der Partei selbst entgegenstellen.

Zu diesem Zweck haben sich Kommunisten der verschiedensten Nationalität in London versammelt und das folgende Manifest entworfen, das in englischer, französischer, deutscher, italienischer, flämmischer und dänischer Sprache veröffentlicht wird.

3. Parteien und Vereine

Die industrielle Revolution verändert mit der sozialen auch die politische Landschaft grundlegend. Die bisherigen parteiähnlichen Gruppierungen suchen sich den neuen Verhältnissen anzupassen und entwickeln Programme, die von je unterschiedlichem Standpunkt eine Antwort auf die Probleme der werdenden Industriegesellschaft zu geben versuchen. Darüber hinaus bilden sich als Ausdruck der wachsenden sozialen, konfessionellen und nationalpolitischen Spannungen ganz neue Parteien, die in Konkurrenz zu den bereits etablierten treten und das politische Kräftegefüge der folgenden Jahrzehnte bestimmen. Trotz aller Fusionen, Spaltungen und Namensänderungen, vor allem bei den Liberalen, bleibt das Parteiensystem, das sich im Jahrzehnt vor der Reichsgründung herausbildet, bis zum Ende des Kaiserreiches 1918 im wesentlichen unverändert.

III/131, 132
Ferdinand Lassalle und das Statut des Allgemeinen Deutschen Arbeitervereins von 1863

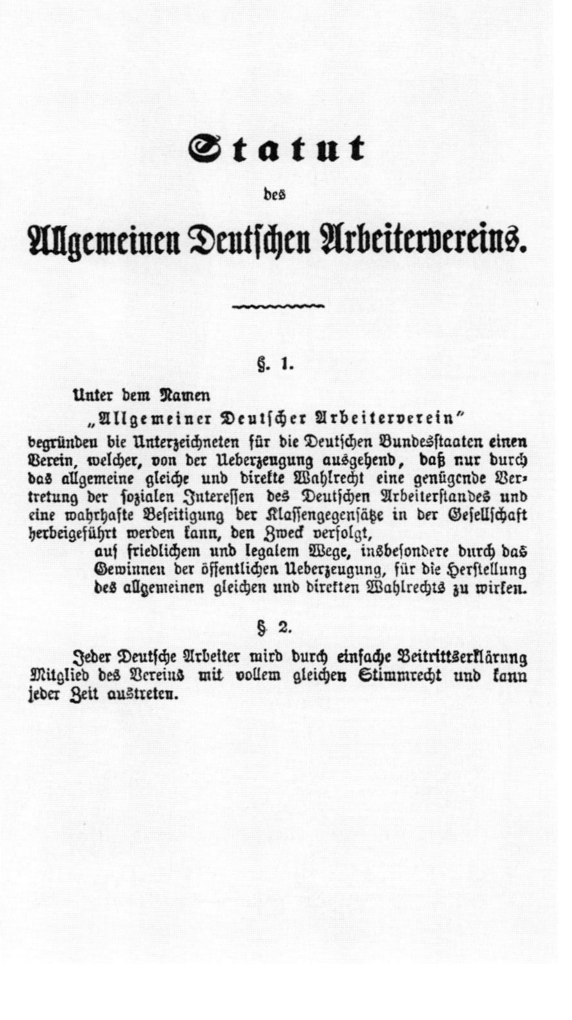

Statut

des

Allgemeinen Deutschen Arbeitervereins.

§. 1.

Unter dem Namen

„Allgemeiner Deutscher Arbeiterverein"

begründen bie Unterzeichneten für die Deutschen Bundesstaaten einen Verein, welcher, von der Ueberzeugung ausgehend, daß nur durch das allgemeine gleiche und direkte Wahlrecht eine genügende Vertretung der sozialen Interessen des Deutschen Arbeiterstandes und eine wahrhafte Beseitigung der Klassengegensätze in der Gesellschaft herbeigeführt werden kann, den Zweck verfolgt,

auf friedlichem und legalem Wege, insbesondere durch das Gewinnen der öffentlichen Ueberzeugung, für die Herstellung des allgemeinen gleichen und direkten Wahlrechts zu wirken.

§ 2.

Jeder Deutsche Arbeiter wird durch einfache Beitrittserklärung Mitglied des Vereins mit vollem gleichen Stimmrecht und kann jeder Zeit austreten.

Die Entstehung der Sozialdemokratie

Das mit der voranschreitenden Industrialisierung ständig wachsende Industrieproletariat beginnt sich schon bald in eigenständigen Organisationen zusammenzuschließen und sich auch politisch zu artikulieren. Die ersten Arbeitervereinigungen aus der 48er Revolution werden in der darauffolgenden Reaktionszeit wieder unterdrückt. Dennoch geht der Zusammenschluß zu Gewerkschaften und Parteien weiter. Ferdinand Lassalle gründet 1863 den »Allgemeinen Deutschen Arbeiterverein«. Er fordert das allgemeine, gleiche Wahlrecht sowie staatlich unterstützte Produktivgenossenschaften. 1869 tritt neben den »Allgemeinen Deutschen Arbeitervereine« eine von August Be-

Den Alten zur Ehr', den Jungen zur Lehr'!
V. Kapell
Tölke
A. Kapell
Frohme
Dr. Walster
Rackow
Hasselman̄
Bebel
Hasenklever
Liebknecht.
Bracke jun.
Grottkau
Reimer.
Dietzgen.
Dreesbach
Kuhl
Most
Vahlteich
Fritzsche.
Frick.
Geib.
Motteler.
Grillenberger
Delegirte
am Congress.
Marx.
Lassalle.
Proletarier aller Länder vereinigt euch!
Derossi
Hartman̄
Auer.

bel und Wilhelm Liebknecht geführte, strenger an Marx orientierte Arbeiterpartei: die in Eisenach gegründete »Sozialdemokratische Arbeiterpartei« (SDAP). Beide Richtungen, »Lassalleaner« und »Eisenacher«, vereinigen sich 1875 in Gotha zu einer einheitlichen deutschen Arbeiterpartei. Zwar scheint es auf den ersten Blick, als hätten sich die radikaleren »Marxisten« in der neuen Partei durchgesetzt; doch das »Gothaer Programm« zeigt, daß eine Reihe von »lassalleanischen« Vorstellungen erhalten geblieben ist. Marx' Antwort ist daher auch eine scharfe »Kritik des Gothaer Programms«.

II/133 (Linke Seite) Gedenkblatt zum »Vereinigungsparteitag« 1875

Die Konservativen

Unter anderen Vorzeichen kämpfen die Konservativen gegen die sozialen Folgen der industriellen Revolution. Sie fürchten die Auflösung aller Grundlagen der bestehenden politischen und sozialen Ordnung. Ihr Ziel ist daher ein zugleich patriarchalisch wie wohlfahrtsstaatlich bestimmtes politisches System mit einer hierarchischen Gliederung der sozialen Gruppen. Der Konservativismus bekämpft den »vermeintlichen Fortschritt« als Angriff auf die natürliche, von Gott bestimmte Ordnung des menschlichen Lebens. Sein Kampf gegen den Liberalismus ist zugleich ein Kampf um die Bewahrung der alten Ordnung gegen die aufstrebende Macht des indu-

III/134 Haustafel für den preußischen Untertan

III/135, 136, 137
Führende Vertreter der Konservativen in Preußen: Friedrich Julius Stahl, Leopold von Gerlach, Otto von Bismarck

striellen Bürgertums. Gerade jene Männer beschwören allerdings diese angeblich gottgewollte Ordnung, denen sie politische und wirtschaftliche Privilegien garantiert: Adlige Großgrundbesitzer und Anhänger der Krone kämpfen gegen die Aufhebung der Standesschranken, gegen gleiches Wahlrecht und für die Wiederherstellung der guts- und standesherrlichen Rechte. Zeitgenössische Karikaturen zeigen die »Ritter« der »Kreuzzeitungspartei«: Ludwig von Gerlach, der Führer der Partei, als Don Quichote auf dem Esel, flankiert vom »Jesuitenpater« Friedrich Julius Stahl, dem Theoretiker des Konservativismus, und Bismarck im Krebspanzer der Rückständigkeit.

Der Liberalismus

Die politischen, wirtschaftlichen und sozialen Forderungen des Liberalismus – Sicherung des Rechtsstaates, parlamentarische Kontrolle der Exekutive, uneingeschränkte Freiheit im Wirtschaftsleben und in den sozialen Beziehungen – zielen auf eine Gesellschaft freier und unabhängiger Bürger. Die gesellschaftlichen und wirtschaftlichen Voraussetzungen für die Verwirklichung eines solchen Bürgerideals sind allerdings noch kaum vorhanden. Die sich daraus ergebende Notwendigkeit einer staatlichen Sozialpolitik gerade im Interesse der eigenen Ziele wird trotzdem nur von wenigen erkannt.

Die Ablösung des geisteskranken Friedrich Wilhelm IV. durch Prinz Wilhelm, den späteren Kaiser Wilhelm I., leitet eine »Neue Ära« in Preußen ein: Das reaktionäre Ministerium wird entlassen, das Abgeordnetenhaus aufgelöst. Bei den diesmal nicht von der Regierung kontrollierten Wahlen gewinnen die Liberalen eine überwältigende Mehrheit. Prinz Wilhelm beruft ein liberal-konservatives Ministerium und weckt mit seiner Regierungserklärung bei den Liberalen nicht nur in Preußen, sondern in ganz Deutschland große Erwartungen.

Kleindeutsche Liberale und Demokraten gründen 1859 den Nationalverein. Der organisierte Bürgerwille soll die Einigung Deutschlands unter preußischer Führung vorantreiben. Der Nationalverein nimmt das Konzept von 1848 wieder auf. Er fordert eine Zentralregierung und

I/138, 139, 140
ührende Vertreter
er Deutschen
ortschrittspartei:
heodor Mommsen,
udolf Virchow,
ermann Schulze-
elitzsch,

die Berufung einer Nationalversammlung. Er ist bereit, mit den Fürsten zusammenzuarbeiten. Nur wenige von ihnen, wie zum Beispiel der badische Großherzog, gehen jedoch darauf ein.
In Reaktion auf die Enttäuschung weiter Kreise über den antiparlamentarischen Kurs der preußischen Regierung im Heereskonflikt gründen Konservative, großdeutsche Liberale und Demokraten 1862 in Frankfurt den Reformverein. Sein Ziel ist die nationale Einigung durch eine Reform des Deutschen Bundes unter Führung Österreichs. Die sich hierin ausdrückende antipreußische Strömung sucht Österreich zu nut-

III/141
»... oben stoßen wir leider häufig an.« Karikatur auf die Schwierigkeiten des Nationalvereins

III/142
Der Frankfurter Fürstentag von 1863

zen. Sein Versuch einer Bundesreform scheitert jedoch: Preußen weigert sich, an dem Frankfurter Fürstentag von 1863 auch nur teilzunehmen.

In Preußen selbst kommt es über die Frage der Heeresreform zu wachsenden Konflikten zwischen Krone und Parlament. Oppositionelle Linksliberale und Demokraten gründen die Deutsche Fortschrittspartei. Sie ruft zum entschlossenen Kampf für den parlamentarischen Rechtsstaat und für eine neue soziale Ordnung auf. Erstmals bezieht eine preußische Partei auch die Forderung nach der nationalen Einigung in ihr Programm ein. Die Tendenz nach links im preußischen Bürgertum zeigt sich bei den Wahlen zum Abgeordnetenhaus 1861: Während die konservative Fraktion auf 14 Sitze zusammenschrumpft, erhält die Fortschrittspartei 109 Mandate.

Die Weigerung dieser liberalen Mehrheit im Abgeordnetenhaus, die Mittel zur Reorganisation des Heeres zu bewilligen, läßt den Heereskonflikt zum Verfassungskonflikt werden, da Regierung und Monarch auf ihren Plänen beharren: Sie wollen mit der faktischen Beseitigung der durch die Heeresform des preußischen Kriegsministers von Boyen geschaffenen Landwehr, dem bei den Liberalen äußerst populären Bürgerheer, und durch die Festschreibung der dreijährigen Wehrpflicht mit anschließendem vier- bis fünfjährigen Dienst in der Reserve die Wehrverfassung im Sinne absolutistischer Staatstradition umgestalten und damit das Heer zu einem unbedingt ergebenen Instrument der Krone machen.

Mit diesem Konflikt schlägt die Stunde Bismarcks: Der bisherige Gesandte in Paris wird zum preußischen Ministerpräsidenten ernannt und tritt als der politisch überlegene Verteidiger des monarchischen Obrigkeitsstaates der oppositionellen Fortschrittspartei entgegen. »Das preußische Königtum hat seine Mission noch nicht erfüllt, es ist noch nicht reif dazu, einen rein ornamentalen Schmuck Ihres Verfassungsgebäudes zu bilden, noch nicht reif, als ein toter Maschinenteil dem Mechanismus des parlamentarischen Regiments eingefügt zu werden«, erklärt er vor dem Abgeordnetenhaus.

4. Die Reichsgründung

Bismarck, innenpolitisch als »Konfliktminister« scheinbar hoffnungslos isoliert, gelingt dank seines überragenden diplomatischen Geschicks eine Reihe eindrucksvoller außenpolitischer Erfolge. Sie führen, da sie auch als Schritte auf dem Wege zur Lösung der nationalen Frage interpretiert werden können, zu einem allmählichen Stimmungsumschwung in der Öffentlichkeit. Im Konflikt um Schleswig-Holstein, in dem sich alle nationalen Kräfte – ob großdeutsch oder kleindeutsch – leidenschaftlich engagieren, übernimmt Preußen die Führung und zwingt Österreich an seine Seite. Nach dem Sieg über Dänemark werden die Herzogtümer unter die Verwaltung der beiden kriegführenden Mächte gestellt. Preußen aber dringt schließlich auf eine Annexion der Herzogtümer und treibt damit den Konflikt mit Österreich bis zum Kriege. Mit Preußens Sieg ist der Kampf um die Vormachtstellung in Deutschland endgültig zu seinen Gunsten entschieden. Der Deutsche Bund wird aufgelöst, der Weg zur kleindeutschen Lösung der nationalen Frage unter Führung des konservativen Preußen zeichnet sich ab. Der neu gegründete Norddeutsche Bund, dem alle Staaten nördlich der Mainlinie angehören, ist offenkundig nur eine Übergangslösung. Seine Verfassung ist bereits auf den möglichen Beitritt der süddeutschen Staaten hin angelegt. Durch die erfolgreiche expansive Machtpolitik Preußens sieht sich das Frankreich Napoleons III. in seiner Vormachtstellung bedroht. Die ständig wachsenden Spannungen führen schließlich über die Verwicklungen um die Hohenzollernsche Thronkandidatur zum kriegerischen Konflikt. In ihm stellen sich die süddeutschen Staaten sofort auf die Seite Preußens.

III/143
Das Schlachtfeld von Königgrätz am 3. Juli 1866

Im besiegten Frankreich wird Wilhelm I. am 18. Januar 1871 zum Deutschen Kaiser, zum Oberhaupt des neuen Deutschen Reiches, proklamiert.

Der deutsch-dänische Krieg

1864 gelingt dem preußischen Ministerpräsidenten auf der deutschen wie der europäischen Bühne ein diplomatisches Meisterstück: Preußen übernimmt im Kampf gegen Dänemark die Führung. Es zwingt Österreich an seine Seite und trennt es damit von seinen bisherigen Bundesgenossen in Deutschland, den Klein- und Mittelstaaten.
Nach dem Sieg über Dänemark wird im Vertrag von Gastein zunächst Schleswig preußischer und Holstein österreichischer Verwaltung unterstellt. Österreichs geschwächte Position erlaubt es jedoch Preußen, im weiteren Verlauf der Entwicklung immer unverhohlener die Annexion der Herzogtümer zu verlangen. Zur gleichen Zeit bringt Preußen Österreichs Pläne für eine wirtschaftliche Zollunion Mitteleuropas endgültig zum Scheitern.

Das Entscheidungsjahr 1866

Der österreichisch-preußische Dualismus im Kampf um die politische und wirtschaftliche Vormachtstellung in Deutschland spitzt sich 1866 zur kriegerischen Auseinandersetzung zu. Durch den Sieg Preußens bei Königgrätz triumphiert das Bismarcksche Konzept

III/144
Feierlicher Empfang für die siegreichen preußischen Armeen am 21. September 1866 in Berlin

der »nationalen Einigung von oben«, erzwungen mit den Mitteln der Diplomatie und des Krieges.
Bismarck nutzt den Sieg auch innenpolitisch. Er ersucht jetzt das Abgeordnetenhaus mit der sogenannten Indemnitätsvorlage um die nachträgliche Sanktionierung seines Verfassungsbruchs in der Frage der Heeresreform. Unter dem Eindruck der Erfolge Bismarcks beugt sich die Mehrheit des Parlaments.
Die Ereignisse von 1866 spalten die Liberalen: Die Mehrheit von ihnen gibt ihre bisherige Opposition gegen die Bismarcksche Machtpolitik auf. Sie erhofft eine Verwirklichung ihrer nationalpolitischen Ziele auf dem Wege einer »Revolution von oben«. Damit aber wird der nationale Gedanke dem liberalen übergeordnet. »Durch Einheit zur Freiheit« wird zu einer Formel der Selbstbeschwichtigung. Noch im Herbst 1866 entsteht die nationalliberale Fraktion. Auf sie kann Bismarck seine Politik für mehr als ein Jahrzehnt stützen.

Der Norddeutsche Bund

Mit der Annexion von Schleswig-Holstein, Hannover, Kurhessen, Nassau und Frankfurt am Main beherrscht der preußische Militär- und Obrigkeitsstaat das Gebiet bis zum Main. Österreich, von diesem »Kleindeutschland« getrennt, wird im Prager Frieden von 1866 zwar geschont, muß dafür aber den preußischen Annexionen zustimmen, endgültig auf die Wiederherstellung des Deutschen Bundes verzichten und die Errichtung des Norddeutschen Bundes billigen.

III/145
Karikatur zu Preußens Vorherrschaft in Deutschland

III/146
Erste ordentliche Sitzung des Norddeutschen Reichstages am 24. Februar 1867

Die Verfassung des am 16. April 1867 gegründeten Norddeutschen Bundes ist weitgehend Bismarcks persönliches Werk. Sie sichert Preußen die Hegemonialstellung und wird 1871 größtenteils als Reichsverfassung übernommen. Das Bundespräsidium steht erblich dem König von Preußen zu. Der Bundeskanzler ist nur ihm gegenüber verantwortlich, das heißt nicht vom gewählten Reichstag abhängig. Im Bundesrat verfügt ebenfalls Preußen über das entscheidende Gewicht. In dieser monarchisch-konstitutionellen Verfassung bedeutet die Einführung des allgemeinen, gleichen, direkten und geheimen Wahlrechts relativ wenig; denn der Reichstag bleibt in seinen Rechten beschränkt und kann vor allem auf die Regierungsbildung praktisch keinen Einfluß nehmen.

Nutznießer des einheitlichen norddeutschen Wirtschaftsraumes ist das nationalliberale Bürgertum, das den Bund trägt. Gegner des Bundes sind Linksliberale, Sozialisten, Altkonservative und der politische Katholizismus. Antipreußisch gesinnt bleiben auch viele Bürger der annektierten deutschen Staaten: vor allem im welfischen Hannover und in der alten Reichsstadt Frankfurt am Main. Die süddeutschen Staaten lehnen sich durch Schutz- und Trutzbündnisse an den Norddeutschen Bund an.

III/147
(Rechte Seite)
Sitzordnung im Norddeutschen Reichstag

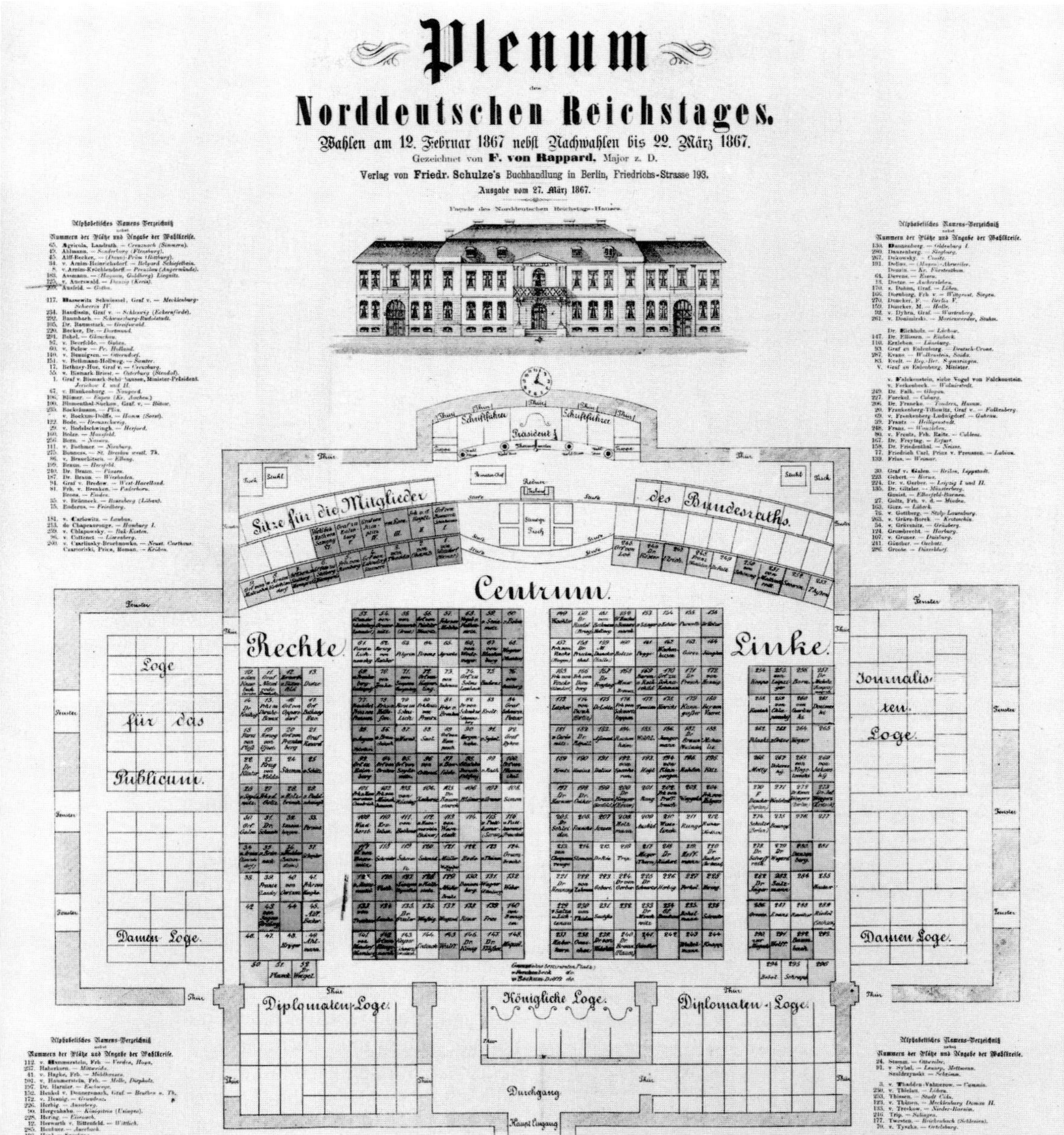
Plenum
des
Norddeutschen Reichstages.
Wahlen am 12. Februar 1867 nebst Nachwahlen bis 22. März 1867.
Gezeichnet von F. von Rappard, Major z. D.
Verlag von Friedr. Schulze's Buchhandlung in Berlin, Friedrichs-Strasse 193.
Ausgabe vom 27. März 1867.
Schriftführer
Präsident
Schriftführer
Sitze für die Mitglieder des Bundesraths.
Centrum.
Rechte
Linke
Loge für das Publicum.
Journalisten-Loge.
Damen Loge.
Damen Loge.
Diplomaten Loge.
Königliche Loge.
Diplomaten-Loge.
Durchgang
Haupt Eingang
conservativ
nat.liberal
Linke
unbestimmt
frei conservativ
constitutionell bundesstaatlich
particularistisch
unbesetzt
altliberal Centrum
polnisch
dänisch

III/148
Wilhelm I. und der französische Gesandte Benedetti in Bad Ems

III/149
Die von Bismarck redigierte Fassung der »Emser Depesche«

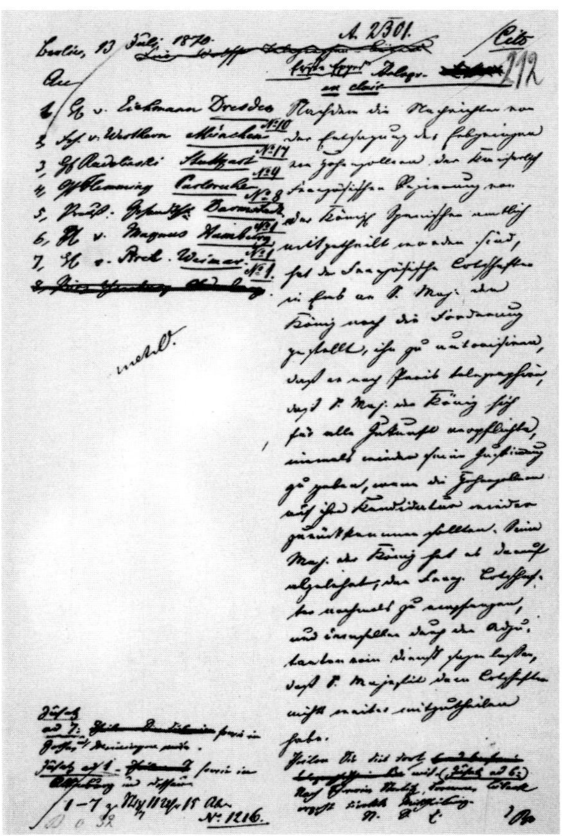

Berlin, 13 Juli 1870. A. 2301. Cito 212

An
1. Gr. v. Eichmann Dresden
2. Frh. v. Werthern München No 10
3. Gf Radolinski Stuttgart No 17
4. Gf Flemming Carlsruhe No 24
5. Preuß. Gesandtsch. Darmstadt No 8
6. H. v. Magnus Hamburg No 31
7. H. v. Arnd Weimar No 1

Nachdem die Nachrichten von der Entsagung des Erbprinzen von Hohenzollern der kaiserlich französischen Regierung von der königlich spanischen amtlich mitgetheilt worden sind, hat der französische Botschafter in Ems an S. Maj. den König noch die Forderung gestellt, ihn zu autorisiren, daß er nach Paris telegraphire, daß S. Maj. der König sich für alle Zukunft verpflichte, niemals wieder seine Zustimmung zu geben, wenn die Hohenzollern auf ihre Candidatur wieder zurückkommen sollten. Seine Maj. der König hat es darauf abgelehnt, den franz. Botschafter nochmals zu empfangen, und demselben durch den Adjutanten vom Dienst sagen lassen, daß S. Majestät dem Botschafter nichts weiter mitzutheilen habe.

Der deutsch-französische Krieg

Seit dem Sieg Preußens über Österreich fürchtet Frankreich um seine Vormachtstellung in Europa. Über die Frage der Neubesetzung des spanischen Thrones durch einen Hohenzollernprinzen kommt es schließlich zwischen beiden Ländern zum Krieg, da weder Frankreich noch Preußen eine diplomatische Niederlage in Kauf nehmen wollen.
Ganz Deutschland reagiert auf die Kriegserklärung Frankreichs mit nationaler Empörung. Auch die süddeutschen Staaten eilen Preußen zu Hilfe und unterstellen ihre Truppen dem preußischen Oberbefehl. In unerwarteter Schnelligkeit vollzieht sich mit Hilfe der neuen Eisenbahnen der Aufmarsch an der französischen Grenze. In der Schlacht von Sedan wird der entscheidende Sieg über die kaiserliche Armee erfochten. Zu den Gefangenen gehört auch Napoleon III. In Deutschland wird der Sieg von Sedan überschwenglich gefeiert. Die Waffen-

III/150
Kriegsbegeisterung in Paris am 19. Juli 1870

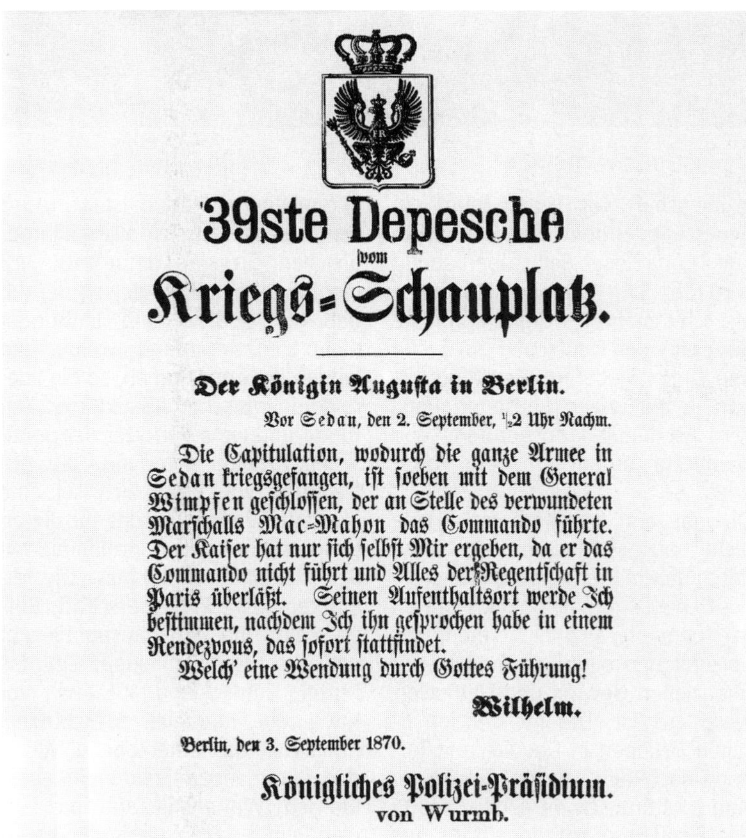

39ste Depesche
vom
Kriegs-Schauplatz.

Der Königin Augusta in Berlin.

Vor Sedan, den 2. September, ½2 Uhr Nachm.

Die Capitulation, wodurch die ganze Armee in Sedan kriegsgefangen, ist soeben mit dem General Wimpfen geschlossen, der an Stelle des verwundeten Marschalls Mac-Mahon das Commando führte. Der Kaiser hat nur sich selbst Mir ergeben, da er das Commando nicht führt und Alles der Regentschaft in Paris überläßt. Seinen Aufenthaltsort werde Ich bestimmen, nachdem Ich ihn gesprochen habe in einem Rendezvous, das sofort stattfindet.
Welch' eine Wendung durch Gottes Führung!

Wilhelm.

Berlin, den 3. September 1870.

Königliches Polizei-Präsidium.
von Wurmb.

III/151
Die Siegesnachricht von Sedan

III/152
Wilhelm I. auf dem Schlachtfeld von Sedan am 2. September 1870

brüderschaft vor Sedan leitet ein neues Kapitel deutscher Geschichte ein: In maßloser Selbstüberhebung wird der Sieg über die Franzosen als schicksalhaftes Signum für die Berufung der Deutschen zu Größe und Einheit gedeutet. Der Krieg tritt nun in eine neue Phase: In Paris wird die Republik ausgerufen; Léon Gambetta organisiert den Volkskrieg.

Obwohl ein annehmbarer Friede nicht ausgeschlossen ist, wird durch den militärischen Erfolg einer deutschen Kriegszielpolitik Auftrieb gegeben, die sich nicht mehr mit Verteidigung begnügt, sondern auf finanziellen Gewinn und Gebietserwerb aus ist. Die meisten politischen Gruppen in Deutschland fordern nach den großen Siegen im August stürmisch die Einbeziehung des Elsaß und Lothringens in den entstehenden Nationalstaat. Auch Bismarck spricht sich aus machtpolitischen Gründen dafür aus. Nur wenige Stimmen verweisen darauf, daß die Elsässer und Lothringer nicht zu Deutschland wollen, und lehnen die Annexion ab, so die liberaldemokratische »Frankfurter Zeitung« und viele Vertreter der politischen Arbeiterbewegung: Die Abtrennung von Frankreich sei eine eklatante Verletzung des für die eigene Nation so oft proklamierten Selbstbestimmungsrechts. »Die Militärkamarilla, Professorschaft, Bürgerschaft und Wirtshauspolitik gibt vor, dies [die Annexion] sei das Mittel, Deutschland auf ewig vor Krieg mit Frankreich zu schützen. [...] Es ist das unfehlbarste Mittel, den kommenden Frieden in einen blo-ßen Waffenstillstand zu verwandeln, bis Frankreich so weit erholt ist, um das verlorene Terrain herauszuverlangen. Es ist das unfehlbare Mittel, Deutschland und Frankreich durch wechselseitige Selbstzerfleischung zu ruinieren« (Manifest der Sozialdemokratischen Arbeiterpartei, 5. September 1870). Mit der Annexion wird das Verhältnis zu Frankreich in der Tat auf Jahrzehnte hinaus vergiftet. Die Folge ist, daß sich Deutschland außenpolitisch Fesseln anlegt.

Nach den Waffenerfolgen der ersten Kriegsmonate, dem Sturz des französischen Kaisertums und der Einschließung von Paris ist der Weg frei für die Vollendung der deutschen Einheit durch den Zusammenschluß der süddeutschen Staaten mit dem Norddeutschen Bund. Diplomatische Verhandlungen und die militärische Macht Preußens ermöglichen die Reichsgründung »von oben«. Nicht aus den Beschlüssen einer deutschen Nationalversammlung, sondern aus völkerrechtsähnlichen Verträgen zwischen den verschiedenen Monarchen und Regierungen, die dann vom norddeutschen Reichstag und von den süddeutschen Landtagen ratifiziert werden, entsteht das Deutsche Reich.

Am 18. Januar 1871 wird der Akt der Reichsgründung vollzogen: Die Kaiserproklamation vor den deutschen Fürsten im Spiegelsaal von Versailles ist ein preußisch-militärisches Schauspiel, eine Selbstdarstellung des Fürstenstaates. Die nationale Begeisterung des Volkes für das neu gewonnene Reich überdeckt nur scheinbar die tiefen inneren Gegensätze im Bündnis Bismarcks mit der liberalen und nationalen Bewegung.

III/153
Einzug der siegreichen Truppen in Berlin am 16. Juni 1871

III/154
Die Kaiserproklamation in Versailles am 18. Januar 1871, Gemälde von Anton von Werner

Der Deutsche Bund nach 1850

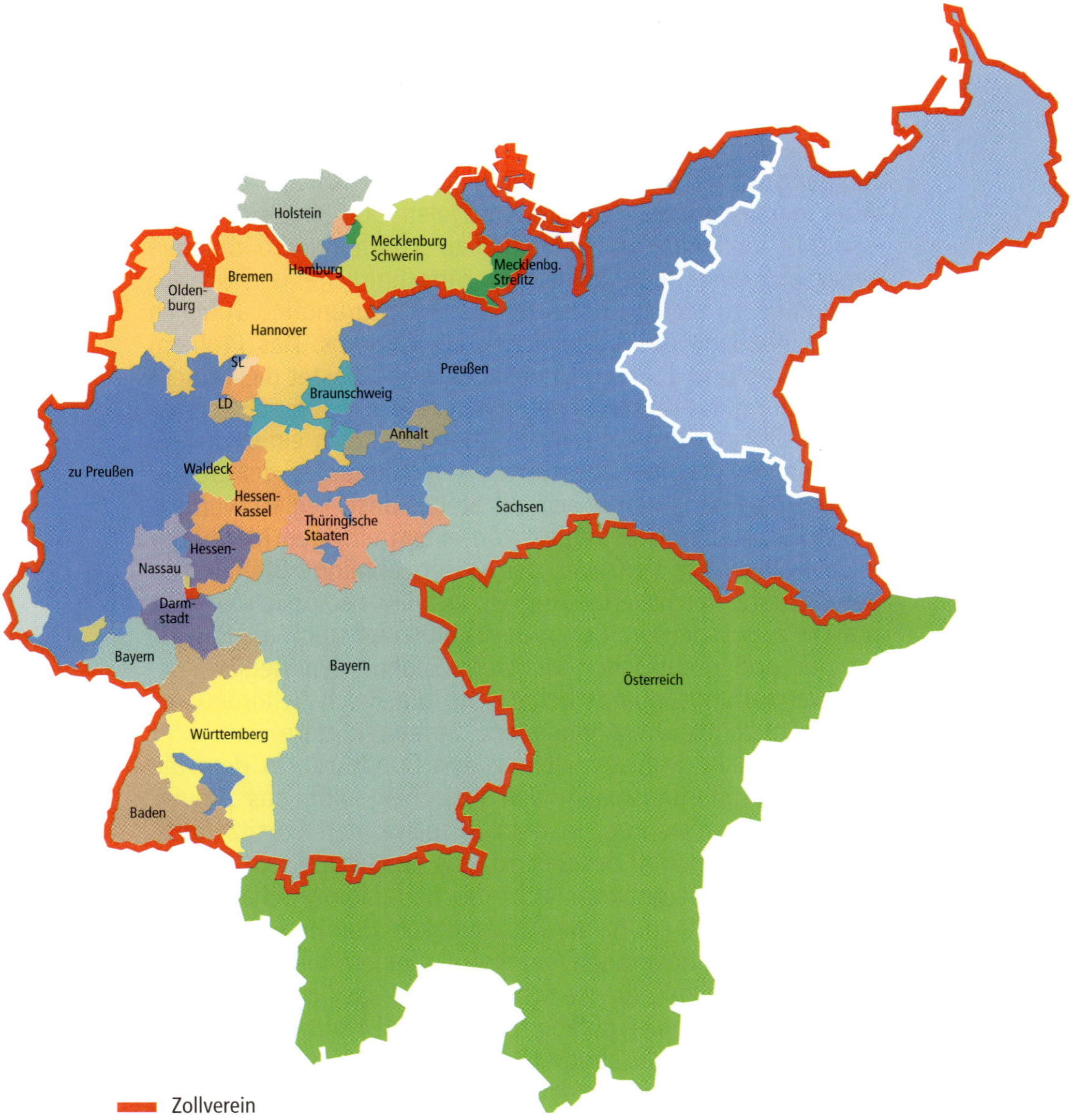

Das kaiserliche Deutschland

IV. Das kaiserliche Deutschland

Das deutsche Kaiserreich von 1871, gestützt auf ein ungleiches Bündnis zwischen der nationalen und liberalen Bewegung und der konservativen preußischen Staatsführung, entsteht aus vielfältigen Kompromissen und gilt schon der zeitgenössischen Kritik als unvollendet. Zwar wird die nationale Einigung von der großen Mehrheit enthusiastisch begrüßt. Aber gemessen an den großen Zielen der Revolution von 1848/49, die Einheit durch Freiheit zu schaffen und den neuen Staat auf eine neue politische, wirtschaftliche und soziale Grundlage zu stellen, bedeutet die Reichsgründung zugleich eine Niederlage des bürgerlichen Liberalismus. Das Problem der inneren und äußeren Unvollendetheit belastet die weitere Entwicklung des Kaiserreiches von vornherein aufs schwerste.

Linksliberale Kritiker nennen das Kaiserreich einen unvollendeten Verfassungsstaat. Nach den Forderungen der Liberalen sollte es parlamentarisch auf breiter Basis regiert werden. In Wirklichkeit wird es regiert von einem einzigen Mann, der zudem allein vom Vertrauen des Kaisers abhängt. Die überaus komplizierte Reichsverfassung ist auf die Persönlichkeit Bismarcks zugeschnitten, der in der Schlüsselposition als Reichskanzler und preußischer Ministerpräsident den Regierungs- und Verwaltungsapparat beherrscht: die Reichsbehörden, an deren Spitze weisungsgebundene Staatssekretäre und nicht verantwortliche Minister stehen, den Bundesrat, in dem die preußische Führungsmacht den Ausschlag gibt, das preußische Staatsministerium, in dem Bismarck den Vorsitz führt. Der politische Einfluß des Reichstages beschränkt sich auf das Gebiet der Gesetzgebung. Nicht das parlamentarische Prinzip wird verwirklicht, d. h. die Abhängigkeit der Regierung von einem starken souveränen Parlament, sondern die »Regierung über den Parteien«, für die schon damals das Schlagwort von der »Kanzlerdiktatur« aufkommt. Während 1848 ein nationaldemokratischer Verfassungsstaat nach dem Prinzip der Volkssouveränität erstrebt worden ist, ist das Reich von 1871 ein nationalmonarchischer Obrigkeitsstaat.

Unvollendet bleibt das Reich auch im Hinblick auf die gesellschaftspolitischen Forderungen der bürgerlichen Emanzipationsbewegung. Ihr Anspruch, den neuen Staat der neuen industriellen Gesellschaft anzupassen und der Nation als Summe der gesellschaftlichen Kräfte einen entscheidenden Anteil an der politischen Willensbildung einzuräumen, wird abgewehrt. Das Reich ist nicht auf Veränderung gerichtet, sondern auf die Bewahrung der altpreußischen Gesellschaftsordnung, die durch die Vorherrschaft des Junkertums geprägt ist. Die oppositionellen Parteien werden als Reichsfeinde bekämpft: die linksliberale Fortschrittspartei, die Sozialdemokratie, das katholische Zentrum. Das erste Jahrzehnt des Kaiserreiches ist erfüllt von tiefen gesellschafts- und parteipolitischen Spannungen.

Im Kulturkampf wird die Autonomie des Staates und der Politik gegen die katholisch-konfessionellen Interessen des Zentrums erbittert verteidigt. Wegen seiner Verbindung zum Papsttum gilt das Zentrum als »ultramontan« und internationalistisch. Außerdem befürchtet Bismarck ein Zusammengehen des Katholizismus mit anderen oppositionellen Gruppen im Reich, vor allem mit der katholischen national-polnischen Minderheit in den preußischen Ostprovinzen. In einem »inneren Präventivkrieg« sucht er unmittelbar nach 1871 dieser Kräfte Herr zu werden. Gleichzeitig verhärtet die weltanschauliche Auseinandersetzung zwischen Liberalismus und Katholizismus die parteipolitischen Fronten. Die Ausnahme- und Verbotsgesetze des Kulturkampfes zerstören den Glauben, daß die nationale Gemeinschaft zu einem friedlichen Ausgleich der Interessen und gegenseitiger Tolerierung führen werde. Mit der Zustimmung zum Verbot und zur Ausweisung des Jesuitenordens gibt die Nationalliberale Partei ihre eigenen rechtsstaatlichen Prinzipien preis.

Stärker noch wird die innere Struktur des Reiches erschüttert durch den Kampf gegen die Sozialdemokratie. Das Sozialistengesetz verhindert die Integration der Arbeiterschaft in den Nationalstaat. Allein wegen ihrer Überzeugung wird eine Partei unter ein Sonderstrafrecht gestellt – eine eklatante Verletzung des liberalen Rechtsdenkens. Dennoch gewinnt Bismarck die Zustimmung der bürgerlichen Schichten, die seit langem die »rote Anarchie« fürchten. Zwei Attentate auf Kaiser Wilhelm I. im Frühjahr 1878 geben den Anlaß zur Auflösung des Reichstages und zu Neuwahlen, obgleich eine Verbindung der Attentäter zur Sozialdemokratie nicht nachgewiesen werden kann. Damit schafft sich Bismarck eine gefügige Parlamentsmehrheit – auch die Nationalliberale Partei stimmt mit Rücksicht auf die Erregung der Öffentlichkeit und die Revolutionsfurcht ihrer Wähler dem Sozialistengesetz zu. Nur mit Mühe wird allerdings ein Bruch mit dem linken Flügel der Partei vermieden. Zeitgenössische Kritiker vertreten bereits die Ansicht,

Bismarck habe das Sozialistengesetz zugleich als Werkzeug gegen die Nationalliberalen benutzt, um die Partei innerlich zu spalten. Auch in der Folgezeit finden die Liberalen kein Konzept zur Lösung der sozialen Frage. Bismarcks staatliche Sozialpolitik – das positive Gegenstück zum Sozialistengesetz – wird von ihnen abgelehnt. Diese Sozialpolitik hat nicht zuletzt das Ziel, durch materielles Entgegenkommen die Arbeiterschaft mit der bestehenden Staats- und Gesellschaftsordnung zu versöhnen. Gerade das gelingt jedoch nicht oder nur sehr begrenzt, obgleich in der wilhelminischen Zeit das System der Sozialversicherung weiter ausgebaut wird. Schroff stehen sich vielmehr nach wie vor die Organisationen der Arbeiterschaft und die in der wirtschaftlichen Krisenzeit nach 1873 entstandenen großen industriellen und agrarischen Interessenverbände gegenüber. Der Nationalstaat nimmt immer mehr Züge eines Klassenstaates an.

Die außenpolitischen Probleme des neuen Reiches sind nicht weniger prekär. Da das neue kleindeutsche Reich nur einen Teil der Deutschen in seinen Grenzen vereint, regt sich vielerorts die Sorge, das Reich werde nun eine Politik der nationalen Eroberungen betreiben. Hinzu kommen die Belastungen durch die nationalen Minderheiten innerhalb des Reiches, die bis 1918 nicht wirklich integriert werden und auch innenpolitisch schwerste Probleme aufwerfen. Nur durch ein überaus kompliziertes Bündnissystem und durch wiederholte Erklärungen, Deutschland sei »saturiert«, gelingt es Bismarck, das Reich zunächst in das überlieferte kontinentaleuropäische Gleichgewichtssystem einzuordnen. Einen Höhepunkt dieses diplomatischen Ringens bildet der Berliner Kongreß von 1878. Die internationalen Krisen der 1880er Jahre beweisen allerdings, daß damit die Gefahr eines Zweifrontenkrieges nicht gebannt ist. Die neuen Bündnisse – der Dreibund zwischen Deutschland, Österreich-Ungarn und Italien und der Rückversicherungsvertrag mit Rußland – stellen nur vorübergehend das Gleichgewicht des europäischen Mächtesystems wieder her, zumal das Deutsche Reich mit dem Übergang zur Kolonialpolitik von dem Grundsatz der territorialen »Saturiertheit« abweicht und in eine Frontstellung zu England gerät.

So bleibt das Reich als »unvollendeter Nationalstaat« von inneren und äußeren Gefahren bedroht. Um all dieser Schwierigkeiten Herr zu werden, wendet Bismarck immer wieder dasselbe Mittel an: die Stabilisierung des konservativen Staates und das Festschreiben des Status quo. Darüber zerbricht schließlich auch die Allianz mit dem nationalen Liberalismus, eine Allianz, die allein durch die außenpolitischen Erfolge Bismarcks 1864 und 1866 zustande kam und an deren Anfang bereits ein innenpolitischer Kompromiß stand: die Beendigung des Verfassungskonfliktes durch die Indemnitätsvorlage, die im nachhinein Bismarcks reaktionäre, antiparlamentarische Politik sanktionierte. Die innenpolitische Wende von 1878/79 kommt dann einer zweiten konservativen Reichsgründung gleich, die jede Einflußnahme der Liberalen auf die weitere Entwicklung endgültig ausschaltet. Der Umschwung in der Wirtschaftspolitik, der Übergang vom liberalen Freihandel zum Schutzzoll, der die Schwerindustrie und die Großlandwirtschaft begünstigt, führt zur Spaltung der Nationalliberalen Partei. Die neuen Schutzzölle und die Erhöhung der indirekten Steuern belasten zugunsten der »produktiven Volksklassen« die wirtschaftlich schwachen Bevölkerungsschichten und geben der Sozialdemokratie politischen Auftrieb. Im Interessenkampf zwischen Landwirtschaft und Industrie einerseits und Arbeiterschaft andererseits werden die liberalen bürgerlichen Kräfte aufgerieben. Gleichzeitig befestigt das wirtschaftliche Zweckbündnis zwischen Industriellen und Großagrariern den Einfluß der alten preußischen Führungsschicht, die den konservativen Kurs der Regierung unterstützt. Mit welchen ideologischen Mitteln der Wirtschaftskampf zur Durchsetzung des Schutzzolls und der gleichzeitige Propagandafeldzug für das Soziallistengesetz geführt werden, zeigen extreme Parolen konservativer Agrarier wie: »Der Rechtsstaat hat sich überlebt. Wir werden zu dem sogenannten Patrimonial- und Patriarchalstaat zurückkehren müssen«. 1878/79 geht die liberale Ära zu Ende: Die Beamtenschaft in Regierung und Verwaltung wird weitgehend durch Anhänger des konservativen Kurses ersetzt; die liberalen Minister in Preußen treten zurück. Die Neuorganisation der Reichsbehörden und die Reichsfinanzreform stärken die Reichsgewalt und damit die Macht des Reichskanzlers. Die Spätbismarckzeit steht im Zeichen der Interesseneinheit von ostelbischer, d. h. von den »Junkern« beherrschter, Landwirtschaft, Schwerindustrie und konservativer Staatsführung.

Nach der Entlassung Bismarcks 1890 stürzt das Reich in eine Regierungskrise. Der junge Kaiser Wilhelm II. will »sein eigener Kanzler« sein. Aber der Versuch, ein »persönliches Regiment« zu errichten, eine Selbstherrschaft, die von den Ministern nur die gehorsame Erfüllung der kaiserlichen Wünsche verlangt, schlägt fehl. Für eine verbindliche Direktive in der Innen- und Außenpolitik fehlen dem Kaiser die Kenntnisse und die Fähigkeit, das komplizierte Nebeneinander der Instanzen –

Reichsämter, Bundesrat, preußisches Staatsministerium, Reichstag, preußischer Landtag – zu überblicken oder es gar wie Bismarck gegeneinander auszuspielen. Zwar wird ein »Neuer Kurs« propagiert, das Sozialistengesetz aufgehoben und in den Februarerlassen von 1890 eine umfangreiche Arbeiterschutzgesetzgebung angekündigt. Aber es gelingt nicht, die Arbeiterschaft mit dem »sozialen Kaisertum« zu versöhnen. Die Sozialdemokratie kann ihre Wählerzahl von 763.000 im Jahre 1887 auf 1,4 Millionen im Jahre 1890 steigern.

Der Übergang zum Imperialismus bildet dann den letzten Versuch, die innenpolitischen Spannungen durch außenpolitische Erfolge zu überdecken. Die Hoffnung der liberalen Imperialisten wie Max Weber und Friedrich Naumann, die von einer dynamischen Außenpolitik zugleich eine dynamischere Entwicklung im Innern erwarten, wird jedoch nicht erfüllt. Die neue »Weltpolitik« verstärkt eher den Machtanspruch der Konservativen, die mit nationalen Sammlungsparolen, vor allem in den Propagandafeldzügen für eine starke deutsche Flotte, eine breite Anhängerschaft für sich gewinnen können. Das Wort Kaiser Wilhelms II., das Deutsche Reich sei ein »Weltreich« geworden, wird jubelnd begrüßt. In Wirklichkeit sind die Erfolge gering, und der Preis, der für die Prestigepolitik gezahlt wird, sind die selbstverschuldete Isolierung Deutschlands und der Zusammenschluß der weltpolitischen Konkurrenten England, Frankreich und Rußland. Das Mißlingen der Weltpolitik führt schließlich zu einer blinden Flucht nach vorn: in die Katastrophe des Ersten Weltkrieges.

Der »Burgfriede« der Parteien – auch die Sozialdemokratie bewilligt die Kriegskredite – und die allgemeine Kriegsbegeisterung im August 1914 sind jedoch nicht von langer Dauer. Der Krieg verschärft die innenpolitischen Gegensätze, die sich nun mit außenpolitischen Zielen – hier Verständigungsfriede, dort Siegfriede und Annexionen – verquicken. Die Radikalisierung links und rechts zeigen sich 1917 in der Gründung der Deutschen Vaterlandspartei auf der einen und des Spartakusbundes auf der anderen Seite. Dennoch gibt der politische und militärische Zusammenbruch des deutschen Kaiserreiches die Chance zu einem Neubeginn und zu einer Rückbesinnung auf die liberalen und demokratischen Ideale, die den nationalen Gedanken des frühen 19. Jahrhunderts geprägt haben.

IV/155
Fürst Otto von Bismarck, Gemälde von Franz von Lenbach

1. Der kleindeutsche Nationalstaat: Institutionen, Parteien, innenpolitische Probleme

Das Kaiserreich von 1871 bringt die langersehnte nationale Einheit, wenn auch nur eine «Einheit von oben«. Die Souveränität liegt nicht beim Volk, sondern bei den 22 Fürsten und drei freien Städten, die sich zu einem Bundesstaat zusammengeschlossen haben. Das Übergewicht Preußens ist erdrückend. Viele Wünsche der liberalen und der demokratischen Bewegung in Deutschland bleiben offen. Der Reichskanzler ist politisch dem Kaiser, nicht dem Parlament verantwortlich. Die Rechte des aus demokratischen Wahlen hervorgegangenen Reichstags beschränken sich im wesentlichen auf die Mitwirkung bei der Gesetzgebung. Der Kampf um den Ausbau seiner Befugnisse und um die Parlamentarisierung des Reiches bleibt ein zentrales innenpolitisches Problem. Dieser unvollendete Verfassungsstaat ist aber auch ein unvollendeter Nationalstaat, da er große deutschsprachige Bevölkerungsgruppen außerhalb seiner Grenzen läßt. Auf der anderen Seite schaffen nationale Minderheiten im Reich erhebliche Integrationsprobleme.

Reichsverfassung und innere Ordnung

Der Reichstag geht aus allgemeinen, gleichen, direkten und geheimen Wahlen hervor. Er ist neben dem Kaiser die wichtigste Institution der Verfassung. Sein politischer Einfluß beschränkt sich jedoch im wesentlichen auf das Gebiet der Gesetzgebung. Auf Regierungsbildung und Regierungspolitik hat er nur einen sehr begrenzten Einfluß. Charakteristisch für das Reich ist die »Regierung über den Parteien« und die Zurückdrängung der Volksvertretung auf eine Position, in der sie bei entscheidenden politischen Fragen bloß zur unverbindlichen Meinungsäußerung aufgerufen ist. Für dieses System kommt schon damals das Schlagwort von der »Kanzlerdiktatur« auf.

Die Verfassung von 1871, entscheidend von Fürst Otto von Bismarck geprägt, garantiert dem Reichskanzler eine Machtfülle, die vom Parlament und von den Parteien weder kontrolliert noch eingeschränkt werden kann. Nicht ihnen, sondern nur dem Kaiser ist der Kanzler politisch verantwortlich. Das Loyalitäts- und Vertrauensverhältnis zwischen beiden ist daher Voraussetzung für dieses Amt. Sein Inhaber hat über die Richtlinien der Politik zu bestimmen. Er schlägt dem Kaiser die Ernennung und Entlassung der mit der Verwaltung der Reichsämter betrauten Staatssekretäre vor, er führt den Vorsitz im Bundesrat, dem formell obersten Regierungsorgan des Reiches, und ist gewohnheitsmäßig fast während des gesamten Kaiserreiches Leiter des preußischen Staatsministeriums.

Der Leitung der zivilen Reichspolitik durch den Kanzler steht in allen militärischen »Kommandosachen« die Generalität gegenüber. Sie steht unter dem Oberbefehl des Kaisers. Die Verfassung kennt keinen Primat der Politik über das Militär. So können später vor allem im Vorfeld des Ersten Weltkrieges Generale und Admirale einen verhängnisvollen Einfluß auf die Politik insgesamt ausüben.

Das Deutsche Reich ist ein Bundesstaat, in dem Preußen ein erdrückendes Obergewicht besitzt. Mehr als die Hälfte der Bevölkerung lebt in seinen Grenzen. Nahezu zwei Drittel des Reichsgebietes sind preußisch. Im Bundesrat, dem Gesetzgebungsorgan der Bundesstaaten, verfügt Preußen über eine Sperrminorität. Die entscheidende Frage des deutschen Föderalismus aber ist die finanzielle Abhängigkeit des Reichs von den sogenannten Matrikularbeiträgen, den Zuwendungen der Bundesstaaten. Die Reichsfinanzreform wird daher zu einem weiteren großen Verfassungsproblem des Kaiserreiches.

Die Grenzen des Reiches schließen 1871 große nationale Minderheiten ein. Anstatt diese Minderheiten auf politischem Wege an das Reich heranzuführen, versucht man, sie mit bloß bürokratischen Mitteln zu integrieren. 1872/73 wird Deutsch alleinige Unterrichtssprache in den polnisch sprechenden Gebieten, 1876 alleinige Geschäftssprache. Von 1878 an darf auch in Nordschleswig nur noch auf deutsch unterrichtet werden. Aber auch die in ihrer Mehrheit deutschsprachigen Elsässer und die Lothringer werden zu einem Problem. Sie kennen die Vorteile der französischen Verfassung und sind nicht gewillt, von einer Reichsland-Verwaltung als Deutsche »zweiter Wahl« behandelt zu werden.

Mit der Reichsgründung wird ein einheitlicher Wirtschafts- und Zollraum geschaffen, der in Verbindung mit den bereits bestehenden technischen Möglichkeiten industrieller Produktion zu einem rapiden wirtschaftlichen Aufschwung führt. Auch auf den Gebieten des Verkehrswesens, der Post, des Münz-, Maß- und Gewichtswesens sowie der Rechtsvereinheitlichung wird der innere Ausbau des Reiches vorangetrieben: 1872 wird ein einheitliches Strafgesetzbuch (StGB), 1900 ein Bürgerliches Gesetzbuch (BGB) eingeführt. Beide sind noch heute, nur teilweise geändert oder ergänzt, in Kraft.

IV/156
Reichstagssitzung
1908

IV/157, 158, 159, 160
Ludwig Windthorst, Eugen Richter, Eduard Lasker, August Bebel

Die Parteien des Reichstages

Vor allem als Folge des allgemeinen Wahlrechts werden aus den losen Fraktionsverbindungen und Wählervereinen Massenparteien mit fester Organisation, breiter Basis und differenzierten Programmen. Die Reichsverfassung von 1871 läßt den Parteien jedoch nur die Wahl zwischen gouvernementaler, also kanzlertreuer Rolle oder der Opposition. Eine wirkliche Beteiligung an der Macht gibt es für sie kaum. So kommt es schon bald zu der problematischen Unterscheidung zwischen bloßem Parteien-Interesse und dem übergeordneten, angeblich allein durch die Regierung wahrgenommenen Staatsinteresse.
Das protestantische Bildungsbürgertum und das industrielle Großbürgertum sind die Hauptträger der Nationalliberalen Partei. Ihre Politik zielt auf einen nationalen Machtstaat und zugleich auf einen liberalen Rechtsstaat. Die politische Praxis wird jedoch stärker von der Konsolidierung des Machtstaates bestimmt. Bis 1878 ist die Nationalliberale Partei auch der wichtigste parlamentarische Bundesgenosse Bismarcks.
Konsequenter Ausbau des Rechtsstaates und parlamentarische Monarchie sind die Ziele des Linksliberalismus, Handwerk und freie Berufe seine soziale Basis. Bis 1910 bleibt der Linksliberalismus in die Deutsche Fortschrittspartei und die Deutsche Volkspartei gespalten. Erst durch den Zusammenschluß in der Fortschrittlichen Volkspartei wird eine gemeinsame Organisation geschaffen. Der Einfluß Leopold Sonnemanns öffnet den süddeutschen Liberalismus für den Gedanken einer staatlichen Sozialpolitik. Langfristig wird damit die Voraussetzung für eine Zusammenarbeit mit der Sozialdemokratie geschaffen. Friedrich Naumann und Theodor Barth werden zu Vorkämpfern einer Öffnung nach links.
Historische Überlieferung und legitimistisches Denken binden die Konservativen an die einzelstaatli-

chen Dynastien. Der Reichseinigung wie auch einer »deutschen Politik« stehen sie skeptisch gegenüber. Erst 1876 findet sich die Mehrheit der preußisch-konservativen Partei mit der Reichsgründung ab. »Altkonservative« Gegner Bismarcks und »Neukonservative« schließen sich in der Deutsch-Konservativen Partei zusammen. Die agrarischen Interessen der Großgrundbesitzer geben ihr das Profil. Die Landbevölkerung Ostdeutschlands ist ihre Wählerschaft.

Konservative Industrielle und Gutsbesitzer, die der Politik Bismarcks zustimmen, finden ihre politische Heimat als »Freikonservative« in der Reichspartei. Sie bejahen die Bismarcksche Verfassung und ihre unitarischen Elemente, lehnen aber Schritte in Richtung auf eine Parlamentarisierung des Reiches ab.

Der politische Katholizismus sieht sich durch die Reichsgründung bedroht. Protestantisches Übergewicht im kleindeutschen Nationalstaat und der Einfluß liberaler Ideen drängen ihn in die Opposition. Im Kulturkampf erklärt Bismarck ihn zum »Reichsfeind«. Der süddeutsche und der rheinische politische Katholizismus sind allerdings mehr als eine rein konfessionelle Interessenvertretung. Starke sozialreformerische Kräfte machen ihn zu einem nicht-sozialistischen Sammelbecken der sozialen Unterschichten. 1875 schließen sich in Gotha die »Lassalleaner« des Allgemeinen Deutschen Arbeitervereins von 1863 und die stark von Karl Marx beeinflußte Sozialdemokratische Arbeiterpartei von 1869 zur Sozialistischen Arbeiterpartei Deutschlands (SAPD) zusammen. Von 1891 an, seit der Verabschiedung des Erfurter Programms, trägt die Partei den Namen »Sozialdemokratische Partei Deutschlands«. Arbeiterproduktionsgenossenschaften, radikaldemokratische Ziele und gewerkschaftliche Forderungen sind zentrale Punkte des Gothaer Programms der SAPD, das auf Veränderung des deutschen Nationalstaats im Sinne einer inneren Reform zielt. Karl Marx unterzieht das Gothaer Programm und seine reformistische Tendenz einer scharfen Kritik. Er selbst propagiert eine radikale Veränderung des deutschen Nationalstaats im Sinne einer revolutionären Umgestaltung.

IV/161
Abgeordnete in der Wandelhalle des alten Reichstagsgebäudes in der Leipziger Straße

IV/162
Reichstagssitzung
1905, Gemälde von
Georg Waltenberger

IV/163
»Kladderadatsch«-Karikatur zum Kulturkampf aus dem Jahr 1875

2. Das Reich unter Bismarck

Schwere Krisen, die nicht nur durch die Folgen des ungehemmten wirtschaftlichen Aufschwungs nach 1871 bestimmt sind, kennzeichnen die innere Entwicklung des Reiches im ersten Jahrzehnt nach seiner Gründung. Die innenpolitische Wende der Jahre 1878/79, der Übergang vom Freihandel zum Schutzzoll, markiert das Ende eines, wenn auch erst in Ansätzen verwirklichten, liberalen Zeitabschnitts.

In den Jahren 1878/79 werden aufgrund einer zeitweiligen Interessenidentität von Schwerindustrie und Großgrundbesitzern soziale und politische Positionen verfestigt und abgesichert, die einer Weiterentwicklung der Reichsverfassung im liberalen und parlamentarisch-demokratischen Sinne im Wege stehen. Mit Recht sprechen Kritiker daher von einem Reich, das unvollendet nicht nur als Verfassungsstaat, sondern auch im Hinblick auf die gesellschaftspolitischen Forderungen der bürgerlichen Emanzipationsbewegung sei. Ihr Anspruch, den neuen Staat der neuen industriellen Gesellschaft anzupassen und der Nation als Summe der gesellschaftlichen Kräfte eine Mitwirkung bei der politischen Willensbildung einzuräumen, wird abgewehrt. Das Reich ist nicht auf Veränderung gerichtet, sondern auf die Bewahrung der altpreußischen Gesellschaftsordnung, die durch die Vorherrschaft des Junkertums geprägt ist.

Die gesellschafts- und parteipolitischen Auseinandersetzungen gipfeln in der Bekämpfung der »Reichsfeinde«: vor allem des Zentrums und der Sozialdemokratie. Dieser »innere Präventivkrieg« beginnt mit dem Konflikt mit der katholischen Kirche und der katholischen Bewegung über die Schulaufsicht und die Zivilehe. Der Kanzelparagraph, der den Geistlichen die Behandlung staatlicher Angelegen-

IV/164
Hödels Attentat auf Kaiser Wilhelm I. in Berlin am 11. Mai 1878

heiten »in einer den öffentlichen Frieden gefährdenden Weise« verbietet, die Mai-Gesetze von 1873 und das Verbot des Jesuitenordens unterstellen Kirche und Klerus staatlicher Aufsicht. Damit beginnt eine verhängnisvolle Praxis der Ausnahmegesetzgebung gegen die »Reichsfeinde«. Diese werden »internationaler Verbindungen« und der Konspiration mit nationalen Minderheiten verdächtigt. Die Ausnahme- und Verbotsgesetze des Kulturkampfes zerstören den Glauben, daß die nationale Gemeinschaft zu einem friedlichen Ausgleich der Interessen und zu gegenseitiger Tolerierung führen werde. Auch nach dem Abbau der Ausnahmegesetze bleibt der politische Katholizismus gegenüber dem Reich mißtrauisch.

Auf dem Höhepunkt der Auseinandersetzung mit dem Zentrum läßt Bismarck den Reichstag seine politische Macht spüren. Er legt 1874 den Entwurf eines Reichsmilitärgesetzes vor, nach dem die Präsenzstärke des deutschen Heeres in Friedenszeiten ständig auf 402.000 Mann festgelegt werden soll. Dieses »Äternat« aber hätte dem Reichstag die Beschlußfassung über vier Fünftel des Staatshaushalts entzogen. Das »Septennat« wird der Kompromiß: Angesichts der starken französischen Aufrüstung billigt der Reichstag eine Festlegung des Militärhaushalts für jeweils sieben Jahre. Damit besitzt nur noch jeder zweite Reichstag das volle Budgetrecht, die schärfste Waffe des Parlaments gegenüber dem Kanzler und der Regierung.

Stärker noch wird die innere Struktur des Reiches erschüttert durch den Kampf gegen die Sozialdemokratie, den Bismarck aus Sorge vor einer sozialen und politischen Revolution und »roter Anarchie« im Frühjahr 1878 beginnt, als er zwei von Einzelgängern auf den Kaiser verübte Attentate der Sozialdemokratie in die Schuhe schiebt. Der Reichstag wird aufgelöst. Eine gefügige Parlamentsmehrheit be-

Reichs-Gesetzblatt.

№ 34.

Inhalt: Gesetz gegen die gemeingefährlichen Bestrebungen der Sozialdemokratie. S. 351.

(Nr. 1271.) Gesetz gegen die gemeingefährlichen Bestrebungen der Sozialdemokratie. Vom 21. Oktober 1878.

Wir Wilhelm, von Gottes Gnaden Deutscher Kaiser, König von Preußen ꝛc.

verordnen im Namen des Reichs, nach erfolgter Zustimmung des Bundesraths und des Reichstags, was folgt:

§. 1.

Vereine, welche durch sozialdemokratische, sozialistische oder kommunistische Bestrebungen den Umsturz der bestehenden Staats- oder Gesellschaftsordnung bezwecken, sind zu verbieten.

Dasselbe gilt von Vereinen, in welchen sozialdemokratische, sozialistische oder kommunistische auf den Umsturz der bestehenden Staats- oder Gesellschaftsordnung gerichtete Bestrebungen in einer den öffentlichen Frieden, insbesondere die Eintracht der Bevölkerungsklassen gefährdenden Weise zu Tage treten.

Den Vereinen stehen gleich Verbindungen jeder Art.

§. 2.

Auf eingetragene Genossenschaften findet im Falle des §. 1 Abs. 2 der §. 35 des Gesetzes vom 4. Juli 1868, betreffend die privatrechtliche Stellung der Erwerbs- und Wirthschaftsgenossenschaften, (Bundes-Gesetzbl. S. 415 ff.) Anwendung.

Auf eingeschriebene Hülfskassen findet im gleichen Falle der §. 29 des Gesetzes über die eingeschriebenen Hülfskassen vom 7. April 1876 (Reichs-Gesetzbl. S. 125 ff.) Anwendung.

§. 3.

Selbständige Kassenvereine (nicht eingeschriebene), welche nach ihren Statuten die gegenseitige Unterstützung ihrer Mitglieder bezwecken, sind im Falle des

Reichs-Gesetzbl. 1878.

Ausgegeben zu Berlin den 22. Oktober 1878.

IV/165
Das 1878 vom Reichstag verabschiedete Sozialistengesetz

IV/166
Auflösung einer Arbeiterversammlung durch die Polizei

schließt das Sozialistengesetz. Auch die meisten Nationalliberalen verraten den Rechtsstaat. Alle sozialistischen und kommunistischen Vereine und Versammlungen werden aufgelöst, ihre Druckschriften verboten. Sozialistische »Agitatoren« werden von den Polizeibehörden ausgewiesen. Doch die Arbeiterschaft steht hinter ihren politischen Führern. Erst 1890 wird das Scheitern dieser Unterdrückungspolitik zugegeben. Das Sozialistengesetz wird zwar nicht mehr verlängert, die Verketzerung der Sozialdemokratie als Reichsfeind aber wirkt weiter.

Gegenstück zu dem Sozialistengesetz ist die staatliche Sozialpolitik. Mit ihrer Hilfe, d.h. durch soziale Sicherung, sollen die Arbeiter für den monarchischen Obrigkeitsstaat gewonnen werden. Der »Staatssozialismus« der Versicherungsgesetzgebung (Kranken-, Invaliden- und Altersversicherung) – sachlich ohne Frage ein großer und beispielhaft wirkender sozialer Fortschritt – wird allerdings vom Reichskanzler nicht als Sozialreform im Sinne des Arbeiterschutzes und der Humanisierung der industriellen Arbeitswelt konzipiert, sondern mit dem erklärten Ziel, »in

IV/167
Hausdurchsuchung bei einem politisch Verdächtigen

IV/168
Zeitgenössische Darstellung der Sozialgesetzgebung Bismarcks

der großen Masse der Besitzlosen die konservative Gesinnung zu erzeugen, welche das Gefühl der Pensionierung mit sich bringt«. »Wer eine Pension hat für sein Alter« so erläutert Bismarck einmal seine »Zähmungspolitik«, »der ist weit zufriedener und leichter zu behandeln, als wer darauf keine Aussicht hat«. Doch die mit der Sozialpolitik verbundene Absicht, die Entfremdung der Arbeiterschaft von der Sozialdemokratie, schlägt fehl.

In der wirtschaftlichen Krisenzeit nach 1873 radikalisiert sich die Arbeiterbewegung. Zugleich entstehen die ersten großen industriellen und agrarischen Interessenverbände. Sie fordern eine Abkehr vom liberalen Freihandel und treten für ein Schutzzollsystem ein. Die Abwehr billiger Importe soll überhöhte Inlandpreise erhalten, die ihrerseits wiederum besonders niedrig kalkulierte Exportpreise ermöglichen. 1876 wird als Dachorganisation für die Interessenverbände der Industrie der »Centralverband deutscher Industrieller« (CVdI) gegründet.

Die Agrarkrise der 1870er Jahre führt auch bei den ostdeutschen Großgrundbesitzern zu einer Abkehr vom Freihandel. Die »Vereinigung der Steuer- und Wirtschaftsreformer« (gegründet 1876) wird ihr Interessenverband für die Durchsetzung der Schutzzölle. Die Deutsch-Konservative Partei, die im gleichen Jahr gegründet wird, übernimmt ihre wirtschaftspolitischen Forderungen. Damit haben Schwerindustrie und Landwirtschaft in der Forderung nach Schutzzöllen eine gemeinsame Basis gefunden. Ihr Kampf gilt den wirtschaftspolitischen Konzepten des Liberalismus.

Bismarcks Pläne gehen jedoch weit über einen bloßen Kurswechsel in der Zollpolitik hinaus. Ein deutlicher Trennungsstrich zu den Liberalen, seinen einstigen Bundesgenossen während des Kulturkampfes, soll das politische Zweckbündnis mit den konservativen Parteien erleichtern. Die »Junker« haben nach Bismarcks Worten »den Vorzug, eine geduldige und staatlich treue, konservativ erhaltend gesinnte Bevölkerung zu sein«; sie geben »dem Staate die Steuerkraft«, sie sind erprobt als »zuverlässige Quelle, auf welche der Staat zurückgreifen muß« in jeder inneren und äußeren Krisensituation. Eine Steuer- und Finanzreform soll überdies die Reichsgewalt stärken. Die Mehreinnahmen aus Zöllen und indirekten Steuern (Tabak, Branntwein, Kaffee) hätten das Reich von den Matrikularbeiträgen der Bundesstaaten unabhängig gemacht. Dieser Plan scheitert jedoch vor allem am Widerstand des föderalistischen Zentrums.

An der Schutzzollvorlage bricht die nationalliberale Fraktion auseinander. Nur eine Minderheit bleibt im Lager Bismarcks. Damit haben die konservativen Führungsschichten des Reiches einen großen Erfolg errungen. Die Hoffnung auf Parlamentarisierung, das heißt eine wirkliche Kontrollfunktion des Reichstags gegenüber der Exekutive, ist zerschlagen. Das Reich gewinnt in mancher Beziehung den Charakter eines Klassenstaates. Zu Recht nennt man diese innenpolitische Wende von 1878/79 auch eine »zweite Reichsgründung«.

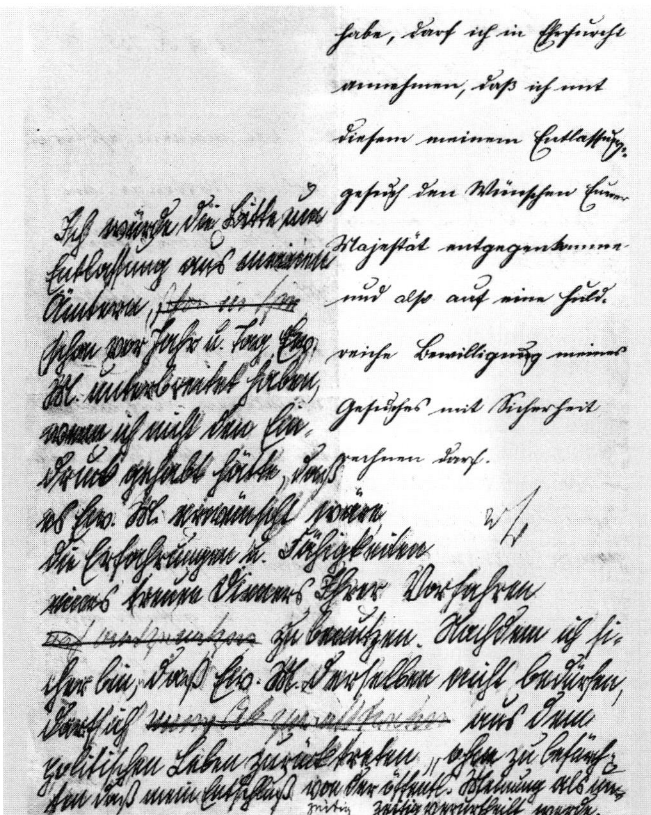
haben, darf ich in Ehrfurcht
annehmen, daß ich mit
diesem meinem Entlassungs-
gesuch den Wünschen Eurer
Majestät entgegenkomme
und also auf eine huld-
reiche Bewilligung meines
Gesuches mit Sicherheit
rechnen darf.

IV/169
Bismarcks Entlassungsgesuch vom 18. März 1890, letzte Seite

IV/170
»Der Lotse verläßt das Schiff«, Karikatur von Sir John Teniel aus dem »Punch«, März 1890

3. Das Wilhelminische Deutschland

Kampf gegen die Sozialdemokratie, schroffe Nationalitätenpolitik, preußisches Dreiklassenwahlrecht und Fehlschläge auf dem Weg zu einer parlamentarisch verantwortlichen Regierung, das sind die großen innenpolitischen Krisenherde der »Wilhelminischen Ära«. Der offene Ausbruch der schwelenden Spannungen wird nur durch die dynamische Entwicklung Deutschlands zum größten Industriestaat Europas verhindert beziehungsweise überlagert. Eine Bürokratisierung und Militarisierung des öffentlichen Lebens sowie eine emotional bestimmte, imperialistische Außenpolitik verbinden in Deutschland Nationalismus und Militarismus mit dem monarchischen Obrigkeitsstaat.
Kaiser Wilhelm II. will den politischen Einfluß Bismarcks zurückdrängen. Er strebt nach einem »persönlichen Regiment«. Ein »neuer Kurs« soll eingeschlagen werden: im Inneren Aussöhnung mit der Sozialdemokratie, in der Außenpolitik die Erringung einer Weltmachtstellung. Darüber kommt

IV/171
Automobil aus dem Jahre 1897

es zum Konflikt mit dem Kanzler. Bismarck sieht seine Politik der Eindämmung des Sozialismus, aber auch des Nationalismus ebenso gefährdet wie sein Konzept der Friedenssicherung. 1890 wird Bismarck entlassen.

Caprivis und dann Hohenlohes Konzept einer »Regierung über den Parteien« ist ebenso erfolglos wie das Bemühen Bülows, die Regierung auf einen »Block« bürgerlicher und konservativer Fraktionen zu stützen. Auch der vorsichtige Versuch Bethmann Hollwegs scheitert, durch eine Zusammenarbeit mit der linksliberalen Fortschrittlichen Volkspartei und der Sozialdemokratie das Reich aus seiner politischen Erstarrung zu lösen. Die konservativen Kräfte im Beamtentum und im Offizierskorps bestimmen auch weiterhin die Richtung der deutschen Innenpolitik.

1895 beginnt für die deutsche Industrie erneut eine Phase der Hochkonjunktur und der stürmischen technischen Entwicklung. Die Expansion vor allem der chemischen und der Elektroindustrie leitet eine

IV/172
Landung des ersten »Parseval«-Luftschiffs in München am 14. Oktober 1909

Abonnements.

Inserate

Der Sozialdemokrat

Organ der Sozialdemokratie deutscher Zunge.

Erscheint wöchentlich einmal in London.

Verlag der German Cooperative Publishing Co. E. Bernstein & Co., London N.W. 114 Kentish Town Road.

No. 10. 8. März 1890.

20 Mandate im ersten Wahlgang, 16 in der Stichwahl.

1,341,587 sozialdemokratische Wähler — 567,405 Zuwachs

Im ersten Wahlgang gewählt:

Glauchau-Meerane: J. Auer, Sattler (Schriftsteller) in München.

Hamburg I.: A. Bebel, Drechslermeister (Schriftsteller) in Dresden.

Hamburg II.: J. H. W. Dietz, Buchdrucker in Stuttgart.

Greiz: C. Förster, Zigarrenarbeiter in Hamburg.

Altona: Karl Frohme, Schlosser (Schriftsteller) in Hannover.

Leipzig-Land: F. Geyer, Zigarrenarbeiter in Großenhain.

Nürnberg: K. Grillenberger, Schlosser (Korrektor) in Nürnberg.

Barmen-Elberfeld: F. Harm, Weber (Gastwirth) in Barmen.

Mülhausen i./Elsaß: F. Hickel, Schreiner in Mühlhausen.

Berlin VI.: W. Liebknecht, Schriftsteller in Borsdorf.

Hamburg III.: Wilhelm Metzger, Spengler (Journalist) in Hamburg.

Chemnitz: Max Schippel, Schriftsteller in Berlin.

Mittweida-Limbach: A. Schmidt, Buchdrucker in Berlin.

Solingen: Gg. Schumacher, Gerber in Solingen.

Schneeberg-Stollberg: J. Seifert, Schuhmacher in Zwickau.

Berlin IV.: P. Singer, Kaufmann in Dresden.

Zwickau-Crimmitschau: W. Stolle, Gärtner (Gastwirth) in Gesau.

München II und Magdeburg: G. Vollmar, Schriftsteller in München.

Gera: E. Wurm, Schriftsteller in Dresden.

Unser die Welt, trotz alledem!

1890

20. Febr.

In der Stichwahl wurden gewählt:

München I: J. Birk, Gastwirth in München.

Braunschweig: W. Blos, Schriftsteller in Stuttgart.

Bremen: H. Bruhns, Zigarrenarbeiter in Bremen.

Mannheim: A. Dreesbach, Tischler (Kaufm.) Mannheim.

Calbe-Aschersleben: Aug. Heine, Hutfabrikant in Halberstadt.

Mainz: Franz Jöst, Tischler in Mainz.

Halle a./Saale: Fritz Kunert, Lehrer (Redakteur) in Breslau.

Hannover: H. Meister, Zigarren-Arbeiter in Hannover.

Ottensen-Pinneberg: H. Molkenbuhr, Zig.-Arbeiter in Kellinghusen.

Frankfurt a./M.: Wilh. Schmidt, Lithograph in Frankfurt.

Sonneberg: P. Reißhaus, Schneider in Erfurt.

Königsberg i./Pr.: Carl Schultze, Zigarrenarbeiter in Königsberg

Lübeck: Th. Schwartz, Koch (Gastwirth) in Lübeck.

Nieder-Barnim: Arth. Stadthagen, Rechtsanwalt in Berlin.

Breslau-Ost: Franz Tutzauer, Tischler in Berlin.

Offenbach-Dieburg: Carl Ulrich, Schlosser (Redakteur) in Offenbach.

Siegreiche Stichwahlen:

	1890	1887	Stichwahl
München I	7,670	4,663	10,122
Braunschweig	13,621	10,636	15,000
Bremen	14,843	7,743	16,104
Mannheim	8,701	5,128	12,601
Calbe-Aschersleben	12,514	4,827	16,373
Mainz	8,000	5,526	10,000
Halle a./S	12,618	6,500	14,500
Hannover	16,570	12,210	19,800
Ottensen	10,820	6,820	13,010
Königsberg	12,227	7,987	13,138
Frankfurt a. M.	12,651	8640	18,000
Lübeck	[illegible]	4,251	7,316
Nieder-Barnim	13,628	6,680	15,400
Breslau-Ost	9,996	7,781	12,337
Offenbach	10,334	8,024	13,000
Sonneberg	7,216	4,659	10,000

IV/173
Meldung des in London erscheinenden Organs der deutschen Sozialdemokratie über den Sieg bei den Reichstagswahlen 1890

zweite Industrialisierungswelle ein. Mächtige Konzerne wie Krupp, Siemens und die Farbwerke vorm. Meister Lucius & Brüning beherrschen den Markt. Während Deutschland zur größten Industrienation Europas wird, beginnen sich die innenpolitischen Auseinandersetzungen wieder zu verschärfen.

Die Aufhebung des Sozialistengesetzes und die Arbeiterschutzgesetze von 1890/91 sollen die Sozialdemokratie mit dem Reich aussöhnen. Doch die SPD unter August Bebel beharrt auf ihrer oppositionellen Haltung. Enttäuscht läßt der Kaiser die »vaterlandslosen Gesellen« fallen. Reichskanzler Caprivi lehnt jedoch eine neuerliche Politik der Unterdrückung gegen die von nun an ständig wachsende Partei ab. Sein Nachfolger, Fürst zu Hohenlohe-Schillingsfürst, hingegen versucht, diese Politik wieder aufzunehmen; er schlägt vor, das politische Strafrecht zu verschärfen und Koalitionszwang bei Streiks mit Zuchthaus zu ahnden. Doch »Umsturz«-Vorlage (1894) und »Zuchthaus«-Vorlage (1899) scheitern im Reichstag.

Die Frage: Revolution oder Reform? ist innerhalb der Sozialdemokratie umstritten. Vollbeschäftigung und steigende Reallöhne lassen Zweifel an der Marx'schen Verelendungs- und Revolutionstheorie aufkommen. Georg von Vollmar und Eduard Bernstein sind die Wortführer der Reformer gegen das marxistische Partei-»Zentrum« unter Karl Kautsky. Den stärksten Rückhalt erhalten die Reformer in den Gewerkschaften.

Bereits in den 1860er Jahren waren Gewerkschaften zur wirtschaftlichen und sozialen Interessenvertretung der Arbeiter entstanden. Aber erst nach der Aufhebung des Sozialistengesetzes können sie sich zu Massenorganisationen entwickeln. Die Freien Sozialistischen Gewerkschaften, in Industrieverbänden organisiert, zählen 1890: 50.000, 1900: 680.000 und 1913: mehr als 2,5 Millionen Mitglieder. Ihr Dachverband, die »Generalkommission«, wird unter Carl Legien die größte Arbeitnehmerorganisation Europas. Von geringerer Bedeutung bleiben demgegenüber der liberale Hirsch-Dunckersche Gewerkverein und die Christlichen Gewerkschaften.

Auch die Arbeitgeber bilden große und einflußreiche Organisationen. Als Antwort auf den großen Streik der Textilarbeiter in Crimmitschau (1904) schließen sich die Arbeitgebervereine zu zwei Dachorganisationen zusammen: der »Hauptstelle Deutscher Arbeitgeberverbände« und dem »Verein Deutscher Arbeitgeberverbände«; beide sind auf das engste mit dem »Centralverband deutscher Industrieller« verbunden. Vom schutzzöllnerischen, konservativen CVdI hat sich der »Bund der Industriellen« (BdI) abgespalten. Er vertritt vor allem die aufkommende chemische sowie die exportorientierte mittelständische Industrie und lehnt sich an die Nationalliberalen an. Gegen die Senkung der Getreidezölle kämpft seit 1893 der »Bund der Landwirte« (BdL). Zu seinen »Kampfmitteln« gehört auch eine scharf antisemitische Agitation.

Das liberale Bürgertum, das im Interessenkampf zwischen Landwirtschaft und Industrie einerseits und der Arbeiterschaft andererseits aufgerieben zu werden droht, wird von Johannes Miquel, dem neuen Führer der Nationalliberalen, zu einer »Sammlungsbewegung« aufgerufen, die das weitere Erstarken der Sozialdemokratie verhindern soll. Innenpolitisch in der Defensive, engagiert es sich dafür um so mehr für eine offensive, imperialistische Machtpolitik. Der »Alldeutsche Verband«, der »Flottenverein« und die Kolonialvereine verbreiten nationalistische, aber auch antisemitische Thesen. Interessenverbände und Agitationsvereine beherrschen nicht nur den vorparlamentarischen Raum; angesichts der Schwäche des Reichstags gewinnen sie einen gefährlichen unmittelbaren Einfluß auf die deutsche Politik.

Führende Linksliberale wie Max Weber und Friedrich Naumann versprechen sich von einer dynamischen Außenpolitik ein Aufbrechen der verhärteten Strukturen in der Innenpolitik. Ein Kaisertum der sozialen Reformen soll die Arbeiterschaft mit dem Staat versöhnen. Doch Naumann und sein 1896 gegründeter Nationalsozialer Verein scheitern an den vorherrschenden konservativen Interessen.

Aber auch auf anderen Gebieten bleiben Reformversuche in Ansätzen stecken: der wachsende Machtanspruch des Kaisers und des Militärs, die Zersplitterung der Parteien, die zudem aufgrund der Wahlrechtsbestimmungen in Preußen und im Reich nur bedingt die wahren politischen Kräfteverhältnisse im Lande widerspiegeln, sowie der überwältigende Einfluß der Interessenverbände stehen ihnen entgegen.

Im Oktober 1908 erscheint ein die deutschen Außenbeziehungen stark belastendes Interview des Kaisers mit dem »Daily Telegraph«. Alle Parteien sind über diese kaiserliche Eigenmächtigkeit empört. Reichskanzler von Bülow ist nicht gewillt, vor dem Parlament dafür die Verantwortung zu übernehmen. Vor der einhelligen Kritik weicht Wilhelm II. zurück. Er erklärt öffentlich, künftig nur seine »verfassungsmäßige Verantwortlichkeit« wahrnehmen zu wollen. Der Reichstag geht aus dieser Affäre gestärkt her-

IV/174
Die Kruppsche Guß-
stahlfabrik 1912
(Ausschnitt)

IV/175
Der Streik, Gemälde von Robert Koehler 1886

vor. Die Chance einer Parlamentarisierung aber wird vertan. Nur Sozialdemokratie, Zentrum und Linksliberale fordern eine Verfassungsänderung.
Vergeblich kämpfen Sozialdemokraten und Liberale auch um eine Änderung des Dreiklassenwahlrechts in Preußen, das die stimmberechtigten Bürger nach ihrem Steueraufkommen in drei Klassen teilt. Aber nicht nur bei den Wahlen zum Preußischen Landtag, sondern auch bei den Reichstagswahlen gibt es Ungerechtigkeiten. 1871 werden die Wahlkreise im Reich so aufgeteilt, daß auf etwa 100.000 Einwohner ein Abgeordneter entfällt. Die Verstädterung der industriellen Ballungszentren führt jedoch zu erheblichen Verzerrungen, die vor allem zu Lasten der Arbeiterpartei gehen. Dennoch gelingt es der SPD 1912, stärkste Fraktion im Reichstag zu werden.
Im Osten wird mit dem Enteignungsgesetz von 1908 die Möglichkeit geschaffen, im Zuge der preußischen Germanisierungspolitik polnische Güter zu enteignen. Auf ihnen werden Deutsche angesiedelt. In der Öffentlichkeit propagiert der Ostmarkenverein einen »Kampf gegen das Polentum«. In Elsaß-Lothringen finden die Auseinandersetzungen mit dem Zwischenfall von Zabern 1913 ihren Höhepunkt. Preußisches Militär löst dort eine Volksversammlung auf und nimmt 28 Demonstranten fest. Der verantwortliche Kommandeur maßt sich dabei Gerichtsbefugnisse an. Trotzdem spricht ihn ein Militärgericht frei. Vergeblich versucht der Reichstag zu intervenieren.
In diesen Krisen und den darauffolgenden Parlamentsdebatten der Vorkriegszeit wird deutlich, daß der Reichstag nicht in der Lage ist, eine ernsthafte Kraftprobe mit den »staatserhaltenden« traditionellen Kräften am kaiserlichen Hof, in Landwirtschaft, Industrie, Bürokratie und Militär zu wagen.

4. Die deutsche Außenpolitik 1871–1914

Mit der Reichsgründung entsteht 1871 in Mitteleuropa ein wirtschaftliches und militärisches Machtzentrum, das die anderen Großmächte als latente Bedrohung des europäischen Gleichgewichts ansehen. Die Annexion Elsaß-Lothringens belastet das Reich mit der Feindschaft Frankreichs. Nur durch ein überaus kompliziertes Bündnissystem und durch wiederholte Erklärungen, Deutschland sei saturiert, gelingt es Bismarck, das Reich in das überlieferte kontinentaleuropäische Gleichgewichtssystem einzuordnen und damit seine Sicherheit zu gewährleisten. Wilhelm II. stellt die Weichen neu. Seine »Weltpolitik« soll Deutschland einen »Platz an der Sonne« sichern. Die Außenpolitik des Reiches wird damit zu einer unberechenbaren Größe. Nach dem Bruch mit Rußland führt die Flottenbaupolitik und das fortwährende Pochen auf die eigene Stärke auch zu einer Verschlechterung des Verhältnisses zu Großbritannien. Am Ende dieser Entwicklung steht die selbstverschuldete Isolierung des Reiches.

Bismarck hat die Richtlinien seiner Außenpolitik 1877 in dem sogenannten »Kissinger Diktat« niedergelegt. Danach soll Deutschland

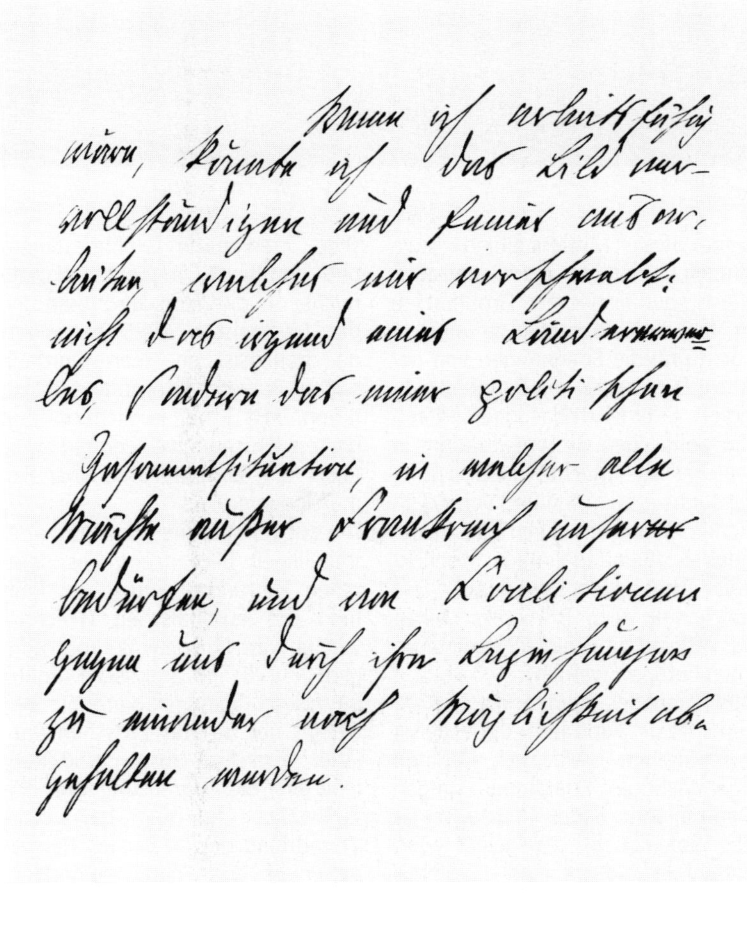

Wenn ich arbeitsfähig wäre, könnte ich das Bild vervollständigen und feiner ausarbeiten, welches mir vorschwebt: nicht das irgend eines Ländererwerbs, sondern das einer politischen Gesammtsituation, in welcher alle Mächte außer Frankreich unserer bedürfen, und von Koalitionen gegen uns durch ihre Beziehungen zu einander nach Möglichkeit abgehalten werden.

IV/176
Ausschnitt aus dem »Kissinger Diktat« vom 16. Juni 1877 in der Handschrift Herbert von Bismarcks

IV/177
Bismarck auf dem Berliner Kongreß, Holzstich nach einem Gemälde von Anton von Werner

seine »freie Mittlerstellung« ausnutzen, indem es die Gegensätze der imperialistischen Großmächte in der Kolonialpolitik zu steuern sucht und die Spannungen von der Mitte Europas an die Peripherie dirigiert. Er entwirft das Idealbild »einer politischen Gesamtsituation, in welcher alle Mächte außer Frankreich unser bedürfen und von Koalitionen gegen uns durch ihre Beziehungen zueinander nach Möglichkeit abgehalten werden«. Das Reich soll nach Bismarcks Willen zur »Bleigarnitur am Stehaufmännchen Europa« werden.

Bestimmendes Moment dieses Konzepts ist der Alptraum, die anderen europäischen Mächte könnten übermächtige Koalitionen gegen Deutschland bilden (»cauchemar des coalitions«). Ausgelöst wird diese Furcht durch eine diplomatische Intervention Großbritanniens und Rußlands zugunsten Frankreichs, als die deutsche Presse und der Generalstab 1875 angesichts der französischen Heeresreorganisation Präventivkriegspläne diskutieren. »Ist Krieg in Sicht?« fragt die freikonservative Zeitung »Die Post« am 8. April 1875. Aber Bismarck dementiert.

Die außenpolitische Konzeption der freiwilligen Begrenzung des deutschen Führungsanspruchs im Rahmen des europäischen Gleichgewichts wird auf dem Berliner Kongreß (1878) in praktische Politik umgesetzt. Bismarck bietet zur Beilegung des Streites zwischen England, Österreich-Ungarn und Rußland über die Abgrenzung ihrer Einflußbereiche auf dem Balkan die Vermittlung des Deutschen Reiches an. Er wird zum »ehrlichen Makler«

europäischer Interessen. Das Reich ist die Garantiemacht der Stabilität in Europa.
Die Kolonialpolitik wird von Bismarck dem Ziel untergeordnet, Spannungen des europäischen Konfliktherdes an die »Peripherie« zu verlagern. Nur zögernd und geleitet von innereuropäischen Gleichgewichtsüberlegungen gibt er dem Drängen des Kolonialvereins und der Gesellschaft für deutsche Kolonisation mit Carl Peters an der Spitze nach: In den Jahren 1884/85 werden Teile Südwestafrikas, Kamerun, Togo, einige Südsee-Inseln und ein Gebiet in Ostafrika deutsche Kolonien.

IV/178
Wilhelm II. 1890, Gemälde von Max Koner

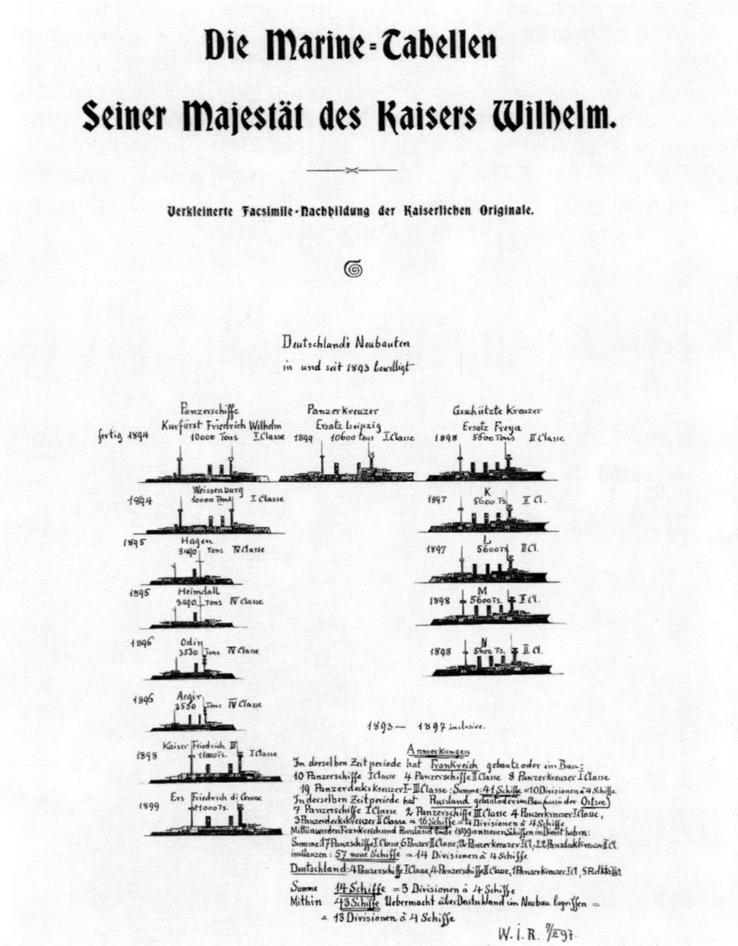

IV/179
Eine von Kaiser Wilhelm II. gezeichnete Marinetabelle

Nach der Entlassung Bismarcks schlägt Wilhelm II. einen »Neuen Kurs« ein: »Weltpolitik als Aufgabe, Weltmacht als Ziel, Flotte als Instrument« lautet seine Devise. Der Flottenbau ist für ihn und die hinter ihm stehenden Kreise eine Prestigesache, wobei der Kollisionskurs gegenüber Großbritannien in Kauf genommen wird. Auch Bismarcks »Draht nach Petersburg« wird unterbrochen: Der deutsch-russische »Rückversicherungsvertrag« von 1887 wird 1890 nicht mehr verlängert. Die Folge dieser Politik ist die französisch-russische Annäherung. Das Reich überschätzt seine Stärke.

Im Wettlauf der imperialistischen Staaten um die Aufteilung der Welt fordert Wilhelm II. für Deutschland einen »Platz an der Sonne«. Die Versuche, das deutsche Kolonialreich zu erweitern, haben jedoch nur geringen Erfolg: Zwischen 1897 und 1899 kommen Tsingtau, die Karolinen-Marianen-Palau-Inseln und Teile der Samoa-Inseln als Kolonien hinzu. Die markigen Reden des Kaisers und die Brutalität der »Expeditionscorps« und »Schutztruppen« bei der Niederschlagung von Aufständen in den Kolonien schaden dem deutschen Ansehen in der Welt.

IV/180
»Der kochende Kessel«, »Punch«-Karikatur zur Balkankrise aus dem Jahre 1908

Auch die Chance der Annäherung an Großbritannien, als sich die britisch-französische Rivalität um den Sudan im Faschoda-Konflikt 1898 zuspitzt, läßt das Reich ungenutzt. Zusätzlich verletzen der Bau der Schlachtflotte und der Bagdad-Bahn britische Interessen. 1904 räumen England und Frankreich ihre Differenzen in der Kolonialpolitik endgültig aus: Sie schließen die »Entente Cordiale«. Am gemeinsamen Widerstand beider Staaten scheitert das deutsche Bemühen um Marokko. 1907 kommt es schließlich zur russisch-englischen Konvention über die Interessensphären in Asien: Das Reich fühlt sich »eingekreist«.

Das Streben der Balkanvölker, ihre Einigung zu Nationalstaaten durch Aufteilung des europäischen Besitzes der 1912 gemeinsam geschlagenen Türkei und auf Kosten Österreich-Ungarns zu vollenden, kollidiert mit den wirtschaftlichen und bündnispolitischen Interessen der europäischen Großmächte. Diese politischen und militärischen Verwicklungen drohen, zur Zündschnur am »Pulverfaß Europas« zu werden.

Am 28. Juni 1914 wird der österreichische Thronfolger Erzherzog

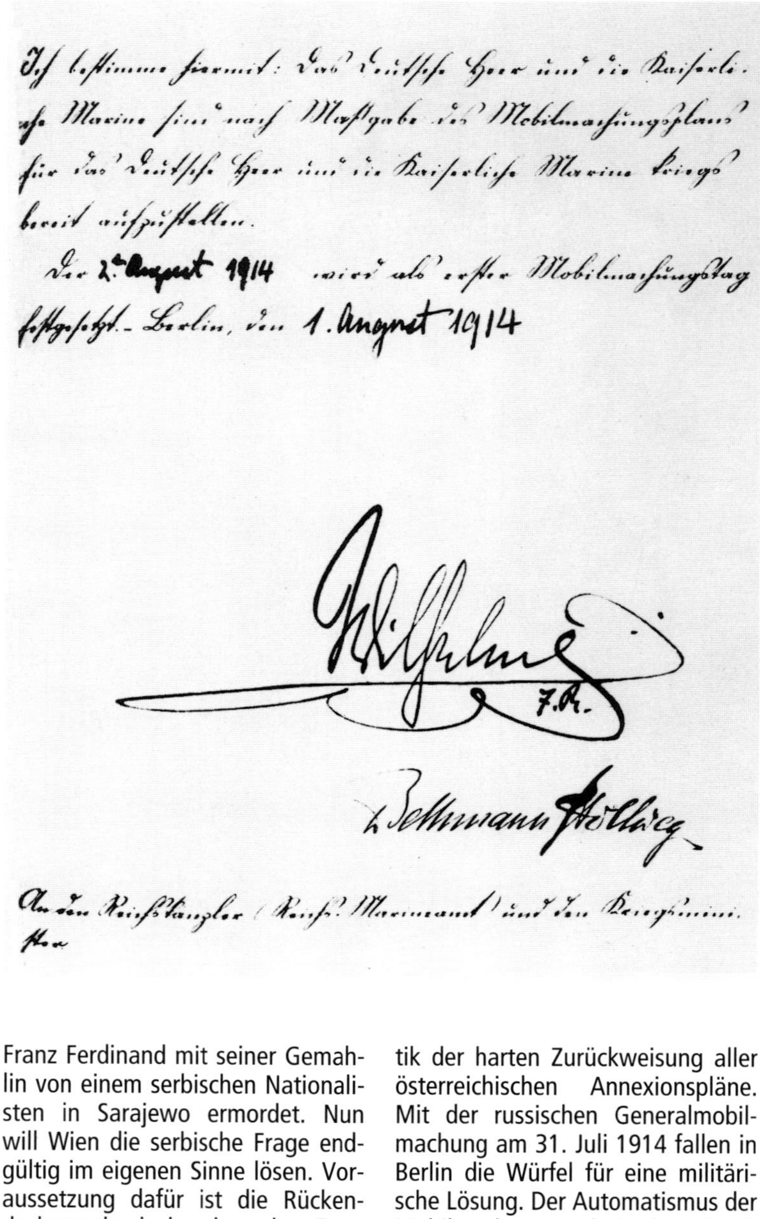
Ich bestimme hiermit: Das Deutsche Heer und die Kaiserliche Marine sind nach Maßgabe des Mobilmachungsplans für das Deutsche Heer und die Kaiserliche Marine kriegsbereit aufzustellen.

Der 2. August 1914 wird als erster Mobilmachungstag festgesetzt. – Berlin, den 1. August 1914

Wilhelm I.R.

v. Bethmann Hollweg

An den Reichskanzler (Reichs-Marineamt) und den Kriegsminister

IV/181
Mobilmachungsbefehl vom 1. August 1914

Franz Ferdinand mit seiner Gemahlin von einem serbischen Nationalisten in Sarajewo ermordet. Nun will Wien die serbische Frage endgültig im eigenen Sinne lösen. Voraussetzung dafür ist die Rückendeckung durch den deutschen Bundesgenossen. Die deutsche Diplomatie möchte anders als das Militär einen großen Krieg nach Möglichkeit vermeiden. Auch England will vermitteln, Frankreich ist dagegen durch das Abkommen Poincarés aus dem Jahre 1912 bei Konflikten auf dem Balkan an Rußland gebunden. Es unterstützt daher eine Politik der harten Zurückweisung aller österreichischen Annexionspläne. Mit der russischen Generalmobilmachung am 31. Juli 1914 fallen in Berlin die Würfel für eine militärische Lösung. Der Automatismus der Mobilmachungen hat den Spielraum, den Konflikt mit politischen Mitteln beizulegen, zunichte gemacht.

IV/182
Allgemeine Kriegsbegeisterung in Berlin Anfang August 1914

5. Der Erste Weltkrieg

Das deutsch-französische Wettrüsten und die Flottenrivalität mit England sind ebenso Ursachen des Ersten Weltkrieges wie die offensive Balkanpolitik Rußlands und die enge Verknüpfung des Deutschen Reiches mit dem ungewissen Schicksal des österreichischen Vielvölkerstaates. Nicht zuletzt verführt das blinde Vertrauen in die eigene militärische Überlegenheit zu einer Flucht nach vorn. 1917 treten die USA in den Krieg ein. Im gleichen Jahr siegt in Rußland die bolschewistische Revolution. Damit ist zugleich auch das Ende einer Epoche bürgerlichen Selbstbewußtseins und europäischer Weltherrschaft markiert. Die Niederlage des Deutschen Reiches ist zugleich eine Niederlage seiner konservativen Führungsschicht. Der Kampf um eine innere Neugestaltung im Sinne einer sozialen Demokratie beginnt unter der Bürde des Friedensdiktats von Versailles.

Die Kriegserklärung ruft zunächst überall Begeisterung hervor. Nur wenige Stimmen mahnen. Die Parteien schließen einen »Burgfrieden«. Scheinbar geeint steht die Nation hinter der Devise eines gerechten Verteidigungskrieges. Auch die Sozialdemokratie bewilligt die Kriegskredite.

Mit dem Überfall auf Belgien wird im Westen der Bewegungskrieg eröffnet. Doch schon im Herbst kommt der deutsche Vormarsch in der Schlacht an der Marne zum Stehen. Der jahrelange Stellungskrieg vor Verdun, in Nordfrankreich und in Flandern fordert den furchtbaren Blutzoll von Millionen Soldaten.

Der 8. August 1918 wird zum »schwarzen Tag« des deutschen Heeres: Alliierte Panzer durchbrechen die Front bei Amiens. Der

Rückzug in die Verteidigungslinien der »Siegfriedstellung« beginnt. Die Hoffnung auf einen Sieg im Westen ist längst von der Gefahr eines totalen Zusammenbruchs der Front abgelöst worden.
Im Osten ist das Reich zunächst militärisch in der Defensive. Im August 1914 wird Ostpreußen von der »russischen Dampfwalze« bedroht. Diese Gefahr wird jedoch von General von Hindenburg in den Kesselschlachten von Tannenberg und an den Masurischen Seen gebannt. Nach anfänglichen Erfolgen scheitern auch die russischen Offensiven in den Karpaten unter hohen Verlusten. Deutsch-österreichische Gegenoffensiven unter General von Mackensen bringen das Zarenreich an den Rand des Zusammenbruchs. Im russischen Heer fällt die Agitation der Revolutionäre auf fruchtbaren Boden. 1917 gestattet die Oberste Heeresleitung Lenin, dem Führer der Bolschewiki, die Durchreise durch Deutschland in einem Eisenbahnwagen. Im März 1918 müssen sich die in der Oktoberrevolution erfolgreichen Bolschewiken dem Friedensdiktat von Brest-Litowsk beugen. Rußland verliert seine westlichen Provinzen; die Ukraine wird selbständig. Reparationen werden durch den deutschen »Eisenbahn-Vormarsch« erpreßt, obwohl im Westen Truppen dringend gebraucht werden. Die dritte Oberste Heeresleitung unter Hindenburg und Ludendorff hat mit der »großen Ostlösung« einen fragwürdigen Sieg über die politische Führung davongetragen.
Im Dezember 1916 sucht das Reich erstmals um Friedensverhandlungen nach. Die Alliierten lehnen jedoch ab. Dadurch erhalten jene Kräfte Auftrieb, die einen Sieg um jeden Preis anstreben und sich gleichzeitig im Innern die Abwehr demokratischer »Aufweichung« zum Ziel gesetzt haben. Reichskanzler von Bethmann Hollweg wird entlassen. Sein Nachfolger

IV/183
Deutsche Reservisten auf dem Weg zur Westfront im August 1914

Michaelis steht ganz unter dem Einfluß der Obersten Heeresleitung (OHL). Hindenburg und Ludendorff haben jetzt nicht nur die militärische, sondern de facto auch die politische Führung inne. 1917 bilden SPD, Zentrum und Fortschrittliche Volkspartei den »interfraktionellen Ausschuß« des Reichstages. Seine Ziele sind die Einführung der parlamentarischen Monarchie und ein Verständigungsfrieden ohne Sieger und Besiegte. Dieses Programm wird zur Grundlage der Friedensresolution des Reichstages vom Juli 1917.

Einem Teil der SPD-Abgeordneten gehen die Vorstellungen des Interfraktionellen Ausschusses nicht weit genug. Sie verweigern als entschiedene Kriegsgegner weiteren Kriegskrediten ihre Zustimmung und spalten sich im Frühjahr 1917 als »Unabhängige Sozialdemokratische Partei« (USPD) von der SPD ab. Formell schließt sich der USPD die »Gruppe Internationale« an, die unter ihren Führern Karl Liebknecht und Rosa Luxemburg seit 1915 unter der Parole »Nieder mit dem Krieg« aktiv gegen die Kriegszielpolitik der Reichstagsmehrheit eintritt. Als »Spartakus-Gruppe« bildet die »Gruppe Internationale« die Keimzelle der späteren Kommunistischen Partei Deutschlands.

Die militärischen und innenpolitischen Spannungen des Jahres 1917 veranlassen Wilhelm II., eine Reform des Dreiklassenwahlrechts in Preußen in Aussicht zu stellen. Zu wirklichen Zugeständnissen im Innern aber ist die Reichsführung unter dem Einfluß der Obersten Heeresleitung erst bereit, als die militärische Lage aussichtslos geworden ist: In den sogenannten Oktober-Reformen von 1918 wird unter dem neuen Reichskanzler Prinz Max von Baden der entscheidende Schritt zu einem parlamentarischen Regierungssystem getan – allerdings zu spät, wie sich schon bald zeigt.

IV/184
Schlachtfeld bei Verdun

Das Deutsche Reich nach 1918

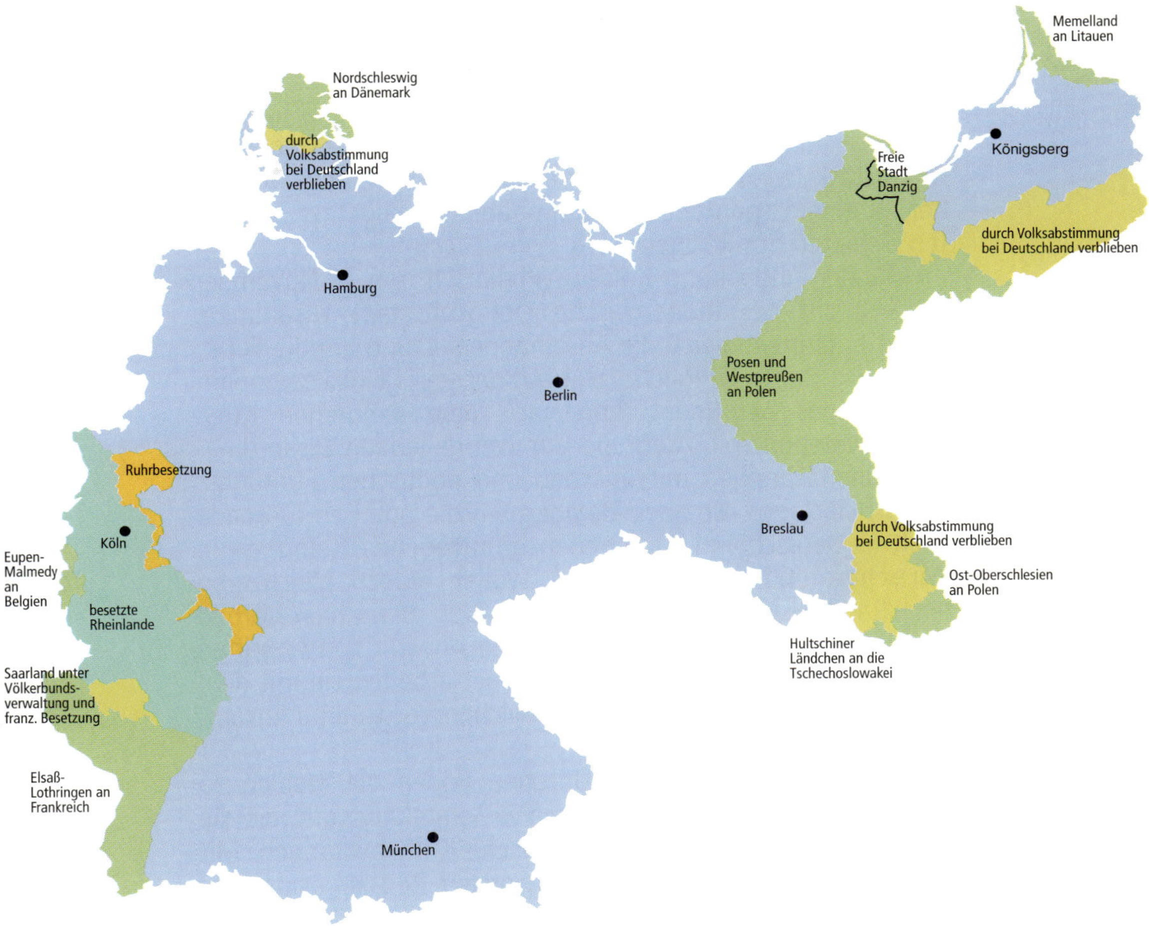

Die Weimarer Republik

V. Die Weimarer Republik

Im Herbst 1918, nach vier Jahren Krieg, ist die nationale Begeisterung, die im August 1914 die Deutschen über alle traditionellen Schranken hinweg zu einen schien, der vollständigen Ernüchterung und Erschöpfung gewichen. Die Gewißheit der bevorstehenden militärischen Niederlage reißt alte Gegensätze verstärkt wieder auf. Sie führen schließlich Anfang November zu einem spontanen revolutionären Aufbegehren in weiten Gebieten des Reiches.

Mit der Abdankung Kaiser Wilhelms II. am 9. November 1918 bricht der monarchische Obrigkeitsstaat zusammen. Damit beginnt zugleich die Auseinandersetzung um die Form, in der das Deutsche Reich, 1871 auf der Basis eines gewonnenen Krieges gegründet, nun nach dem verlorenen Krieg weiterbestehen soll. Aufgrund der weitgehenden Diskreditierung der bisherigen militärischen und politischen Führungsschicht sind jetzt die Sozialdemokraten die politisch führende Kraft in Deutschland. Sie streben grundlegende Reformen in Wirtschaft und Gesellschaft an, wollen jedoch gleichzeitig eine Radikalisierung der Revolution nach russischem Vorbild unter allen Umständen verhindern. Zur Abwehr von Angriffen aus dem radikalen revolutionären Lager arbeiten sie mit dem alten Militärapparat und der kaiserlichen Verwaltung zusammen.

Mitten in revolutionären Unruhen finden die Wahlen zu einer verfassunggebenden Nationalversammlung statt, die die Sozialdemokratie als stärkste politische Kraft bestätigen. Mit Friedrich Ebert stellt sie auch den ersten Reichspräsidenten. Die Verfassung vom 11. August 1919 beendet die fast einjährige Übergangsperiode seit dem Rücktritt Wilhelms II. und legt das Fundament der Weimarer Republik. Sie erfüllt die alte liberale Forderung nach einer Demokratie auf parlamentarischer Basis und garantiert damit zugleich den direkten Einfluß der Bevölkerung auf den politischen Entscheidungsprozeß. Vor der Verabschiedung der Verfassung sind jedoch schon bedeutende Entscheidungen gefallen, die die weitere Entwicklung in Deutschland nachhaltig beeinflussen und die politische Atmosphäre zunehmend vergiften. Die Siegermächte diktieren Deutschland im Vertrag von Versailles Gebietsabtrennungen, die die Wirtschaftskraft des Reiches erheblich schwächen. Wiedergutmachungsforderungen bringen finanzielle Belastungen, die um so schwerer wiegen, als die deutsche Währung infolge der Verschuldung durch den Krieg stark an Wert eingebüßt hat. Vor allem aber wegen des Kriegsschuldartikels wird der Vertrag in Deutschland einhellig abgelehnt. Den verantwortlichen Politikern bleibt jedoch keine andere Wahl als die Unterzeichnung.

Die nationalistische Rechte, die sich schon mit der Niederlage und der Revolution nicht abgefunden hatte, verbreitet nun die »Dolchstoßlegende« und bezichtigt die Parteien, die 1917 für den Verständigungsfrieden eingetreten sind und jetzt gemeinsam die Regierungsgewalt ausüben, des Verrats an dem »im Felde unbesiegten« Heer. Die rechtsradikale Agitation gipfelt in Putschismus und politischem Mord und provoziert gleichzeitig linksradikale Gegenaktionen. Die Reichstagswahlen von 1920 spiegeln die antirepublikanischen Strömungen, die zudem durch die wirtschaftliche Entwicklung verstärkt werden. Das Reich wälzt die Kosten des verlorenen Krieges auf diejenigen ab, die diesen Krieg durch Anleihen mitfinanziert haben, und entfremdet sich dadurch weite Teile des bürgerlichen Mittelstandes, der durch die Entwertung seiner Ersparnisse seine Existenzgrundlage gefährdet sieht. Reparationen und Ruhrbesetzung treiben die Inflation 1923 auf den Höhepunkt. Bevor mit der »Rentenmark« eine Stabilisierung der Wirtschaft eingeleitet wird, hat eine Umverteilung des Volksvermögens stattgefunden, die das soziale Gefüge der Republik schwer erschüttert.

Die Siegermächte erkennen, daß in Deutschland die wirtschaftlichen Voraussetzungen für eine Erfüllung der alliierten Reparationsforderungen nicht gegeben sind. Eine Welle von Konferenzen und Plänen versucht daher, die Lösung des Reparationsproblems voranzutreiben, das die deutsche Innen- und Außenpolitik jahrelang beherrscht. So schwer die Belastungen aus der Neuregelung der Reparationsfrage auch sind: die Hereinnahme ausländischer Investitionskredite ermöglicht die Modernisierung der deutschen Produktionsstätten und leitet seit 1924 eine Erholung der deutschen Wirtschaft ein, die nicht ohne beruhigende Wirkung auf die soziale und politische Entwicklung bleibt. Reallöhne, Produktions- und Exportzahlen erreichen um 1926 wieder den Vorkriegsstand oder übertreffen ihn. Die relative Prosperität führt zu einem Gefühl des noch einmal Davongekommenseins und zu einem wenn auch partiellen und momentanen Zukunftsoptimismus; beides formt das in der Erinnerung so lebendige, aber trügerische Bild der sogenannten »goldenen zwanziger Jahre«.

Die Erfolge in der Außenpolitik, der Gustav Stresemann in seinen sechs Amtsjahren eine für die Verhältnisse der Weimarer Republik einzigartige Kontinuität verleiht, stärken die Stellung des Reiches, mildern die Folgen des verlorenen Krieges und brechen die Isolierung auf, in die Deutschland nach dem Kriege geraten war. Internationale Verträge, die Räumung besetzter Gebiete, erneute Reparationserleichterungen und Fortschritte in Richtung auf die Gleichberechtigung Deutschlands sind Stationen auf dem Wege zur Revision des Versailler Vertrages. Innenpolitisch erinnern der Streit des Reiches mit den Fürsten, das Verhalten der Justiz und die Auseinandersetzungen mit der Reichswehr daran, daß die Kontinuität der obrigkeitsstaatlichen Kräfte noch nicht gebrochen ist. Symbol dieser der Republik eher ablehnend gegenüberstehenden Kräfte ist der kaisertreue Generalfeldmarschall von Hindenburg, den die Mehrheit des deutschen Volkes nach dem Tode Friedrich Eberts 1925 zum zweiten Reichspräsidenten wählt – in ein Amt, das die republikanische Verfassung mit erheblicher Macht ausgestattet hat.

Mit der 1929 einsetzenden Weltwirtschaftskrise ändert sich die politische Szene in Deutschland grundlegend. Die Krise beendet die Phase der Konsolidierung und führt zu einer fortschreitenden politischen Radikalisierung und Polarisierung, die allmählich auch die demokratischen Institutionen lähmt. Ausländisches Kapital, meist kurzfristig gewährt, wird abgezogen. Die Industrie versucht, die Löhne zu drücken, um weiter konkurrenzfähig zu bleiben. Bei der wachsenden Zahl der Arbeitslosen ist die traditionelle Form des gewerkschaftlichen Kampfes, der Streik, eine stumpfe Waffe. Die radikalen Parteien auf der Linken und Rechten, die die parlamentarische Ordnung schon immer abgelehnt haben, sehen sich plötzlich in der Lage, eine stabile demokratische Mehrheitsbildung zu blockieren, da sich die bürgerlich-demokratischen Parteien zersplittern und ständig an Anhängern verlieren. Die Krise der Parteien wird zu einer Krise des Parlaments und damit zu einer Staatskrise. Seit März 1930 gibt es keine die Republik tragende parlamentarische Mehrheit mehr. Der Reichskanzler regiert mit einem System von Notverordnungen, die ihn vom Parlament unabhängig machen. In dieser Situation wird der Reichspräsident mehr und mehr zu einer politischen Schlüsselfigur. Die Fülle seiner sich aus der Verfassung herleitenden Rechte läßt ihn zur dominierenden Figur gegenüber dem Parlament werden, in dem Mehrheitsbeschlüsse nicht mehr zustande kommen. Die politischen Entscheidungen verlagern sich von der Volksvertretung ins Vorzimmer des Reichspräsidenten. Angesichts der Schwäche des Parlaments und der Abhängigkeit des Kanzlers allein vom Vertrauen des Präsidenten nähert sich das Weimarer System der vorrepublikanischen Regierungspraxis während der Kaiserzeit. Die demokratischen Errungenschaften der Revolution von 1918/19 haben mit der weitgehenden Ausschaltung des Parlaments ihre politische Basis verloren. Zwar finden noch demokratische Wahlen statt, ihre Ergebnisse stärken aber zunehmend gerade die antidemokratischen Parteien und höhlen damit das parlamentarische System weiter aus. Enttäuscht wenden sich weite – und entscheidende – Kreise der Bevölkerung von der parlamentarischen Staatsform ab und setzen auf eine autoritäre Lösung der sozialen und politischen Konflikte. Während sich Kommunisten und Sozialdemokraten erbittert bekämpfen und die Republik zusätzlich unter verstärkten Druck der äußersten Linken gerät, kommt auf der Rechten ein politisches Zweckbündnis zustande, das die »Berufung einer wirklichen Nationalregierung« durch den Reichspräsidenten zum Ziel hat. Die Wiederwahl Hindenburgs zum Reichspräsidenten im Frühjahr 1932 ebnet der mittlerweile von der Mehrheit des deutschen Volkes befürworteten Lösung der Krise den Weg. Zwei Jahre Erfahrung mit der Praxis eines antiparlamentarischen Präsidialkabinetts eröffnen nicht die Aussicht auf die Rückkehr zu einer Regierungsform »im Geiste der Verfassung«, sondern fördern im Gegenteil die Bereitschaft des Reichspräsidenten, nach zwei weiteren vergeblichen Versuchen mit Präsidialkabinetten dem Mann »sein Vertrauen zu schenken«, der sich seit Jahren als der radikalste Antirepublikaner und Antiparlamentarier einen Namen gemacht hatte und außerdem über eine Massenbasis verfügt: Adolf Hitler, den Führer der Nationalsozialistischen Deutschen Arbeiterpartei.

V/185
Meuterei der Flotte in Wilhelmshaven Anfang November 1918

1. Die Revolution von 1918/19 und der Weg in die Republik

Zu einer wirklichen politischen und gesellschaftlichen Durchsetzung des demokratischen Gedankens ist es auch in der Revolution 1918/19 nicht gekommen. Zwar wird das bisherige System der konstitutionellen Monarchie mit seinen stark obrigkeitsstaatlichen Zügen durch die parlamentarische Demokratie ersetzt. Weitergehende Vorstellungen von einer tiefgreifenden Umgestaltung von Staat, Wirtschaft und Gesellschaft im demokratischen Sinne vermögen sich jedoch nur sehr begrenzt durchzusetzen. Der Historiker Friedrich Meinecke bilanziert im Frühjahr 1919: Bisher sei »keine völlige Revolution der Staats- und Gesellschaftsordnung bei uns erfolgt«.

Die Siegeshoffnungen, die sich noch einmal mit der deutschen Offensive vom März 1918 verbinden, werden durch eine alliierte Gegen-

V/186
Demonstration in Berlin am 9. November 1918

2. Extraausgabe Sonnabend, den 9. November 1918.

Vorwärts

Berliner Volksblatt.

Zentralorgan der sozialdemokratischen Partei Deutschlands.

Der Kaiser hat abgedankt!

Der Reichskanzler hat folgenden Erlaß herausgegeben:

Seine Majestät der Kaiser und König haben sich entschlossen, dem Throne zu entsagen.

Der Reichskanzler bleibt noch so lange im Amte, bis die mit der Abdankung Seiner Majestät, dem Thronverzichte Seiner Kaiserlichen und Königlichen Hoheit des Kronprinzen des Deutschen Reichs und von Preußen und der Einsetzung der Regentschaft verbundenen Fragen geregelt sind. Er beabsichtigt, dem Regenten die Ernennung des Abgeordneten Ebert zum Reichskanzler und die Vorlage eines Gesetzentwurfs wegen der Ausschreibung allgemeiner Wahlen für eine verfassungsgebende deutsche Nationalversammlung vorzuschlagen, der es obliegen würde, die künftige Staatsform des deutschen Volk, einschließlich der Volksteile, die ihren Eintritt in die Reichsgrenzen wünschen sollten, endgültig festzustellen.

Berlin, den 9. November 1918. Der Reichskanzler.
Prinz Max von Baden.

Es wird nicht geschossen!

Der Reichskanzler hat angeordnet, daß seitens des Militärs von der Waffe kein Gebrauch gemacht werde.

Parteigenossen! Arbeiter! Soldaten!

Soeben sind das Alexanderregiment und die vierten Jäger geschlossen zum Volke übergegangen. Der sozialdemokratische Reichstagsabgeordnete Wels u. a. haben zu den Truppen gesprochen. Offiziere haben sich den Soldaten angeschlossen.

Der sozialdemokratische Arbeiter- und Soldatenrat.

V/187
Titelseite des sozialdemokratischen »Vorwärts« vom 9. November 1918

offensive zerstört. Ende September 1918 muß die Oberste Heeresleitung der politischen Führung gegenüber eingestehen, daß der Krieg, der Deutschland die Vorherrschaft in Europa bringen sollte, verloren ist und daß nur ein umgehendes Ende der Kampfhandlungen den völligen militärischen Zusammenbruch verhindern kann.

Politisch wird das deutsche Waffenstillstandsgesuch von einer Reform der Reichsverfassung und des Wahlrechts begleitet. Anfang Oktober 1918 bildet der neue Reichskanzler Prinz Max von Baden sein Kabinett in enger Bindung an die Mehrheitsparteien des Reichstages. Deren Bemühungen um eine Parlamentarisierung der Reichsexekutive sind damit von Erfolg gekrönt. Wilhelm II. und die militärische Führung sind allerdings keineswegs bereit, sich der neuen parlamentarisch getragenen Reichsregierung unterzuordnen. So spitzt sich binnen weniger Tage die innere Krisensituation dramatisch zu. Ausgehend von den Seehäfen, in denen die Matrosen der Kriegsflotte zu meutern beginnen, breitet sich die revolutionäre Bewegung über ganz Deutschland aus. In vielen Städten übernehmen spontan gebildete Arbeiter- und Soldatenräte die politische und militärische Gewalt. Der Ruf nach Abdankung des Kaisers wird immer lauter.

Am 9. November 1918 erreicht die revolutionäre Welle Berlin. Reichskanzler Max von Baden setzt die Abdankung Wilhelms II. durch und

V/188
Der erste Rat der Volksbeauftragten und die Ausrufung der Republik

übergibt sein Amt an den Sozialdemokraten Friedrich Ebert. Doch die Ereignisse überstürzen sich. Von einem Fenster des Reichstagsgebäudes ruft Eberts Parteifreund Philipp Scheidemann die »Deutsche Republik« aus. Der Führer des Spartakusbundes, Karl Liebknecht, proklamiert wenig später vor dem Schloß die »freie sozialistische Republik«. Damit beginnt die Auseinandersetzung um die innere Gestalt der neuen Republik.

Die Berliner Arbeiter- und Soldatenräte übertragen einem paritätisch aus Mehrheitssozialdemokraten und Unabhängigen Sozialdemokraten gebildeten »Rat der Volksbeauftragten« die Regierungsgewalt. Dieses »Mandat der Revolution« nehmen die Sozialdemokraten an, um ihre Stellung als politisch führende Kraft in Deutschland zu sichern. Zugleich sieht die SPD-Führung um Ebert ihre vordringliche Aufgabe darin, »das deutsche Volk vor Bürgerkrieg und Hungersnot zu bewahren«. Sie glaubt die Folgen des verlorenen Krieges nur gemeinsam mit der kaiserlichen Bürokratie und den Militärs bewältigen zu können. Diese Zusammenarbeit und Vereinbarungen mit den Länderregierungen formen die politische Ordnung der Republik schon weitgehend vor.

Eine ebenso wichtige Vorentscheidung fällt am 15. November mit dem Stinnes-Legien-Abkommen im wirtschaftlichen Bereich: Die Industrie, vertreten durch den Ruhrindustriellen Hugo Stinnes, erkennt die Gewerkschaften als Tarifpartner an; der Vorsitzende der Freien Gewerkschaften, Carl Legien, verzichtet dafür im Namen seiner Organisation weitgehend auf Sozialisierungsforderungen.

Nach dem Willen der Linken sollen einschneidende Reformen in Wirtschaft und Gesellschaft die revolutionären sozialistischen Errungenschaften sichern. Erst danach sollen Wahlen zu einer Nationalversammlung folgen; radikale Kräfte denken sogar an eine reine Räterepublik. Dagegen stehen die Sozialdemokraten entschieden auf dem Boden der

V/189
Demonstration gegen die Wahl der Nationalversammlung

parlamentarischen Demokratie. Die politische und gesellschaftliche Neuordnung soll ganz in den Händen einer gewählten Nationalversammlung liegen. Für diesen Kurs kann die SPD Mitte Dezember 1918 auf dem Reichskongreß der Arbeiter- und Soldatenräte eine klare Mehrheit gewinnen.

Grundlegende Differenzen vor allem in der Militärpolitik führen am 28. Dezember 1918 zum Austritt der USPD-Vertreter aus dem Rat der Volksbeauftragten. Die linksradikalen, im Spartakusbund organisierten Kräfte entfesseln im Januar 1919 in Berlin einen Aufstand, den die Regierung durch Freikorps blu-

V/190
Aufruf zur Wahl der Nationalversammlung am 19. Januar 1919

V/191
Posten der Regierungstruppen während des Spartakus-Aufstands im Januar 1919

tig niederschlagen läßt. Die Truppen, mit denen die SPD-Führung die Republik schützen will, sind jedoch selbst antidemokratisch. Mit der Ermordung von Rosa Luxemburg und Karl Liebknecht durch Freikorpssoldaten am 15. Januar 1919 beginnt die lange Kette politischer Morde, die auf das Konto der äußersten Rechten gehen.

Aus den Wahlen zur Nationalversammlung am 19. Januar 1919, an denen erstmals auch Frauen teilnehmen können, gehen die Sozialdemokraten als stärkste Partei hervor, erreichen aber nicht die absolute Mehrheit. Sie sind in der wegen der Unruhen in Berlin nach Weimar einberufenen verfassunggebenden Versammlung auf die Zu-

V/192
Kämpfende Spartakisten im Berliner Zeitungsviertel

V/193
Eröffnungsrede Friedrich Eberts in der Weimarer Nationalversammlung im Februar 1919

sammenarbeit mit den bürgerlich-demokratischen Parteien angewiesen. Zusammen mit dem Zentrum und der Deutschen Demokratischen Partei bildet die SPD die sogenannte Weimarer Koalition, die sich auf eine Dreiviertelmehrheit in der Nationalversammlung stützen kann. Friedrich Ebert wird der erste Präsident der neuen Republik.

Die Verfassung

Die von dem neuen Staatssekretär des Innern, dem Linksliberalen Hugo Preuß, entworfene Verfassung der Weimarer Republik knüpft in vielem an die liberale und demokratische Tradition des Jahres 1848 an. Das zentrale politische Organ ist nun der Reichstag: An sein Ver-

V/194
Die ersten weiblichen Volksvertreterinnen

V/195
Friedrich Ebert,
Gemälde von Lovis
Corinth, 1924

trauen ist die Regierung gebunden, seine Entscheidung in der Gesetzgebung wird durch den Reichsrat, die Ländervertretung, kaum mehr beschränkt. Als Gegengewicht steht dem Parlament jedoch der Reichspräsident gegenüber: Er ernennt die Regierung und kann den Reichstag auflösen; vor allem gibt ihm der Artikel 48 weitgehende Befugnisse in Ausnahmesituationen. Das reine Verhältniswahlrecht fördert die Zersplitterung der Parteien. Die bundesstaatliche Verfassung und auch die starke Stellung Preußens bleiben zwar – entgegen den Neuordnungsplänen von Preuß – erhalten. Doch gewinnt das Reich, insbesondere durch die Erzbergersche Finanzreform, zusätzlich an Gewicht. Die deutsche Einheit in der 1871 gefundenen Form wird auch nach der Niederlage von keiner entscheidenden Gruppe des deutschen Volkes in Frage gestellt. Die Verfassung der Weimarer Republik weist den Weg zu einer demokratischen Gesellschaftsordnung. Sozialstaatliche Vorstellungen der Sozialdemokratie fließen in sie ein. Aber die Widersprüche zwischen der demokratischen Verfassung und einer sozialen Wirklichkeit, die weit hinter den Zielen der Verfassung zurückbleibt, belasten die junge Republik.

Der Versailler Vertrag und seine innenpolitischen Folgen

Im Vertrag von Versailles diktieren die Siegermächte Gebietsabtretungen Deutschlands und seine weitgehende Entwaffnung. Wiedergutmachungsforderungen werden mit der Alleinschuld Deutschlands am Kriege begründet, die von deutscher Seite entschieden bestritten wird. Die Einheit Deutschlands wird jedoch nicht angetastet. Allerdings wird den Deutschen in Österreich ein Anschluß an das Reich aus sicherheitspolitischen Erwägungen untersagt und ihnen damit das Selbstbestimmungsrecht in dieser Hinsicht vorenthalten. In Deutschland stößt der Versailler Vertrag auf einhellige Ablehnung. Die demokratischen Politiker, die ihn widerstrebend und unter dem Zwang der Umstände unterschrieben haben, sehen sich heftigsten Verleumdungskampagnen ausgesetzt.

Gerade aus der Agitation gegen den Versailler Vertrag, gegen »Erfüllungspolitiker« und »Novemberverbrecher«, zieht die äußerste Rechte ihre politische Kraft. Am 13. März 1920 kommt es in Berlin zum rechtsradikalen Kapp-Putsch. Die Aufrührer wollen den parlamentarisch-demokratischen Staat beseitigen und die monarchische Ordnung wiederherstellen. Die Reichswehr weigert sich, den Aufstand mit Waffengewalt niederzuwerfen. Reichsregierung und Reichstag müssen nach Dresden und Stuttgart fliehen. SPD und Gewerkschaften rufen den Generalstreik aus. Daraufhin bricht der Putsch nach wenigen Tagen zusammen. Sein Scheitern wird jedoch nicht zu einer durchgreifenden Stabilisierung der demokratischen Ordnung genutzt.

Die innenpolitische Radikalisierung, die schweren wirtschaftlichen und sozialen Probleme als Folge des Krieges und die ausweglose außenpolitische Situation Deutschlands finden ihren Niederschlag in der Reichstagswahl am 6. Juni 1920. Die Flügelparteien auf der Rechten und Linken können erhebliche Stimmengewinne verbuchen. Die Wei-

V/196
Die deutsche Verhandlungsdelegation vor der Abreise nach Versailles 1919

V/197
Demonstration gegen den Versailler Vertrag in Berlin

marer Koalition verliert fast 40% ihrer Sitze und damit die Mehrheit, die sie bis zum Untergang der Weimarer Republik im Jahre 1933 nicht mehr zurückzugewinnen vermag. Es beginnen Jahre politischer Instabilität mit rasch einander abwechselnden Minderheitskabinetten.

V/198
Kapp-Soldaten mit der kaiserlichen Kriegsflagge in Berlin im März 1920

V/199
Wahlplakate der Parteien gegen Ende der Weimarer Republik

V/200
Plakat der USPD 1919

2. Die Parteien der Weimarer Republik

Mit der Revolution von 1918/19 und der Verabschiedung der Weimarer Verfassung rücken die Parteien in das Zentrum der politischen Macht. Trotz mancher Neuansätze bleibt jedoch eine durchgängige Anpassung der ganz durch das politische System des Kaiserreichs geprägten Parteien an die Erfordernisse der neuen parlamentarisch-demokratischen Ordnung aus. Auch nach 1918 verstehen sich die Parteien in erster Linie als Vertreter relativ fest umrissener sozialer Gruppen und Anhängerschaften. Sie scheuen die Regierungsverantwortung und sind mit Blick auf die Interessen ihrer Klientel häufig nicht in der Lage, Kompromisse einzugehen und stabile Mehrheiten zu bilden. So geht die anfänglich breite Mehrheit der »Weimarer Koalition«

V/201
Plakat der SPD 1932

V/202
Plakat des Zentrums 1932

aus Sozialdemokraten, Zentrum und Linksliberalen bereits in der ersten Reichstagswahl vom Juni 1920 verloren. Die Regierungsverantwortung liegt danach überwiegend in der Hand politisch instabiler bürgerlicher Minderheitskabinette.

Schon lange vor der tiefgreifenden Krise der frühen dreißiger Jahre beginnen sich die politischen Gewichte von den Parteien und dem Parlament weg zur Exekutive und insbesondere zum Reichspräsidenten zu verlagern. Die Unfähigkeit der Parteien zur demokratischen Mehrheitsbildung schafft jenen Freiraum, in den schließlich die autori-tären und antidemokratischen Kräfte vorstoßen können.

Die seit 1917 in der Unabhängigen Sozialdemokratischen Partei (USPD) organisierte Linke tritt bereits innerlich gespalten in die Weimarer Republik ein. Während die Mehrheit der Partei einen Kurs sozialistischer Reformen in Zusammenarbeit mit der SPD befürwortet, tendiert der linke Flügel eher zum radikalsozialistischen Programm des Spartakusbundes. Nach dem Scheitern der Kooperation mit der SPD radikalisiert sich die USPD zunehmend und bricht schließlich 1920 auseinander. Erst jetzt steigt die aus dem Spartakusbund hervorgegangene KPD zu einer Massenpartei der Arbeiterschaft auf. Auch nach der Aufgabe ihrer Putschtaktik seit 1923 steuern die Kommunisten einen kompromißlosen Oppositions- und Obstruktionskurs gegen die Weimarer Republik und tragen ihren Teil zu der nach 1929 immer breiter werdenden antidemokratischen Mehrheit bei.

Der Sozialdemokratie, der bisherigen Opposition, fällt mit der Revolution von 1918/19 die politische Führungsrolle in Deutschland zu. Die SPD nutzt sie – bewußt im Bündnis mit den bürgerlichen Parteien – für die Begründung einer parlamentarisch-demokratischen

Republik. Die Partei bleibt auch bis 1932 die stärkste politische Gruppierung, doch scheitern alle Versuche ihrer Führung, die Grenzen des stark an die Arbeiterschaft gebundenen sozialen Einzugsbereichs zu überwinden und die SPD zu einer »linken Volkspartei« umzuformen. Die Sozialdemokraten geraten vielmehr zunehmend in einen Konflikt zwischen ideologischer Grundsatztreue und den Erfordernissen der Regierungsverantwortung. Dieses gerade auch innerparteiliche Ringen zwingt die SPD häufig in die Defensive und hindert sie nicht selten – trotz ihrer Bedeutung für wichtige innen- und außenpolitische Entscheidungen – an der aktiven Einflußnahme auf den politischen Kurs der Republik.

Das Zentrum konstituiert sich 1918/19 nach dem Scheitern anfänglicher Bemühungen um eine überkonfessionelle Parteibildung erneut als katholische Weltanschauungspartei. Sein sozialer Einzugsbereich umfaßt ein breites Spektrum vom adeligen Großgrundbesitzer bis zum christlichen Gewerkschaftler. Während in der Bayerischen Volkspartei die Anhänger einer monarchischen Restauration dominieren, trägt die Mehrheit des Zentrums – wenngleich oft nicht ohne innere Vorbehalte – die parlamentarisch-demokratische Republik mit. Von 1919 bis 1932 ist das Zentrum als wichtige ausgleichende Kraft an allen Reichsregierungen beteiligt und stellt mehrfach den Kanzler. Unter dem 1928 neugewählten Parteivorsitzenden Kaas und insbesondere während der Kanzlerschaft Brünings setzt sich jedoch die konservativere Richtung auch hier stärker durch. Die Bereitschaft und Fähigkeit des Zentrums zur Zusammenarbeit mit der Sozialdemokratie geht mehr und mehr zurück.

V/204
Plakat der DDP
1920

V/203
Plakat der DVP
1930

V/205
Plakat der DNVP aus den Zwanziger Jahren

Bei den Liberalen erneuert sich 1918/19 die Spaltung in zwei Parteien. Die zunächst deutlich stärkere Kraft ist die linksliberale Deutsche Demokratische Partei, die – besonders auf verfassungspolitischem Gebiet – die Republik mit heraufführt und nachhaltig unterstützt. Doch bereits 1920 verliert die DDP einen großen Teil ihrer Wählerschaft an die nationalliberale Deutsche Volkspartei, die von Gustav Stresemann erst allmählich auf den Boden der Weimarer Verfassung und in die Regierungsverantwortung geführt wird. Längerfristig vermögen jedoch beide liberalen Parteien nicht mehr, breitere bürgerliche Wählerschichten dauerhaft an sich zu binden. Die tiefgreifende Krise des Liberalismus manifestiert sich in der Weimarer Zeit in ständig sich verschärfenden Stimmenverlusten von DDP und DVP, die besonders seit der Reichstagswahl 1930 zu bloßen Splitterparteien herabsinken.

Als Nachfolgeorganisation der beiden konservativen Parteien des Kaiserreichs formiert sich im Dezember 1918 die Deutschnationale Volkspartei. Sie bekennt sich zur monarchischen Staatsform und vertritt besonders die Interessen der Landwirtschaft und der Schwerindustrie. Die Politik der DNVP schwankt lan-

V/206
Wahlpropaganda am Potsdamer Platz in Berlin anläßlich der Reichspräsidentenwahl 1932

V/207
Verfassungsfeier im Plenarsaal des Reichstags am 11. August 1924

ge zwischen grundsätzlicher Opposition gegen die Weimarer Ordnung und der Bereitschaft zu begrenzter Mitarbeit. Die Regierungsbeteiligung der DNVP 1925 und 1927 bleibt innerparteilich heftig umstritten. In diesem Ringen setzt sich 1928 der rechte Parteiflügel unter Alfred Hugenberg endgültig durch. Die DNVP wird unter seiner Führung wieder auf einen entschiedenen Kurs gegen die Republik festgelegt und schließlich in die Zusammenarbeit mit den Nationalsozialisten geführt.

Anknüpfend an ältere völkisch-antisemitische Organisationen und an die Freikorps der Revolutionszeit organisiert sich 1921/22 der militante Rechtsextremismus in einer Vielzahl von Geheimbünden und Parteien, darunter der NSDAP Adolf Hitlers. Zahlreiche politische Morde, Gewaltakte und Putschversuche gehen auf das Konto der äußersten Rechten. Die politische Resonanz bei der Wählerschaft bleibt jedoch – von einzelnen Teilerfolgen abgesehen – lange Zeit relativ gering. Erst in der schweren wirtschaftlich-sozialen und politischen Krise nach 1929 erweist sich die seit 1925 straff durchorganisierte NSDAP als das große Sammelbecken für alle Gegner des demokratischen Systems und alle Opfer der wirtschaftlichen und gesellschaftlichen Krisensituation.

V/208
Einmarsch französischer Truppen in das Ruhrgebiet am 11. Januar 1923

3. Das Krisenjahr 1923

Wie in einem Brennspiegel lassen sich in der Geschichte des Jahres 1923 nahezu alle politischen, wirtschaftlichen und sozialen Probleme fassen, die die Begründung und Stabilisierung einer demokratischen Ordnung in Deutschland nach 1918 so erschwert haben.
Am Jahresanfang steht der Einmarsch französischer und belgischer Truppen in das Ruhrgebiet, das industrielle Herzstück des Deutschen Reiches. Die Besatzungstruppen sollen die französischen Reparationsansprüche, insbesondere auf die Ruhrkohle, durchsetzen und das Ruhrgebiet als politisches Faustpfand sichern. In Deutschland löst die Ruhrbesetzung eine Welle der nationalen Empörung aus. Die Reichsregierung ruft zum passiven Widerstand gegen die Besatzungsmacht auf. Doch die enormen Kosten der Widerstandsaktionen und der industriellen Produktionsausfälle stürzen die deutsche Wirtschaft in eine finanzielle Katastrophe. Die als Folge der Kriegsverschuldung und der Reparationsverflichtungen ohnehin schon galoppierende Inflation geht nun in die Hyperinflation über. Binnen weniger Monate verliert die deutsche Währung nahezu jeden Wert.
Die zugespitzte politische Situation, die zunehmende Gewalt von beiden Seiten im Ruhrkampf, die wirtschaftliche und soziale Not im Gefolge der Inflation sind zugleich ein idealer Nährboden für extremistische Gruppen verschiedenster Richtung. Unterstützt durch die französische Besatzungsmacht versuchen separatistische Zirkel, die Los-

V/209
Französische Soldaten im Ruhrgebiet 1923

lösung des Rheinlands vom übrigen Deutschland zu erreichen. In Mitteldeutschland und in Hamburg verstärken die Kommunisten ihre Bemühungen, eine revolutionäre Situation zu schaffen. Auf der anderen Seite entwickelt sich vor allem Bayern zu einem Zentrum konservativ-reaktionärer und rechtsextremer Aktivitäten. Zeitweise scheint dem Reich sogar die Errichtung einer Militärdiktatur zu drohen.
Erst im August führt die Unmöglichkeit, den Ruhrkampf weiter finanzieren zu können, zu einer Neuorientierung der Reichspolitik. Unter dem DVP-Politiker Gustav Stresemann wird eine Große Koalition aus SPD, DDP, Zentrum und DVP gebildet, der es mit energischen Schritten gelingt, die akute Krisensituation zu überwinden: Am 26. September 1923 setzt Stresemann zunächst gegen starken Widerstand gerade auch in seiner eigenen Partei den bedingungslosen Abbruch des Ruhrkampfs durch. Vor dem Reichstag wehrt er sich zehn Tage später gegen den Verratsvorwurf der »nationalen« Rechten: »Der

V/210
Sabotageaktionen im Ruhrgebiet während der französischen Besetzung

V/211
Lohngeldtransport einer Berliner Firma auf dem Höhepunkt der Inflation

Mut, die Aufgabe des passiven Widerstandes verantwortlich auf sich zu nehmen, ist vielleicht mehr national als die Phrasen, mit denen dagegen angekämpft wurde.« Zugleich werden durchgreifende Maßnahmen zur Sanierung der deutschen Währung eingeleitet. In Sachsen marschieren Einheiten der Reichswehr ein, die dortige Volksfrontregierung wird ihres Amtes enthoben.
Weniger energisch wird allerdings von der Reichsregierung gegen die antirepublikanischen Tendenzen von rechts in Bayern vorgegangen, doch stabilisiert sich die politische Situation auch hier, nachdem der

V/212
Brotknappheit im Inflationsjahr 1923

V/213
Einmarsch der Reichswehr in Dresden Ende Oktober 1923

Hitler-Putsch am 9. November 1923 schnell gescheitert ist, in den folgenden Monaten.
Wie durch ein Wunder behauptet sich die Republik in der Zerreißprobe des Herbstes 1923. Die akute Putschgefahr von links und rechts wird gebannt, eine Zeit der Stabilisierung beginnt. Doch bleiben die antidemokratischen Vorbehalte gegen die Republik in weiten Kreisen der Bevölkerung wie auch in Bürokratie, Justiz und Militär sehr groß. Vor allem aber verlieren erhebliche Teile des Mittelstandes aufgrund des traumatischen Erlebnisses der Inflation ihr Vertrauen in die republikanische Ordnung.

V/214
Nationalsozialistischer Stoßtrupp während des Hitler-Putsches in München am 9. November 1923

4. Rapallo und Locarno

Die Außenpolitik der Weimarer Republik wird in den zwanziger Jahren entscheidend von Gustav Stresemann geprägt. Sechs Jahre lang, von 1923 bis 1929, steht er in sieben verschiedenen Kabinetten an der Spitze des Auswärtigen Amtes. Ziel seiner Außenpolitik ist die Wiedergewinnung der deutschen Vormachtstellung in Mitteleuropa unter den Bedingungen der durch den Krieg geschaffenen neuen Situation. Mittel dieser Politik ist die Verständigung mit den Westmächten, vor allem mit Frankreich, bei gleichzeitigem Bemühen, die territorialen Bestimmungen des Versailler Vertrages im Osten zu revidieren.

Der Versailler Vertrag und das Reparationsproblem markieren den Rahmen, in dem sich die Außenpolitik der Weimarer Republik bewegt. 1921 muß Deutschland nach ultimativen Drohungen der Alliierten einer Kriegsentschädigung von 132 Milliarden Mark zustimmen. Mit einer Politik der strikten »Erfüllung« der alliierten Reparationsforderungen versucht die Reichsregierung, deren Unerfüllbarkeit zu beweisen und eine Revision zu erreichen. Die ausbleibenden deutschen Bemühungen um eine Währungssanierung verstärken jedoch eher das Mißtrauen der Siegermächte. Vor allem Frankreich ist um die Durchsetzung noch weitergehender Forderungen bemüht.

Zu den Vorbehalten der Westmächte gegenüber der deutschen Außenpolitik tragen auch die Kontakte bei, die Deutschland seit 1920 zur jungen Sowjetunion knüpft. Sie führen am 16. April 1922 zur Unterzeichnung des Vertrages von Rapallo, in dem beide Länder wechselseitig auf finanzielle Forderungen verzichten, diplomatische Beziehungen aufnehmen und eine engere wirtschaftliche Zusammenarbeit verein-

V/215
Reichskanzler Wirth und die sowjetische Delegation in Rapallo am 16. April 1922

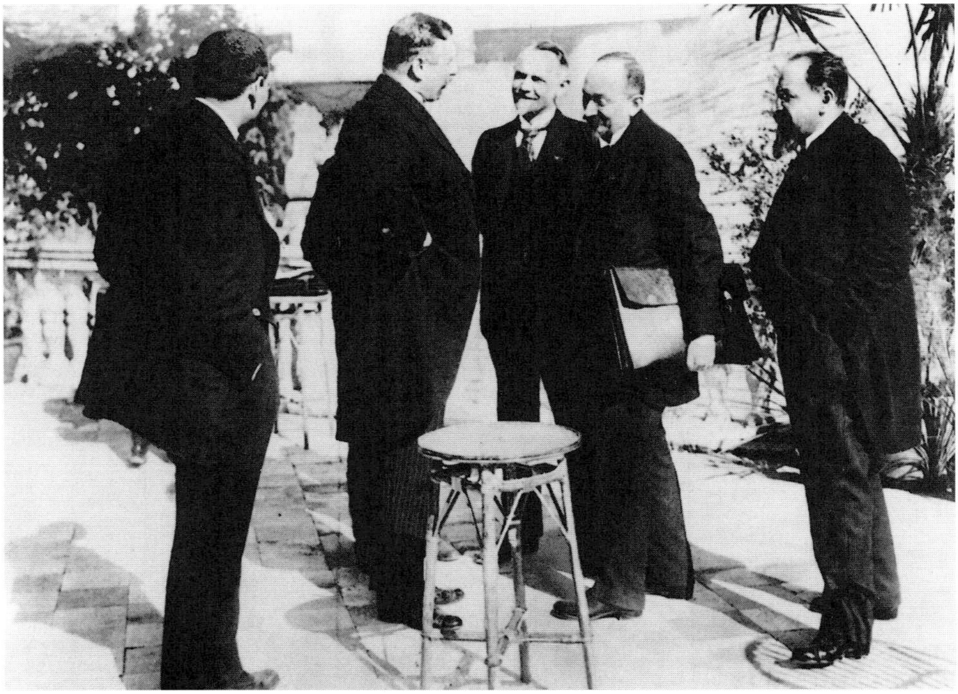

V/216
Begrüßung sowjetischer Offiziere durch Reichspräsident Hindenburg

baren. Deutschland durchbricht mit dem Abkommen seine außenpolitische Isolierung und wahrt die Option auf eine Revision der Grenze zu Polen im Osten. Bekräftigt wird diese Politik durch den deutsch-russischen Freundschaftsvertrag, der am 24. April 1926 in Berlin unterzeichnet wird.

Nach der Ruhrbesetzung leitet Gustav Stresemann auch eine Neuorientierung der deutschen Westpolitik ein. Auf dem Wege des Kompromisses und vor allem über eine Aussöhnung mit Frankreich soll das Deutsche Reich die internationale Gleichberechtigung zurückgewinnen. Diese Verständigungspolitik

V/217
Die Abschlußkonferenz in Locarno im Oktober 1925

V/218
Feier zur Räumung der 1. Rheinlandzone mit Reichspräsident Hindenburg und dem Kölner Oberbürgermeister Adenauer

findet im Oktober 1925 ihren Höhepunkt in den in Locarno geschlossenen Verträgen. In ihnen erkennt das Deutsche Reich den durch Versailles geschaffenen Status quo im Westen an. Die verbesserten Beziehungen zu den Westmächten ermöglichen auch einen schrittweisen Neuanfang in der Reparationspolitik. Unter starkem amerikanischem Einfluß werden 1924 mit dem Dawes-Plan und 1929 mit dem Young-Plan wesentlich günstigere Regelungen für die deutschen Zah-

V/219
Sitzung der internationalen Reparationskommission in London 1924

V/220
Die Außenminister Stresemann, Chamberlain und Briand und Staatssekretär Schubert in Genf im September 1926

lungsverpflichtungen geschaffen. Die Rückkehr Deutschlands in den Kreis der führenden europäischen Mächte unterstreicht die Aufnahme in den Völkerbund im September 1926. Im gleichen Jahr werden die Verdienste Stresemanns und des französischen Außenministers Briand um den Frieden in Europa mit der Verleihung des Friedensnobelpreises gewürdigt. Stresemanns plötzlicher Tod im Oktober 1929 ist ein schwerer Verlust für die Republik.

V/221
Rede Stresemanns vor dem Völkerbund in Genf am 10. September 1926

V/222
Der Trauerzug für den verstorbenen Außenminister Stresemann vor dem Reichstag am 3. Oktober 1929

CHEN VOLKE

V/223
Freikorps-Soldaten
in München 1919

5. Partei und Bewegung

In der Revolution 1918/19 geht die Regierungsverantwortung in die Hände der politischen Parteien über. Die Republik von Weimar ist eine Parteiendemokratie modernen Zuschnitts und doch zugleich ein »Parteienstaat, der keiner sein will«. Sowohl in den Führungsschichten als auch in der breiten Bevölkerung sind Vorbehalte gegenüber den Parteien nicht zu übersehen. Dies spiegelt sich nicht zu-

V/224
»Wandervögel« bei einem Ausflug in den zwanziger Jahren

V/225
Roter Frontkämpfertag in Berlin 1926

letzt in der Stellung des Reichspräsidenten und in den politischen Erwartungen, die sich nach 1925 auf Feldmarschall von Hindenburg als eine Art »Ersatzkaiser« richten.
Diese Ressentiments speisen sich zum Teil aus einer traditionellen, durch den Obrigkeitsstaat geprägten Ablehnung der Parteipolitik. Daneben spielt jedoch die materielle und psychische Entwurzelung großer Teile der jüngeren Generation als Folge des Weltkrieges eine besonders wichtige Rolle. Auch wo sich das »Fronterlebnis« nicht in der Zugehörigkeit zu Freikorps oder konservativ-autoritären Kampfbünden wie dem Stahlhelm niederschlägt, resultiert aus ihm vielfach eine tiefe Abneigung gegen die vorgebliche Unfähigkeit, die politische Zerstrittenheit und die scheinbare Erstarrung der Parteien.
Der Wunsch nach einem neuen Aufbruch, der Drang nach Veränderung und Bewegung, zugleich aber nach einer festen, weit über das Politische im engeren Sinne hinausgehenden Orientierung nimmt viele Tendenzen wieder auf, die sich bereits seit der Jahrhundertwende in der sogenannten Jugendbewegung niedergeschlagen hatten. Die zu dieser Bewegung zählenden Jugendbünde mit dem 1901 gegründeten Wandervogel an der Spitze erleben in den zwanziger Jahren einen neuerlichen Aufschwung. Die von ihnen entwickelten Formen der Freizeitgestaltung und Organisation strahlen auch auf die Jugendorganisationen der demokratischen Parteien aus.
Mit besonderer Intensität wird das neue Prinzip der Bewegung, in der Form der politischen Kampforgani-

V/226
Hitlers Stabswache, die Keimzelle der SS, 1925

sation, von der radikalen Linken und Rechten aufgegriffen. Vor allem den Nationalsozialisten gelingt es bereits früh, große Teile der Jugend und der Studentenschaft für ihre Ziele zu gewinnen und in ihren verschiedenen Verbänden straff zu organisieren. Gerade im Unterschied zu den stark an ihre traditionellen Anhängerschaften gebundenen Parteien vermag die NS-Bewegung sehr unterschiedliche soziale Gruppen anzusprechen und zu integrieren. Das Streben der Jugend-

V/227
Aufmarsch des Reichsbanners Schwarz-Rot-Gold in Berlin 1928

V/228
Wahlwerbung der Sozialdemokraten zur Reichstagswahl im Dezember 1924

V/229
Polizisten nach einer Saalschlacht in Berlin 1932

bünde nach dem Gemeinschaftserlebnis wird nun in der nationalsozialistischen Ideologie der Volksgemeinschaft politisiert und instrumentalisiert.
Mit den gegen Ende der Weimarer Republik zunehmenden Erfolgen von NSDAP und KPD orientieren sich auch die demokratischen Parteien an diesen Organisationsprinzipien. Als wichtigste republikanische Schutz- und Kampforganisation formiert sich das Reichsbanner Schwarz-Rot-Gold. Bei allen politischen Parteien prägen Uniformen mehr und mehr das öffentliche Auftreten. Zugleich schreitet die allgemeine Militarisierung des politischen Lebens ständig voran. Blutige Straßen- und Saalschlachten vor allem zwischen Kommunisten und Nationalsozialisten gehören nach 1930 zum beinahe alltäglichen Erscheinungsbild. Am Ende steht 1933 schließlich der Sieg jener politischen Richtung, die das Prinzip der Bewegung und das neue Verständnis parteipolitischer Organisation am reinsten verkörpert.

V/230
Berliner Straßenszene Ende der zwanziger Jahre

6. Die umstrittene Moderne

Deutschland erlebt in den zwanziger Jahren einen großen Aufschwung des geistigen und künstlerischen Lebens. Die Wurzeln dieser kulturellen Blüte und der sie tragenden modernen Ideen und Formen reichen zum großen Teil bereits in die Zeit um die Jahrhundertwende zurück. Jetzt jedoch erlangt die Entwicklung ihre volle Breitenwirkung, zumal sie sich im Rahmen der neuen demokratischen Verfassung vielfach freier entfalten kann. Zugleich wird die Moderne in einem bisher nicht gekannten Maß zum Gegenstand der intellektuellen Diskussion und des politischen Kampfes.

In Literatur und Theater, in der Malerei wie auch in der Baukunst dominieren zunächst noch der Expressionismus und ihm verwandte Stilrichtungen. Seit etwa 1923 treten dann neue Kunstformen hinzu, für die bald der Begriff der »Neuen Sachlichkeit« geprägt wird. Die auch international nachhaltigste Wirkung geht von der Architektur der zwanziger Jahre, besonders von den gestalterischen Ideen des »Bauhauses«, aus. Darüber hinaus beginnt sich in rasantem Tempo eine in dieser Art neue Massenkultur zu entfalten. Dazu tragen sowohl neue, oft stark agitatorisch bestimmte Ansätze in Literatur und Theater bei als auch der außerordentliche Aufschwung der Massenmedien, an dem das Pressewesen einen ebenso großen Anteil hat wie die neuen Medien des Films und des Rundfunks.

V/232
Das von Walter Gropius gegründete »Bauhaus« in Dessau

Überhaupt läßt sich in den zwanziger Jahren eine vielgestaltige Veränderung des Lebensgefühls und des Verhaltens beobachten. Im Aufschwung des Sports und des Badens, in der Sexualität oder etwa in der Mode offenbart sich eine freiere Einstellung zum Körper. Auch viele andere althergebrachte Bindungen und Normen verlieren an Wirkungskraft. Dies zeigt sich nicht zuletzt an der gewandelten Rolle der Frau,

V/233
Richtungweisender sozialer Wohnungsbau: die nach Entwürfen von Bruno Taut und Martin Wagner 1925-1927 erbaute Hufeisensiedlung in Berlin-Britz

V/231 (Linke Seite)
Bauhaustreppe, Gemälde von Oskar Schlemmer, 1932

die jetzt – nicht zuletzt aufgrund der Veränderungen im Laufe des Ersten Weltkriegs – immer häufiger berufstätig ist und mit wachsendem Selbstbewußtsein in der Öffentlichkeit auftritt.

Im wirtschaftlichen Bereich werden von der weiter voranschreitenden Industrialisierung Deutschlands nun nahezu alle Sektoren und Regionen erfaßt. Dieser Prozeß ist in den zwanziger Jahren zugleich mit starken Rationalisierungstendenzen verknüpft. Die Einführung des Fließbandes in der Produktion oder auch der Schreibmaschine und des Großraumbüros in der Verwaltung beeinflussen nicht nur nachhaltig die Arbeitswelt, sondern schaffen auch erhebliche soziale Probleme. Mehr noch gilt dies für den agrarischen Bereich, das Handwerk und den unter einer zunehmenden Konzentration leidenden Handelssektor, die sich als die großen Verlierer des Industrialisierungs- und Modernisierungsprozesses sehen. Aus der sozialen Not oder der Furcht vor dem sozialen Abstieg erwächst eine fundamentale Opposition gegen die Moderne.

V/234
Szenenfoto aus dem Film »Der blaue Engel« mit Emil Jannings und Marlene Dietrich

V/235
Sitzung der Sektion für Dichtkunst der Akademie der Künste 1929 in Berlin: (v.l.n.r.) Alfred Döblin, Thomas Mann, Ricarda Huch, Bernhard Kellermann, Hermann Steht, Alfred Mombert, Eduard Stucken

V/236
Deutsche Automobil- und Motorradausstellung in Berlin 1926

Diese Kritik ist zugleich unauflöslich verknüpft mit der entschiedenen Abwehr der neuen Lebensformen und Verhaltensweisen und einem oft fanatischen Kampf gegen alle modernen kulturellen und künstlerischen Richtungen. Die Moderne ist in den Jahren der Weimarer Republik in allen ihren Erscheinungsformen zutiefst umstritten – ein Grunddissens, der erheblich zu den ohnehin scharfen politischen Gegensätzen beiträgt.

V/237
Das neue Kaufhaus Karstadt am Hermannplatz in Berlin-Neukölln 1927

V/238
Die New Yorker Börse in der Wallstreet am »Schwarzen Freitag« 1929

7. Die Weltwirtschaftskrise

Alle Ansätze zu einer weitergehenden und dauerhaften Stabilisierung in Deutschland werden durch die Weltwirtschaftskrise zerstört. Der Zusammenbruch der New Yorker Börse am 25. Oktober 1929 rückt mit einem Schlag die durchaus schon vorhandenen Krisensymptome in das allgemeine Bewußtsein. Investitionsrückgang, Produktionsstillegungen, Einkommenskürzungen, Massenarbeitslosigkeit und Schutzzollpolitik beeinflussen und beschleunigen wechselweise die weltweite wirtschaftliche Talfahrt.

Die Krise trifft in Deutschland auf eine Wirtschaft mit deutlichen strukturellen Schwächen. Die Landwirtschaft klagt seit Jahren über sinkende Einkünfte und ist stark überschuldet. Die Modernisierung der Industrie, die rege Bautätigkeit der Städte und Gemeinden, ja überhaupt der Aufschwung der zwanziger Jahre sind zu großen Teilen mit kurzfristig angelegtem ausländischem Kapital finanziert worden. Diese Gelder werden nun angesichts des allgemeinen Finanzmangels schrittweise abgezogen. Eine

V/239
Zahlungsunfähige Bank 1931

verheerende Wirkung auf das Vertrauen der ausländischen Kapitalgeber geht dabei gerade auch von den politischen Ereignissen in Deutschland aus, vor allem von den Wahlerfolgen der Nationalsozialisten.
Die Regierung Brüning steuert den Kurs einer strikten Deflationspolitik: Die Staatsausgaben werden drastisch eingeschränkt, die Steuern erhöht, die Beamtengehälter gekürzt und eine allgemeine Welle von Lohn- und Einkommenssenkungen in Gang gesetzt. Neben der Fehleinschätzung der Wirtschaftskrise als einer vorübergehenden Konjunkturschwäche spielt dabei

V/240
Arbeitslosenschlange während der Weltwirtschaftskrise in Berlin

V/241
Staatliche Arbeitsvermittlung in Berlin 1930

das Gespenst der Inflation ebenso eine große Rolle wie die Fixierung der Brüningschen Politik auf die Lösung des Reparationsproblems. Jedenfalls wird der Konjunktureinbruch durch die Wirtschafts- und Finanzpolitik der Reichsregierung noch zusätzlich verstärkt. Die Industrieproduktion geht bis 1932 auf nahezu die Hälfte des Standes von 1928 zurück, die Aktien verlieren sogar zwei Drittel ihres Wertes.

V/242
Angehörige eines freiwilligen Arbeitsdienstes 1932

V/243
Passanten vor einem NSDAP-Wahlplakat anläßlich der Reichspräsidentenwahl 1932

Mitte 1931 verschärft sich die Krise dann noch einmal durch eine Reihe von Bankzusammenbrüchen, die wiederum namhafte Industriekonzerne mit in den Strudel reißen.
Das Kernproblem der Weltwirtschaftskrise aber ist die Massenarbeitslosigkeit. Die auch in den Jahren der relativen Prosperität hohe Zahl der Arbeitslosen steigt seit Ende 1929 sprunghaft an. Ein Jahr später werden bereits vier Millio-

V/244
Uniformierte NSDAP-Abgeordnete im Reichstag nach der Wahl vom Oktober 1930

nen Arbeitslose registriert, und Anfang 1932 wird die Sechs-Millionen-Grenze überschritten, denen nur 12 Millionen Beschäftigte gegenüberstehen. Die soziale Absicherung vor allem der längere Zeit Arbeitslosen ist völlig unzureichend. Staat und Gemeinden entwickeln zwar allmählich ein ganzes Instrumentarium von Arbeitsbeschaffungsmaßnahmen, das jedoch zunächst ohne durchschlagende Wirkung bleibt. So führt die Wirtschaftskrise schließlich zur Verelendung weiter Bevölkerungskreise und zu einer allgemeinen politischen Radikalisierung, der sich die ohnehin auf schwachen Fundamenten errichtete demokratische Ordnung von Weimar nicht gewachsen zeigt.

8. Die Auflösung der Republik

In den letzten Jahren der Weimarer Republik werden Lösungen zur Überwindung der wirtschaftlichen Krisensituation und der von ihr ausgehenden politischen Radikalisierung mehr und mehr außerhalb der parlamentarisch-demokratischen Ordnung gesucht. Begünstigt durch die Schwierigkeiten einer demokratischen Mehrheitsbildung verlagern sich die politischen Gewichte zunehmend von den Parteien und dem Parlament zum Reichspräsidenten und seinen konservativen Beratern. Durch die Bestrebungen zur autoritären Umgestaltung der Republik werden die demokratischen Kräfte und Institutionen nachhaltig geschwächt. So fällt schließlich am 30. Januar 1933 die politische Macht in die Hände der Nationalsozialisten.
Nach dem Bruch der Großen Koalition unter Reichskanzler Müller

V/245
Sitzung des Kabinetts Brüning im Garten der Reichskanzlei im August 1930

V/246
Reichskanzler Brüning und der französische Außenminister Briand auf dem Weg nach London im Juli 1931

(SPD) Ende März 1930 wird der Versuch einer parlamentarischen Regierungsbildung nicht mehr unternommen. Der Reichspräsident und seine Berater favorisieren ein Präsidialkabinett unter dem Zentrumspolitiker Heinrich Brüning, das mit den Instrumenten des Notverordnungsrechts nach Art. 48 und der Reichstagsauflösung auch ohne parlamentarische Mehrheit regieren soll. Als der Reichstag am 16. Juli

V/247
Hitler und Hugenberg in Bad Harzburg am 11. Oktober 1931

V/248
Das neue Kabinett Papen vor dem Reichspräsidentenpalais am 1. Juni 1932

1930 das radikale Einsparungsprogramm der Regierung mit deutlicher Mehrheit ablehnt, werden Neuwahlen ausgeschrieben, die am 14. September 1930 zu dem ersten erdrutschartigen Wahlerfolg der NSDAP führen.
Reichskanzler Brüning sieht seine wichtigste politische Aufgabe in der endgültigen Beseitigung der Reparationslasten. Diesem Ziel werden auch die wirtschaftspolitischen Maßnahmen untergeordnet. Wirtschaftskrise und Massenarbeitslosigkeit werden bewußt als geeignete Hebel zur Lösung der Reparationsfrage eingesetzt und ihre Folgen in Kauf genommen. Tatsächlich

V/249
Berliner Wahllokal bei der preußischen Landtagswahl am 24. April 1932

V/250
Regierungserklärung von Reichskanzler Schleicher über den Rundfunk am 15. Dezember 1932

werden die Reparationszahlungen 1931 mit dem Hoover-Moratorium für ein Jahr ausgesetzt und im Juli 1932 von der Lausanner Konferenz sogar vollständig beendet. Von diesem außenpolitischen Erfolg kann Brüning selbst aber nicht mehr profitieren.

Die sich ständig verschärfende Wirtschaftskrise führt zu einem schnellen Anwachsen vor allem der rechtsextremen Kräfte. Im Oktober 1931 schließen sich NSDAP, DNVP und der Stahlhelmbund in der »Harzburger Front« zum Kampf gegen die Regierung Brüning und die Republik zusammen. Durch geschicktes Lavieren zwischen den Gruppen gelingt es Hitler schließlich, zur politischen Schlüsselfigur zu werden. In der Reichspräsidentenwahl 1932 unterliegt Hitler zwar Hindenburg, der von allen demokratischen Parteien unterstützt wird, aber die NSDAP steigt im Juli 1932 endgültig zur stärksten Partei auf.

Mit dem Sturz Brünings Ende Mai 1932 beginnt die letzte Phase im Auflösungsprozeß der Weimarer Republik. General von Schleicher und der neue Reichskanzler von Papen, die wichtigsten Berater des Reichspräsidenten, versuchen, die Dynamik der nationalsozialistischen Bewegung für ihre eigenen politischen Ziele einzusetzen. Das SA-Verbot wird aufgehoben, der Reichstag wird aufgelöst, die SPD-geführte preußische Landesregierung wird ihres Amtes enthoben. Doch gelingt es nicht, der Regierung die Tolerierung durch die NSDAP-Fraktion zu sichern; Hitler fordert kompromißlos die ganze politische Macht. Gegen Ende des Jahres 1932 ist das politische Konzept der konservativen Kräfte endgültig gescheitert. Auch Schleichers überraschende politische Schwenkung hin zu den Gewerkschaften und zum Strasser-Flügel der NSDAP vermag die Kanzlerschaft Hitlers nicht mehr zu verhindern.

Das Deutsche Reich 1939

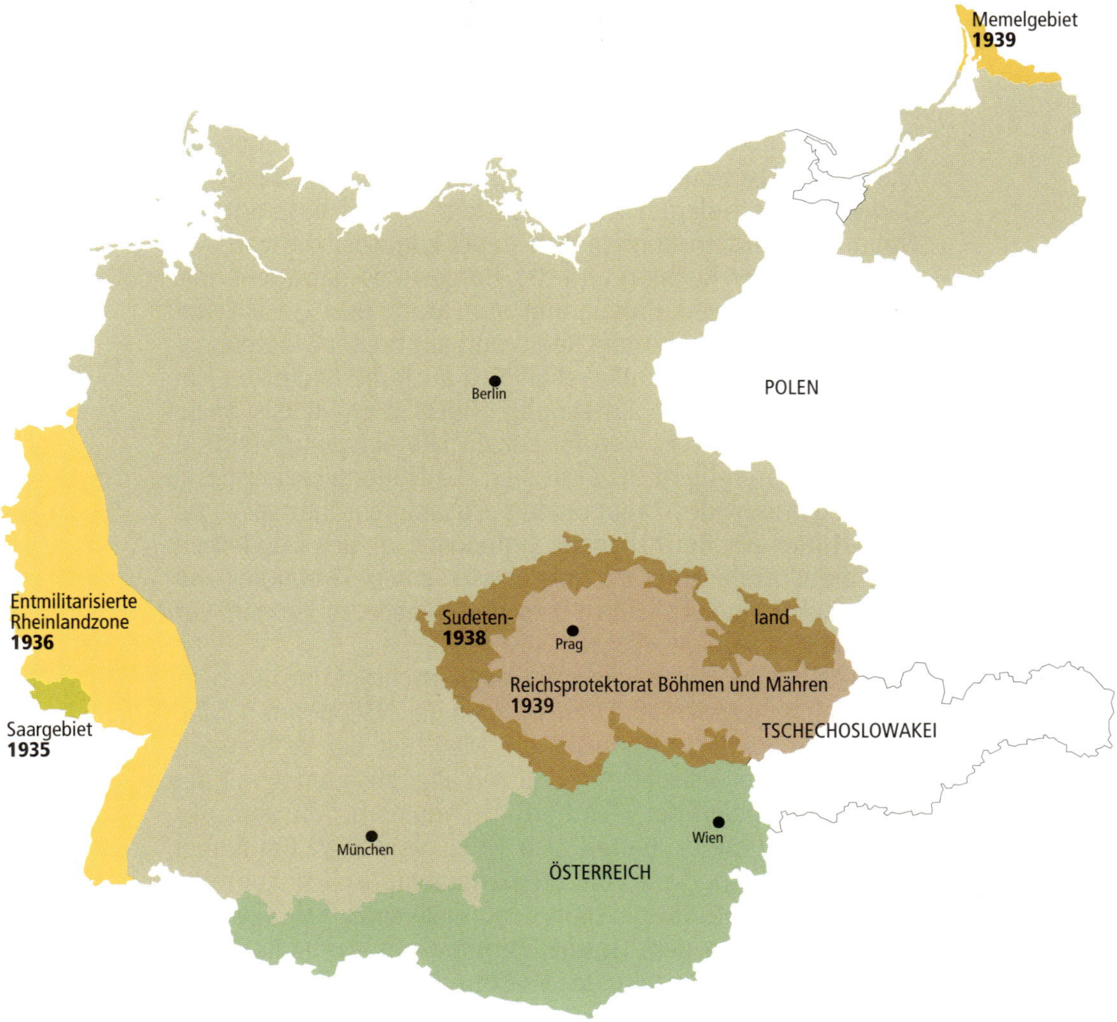

Das Dritte Reich

VI. Das Dritte Reich

Der 30. Januar 1933 ist in gewisser Weise der Schlußpunkt einer Reihe von Versuchen, die wirtschaftliche, soziale und politische Krise, in die die Weimarer Republik ab 1929 geraten war, auf autoritärem Wege zu überwinden. Zugleich aber ist er Ausgangspunkt einer Entwicklung, die sofort über einen solchen Lösungsversuch hinausdrängt und binnen kurzem das parlamentarisch-demokratische System radikal beseitigt. Die Nationalsozialisten können sich dabei zunächst die von weiten Kreisen der Rechten und des Bürgertums getragene Idee einer konservativen Erneuerung von Staat und Gesellschaft durch eine starke nationale Regierung auf breiter Massenbasis zunutze machen. Sie hatte schließlich auch die Bedenken Hindenburgs gegen eine Ernennung Hitlers zum Reichskanzler beseite geräumt. Wer wen für seine Ziele einspannt, wird jedoch sehr rasch deutlich. Zwar sind die Nationalsozialisten in der Regierung des »nationalen Zusammenschlusses« mit Adolf Hitler als Reichskanzler anfänglich in der Minderheit; aber die Illusion, Hitler als massenwirksamen »Trommler« beliebig lenken und schließlich beiseite schieben zu können, verfliegt binnen weniger Wochen.

Die letzten Wahlen, die man mit Einschränkung noch als freie Wahlen bezeichnen kann, bringen der NSDAP am 5. März 1933 zwar immer noch nicht die Mehrheit der Wählerstimmen. Die Nationalsozialisten besitzen aber zusammen mit den Deutschnationalen die Mehrheit im Parlament. Mit dem »Ermächtigungsgesetz« befreit sich Hitler von allen Bindungen an die Verfassung und von der parlamentarischen Kontrolle. Nachdem die KPD ausgeschaltet ist, widersetzt sich allein die SPD im Reichstag dem Gesetz. Zentrum und bürgerliche Parteien stimmen zu. Es folgt das Verbot oder die Selbstauflösung der Parteien. Die NSDAP wird die Staatspartei des Dritten Reiches. Der Reichstag sinkt zum Akklamationsorgan für Hitler herab. Die parlamentarische Demokratie ist endgültig zerstört. Die NSDAP und ihre Organisationen überwachen und bestimmen von nun an das gesamte politische, wirtschaftliche und kulturelle Leben im Staat. Die Polizei gerät unter nationalsozialistische Kontrolle. Polizei, SA (Sturmabteilung) und SS (Schutzstaffel) sind die Instrumente, mit denen die Partei das totalitäre System ausbaut und ihre Herrschaft sichert. Erste Konzentrationslager für politische Gefangene entstehen schon im Februar 1933. Als die SA neben der Partei eine umfassende Kontrollbefugnis im Dritten Reich beansprucht, wird sie von

Hitler Ende Juni 1934 entmachtet. Die SS wird zur mächtigsten Organisation im Staat. Sie fühlt sich als Elite. Im Kriege ist sie das Vollstreckungsorgan bei der Vernichtung der Juden Europas.

In den deutschen Ländern werden Reichsstatthalter eingesetzt und die Länderparlamente aufgelöst. Das Eigenleben der Länder und die Selbstverwaltung der Gemeinden wird beseitigt. Die seit Bismarcks Reichsgründung bestehende bundesstaatliche Struktur des Deutschen Reiches wird in eine einheitsstaatliche umgewandelt. Nach dem Tode Hindenburgs vereinigt Hitler die Funktionen des Reichspräsidenten und des Reichskanzlers in seiner Hand. Als »Führer des Deutschen Reiches und Volkes« läßt er Beamte und Soldaten auf seine Person vereidigen. Er bindet damit die zumeist auf ein traditionelles Treueverhältnis eingeschworenen Offiziere und Beamten noch enger an sich.

Mit Hilfe ihrer verschiedenen Gliederungen kontrolliert die NSDAP das politische und gesellschaftliche Leben. Alle politischen, wirtschaftlichen und kulturellen Organisationen werden »gleichgeschaltet«. Es beginnt mit der Zwangsorganisierung der Wirtschaft. Die Gewerkschaften werden zerschlagen. Den Arbeitern wird das im 19. Jahrhundert erkämpfte Recht auf Zusammenschluß zur Durchsetzung ihrer Interessen am Arbeitsplatz genommen. Arbeiter und Unternehmer werden einer staatlichen Einheitsorganisation eingegliedert, der »Deutschen Arbeitsfront«. Staatliche Tarifregelung tritt an die Stelle der freien Sozialpartnerschaft. Die freie Wahl des Arbeitsplatzes wird eingeschränkt, die Stellung der Unternehmer gestärkt, indem das Verhältnis Führer–Gefolgschaft auf die Betriebe übertragen wird. Das Prinzip der kapitalistischen Privatwirtschaft wird von der Partei nicht angetastet, die Produktion jedoch weitgehend staatlich gelenkt. Im Weltkrieg werden die Konzentrationslager und schließlich das ganze unterworfene Europa zum Rekrutierungsfeld für die deutsche Rüstungsindustrie.

Der Nationalsozialismus will die Gegensätze von »national« und »sozialistisch« in der »Volksgemeinschaft« aufheben. In Wirklichkeit löst er sich vom deutschen Nationalgedanken und proklamiert eine Rassenideologie. Beispielhaft zeigt sich in der Organisierung der Jugend das Prinzip der personellen und ideologischen Erfassung des ganzen Volkes. Alle bisherigen Jugendverbände werden aufgelöst und durch den

Staatsverband der »Hitlerjugend« ersetzt. Er ist ein Instrument der nationalsozialistischen Erziehung und vormilitärischen Ausbildung.

Der Aufschwung der Weltwirtschaft nach 1933 trägt zur Erholung der deutschen Wirtschaft bei. Ein Arbeitsbeschaffungsprogramm der Nationalsozialisten sieht vor allem öffentliche Arbeiten vor. Es belebt die Industrieproduktion nur wenig, holt jedoch die Arbeitslosen bei niedrigen Löhnen von der Straße. Die zunächst getarnte Aufrüstung und der Ausbau der Wehrmacht mit zweijähriger Dienstzeit lassen die Arbeitslosigkeit weiter sinken. Dieser Erfolg trägt dazu bei, daß das nationalsozialistische Regime im deutschen Volk kaum noch auf Ablehnung stößt.

Das Arbeitsbeschaffungsprogramm und die Aufrüstung werden durch Wechsel, Reichsanleihen und schließlich durch die Notenpresse finanziert. Das Reich verschuldet sich in einem bisher nicht gekannten Ausmaß. Die nationalsozialistische Wirtschaftspolitik dient seit 1933 vor allem Hitlers vor der Öffentlichkeit geheimgehaltenem Plan: dem Eroberungskrieg im Osten, der »für die Zukunft eine endgültige Lösung [...] in einer Erweiterung des Lebensraumes bzw. der Rohstoff- und Ernährungsbasis unseres Volkes« bringen soll. Der Wehrmacht und der Wirtschaft stellt Hitler 1936 folgende Aufgaben: »I. Die deutsche Armee muß in 4 Jahren einsatzfähig sein; II. Die deutsche Wirtschaft muß in 4 Jahren kriegsfähig sein«.

Die Außenpolitik, die zunächst scheinbar bruchlos an die Revisionspolitik der Weimarer Republik anknüpft, dient letztlich insgeheim von Anfang an diesem Hauptziel nationalsozialistischer Politik. Aus Furcht vor einem Krieg reagieren die Westmächte zurückhaltend und ermöglichen Hitler damit eine Fortsetzung seiner expansiven und aggressiven Außenpolitik. Erst nach der Besetzung der Tschechei durch deutsche Truppen im Frühjahr 1939 entschließen sich Frankreich und England zu einer entschiedeneren Haltung und geben gemeinsam eine Garantieerklärung für Polen ab. Nun ist klar, daß Hitler beim nächsten Schritt den großen Krieg riskiert.

Der Antisemitismus, dessen geistige Wegbereiter schon im 19. Jahrhundert zu finden sind, ist bereits in der Weimarer Republik weit verbreitet. Für Hitler ist die Rassenideologie die zentrale Idee seiner Weltanschauung. Der NSDAP gelingt es, das Gefühl des Ausgeliefertseins an anonyme gesellschaftliche Kräfte – von weiten Kreisen der Bevölkerung in der Existenzunsicherheit der Weltwirtschaftskrise erfahren – in Aggression gegen die »Weltverschwörung der Juden und Bolschewisten« umzusetzen. Seit der nationalsozialistischen Machtübernahme werden Hitlers Ideen gegenüber den »Volksfeinden« konsequent verwirklicht. Es beginnt mit Gewalttaten gegen jüdische Bürger und ihr Eigentum. Schrittweise wird den deutschen Juden jede Lebensmöglichkeit genommen. Die Ausrottung der »jüdisch-bolschewistischen Führungsschicht« und der Juden in Osteuropa wird schließlich, wie die Gewinnung von »Lebensraum« für die »germanische Herrenrasse«, erklärtes Ziel des Krieges.

Die Chancen politisch oppositioneller Kreise, gegen das NS-Regime wirksam Widerstand zu leisten, sind von Anfang an gering. Die politische Linke, Teile des bürgerlich-konservativen Lagers, Männer der Kirche und des Militärs sind sich zwar in der Ablehnung Hitlers einig, aber eine gemeinsame Front gegen ihn kommt wegen der unterschiedlichen politischen Auffassungen und vor allem wegen der perfekten Überwachung durch den Staatsapparat nicht zustande. Erst unter dem Eindruck der drohenden Folgen einer militärischen Niederlage gelingt am 20. Juli 1944 wenigstens der Versuch eines Umsturzes, der aber nicht zur Beseitigung Hitiers und zur erhofften Beendigung des Krieges wenigstens im Westen führt, sondern zur physischen Vernichtung des deutschen Widerstandes. Der unter Verschärfung des inneren Terrors bedingungslos fortgesetzte Krieg fordert bis zu seinem Ende mehr Opfer als in den Jahren bis zum 20. Juli 1944.

VI/251
NSDAP-Versammlung im Münchener Bürgerbräu-Keller um 1923

1. Die Anfänge der nationalsozialistischen Bewegung

Zu Beginn der zwanziger Jahre ist die »Nationalsozialistische Arbeiterpartei Deutschlands« eine unter vielen nationalistischen und völkischen Splittergruppen, die die neue, demokratische Republik auf das entschiedenste bekämpfen. Unter Führung Adolf Hitlers, der bereits seit 1921 eine Schlüsselrolle in der Partei spielt, verfolgt sie zunächst ein reines Putschkonzept, das jedoch mit dem Marsch zur Münchener Feldherrnhalle im November 1923 kläglich scheitert. Der anschließende Prozeß und die Festungshaft kommen jedoch Hitlers politischem Prestige zugute und lassen ihn zur zentralen Figur der nationalen Rechten aufsteigen.

Nach seiner Haftentlassung erfolgt seit 1925 de facto ein völliger Neuaufbau der Partei. Die NSDAP wird straff durchorganisiert und von den übrigen Gruppen des völkischen und nationalen Lagers abgegrenzt. Sie konzentriert sich jetzt auf einen »legalen« Weg an die Macht und auf die Massenmobilisierung nicht zuletzt auch über Wahlen. Vor allem aber wird sie von Hitler erfolgreich zu einem bedingungslos gehorsamen Instrument seines politischen Willens umgeformt.

Als sich seit dem Herbst 1929 die tiefgreifende wirtschaftliche und soziale Krise in Deutschland dramatisch zuspitzt, ist die NSDAP organisatorisch und ideologisch gerüstet, das große Auffangbecken für Enttäuschte, Verbitterte und Fanatisierte zu bilden und binnen kurzem zu einer Massenbewegung aufzusteigen. Mehr und mehr nährt – bei sich weiter verschärfender Krise – die Protestbewegung sich selbst. An Adolf Hitler und der NSDAP scheint kein politischer Weg mehr vorbeizuführen.

VI/252
(Rechte Seite)
Grundsatzprogramm der NSDAP von 1920

Grundsätzliches Programm
der nationalsozialistischen
Deutschen Arbeiter-Partei.

Das Programm der Deutschen Arbeiter-Partei ist ein Zeit-Programm. Die Führer lehnen es ab, nach Erreichung der im Programm aufgestellten Ziele neue aufzustellen, nur zu dem Zweck, um durch künstlich gesteigerte Unzufriedenheit der Massen das Fortbestehen der Partei zu ermöglichen.

1. Wir fordern den Zusammenschluß aller Deutschen auf Grund des Selbstbestimmungsrechtes der Völker zu einem Groß-Deutschland.
2. Wir fordern die Gleichberechtigung des deutschen Volkes gegenüber den anderen Nationen, Aufhebung der Friedensverträge in Versailles und St. Germain.
3. Wir fordern Land u. Boden (Kolonien) zur Ernährung unseres Volkes u. Ansiedelung unseres Bevölkerungs-Ueberschusses.
4. Staatsbürger kann nur sein, wer Volksgenosse ist. Volksgenosse kann nur sein, wer deutschen Blutes ist, ohne Rücksichtnahme auf Konfession. **Kein Jude kann daher Volksgenosse sein.**
5. Wer nicht Staatsbürger ist, soll nur als Gast in Deutschland leben können u. muß unter Fremdengesetzgebung stehen.
6. Das Recht, über Führung u. Gesetze des Staates zu bestimmen, darf nur dem Staatsbürger zustehen. Daher fordern wir, daß jedes öffentlich Amt, gleichgiltig welcher Art, gleich ob im Reich, Land oder Gemeinde nur durch Staatsbürger bekleidet werden darf. — Wir bekämpfen die korrumpierende Parlamentswirtschaft einer Stellenbesetzung nur nach Parteigesichtspunkten ohne Rücksichten auf Charakter und Fähigkeiten.
7. Wir fordern, daß sich der Staat verpflichtet, in erster Linie für die Erwerbs- u. Lebensmöglichkeit der Staatsbürger zu sorgen. Wenn es nicht möglich ist, die Gesamtbevölkerung des Staates zu ernähren, so sind die Angehörigen fremder Nationen (Nicht-Staatsbürger) aus dem Reiche auszuweisen.
8. Jede weitere Einwanderung Nicht-Deutscher ist zu verhindern. Wir fordern, daß alle Nicht-Deutschen, die seit 2. August 1914 in Deutschland eingewandert sind, sofort zum Verlassen des Reiches gezwungen werden.
9. Alle Staatsbürger müssen gleiche Rechte u. Pflichten besitzen.
10. Erste Pflicht jedes Staatsbürgers muß sein, geistig oder körperlich zu schaffen. Die Tätigkeit des Einzelnen darf nicht gegen die Interessen der Allgemeinheit verstoßen, sondern muß im Rahmen des Gesamten u. zum Nutzen Aller erfolgen.

Daher fordern wir:

11. Abschaffung des arbeits- und mühelosen Einkommens, **Brechung der Zinsknechtschaft.**
12. Im Hinblick auf die ungeheuren Opfer an Gut und Blut, die jeder Krieg vom Volke fordert, muß die persönliche Bereicherung durch den Krieg als Verbrechen am Volke bezeichnet werden. Wir fordern daher **restlose Einziehung aller Kriegsgewinne.**
13. Wir fordern die Verstaatlichung aller bisher bereits vergesellschafteten (Trust's) Betriebe.
14. Wir fordern Gewinnbeteiligung an Großbetrieben.
15. Wir fordern einen großzügigen Ausbau der Alters-Versorgung.
16. Wir fordern die Schaffung eines gesunden Mittelstandes und seine Erhaltung. Sofortige **Kommunalisierung der Groß-Warenhäuser** und ihre Vermietung zu billigen Preisen an kleine Gewerbetreibende, schärfste Berücksichtigung aller kleinen Gewerbetreibenden bei Lieferung an den Staat, die Länder oder Gemeinden.
17. Wir fordern eine unseren nationalen Bedürfnissen angepaßte Bodenrefom, Schaffung eines Gesetzes zur unentgeltlichen Enteignung von Boden für gemeinnützige Zwecke. Abschaffung des Bodenzinses und Verhinderung jeder Bodenspekulation.
18. Wir fordern den rücksichtslosen Kampf gegen diejenigen, die durch ihre Tätigkeit das Gemein-Interesse schädigen. Gemeine Volksverbrecher, **Wucherer, Schieber** usw. sind **mit dem Tode zu bestrafen,** ohne Rücksichtnahme auf Konfession und Rasse.
19. Wir fordern Ersatz für das der materialistischen Weltordnung dienende römische Recht durch ein Deutsches Gemein-Recht.
20. Um jedem fähigen und fleissigen Deutschen das Erreichen höherer Bildung und damit das Einrücken in führende Stellungen zu ermöglichen, hat der Staat für einen gründlichen Ausbau unseres gesamten Volksbildungswesens Sorge zu tragen. Die Lehrpläne aller Bildungsanstalten sind den Erfordernissen des praktischen Lebens anzupassen. Das Erfassen des Staatsgedankens muß bereits mit Beginn des Verständnisses durch die Schule (Staatsbürgerkunde) erzielt werden. Wir fordern die Ausbildung geistig besonders veranlagter Kinder armer Eltern ohne Rücksicht auf deren Stand oder Beruf auf Staatskosten.
21. Der Staat hat für die Hebung der Volksgesundheit zu sorgen durch den Schutz der Mutter und des Kindes, durch Verbot der Jugendarbeit, durch Herbeiführung der körperlichen Ertüchtigung mittels gesetzlicher Festlegung einer Turn- und Sportpflicht, durch größte Unterstützung aller sich mit körperlicher Jugend-Ausbildung beschäftigenden Vereine.
22. Wir fordern die Abschaffung der Sölnertruppen und die Bildung eines Volksheeres.
23. Wir fordern den gesetzlichen **Kampf** gegen die **bewußte politische Lüge** und ihre Verbreitung durch die Presse. Um die Schaffung einer deutschen Presse zu ermöglichen, fordern wir, daß:
    a) Sämtliche Schriftleiter u. Mitarbeiter von Zeitungen, die in Deutscher Sprache erscheinen, Volksgenossen sein müssen.
    b) Nichtdeutsche Zeitungen zu ihrem Erscheinen der ausdrücklichen Genehmigung des Staates bedürfen. Sie dürfen nicht in deutscher Sprache gedruckt werden.
    c) Jede finanzielle Beteiligung an Deutschen Zeitungen oder deren Beeinflussung durch Nichtdeutsche gesetzlich verboten wird, u. fordern als Strafe für Uebertretungen die Schließung einer solchen Zeitung, sowie die sofortige Ausweisung der daran beteiligten Nichtdeutschen aus dem Reich.
    Zeitungen, die gegen das Gemeinwohl verstoßen, sind zu verbieten. Wir fordern den gesetzlichen Kampf gegen eine Kunst- u. Literatur-Richtung, die einen zersetzenden Einfluß auf unser Volksleben ausübt u. die Schließung von Veranstaltungen, die gegen vorstehende Forderung verstoßen.
24. Wir fordern die Freiheit aller religiösen Bekenntnisse im Staat, soweit sie nicht dessen Bestand gefährden oder gegen das Sittlichkeits- u. Moralgefühl der germanischen Rasse verstoßen. Die Partei als solche vertritt den Standpunkt eines positiven Christentums, ohne sich konfessionell an ein bestimmtes Bekenntnis zu binden. Sie bekämpft den jüdisch-materialistischen Geist **in** und **außer** uns und ist überzeugt, daß eine dauernde Genesung unseres Volkes nur erfolgen kann von **innen** heraus auf der Grundlage:

Gemeinnutz vor Eigennutz.

25. Zur Durchführung alles dessen fordern wir die Schaffung einer starken Zentralgewalt des Reiches.
    Unbedingte Autorität des politischen Zentralparlaments über das gesamte Reich u. seine Organisationen im allgemeinen.
    Die Bildung von Stände- und Berufskammern zur Durchführung der vom Reich erlassenen Rahmengesetze in den einzelnen Bundesstaaten.

Die Führer der Partei versprechen, wenn nötig unter Einsatz des eigenen Lebens, für die Durchführung der vorstehenden Punkte rücksichtlos einzutreten.

München, den 24. Februar 1920. Für den **Partei-Ausschuß:** Anton Drexler

Spenden und Beiträge sind zu richten an die Geschäftsstelle München: **Corneliusstr. 12** (Tel. 23620)

Geschäftsstunden 9—12 Uhr vorm., 2—6 Uhr nachm.

Münchener Plakatdruckerei, Schreiber & Hartl
Geschäftsstellen: Rosenthal 6 und Ledererstraße 3

Anfänge in Bayern

Bis zum Putsch vom November 1923 ist die im Oktober 1918 in München als »Deutsche Arbeiter-Partei« gegründete und im März 1920 umbenannte NSDAP eine weitgehend auf Bayern beschränkte völkisch-nationale Splittergruppe. In ihrem Programm vom Februar 1920, das 1926 von Hitler für unabänderlich erklärt wird, das aber nur wenig praktisch-politische Bedeutung besitzt, verbinden sich die Ablehnung der liberalen parlamentarischen Demokratie mit Parolen gegen die marxistische Linke und die Republik, verworren antikapitalistische Forderungen mit einem scharfen völkischen Antisemitismus. Diese Mischung entspricht der Stimmung eines erheblichen Bevölkerungsteils in den krisengeschüttelten Anfangsjahren der Republik, doch bleibt ihre Resonanz aufgrund der relativen Stabilisierung begrenzt.

Mein Kampf

Eine Abrechnung

von

Adolf Hitler

1. Band

1925

Verlag Franz Eher Nachfolger G.m.b.H.
München NO 2

VI/253
Adolf Hitler, Mein Kampf, Titelblatt des ersten Bandes

Die Partei und ihre Organisationen

Nur dem Namen nach ist die NSDAP eine politische Partei. Weit eher ist sie der organisatorische Kern einer politischen Kampfbewegung, die unter der unumstrittenen

VI/254
Sitzung des NSDAP-Vorstands in München 1928

VI/255
SA-Sturmlokal in Berlin 1932

Führung Adolf Hitlers einen breiten Massenanhang zu mobilisieren versucht. Eine wichtige Rolle in diesen Bemühungen spielen neben der SA, die als »Parteiarmee« diesen Kampf in hohem Maße trägt, zahlreiche Unterorganisationen, die gezielt verschiedene Bevölkerungsgruppen ansprechen sollen: die »Hitlerjugend« und der besonders erfolgreich wirkende »Nationalsozialistische Deutsche Studentenbund«, dazu die speziellen Bünde für einzelne Berufe wie Juristen, Ärzte, Lehrer und »Kulturschaffende« oder auch die »Nationalsozialistische Betriebszellenorganisation«.

Führer, Mitglieder und Wähler

Den eigentlichen Kern der NSDAP und ihrer Führung bilden vielfach bereits seit den frühen zwanziger Jahren jüngere, durch Krieg und Revolutionswirren sozial entwurzelte und politisch radikalisierte Vertreter der »Frontkämpfergeneration«, jenes Typus, den Hitler selbst am besten verkörpert. Unter den Mitgliedern, die seit 1930 so zahlreich in die Partei strömen, sie aber oft auch nach kurzer Zeit wieder verlassen, sind mittelständische und kleinbürgerliche Gruppen zwar überrepräsentiert, sind jedoch insgesamt alle Bevölkerungsschichten vertreten, darunter ein hoher Anteil von Arbeitern. Dies gilt nicht zuletzt, wie neuere Untersuchungen gezeigt haben, auch für die Wählerschaft der Partei: Der Aufstieg des Nationalsozialismus vollzieht sich nicht nur als Radikalisierung des bürgerlichen Mittelstandes, sondern in Form einer breiten schichtenübergreifenden Protestbewegung.

VI/256
Reichskanzler Hitler und Mitglieder seines Kabinetts in Berlin 1933

2. Die »Machtergreifung«

Als Adolf Hitler am 30. Januar 1933 von Reichspräsident Hindenburg zum Reichskanzler ernannt wird, tritt er an die Spitze einer Koalitionsregierung. In ihr übernehmen neben Hitler zunächst nur zwei weitere Nationalsozialisten Regierungsämter. Die Mehrheit stellen parteilose konservative Minister, Deutschnationale und Vertreter des Stahlhelm. Vizekanzler von Papen und der DNVP-Vorsitzende Hugenberg sind überzeugt, die Nationalsozialisten erfolgreich »eingerahmt« und für ihre Politik einer konservativen Wende eingespannt zu haben.

Doch vermitteln bereits die Vorgänge am 30. Januar 1933, die jubelnden Menschenmengen und die Fackelzüge der SA, ein ganz anderes Bild der politischen Kräfteverteilung. Die Nationalsozialisten sprechen von der »Machtergreifung«: In beispielloser Radikalität gelingt es ihnen in den folgenden Wochen, die wichtigsten politischen Gegner auszuschalten und die scheinbar so kräftigen Gegengewichte, vor allem die Ministerialbürokratie und die Reichswehr, in den Dienst ihrer Politik zu stellen.

Schon in den ersten Februartagen beginnt die Unterdrückung der Opposition. SA und SS steigern, nun formal durch die Staatsgewalt gedeckt, ihre terroristischen Übergriffe. Die Pressefreiheit wird eingeschränkt, die Tätigkeit der anderen Parteien behindert, der Beamtenapparat von mißliebigen Personen gesäubert. Eine entscheidende Beschleunigung des Vorgehens ermöglicht der Reichstagsbrand vom 27. Februar 1933. Obwohl die Regierung Hitler in der Reichstagswahl vom 5. März 1933 eine ausreichende Mehrheit erhält, verlangt sie vom Reichstag diktatorische Vollmachten. Mit dem »Ermächtigungsgesetz«, das am 23. März 1933 von einer Zweidrittelmehrheit gebilligt wird, besiegelt das Parlament selbst das Ende der ersten deutschen Demokratie. »Das parlamentarische System«, so kommentiert der »Völkische Beobachter«, »kapituliert vor dem neuen Deutschland.«

Der 30. Januar 1933

Der neue Reichskanzler Adolf Hitler führt – wie schon seine Amtsvorgänger – ein Präsidialkabinett. Seine Ernennung ist ein weiterer Versuch von konservativer Seite, die schwere wirtschaftliche und politische Krise des Weimarer Staates auf autoritärem Wege zu lösen, diesmal jedoch unter Einbeziehung des nationalsozialistischen Massenanhangs. Den Nationalsozialisten aber eröffnet diese Konstellation außergewöhnliche Chancen. Sie können die große Macht, die sich seit 1930 in den Händen des Reichspräsidenten und der Präsidialkabinette konzentriert hat, mit der ungeheuren Dynamik und Kraft einer antidemokratischen Massenbewegung verbinden. Gerade aus dieser Verknüpfung und dem geschickten wechselweisen Einsatz beider Machtpotentiale erklärt sich die rasche Errichtung der NS-Diktatur.

Der Reichstagsbrand

In der Nacht vom 27. zum 28. Februar 1933 brennt das Reichstagsgebäude. Vor allem der Plenarsaal und Teile der darüberliegenden Kuppel werden ein Raub der Flammen. Der Brandanschlag auf das

VI/257
Fackelzug der SA am Abend des 30. Januar 1933

VI/258
Das brennende Reichstagsgebäude am Abend des 27. Februar 1933

zentrale Bauwerk der parlamentarisch-demokratischen Republik ist die Tat eines Einzelnen, des jungen Niederländers Marinus van der Lubbe. Die NS-Propaganda legt die Brandstiftung jedoch den Kommunisten zur Last und nutzt sie zu einem verschärften Vorgehen gegen die Gegner des Regimes. Gerade weil sich der Reichstagsbrand so hervorragend in die Pläne der Nationalsozialisten einfügt und sie sich seiner so virtuos und mit so nachhaltiger Wirkung bedienen, kommt bald auch der Verdacht einer nationalsozialistischen Täterschaft auf. Sie läßt sich jedoch – wie heute nach langer kontroverser Diskussion deutlich ist – nicht belegen.

VI/259
(Rechte Seite)
Notverordnung des Reichspräsidenten »zum Schutz von Volk und Staat« vom 28. Februar 1933

83

Reichsgesetzblatt

Teil I

1933	Ausgegeben zu Berlin, den 28. Februar 1933	Nr. 17

Inhalt: Verordnung des Reichspräsidenten zum Schutz von Volk und Staat. Vom 28. Februar 1933 .... S. 83

Verordnung des Reichspräsidenten zum Schutz von Volk und Staat. Vom 28. Februar 1933.

Auf Grund des Artikels 48 Abs. 2 der Reichsverfassung wird zur Abwehr kommunistischer staatsgefährdender Gewaltakte folgendes verordnet:

§ 1

Die Artikel 114, 115, 117, 118, 123, 124 und 153 der Verfassung des Deutschen Reichs werden bis auf weiteres außer Kraft gesetzt. Es sind daher Beschränkungen der persönlichen Freiheit, des Rechts der freien Meinungsäußerung, einschließlich der Pressefreiheit, des Vereins- und Versammlungsrechts, Eingriffe in das Brief-, Post-, Telegraphen- und Fernsprechgeheimnis, Anordnungen von Haussuchungen und von Beschlagnahmen sowie Beschränkungen des Eigentums auch außerhalb der sonst hierfür bestimmten gesetzlichen Grenzen zulässig.

§ 2

Werden in einem Lande die zur Wiederherstellung der öffentlichen Sicherheit und Ordnung nötigen Maßnahmen nicht getroffen, so kann die Reichsregierung insoweit die Befugnisse der obersten Landesbehörde vorübergehend wahrnehmen.

§ 3

Die Behörden der Länder und Gemeinden (Gemeindeverbände) haben den auf Grund des § 2 erlassenen Anordnungen der Reichsregierung im Rahmen ihrer Zuständigkeit Folge zu leisten.

§ 4

Wer den von den obersten Landesbehörden oder den ihnen nachgeordneten Behörden zur Durchführung dieser Verordnung erlassenen Anordnungen oder den von der Reichsregierung gemäß § 2 erlassenen Anordnungen zuwiderhandelt oder wer zu solcher Zuwiderhandlung auffordert oder anreizt, wird, soweit nicht die Tat nach anderen Vorschriften mit einer schwereren Strafe bedroht ist, mit Gefängnis nicht unter einem Monat oder mit Geldstrafe von 150 bis zu 15 000 Reichsmark bestraft.

Wer durch Zuwiderhandlung nach Abs. 1 eine gemeine Gefahr für Menschenleben herbeiführt, wird mit Zuchthaus, bei mildernden Umständen mit Gefängnis nicht unter sechs Monaten und, wenn die Zuwiderhandlung den Tod eines Menschen verursacht, mit dem Tode, bei mildernden Umständen mit Zuchthaus nicht unter zwei Jahren bestraft. Daneben kann auf Vermögenseinziehung erkannt werden.

Wer zu einer gemeingefährlichen Zuwiderhandlung (Abs. 2) auffordert oder anreizt, wird mit Zuchthaus, bei mildernden Umständen mit Gefängnis nicht unter drei Monaten bestraft.

§ 5

Mit dem Tode sind die Verbrechen zu bestrafen, die das Strafgesetzbuch in den §§ 81 (Hochverrat), 229 (Giftbeibringung), 307 (Brandstiftung), 311 (Explosion), 312 (Überschwemmung), 315 Abs. 2 (Beschädigung von Eisenbahnanlagen), 324 (gemeingefährliche Vergiftung) mit lebenslangem Zuchthaus bedroht.

Mit dem Tode oder, soweit nicht bisher eine schwerere Strafe angedroht ist, mit lebenslangem Zuchthaus oder mit Zuchthaus bis zu 15 Jahren wird bestraft:

1. Wer es unternimmt, den Reichspräsidenten oder ein Mitglied oder einen Kommissar der Reichsregierung oder einer Landesregierung zu töten oder wer zu einer solchen Tötung auffordert, sich erbietet, ein solches Erbieten annimmt oder eine solche Tötung mit einem anderen verabredet;
2. wer in den Fällen des § 115 Abs. 2 des Strafgesetzbuchs (schwerer Aufruhr) oder des § 125 Abs. 2 des Strafgesetzbuchs (schwerer Landfriedensbruch) die Tat mit Waffen oder in bewußtem und gewolltem Zusammenwirken mit einem Bewaffneten begeht;
3. wer eine Freiheitsberaubung (§ 239) des Strafgesetzbuchs in der Absicht begeht, sich des der Freiheit Beraubten als Geisel im politischen Kampfe zu bedienen.

§ 6

Diese Verordnung tritt mit dem Tage der Verkündung in Kraft.

Berlin, den 28. Februar 1933.

Der Reichspräsident
von Hindenburg

Der Reichskanzler
Adolf Hitler

Der Reichsminister des Innern
Frick

Der Reichsminister der Justiz
Dr. Gürtner

VI/260
Verhaftung politischer Gegner 1933

Die Verfolgung der Opposition

Der Reichstagsbrand liefert den Vorwand, die bereits begonnene Unterdrückung aller oppositionellen Kräfte entscheidend zu intensivieren. Mit der Notverordnung des Reichspräsidenten »zum Schutz von Volk und Staat« werden am 28. Februar 1933 die wichtigsten Grundrechte und rechtsstaatlichen Sicherungen außer Kraft gesetzt. Die Abgeordneten und führenden Funktionäre der KPD werden verhaftet, kommunistische und sozialdemokratische Zeitungen verboten, die Wahlkampfaktivitäten vor allem der politischen Linken, aber auch der anderen Parteien massiv behindert. SA und SS, die in Preußen seit dem 22. Februar als Hilfspolizei eingesetzt sind, beginnen mit systematischem Terror gegen politische Gegner. Allein in Preußen werden bis Mitte März etwa 10.000 Personen inhaftiert.

Reichstagswahl und Ermächtigungsgesetz

In einer Atmosphäre höchster politischer Erregung, tiefer Rechtsunsicherheit und offenen Terrors findet am 5. März 1933 die Neuwahl des Reichstags statt. Trotz der massiven Einschränkungen der politischen Freiheit kann die NSDAP nur 43,9% der Stimmen auf sich vereinigen, doch verfügt sie zusammen mit der DNVP und dem Stahlhelm über eine ausreichende Mehrheit. Hitler aber will sich von allen Bindungen an die Verfassung und von der Kon-

VI/261
Hitler und Reichspräsident von Hindenburg am »Tag von Potsdam«, dem 21. März 1933

trolle des Parlaments durch ein »Ermächtigungsgesetz« befreien. Es wird am 23. März 1933 von einer Zweidrittelmehrheit des Reichstags, darunter das Zentrum und die Liberalen, angenommen. Nur die Sozialdemokraten – die kommunistischen Abgeordneten sind bereits nicht mehr vertreten – stimmen gegen die völlige Entmachtung des Parlaments und die Beseitigung der Demokratie.

VI/262
Hitler vor dem Reichstag bei der Begründung des Ermächtigungsgesetzes am 23. März 1933

3. Die »Gleichschaltung«

In geradezu atemberaubendem Tempo fallen nach den Märzwahlen die Institutionen und Grundpfeiler der demokratischen Ordnung der sich etablierenden NS-Diktatur zum Opfer. Schritt für Schritt werden die staatlichen Organe und die gesellschaftlichen Institutionen dem Regime unterworfen, politische Gegner ausgeschaltet, deren Organisationen zur Aufgabe gezwungen oder aufgelöst.

Die Methoden, mit denen die Nationalsozialisten dabei arbeiten, sind stets ähnlich beschaffen: Druck von oben und unten, von seiten der Staatsmacht und der Straße wechseln einander ebenso ab, wie skrupellose Gewalttaten neben penibleN Bemühungen stehen, in Gesetzen und Verordnungen eine Scheinlegalität zu wahren. Den Nationalsozialisten kommt zudem entgegen, daß sie sich bei vielen Maßnahmen – vor allem gegen die politische Linke – weitgehender Sympathien bürgerlich-konservativer Kreise erfreuen können, denen erst viel zu spät bewußt wird, daß die nationalsozialistische Repressionspolitik sie keineswegs auszunehmen gedenkt.

Am 6. Juli 1933 kann Adolf Hitler in einer ersten Bilanz mit Genugtuung feststellen, der »totale Staat« stehe vor seiner Vollendung. Noch nicht entschieden sind freilich zu diesem Zeitpunkt verschiedene Machtfragen innerhalb des nationalsozialistischen Lagers, insbesondere das Verhältnis zwischen NS-Führung und SA. In einer blutigen Mordserie wird am 30. Juni 1934 auf persönliche Anordnung Hitlers allen Ansprüchen der SA-Führung auf eine Teilhabe an der militärischen Macht ein Ende bereitet. Seinen endgültigen Abschluß findet der Prozeß der »Gleichschaltung« nach dem Tod von Reichspräsident Hindenburg am 2. August 1934, als die Ämter von Reichspräsident und Reichskanzler vereinigt werden und die Reichswehr durch den Eid auf den »Führer und Reichskanzler« Adolf Hitler verpflichtet wird.

Der Weg in den totalen Staat

Unmittelbar nach der Reichstagswahl beginnt die »Gleichschaltung« der Länder. Wo sich Widerstand gegen die Machtübernahme der Nationalsozialisten regt, werden SA und SS als Unruhestifter eingesetzt, um dann unter Hinweis auf die unruhige Lage einen Reichs-

VI/263
Gleichgeschaltete Justiz

VI/264
SA-Trupp vor dem Münchener Gewerkschaftshaus am 2. Mai 1933

kommissar ernennen zu können. Als letztes Land muß am 9. März Bayern kapitulieren. Am 31. März und 7. April wird dieser Prozeß mit zwei Reichsgesetzen besiegelt: An die Spitze der Länder treten vom Reich eingesetzte Reichsstatthalter. Parallel zur Aufhebung der föderalistischen Ordnung und der Gemeindeautonomie vollzieht sich die »Säuberung« des Beamtenapparats und der Justiz. Nach dem Gesetz zur »Wiederherstellung des Berufsbeamtentums« vom 7. April 1933 kann jeder Beamte und Richter entlassen werden, der sich nicht rückhaltlos zum nationalsozialistischen Staat bekennt.

Das Ende der Parteien

Nachdem die demokratischen Parteien spätestens mit dem Ermächtigungsgesetz ihren politischen Einfluß eingebüßt haben, vollzieht sich im Juni/Juli 1933 auch ihr organisatorisches Ende. Die SPD, deren Organisation sich bereits in Auflösung befindet und deren Parteivorstand nach der Besetzung der Parteibüros am 10. Mai größtenteils ins Prager Exil geflohen ist, wird am 22. Juni verboten. Auch für die übrigen Parteien bleibt nun kein politischer Spielraum mehr. Sie sehen sich zur Selbstauflösung gezwungen – zuletzt am 4. und 5. Juli die katholische Zentrumspartei und ihre bayerische Schwesterorganisation, die BVP. Am 14. Juli 1933 schließt ein Gesetz »gegen die Neubildung von Parteien« diese Entwicklung ab. Der nationalsozialistische Einparteienstaat ist vollendet.

Die Auflösung der Gewerkschaften

Aus Sorge um den Erhalt der eigenen Organisation wenden sich die Freien Gewerkschaften von der SPD ab und bemühen sich um eine Zusammenarbeit mit den neuen Machthabern. Diese gehen scheinbar darauf ein: Der 1. Mai, der traditionelle Kampftag der Arbeiterbewegung, wird ausgerechnet vom NS-Regime zum nationalen Feiertag erklärt. Hunderttausende, darunter führende Gewerkschaftsvertreter,

VI/265
Katholische Bischöfe und führende NS-Politiker 1935

folgen dem Aufruf des Regimes. Doch bereits am nächsten Tag werden die Gewerkschaftshäuser von der SA und SS besetzt, die Funktionäre verhaftet und das Vermögen beschlagnahmt. An die Stelle der alten weltanschaulich differenzierten Gewerkschaften tritt am 6. Mai 1933 als neue Einheitsorganisation die »Deutsche Arbeitsfront«.

Der NS-Staat und die Kirchen

Auch die Kirchen treten dem nationalsozialistischen Alleinherrschaftsanspruch nicht entgegen. Vor allem die evangelische Kirche ordnet sich – in der Tradition protestantischen Staatskirchentums – bereitwillig in den NS-Staat ein. Nur eine Minderheit evangelischer Pfarrer opponiert

VI/266
Hitler und der protestantische »Reichsbischof« Müller

VI/267
Vereidigung der Reichswehr auf Adolf Hitler am 2. August 1934

als »Bekennende Kirche« gegen diese Haltung. Die katholische Kirche erweist sich als widerstandsfähiger und kann insbesondere ihre Geschlossenheit als Glaubensgemeinschaft wahren. Sie tut dies freilich um den Preis völliger politischer Abstinenz. Mit dem Reichskonkordat, das am 20. Juli 1933 zwischen dem Vatikan und dem Deutschen Reich geschlossen wird, trägt sie sogar erheblich dazu bei, das Ansehen des NS-Regimes in der katholischen Bevölkerung und auf der internationalen Bühne zu stärken.

Die Juni-Morde

Seit dem Sommer 1933 kommen zwischen der NSDAP-Führung um Hitler und der SA unter Ernst Röhm zunehmend Spannungen auf. Die SA, die bald auf mehr als drei Millionen Mann anwächst, will die nationalsozialistische »Revolution« weiter vorantreiben und begreift sich vor allem als die zukünftige Armee. Diese Ansprüche gefährden den Machtkompromiß, den die Nationalsozialisten mit der Reichswehr eingegangen sind, wie auch die Machtstellung Hitlers. Am 30. Juni 1934 geht Hitler persönlich mit Unterstützung der SS und der Reichswehr gegen die SA-Führung vor: Etwa 100 Personen werden ohne Gerichtsverfahren hingerichtet, darunter auch konservative Gegner der Nationalsozialisten wie der letzte Reichskanzler der Weimarer Republik, General von Schleicher. Die Morde werden nachträglich in einem Gesetz als »Akt der Staatsnotwehr« gerechtfertigt.

4. Der »Führerstaat«

Adolf Hitler, der »Führer der Nation«, vereinigt nach dem Tod des Reichspräsidenten eine außerordentliche Machtfülle auf sich. Er ist Staatsoberhaupt und Regierungschef, Oberbefehlshaber der Wehrmacht, »oberster Gerichtsherr« und Führer der Partei. Die nationalsozialistische Propaganda betont noch darüber hinaus die Allmacht des Führers und stellt jeden politischen Erfolg als sein persönliches Werk dar. Aber auch rückblickend ist nicht zu übersehen, daß Hitlers Weltanschauung, sein politisches Programm ganz unmittelbar die Entwicklung des nationalsozialistischen Deutschland prägen. Weder die Rassenpolitik noch die außenpolitische Ausrichtung auf den Eroberungs- und Vernichtungskrieg im Osten sind ohne Hitler in dieser Weise denkbar. Das Dritte Reich ist insofern durch die Alleinherrschaft eines Mannes charakterisiert.

Auf der anderen Seite bildet sich unter der NS-Herrschaft ein kaum mehr überschaubares Neben- und Gegeneinander verschiedenster Behörden, Sonderapparate, Parteigliederungen sowie Gestapo- und SS-Dienststellen aus. Machtkämpfe, Kompetenzkonflikte, Ansätze zur Auflösung einer durchstrukturierten staatlichen Bürokratie und wachsende Reibungsverluste kennzeichnen die Verwaltung des Dritten Reiches. Das administrative Chaos eröffnet immer wieder einzelnen Parteiführern die Chance, eigene Ziele durchzusetzen, und es schafft Freiräume, in denen sich eine radikale nationalsozialistische Politik ungehemmt entfalten kann. Hitler selbst ist es, der sich genaueren Festlegungen und zentralistischen Regelungen widersetzt, der sich rationalen Effizienzkriterien verweigert. Gerade diese Weigerung sichert seine persönliche Machtstellung und die Durchsetzung seiner radikalen politischen Ziele. Führerdiktatur und Verwaltungschaos widersprechen sich nicht, sondern sind zwei Seiten ein und derselben Medaille.

Adolf Hitler als »Führer der Nation«

Schon vor 1933 ist Adolf Hitler die unbestrittene Zentralfigur der NS-Bewegung. Doch nimmt die Herausstellung seiner Person durch die von Joseph Goebbels perfekt inszenierte Propaganda nach der »Machtergreifung« noch einmal ganz neue Dimensionen an. Mit jedem Erfolg vor allem bei der Bekämpfung der Wirtschaftskrise und in der Außenpolitik steigert sich der Mythos des Führers. Die Verehrung weiter Kreise der deutschen Bevölkerung für Hitler nimmt zunehmend pseudereligiöse Züge an. Dieser Führerglaube wird zum entscheidenden Integrationsmittel des Dritten Reiches. Er trägt auch wesentlich dazu bei, daß viele Deutsche sich bereit zeigen, dem Führer in einen Krieg und eine verbrecherische Politik zu folgen, für die es kein Beispiel gibt.

Die Rolle der Partei

Nach der Machtergreifung werden Staat und Gesellschaft mit einem Netz von Gliederungen und Unterorganisationen der NSDAP überzogen, die teilweise neben bestehende Einrichtungen treten, sie teilweise auch ersetzen. Die Partei und viele ihrer einflußreichen Führer sind das dynamische Element im NS-Staat. Sie unterhöhlen die staatlichen Normen und die überlieferten Kompetenzverteilungen. Sie sind die Kräfte, die die nationalsozialistische Umwälzung in der Wirt-

VI/268
(Rechte Seite)
NS-Propaganda am Brandenburger Tor in Berlin vor der Reichstagswahl vom 5. März 1933

Führer befiehl wir folgen!

VI/269
Nächtliche Kundgebung auf dem Nürnberger Zeppelinfeld anläßlich des Reichsparteitages am 11. September 1936

schaft, in der gesellschaftlichen Struktur, auch auf dem Feld der rassischen und politischen Verfolgung entschieden vorantreiben. Schon früh ist die NSDAP deshalb mit einem negativen Image behaftet, während Hitler – ganz entgegen der realen Verantwortung – als angeblicher Gegner der radikalen Kräfte positiv gesehen wird.

Der SS-Staat

Nach der Ausschaltung der SA am 30. Juni 1934 steigt die SS unter Führung Heinrich Himmlers und seines Stellvertreters Heydrich zur mächtigsten Organisation im NS-Staat auf. In ihr, die sich selbst auch rassisch als die Elite des Dritten Reiches versteht, verkörpern sich am stärksten die nationalsozialistische Weltanschauung und die bedingungslose Ergebenheit gegenüber dem Führer. Die SS entwickelt sich mehr und mehr zu einem Staat im Staate, in den Händen ihrer Führungsspitze laufen die wichtigsten Fäden zusammen. Vor allem ist sie zuständig für das nationalsozialistische Terrorsystem; ihr unterstehen die Konzentrationslager und die politische Polizei. Und sie führt den rassenpolitischen Vernichtungsfeldzug durch und ist damit verantwortlich für den millionenfachen Mord.

VI/270
Feldmarschmäßig angetretene SS-Einheiten auf dem Nürnberger Reichsparteitagsgelände

5. Verfolgung und Widerstand

Die nationalsozialistische Diktatur kann nur auf dem Wege der gewaltsamen Unterdrückung politisch Andersdenkender errichtet werden. Bereits wenige Tage nach der »Machtergreifung« beginnt die Verfolgung der politischen Opposition, beginnt aber auch die Formierung des Widerstandes gegen das NS-Regime.

Getragen wird der Widerstand anfangs überwiegend von Kommunisten und Sozialdemokraten, die auch das primäre Ziel nationalsozialistischer Verfolgungsmaßnahmen sind, und einzelnen Vertretern der Kirchen. Dieser frühe Widerstand hat nicht nur mit dem skrupellosen NS-Terror zu kämpfen, sondern auch mit inneren Gegensätzen und der großen Zustimmung, die das Regime aufgrund seiner politischen Erfolge findet. Es gelingt den oppositionellen Kräften lediglich, einzelne konspirative Organisationen aufzubauen, nicht aber eine starke und geschlossene Widerstandsbewegung zu formen. Manche spektakuläre Aktion wie das Attentat auf Hitler im Münchener Bürgerbräukeller 1938 ist das Werk von Einzelgängern.

Mit Beginn des Krieges werden die Bedingungen eher noch schwieriger. Der Rückhalt des Regimes in der Bevölkerung ist nach wie vor groß, die Überwachung aller politischen Aktivitäten wird noch strenger, die Verfolgungsmaßnahmen verschärfen sich weiter. Unter den Bedingungen des Krieges muß zudem jede Aktion gegen die eigene Regierung als Hoch- und Landesverrat erscheinen – ein Dilemma, aus dem sich speziell viele Offiziere nur schwer lösen können. Dennoch wird der Widerstand nun zunehmend durch neue Kräfte von kon-

VI/271
Einweisung demokratischer Politiker und Journalisten in das Konzentrationslager Oranienburg am 10. April 1933

servativer Seite und aus Militärkreisen gestärkt, die nach 1933 zunächst loyal mit dem NS-Regime zusammengearbeitet haben. Aus ihren Reihen stammt die Mehrzahl der Verschwörer, die am 20. Juli 1944 einen letzten Versuch unternehmen, den Diktator zu beseitigen und den Krieg zu beenden. Sie bezahlen ihn – wie so viele, die gegen das Regime opponieren – mit dem Leben.

Widerstand und Verfolgung von Parlamentariern

Die Verfolgungsmaßnahmen des NS-Regimes zielen von Anfang an vor allem auch gegen die Abgeordneten des Reichstages und der Landtage. Sie repräsentieren für die Nationalsozialisten wie keine andere Gruppe die verhaßte Weimarer Republik. Sie sind aber auch oft diejenigen, die noch nach der Machtergreifung öffentlich ihre Stimme gegen das Regime erheben, etwa mit dem mutigen Votum der SPD-Fraktion gegen das Ermächtigungsgesetz. Allein in den ersten Monaten des Jahres 1933 werden neun Reichstagsabgeordnete ermordet. Bis zum Kriegsende finden über 100 ehemalige Mitglieder des Reichstags den Tod, vor allem Kommunisten und Sozialdemokraten, aber auch viele Abgeordnete der bürgerlichen Parteien. Weit mehr Parlamentarier sind für lange Zeit in KZs oder Gefängnissen inhaftiert, werden mißhandelt und gefoltert, aus ihren Berufen vertrieben oder müssen emigrieren.

VI/272
Inhaftierte an der großen Straßenwalze im KZ Dachau 1933

VI/273
Häftling im elektrischen Zaun eines Konzentrationslagers

Das Terrorsystem

Bereits kurz nach der »Machtergreifung« entsteht ein improvisiertes Unterdrückungssystem mit zahlreichen, teilweise »wilden« Lagern der SA für die in »Schutzhaft« genommenen politischen Gegner. Unter der Aufsicht der SS wird dieses Unterdrückungsinstrument in der Folgezeit systematisch ausgebaut. Ein Netz von Konzentrationslagern, in denen brutal mißhandelt und gemordet wird, überzieht Deutschland. Neben den politischen Gefangenen werden in den KZs zunehmend auch »volksschädigende Elemente« und Angehörige der verfolgten Minderheiten, Juden, Sinti und Roma, Homosexuelle und andere, inhaftiert. Im Krieg wird das KZ-System nicht nur auf die besetzten Länder ausgeweitet, sondern steigt auch die Zahl der Häftlinge von rund 25.000 auf mehrere Millionen an.

VI/274
Studentische Mitglieder der Widerstandsgruppe »Weiße Rose« in München am 23. Juli 1942

Die Emigration

Ein Weg, sich der »Gleichschaltung« durch die Nationalsozialisten zu entziehen, besteht in der Flucht ins Ausland. Oft ist sie auch die einzige Möglichkeit, sich vor persönlichen Verfolgungen in Sicherheit zu bringen. Neben den Politikern stellen von Anfang an Künstler und Wissenschaftler einen hohen Anteil der Emigranten. Dabei sind

VI/275
Der Besprechungsraum im Führerhauptquartier Wolfsschanze nach dem Attentat am 20. Juli 1944

oft Überschneidungen zur jüdischen Emigration gegeben, die mit rund 500.000 Fällen die übrige Auswanderung weit übersteigt. Der Blick der meisten Emigranten bleibt nach Deutschland gerichtet: Viele versuchen sich auch von außen im Kampf gegen das NS-Regime zu engagieren oder erheben doch zumindest den Anspruch, das »andere Deutschland« zu repräsentieren. Eine wirkungsvolle Oppositionsbewegung vermag sich jedoch auch im Exil nicht zu formieren.

Der 20. Juli 1944

Erst spät finden auch national-konservative Kreise – die einzigen, die durch ihre Schlüsselpositionen in Militär und Bürokratie dem Regime ernsthaft gefährlich werden können – den Weg in den Widerstand. Ihre Opposition beginnt sich seit 1938 zu regen, als zunehmend deutlich wird, daß Hitlers Außenpolitik den Bestand des Reiches gefährdet. Doch vergehen noch Jahre, bis die verschiedenen Zirkel unter dem Eindruck der militärischen Rückschläge und der millionenfachen Verbrechen enger zusammenfinden und am 20. Juli 1944 mit einem Attentat auf Hitler den Staatsstreich wagen. Den Verschwörern ist bewußt, daß sie die militärische Niederlage Deutschlands kaum noch abwenden können, daß vielmehr die Bedeutung ihrer Tat vor allem darin liegt, »vor der Welt und vor der Geschichte« zu bezeugen (Henning von Tresckow), daß es in Deutschland eine Erhebung gegen das NS-Regime und seine Verbrechen gegeben hat.

VI/276
Prozeß vor dem Volksgerichtshof

6. Die »Volksgemeinschaft«

VI/277
Werbeprospekt für den KdF-Wagen 1938

Die wohl zugkräftigste Propagandaformel der Nationalsozialisten ist die Idee der »Volksgemeinschaft«. In ihr bündeln sich – ähnlich wie in der marxistischen Utopie der klassenlosen Gesellschaft – unterschiedlichste Erwartungen und Zielsetzungen. Zugleich rückwärtsgewandt und zukunftsorientiert, ist die Idee der »Volksgemeinschaft« einerseits der Versuch, über die tiefen Zerklüftungen der modernen Gesellschaft hinwegzutäuschen, und andererseits Ausdruck des Bestrebens, über die nach wie vor bestehenden Scheidelinien hinweg eine Gesellschaft von Gleichen zu schaffen.
In diesem Sinne betont die nationalsozialistische Politik mit einer Fülle von Kampagnen, Einrichtungen und Regelungen die soziale Gleichheit und die Solidarität im Rahmen der »Volksgemeinschaft«: An die Stelle der alten Gewerkschaften tritt für alle »Arbeiter der Stirn und der Faust« die »Deutsche Arbeitsfront«. Auch die Hitlerjugend, der »Reichsarbeitsdienst« und der Wehrdienst sollen soziale

VI/278
Sammelaktion des Winterhilfswerks in Berlin

Unterschiede abschleifen. Das »Winterhilfswerk« fordert zur Solidarität mit den sozial Schwachen auf. Die Organisation »Kraft durch Freude« soll auch den unteren Schichten Urlaubsreisen oder später den Kauf eines Autos ermöglichen. Auf der anderen Seite ist unübersehbar, daß die »Volksgemeinschaft« des Nationalsozialismus alles andere als eine pluralistisch-demokratische Ordnung sein will, die von den vorhandenen sozialen Differenzierungen und Gegensätzen in der Gesellschaft ausgeht und einen gerechten Ausgleich zwischen ihnen durch die Austragung von Konflikten zu schaffen versucht. Vielmehr zielt die nationalsozialistische Volksgemeinschaftsideologie darauf, die Menschen aus allen gewachsenen sozialen Bindungen herauszureißen und sie damit verfügbar zu machen für den umfassenden ideologischen Zugriff des Regimes.

Modernität und Antimodernität im Nationalsozialismus

Entgegen seinen rückwärtsgewandten Zielsetzungen, seinen ständestaatlichen Idealen, seinem Kampf gegen die moderne bürgerliche und industrielle Gesellschaft, seiner Verherrlichung einer agrarisch geprägten Zukunft, wirkt der Nationalsozialismus in seinen konkreten politischen Maßnahmen wider Willen oft modernisierend. Zwei Dinge kommen hier zusammen: Zum einen werden zwischen 1933 und 1945 zahlreiche traditionelle soziale Unterschiede abgebaut und wichtige sozialpolitische Fortschritte erreicht. Zum anderen läßt sich der Krieg nur auf der Grundlage einer forcierten Rüstung vorbereiten und führen, die zwangsläufig die Industrialisierung kräftig vorantreiben und traditionelle Wirtschaftszweige schwächen muß.

Die Grenzen der »Volksgemeinschaft«

Von Anfang an sind die Grenzen der nationalsozialistischen »Volksgemeinschaft« scharf umrissen: Nur wer sich politisch uneingeschränkt zur NS-Herrschaft bekennt und wer nach rassischen Kriterien als Deutscher betrachtet wird, kann zu ihr gehören. In diesem Sinne heißt es in den »Nürnberger Gesetzen«:

VI/279
Vorstellung des Volkswagens durch Adolf Hitler in Berlin 1939

»Reichsbürger ist nur der Staatsangehörige deutschen oder artverwandten Blutes, der durch sein Verhalten beweist, daß er gewillt und geeignet ist, in Treue dem Deutschen Volk und Reich zu diesen.« Alle anderen Teile des Volkes sind gewissermaßen natürliche Feinde der »Volksgemeinschaft« und als solche den mörderischen Konsequenzen des nationalsozialistischen Terrorsystems ausgeliefert.

7. Krisenüberwindung und Rüstungspolitik

Von besonders hohen Erwartungen wird die Machtübernahme der Nationalsozialisten auf dem Feld der Wirtschaftspolitik begleitet. Über sechs Millionen Menschen sind im Januar 1933 als arbeitslos gemeldet. Rechnet man die Familienangehörigen hinzu, lebt Anfang 1933 mehr als ein Drittel der deutschen Bevölkerung von öffentlichen Unterstützungen.

In der Tat gelingt der Regierung Hitler ein kontinuierlicher Abbau der Erwerbslosigkeit: 1934 sind nur noch 2,7 Millionen Menschen ohne Arbeit, 1937 wird die Millionengrenze unterschritten. Dieser wirtschaftspolitische Erfolg trägt mehr als jede andere Maßnahme zur Stabilisierung des NS-Regimes bei. Den Nationalsozialisten kommt entgegen, daß der konjunkturelle Aufschwung zum Zeitpunkt der »Machtergreifung« bereits eingesetzt hat und daß seit 1930 ein vielgestaltiges Instrumentarium zur Wirtschaftsankurbelung und Arbeitsbeschaffung entwickelt worden ist.

Auf der anderen Seite sind die von den Nationalsozialisten beschrittenen Wege zur Krisenüberwindung auf das engste mit der Rüstungspolitik und den Kriegsvorbereitungen verknüpft. Der Arbeitsdienst soll zugleich auf den Wehrdienst vorbereiten, die Autobahnen erhöhen die militärische Mobilität im Kriegsfall, die staatlichen Fördermittel fließen vor allem in die Rüstungsindustrie.

VI/280
Appell der Arbeiter beim Autobahnbau am Frankfurter Main-Ufer 1933

VI/281
Eröffnung des ersten Autobahnabschnitts bei Frankfurt am Main durch Adolf Hitler am 19. Mai 1935

Finanziert werden der Wirtschaftsaufschwung und die Rüstung allerdings in erster Linie über Wechsel, Reichsanleihen und schließlich über die Notenpresse. Das Ergebnis ist eine in der deutschen Geschichte beispiellose Verschuldung des Staates, die nach dem Zweiten Weltkrieg in einer völligen Geldentwertung endet und eine Währungsreform erforderlich macht.

Der Kampf gegen die Arbeitslosigkeit

Die Regierung Hitler führt zunächst die bereits begonnenen Arbeitsbeschaffungsprogramme fort und baut sie aus. Mit Notstandsarbeiten, einem »freiwilligen« Arbeitsdienst, einer Reduzierung der Frauenarbeit, schließlich ab 1935 mit dem Wehrdienst und einen ihm vorgeschalteten Reichsarbeitsdienst werden die Arbeitslosenzahlen beständig gesenkt. Zugleich wird die Beschäftigungspolitik eng auf die Rüstungsziele abgestimmt. Beispielsweise werden die Pläne für den Autobahnbau – auch auf persönliches Betreiben Hitlers – im militärischen Sinne umgearbeitet und ausgeweitet. Erst der unbedingte Wille zur Aufrüstung führt zu einer solchen Aufstockung der eingesetzten Finanzmittel, daß die Wirtschaftskrise schneller als in anderen Ländern überwunden wird.

Nationalsozialistische Wirtschaftspolitik

Entgegen ihrer mittelständischen Ideologie und antikapitalistischen Propaganda gehen die Nationalsozialisten nicht mit staatlichem Dirigismus gegen Großunternehmen, Kaufhäuser und Banken vor. Die marktwirtschaftliche, auf der privaten Verfügungsgewalt über die Produktionsmittel beruhende Ordnung bleibt im Grundsatz erhalten. Doch wird sie durch staatliche Eingriffe zur Verteilung der knappen Devisen und Rohstoffe und zur Intensivierung der Rüstung zunehmend planwirtschaftlich überformt. Je näher der Krieg rückt, desto mehr dominiert der NS-Staat die Wirtschaft politisch, während ihre ökonomische Begünstigung fortdauert. Die Spitzen der Wirtschaft kritisieren zwar einzelne Aspekte der nationalsozialistischen Wirtschaftspolitik, unterwerfen sich aber letztlich dem politischen Willen.

Die Rüstungswirtschaft

Mehr und mehr konzentrieren sich alle politischen und wirtschaftlichen Anstrengungen auf die Rüstung und Kriegsvorbereitung. Vor allem nach der Einführung der allgemeinen Wehrpflicht steigt der Anteil der Rüstungsaufwendungen an den Reichsausgaben, der 1933 noch bei 4% gelegen hat, steil auf über 50% im Jahr 1938 an. Ökonomische Notwendigkeiten werden zunehmend mißachtet. Die einseitige Betonung der Rüstung führt zudem zu erheblichen Verschiebungen in der Wirtschaftsstruktur. Sie begünstigt speziell die großen Unternehmen im Rüstungssektor und vernachlässigt die eher mittelständisch gegliederte Konsumgüterindustrie. Wirtschaft und Bevölkerung werden aufgefordert, über gewisse Schwierigkeiten und Härten mit Blick auf zukünftige Kriegsgewinne hinwegzusehen.

VI/282
Fertigstellung eines Panzers in einem deutschen Rüstungsunternehmen

8. Alltag im Dritten Reich

Alltag im Sinne von Normalität hat es im Dritten Reich nicht gegeben. Der permanente Ausnahmezustand ist das Lebensgesetz der nationalsozialistischen Herrschaft. Dennoch sehen weite Kreise der Bevölkerung die ersten Jahre nach der »Machtergreifung« als eine Rückkehr in die Normalität. Das Leben verläuft – oberflächlich betrachtet – oft ruhiger als in der stürmischen Endphase der Weimarer Republik. Die gro-ßen politischen Spannungen scheinen überwunden, die für den einzelnen oft existenzbedrohenden wirtschaftlichen und sozialen Probleme werden allmählich gelöst.

Auch das NS-Regime selbst trägt entscheidend zu diesem Eindruck bei, indem es in weite Bereiche des alltäglichen Lebens und der Freizeitgestaltung nicht eingreift. Speziell in der Kultur hält es sich nach der Ausschaltung seiner Hauptgegner ideologisch relativ zurück und fördert bewußt eine scheinbar unpolitische Unterhaltung im Rundfunk, im Film oder auch im Sport. Bei den perfekt inszenierten Olympischen Spielen präsentiert sich das nationalsozialistische Deutschland 1936 den eigenen Bürgern und der Weltöffentlichkeit mit Erfolg als ein »normaler«, nach innen und außen friedliebender Staat.

Dem steht auf der anderen Seite die ungeheure propagandistische Präsenz in der Öffentlichkeit und der scharfe ideologische Zugriff des Regimes in wichtigen anderen Bereichen, beispielsweise in der Jugenderziehung, gegenüber. Sie verstärken sich im Laufe der Jahre noch erheblich und erreichen im Krieg zusammen mit den Kriegseinwirkungen, mit den Zerstörungen in den Bombennächten und der Allgegenwart des Todes, ein solches Ausmaß, daß sie den Alltag vollständig beherrschen und ein Rückzug ins Private, so oft er auch zur Bewältigung des Schreckens angestrebt wird, nicht mehr gelingen kann.

VI/283
Der Münchener Viktualienmarkt 1936

VI/284
Die Münchener Rosenstraße im Fahnenschmuck anläßlich der Reichstagswahl vom 29. März 1936

VI/285
Frauen beim nähen-
von Hakenkreuzfahnen

Die »Gleichschaltung« der Kultur

Die nationalsozialistische »Gleichschaltung« von Staat und Gesellschaft macht auch vor der Kultur nicht halt. Die Pressefreiheit wird abgeschafft, eine große Zahl von Künstlern ins Exil getrieben und ausgebürgert, ihr »undeutsches Schrifttum« am 10. Mai 1933 auf dem Berliner Opernplatz verbrannt. In großen Ausstellungen wird die »entartete Kunst« verfemt und eine regimeoffizielle Kunst propagiert. Zugleich fördert das Regime jedoch – besonders in den neuen Medien des Films und des Rundfunks – mit erheblichem Aufwand eine oberflächlich betrachtet unpolitische

VI/286
Bücherverbrennung auf dem Berliner Opernplatz am 10. Mai 1933

VI/287
Morgendlicher Fahnenappell in einer Schule

Unterhaltungskunst, die ein breites Publikum begeistert. Ihr kommt ebenso wie der Kontinuität in den Bühnenprogrammen und dem breiten Angebot in den Buchhandlungen eine Schlüsselrolle in dem Bemühen zu, dem Regime die Loyalität der Bevölkerung zu sichern.

Jugend im Dritten Reich

Schon vor 1933 gilt der Erfassung der Jugend das besondere Augenmerk der Nationalsozialisten, verstehen sie doch ihre Bewegung als eine jugendliche Kraft und ihren Kampf als ein Aufbegehren gegen die erstarrte Ordnung der Alten. Dieses Jugendpathos spricht große Teile der jüngeren Generation an. Nach der »Machtergreifung« kommt der massive Zugriff des NS-Staates auf die Erziehung hinzu, die wachsende Indoktrination in den Schulen und die zunehmende Reglementierung der Jugend in Jungvolk, Hitlerjugend, Bund Deutscher Mädel, Reichsarbeitsdienst und Wehrdienst. Jugendlager und Marschkolonne werden die Einrichtungen, durch die man im nationalsozialistischen Sinne beeinflußt wird. Im Ergebnis wird eine gläubige Jugend erzogen, die sich willig in den Krieg führen läßt.

Die Rolle der Frau im Nationalsozialismus

Die Nationalsozialisten sehen die Rolle der Frau extrem traditionell: Ihr Lebensbereich soll sich auf Haushalt, Familie und Kinder beschränken. Aus dem Berufsleben sollen Frauen weitgehend ausscheiden. Die tatsächliche Entwicklung nach 1933 entspricht diesen ideologischen Vorgaben jedoch nur teilweise: Zwar werden Frauen zum Abbau der Arbeitslosigkeit vielfach aus qualifizierten Berufen verdrängt. Insgesamt geht die weibliche Erwerbstätigkeit jedoch nicht zurück. Und im Krieg muß das Regime ohnehin den Arbeitseinsatz von Frauen verstärken. Auch der Alltag in den NS-Organisationen für Frauen und Mädchen, ihre Mobilisierung und Politisierung, widerspricht dem häuslichen Frauenideal des Nationalsozialismus.

Kriegsalltag

Das NS-Regime ist weit mehr als die Regierungen anderer kriegführender Länder bemüht, der eigenen Bevölkerung möglichst wenig Opfer zuzumuten. Eine rücksichtslose Besatzungs- und Ausbeutungspolitik und ein Millionenheer von Zwangsarbeitern sichern eine ausreichende, wenn auch zunehmend streng rationierte Versorgung. Seit jedoch mit dem Rußlandfeldzug die Verluste an der Front sprunghaft ansteigen und seit die alliierten Bombenangriffe die deutschen Städte zerstören und die Zivilbevölkerung treffen, ist der Krieg allgegenwärtig. Zugleich verschärfen sich die politische Unterdrückung und der Terror des Regimes. Für die meisten Deutschen geht es, je länger der Krieg mit seinen verheerenden Wirkungen dauert, nur noch um das nackte Überleben.

VI/288
Arbeiterinnen in einem Münchner Rüstungsunternehmen während des Krieges

9. Judenverfolgung und Judenvernichtung

Rassenideologie und Judenfeindschaft stehen seit den frühen zwanziger Jahren mit im Zentrum der nationalsozialistischen Weltanschauung. Hitler ist ein überzeugter Rassist und Antisemit. Die NSDAP nimmt hier vielfältige Vorurteile auf, die seit langem in weiten Kreisen der deutschen Bevölkerung gegen Juden bestehen. Doch erst die tiefgreifenden Krisenerfahrungen der Weimarer Zeit schaffen die Voraussetzungen dafür, daß die weitverbreiteten Ressentiments gegen Juden von den Nationalsozialisten in eine aggressive Politik gegen die angebliche »Weltverschwörung der Juden und Bolschewisten« umgesetzt werden können. Nach der Machtübernahme schreiten nationalsozialistische Basis und Führung in wechselseitiger Radikalisierung zur Verwirklichung der antisemitischen Ideen. Nach ersten Übergriffen gegen jüdische Bürger und ihr Eigentum leitet im April 1933 die Entlassung jüdischer Beamten und Richter die schrittweise Ausgrenzung der deutschen Juden aus immer mehr Berufen und nahezu allen Bereichen des öffentlichen Lebens ein. In den »Nürnberger Gesetzen« vom September 1935 werden Juden zu Bürgern minderen Rechts erklärt und Ehen zwischen Juden und Nichtjuden verboten. Mit dem organisierten Pogrom vom November 1938 wird die endgültige Ausschaltung der Juden aus dem Wirtschaftsleben betrieben, der bald die ersten Massendeportationen in Ghettos und Lager folgen.
Im Zuge der Eroberung weiter Teile Osteuropas steigert sich die nationalsozialistische Rassenpolitik bis zum systematischen Völkermord. Nachdem bereits in Polen in radikaler Form gegen die jüdische Bevöl-

VI/289
Schmierereien an einem jüdischen Geschäft in Frankfurt am Main am 1. April 1933

VI/290
Aufruf zum Boykott jüdischer Geschäfte in einer Berliner Straße am 1. April 1933

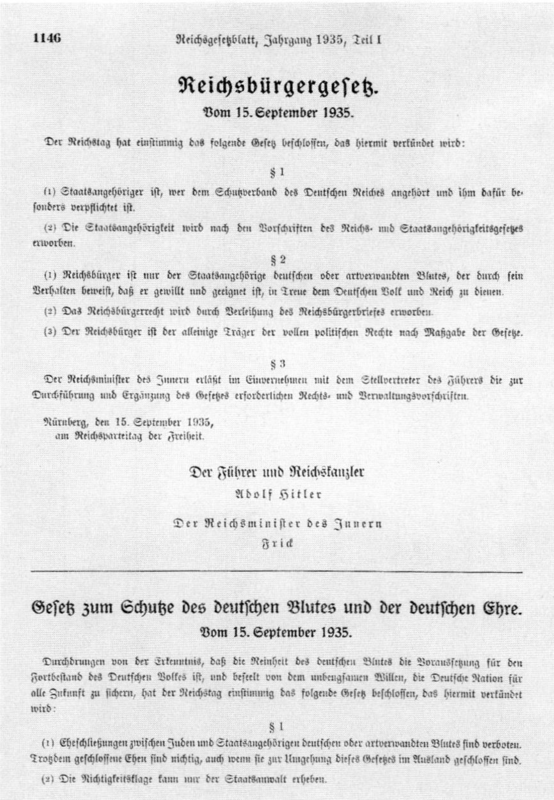

1146 Reichsgesetzblatt, Jahrgang 1935, Teil I

Reichsbürgergesetz.

Vom 15. September 1935.

Der Reichstag hat einstimmig das folgende Gesetz beschlossen, das hiermit verkündet wird:

§ 1

(1) Staatsangehöriger ist, wer dem Schutzverband des Deutschen Reiches angehört und ihm dafür besonders verpflichtet ist.

(2) Die Staatsangehörigkeit wird nach den Vorschriften des Reichs- und Staatsangehörigkeitsgesetzes erworben.

§ 2

(1) Reichsbürger ist nur der Staatsangehörige deutschen oder artverwandten Blutes, der durch sein Verhalten beweist, daß er gewillt und geeignet ist, in Treue dem Deutschen Volk und Reich zu dienen.

(2) Das Reichsbürgerrecht wird durch Verleihung des Reichsbürgerbriefes erworben.

(3) Der Reichsbürger ist der alleinige Träger der vollen politischen Rechte nach Maßgabe der Gesetze.

§ 3

Der Reichsminister des Innern erläßt im Einvernehmen mit dem Stellvertreter des Führers die zur Durchführung und Ergänzung des Gesetzes erforderlichen Rechts- und Verwaltungsvorschriften.

Nürnberg, den 15. September 1935,
am Reichsparteitag der Freiheit.

Der Führer und Reichskanzler
Adolf Hitler

Der Reichsminister des Innern
Frick

Gesetz zum Schutze des deutschen Blutes und der deutschen Ehre.

Vom 15. September 1935.

Durchdrungen von der Erkenntnis, daß die Reinheit des deutschen Blutes die Voraussetzung für den Fortbestand des Deutschen Volkes ist, und beseelt von dem unbeugsamen Willen, die Deutsche Nation für alle Zukunft zu sichern, hat der Reichstag einstimmig das folgende Gesetz beschlossen, das hiermit verkündet wird:

§ 1

(1) Eheschließungen zwischen Juden und Staatsangehörigen deutschen oder artverwandten Blutes sind verboten. Trotzdem geschlossene Ehen sind nichtig, auch wenn sie zur Umgehung dieses Gesetzes im Ausland geschlossen sind.

(2) Die Nichtigkeitsklage kann nur der Staatsanwalt erheben.

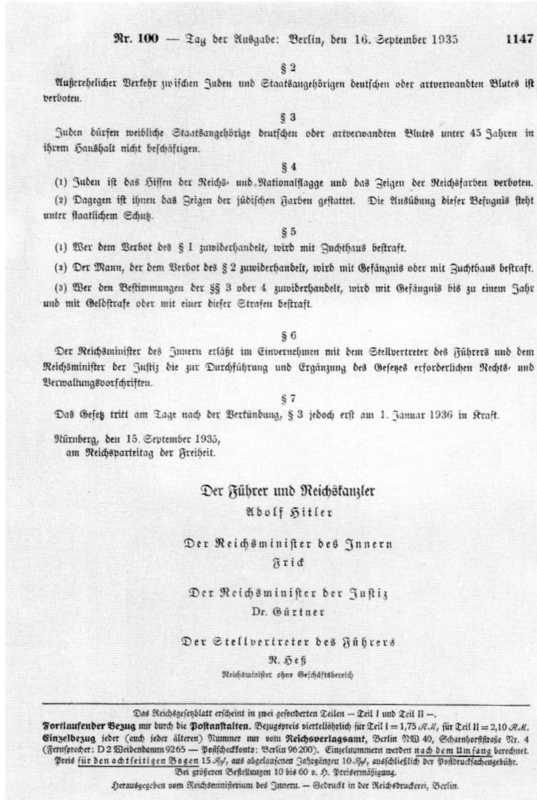

Nr. 100 — Tag der Ausgabe: Berlin, den 16. September 1935 1147

§ 2

Außerehelicher Verkehr zwischen Juden und Staatsangehörigen deutschen oder artverwandten Blutes ist verboten.

§ 3

Juden dürfen weibliche Staatsangehörige deutschen oder artverwandten Blutes unter 45 Jahren in ihrem Haushalt nicht beschäftigen.

§ 4

(1) Juden ist das Hissen der Reichs- und Nationalflagge und das Zeigen der Reichsfarben verboten.

(2) Dagegen ist ihnen das Zeigen der jüdischen Farben gestattet. Die Ausübung dieser Befugnis steht unter staatlichem Schutz.

§ 5

(1) Wer dem Verbot des § 1 zuwiderhandelt, wird mit Zuchthaus bestraft.

(2) Der Mann, der dem Verbot des § 2 zuwiderhandelt, wird mit Gefängnis oder mit Zuchthaus bestraft.

(3) Wer den Bestimmungen der §§ 3 oder 4 zuwiderhandelt, wird mit Gefängnis bis zu einem Jahr und mit Geldstrafe oder mit einer dieser Strafen bestraft.

§ 6

Der Reichsminister des Innern erläßt im Einvernehmen mit dem Stellvertreter des Führers und dem Reichsminister der Justiz die zur Durchführung und Ergänzung des Gesetzes erforderlichen Rechts- und Verwaltungsvorschriften.

§ 7

Das Gesetz tritt am Tage nach der Verkündung, § 3 jedoch erst am 1. Januar 1936 in Kraft.

Nürnberg, den 15. September 1935,
am Reichsparteitag der Freiheit.

Der Führer und Reichskanzler
Adolf Hitler

Der Reichsminister des Innern
Frick

Der Reichsminister der Justiz
Dr. Gürtner

Der Stellvertreter des Führers
R. Heß
Reichsminister ohne Geschäftsbereich

Das Reichsgesetzblatt erscheint in zwei gesonderten Teilen — Teil I und Teil II —.
Fortlaufender Bezug nur durch die **Postanstalten**. Bezugspreis vierteljährlich für Teil I = 1,75 RM, für Teil II = 2,10 RM.
Einzelbezug jeder (auch jeder älteren) Nummer nur vom **Reichsverlagsamt**, Berlin NW 40, Scharnhorststraße Nr. 4 (Fernsprecher: D 2 Weidendamm 9265 — Postscheckkonto: Berlin 96 200). Einzelnummern werden nach dem Umfang berechnet. Preis für den achtseitigen Bogen 15 Rpf, aus abgelaufenen Jahrgängen 10 Rpf, ausschließlich der Postdrucksachengebühr. Bei größeren Bestellungen 10 bis 60 v. H. Preisermäßigung.
Herausgegeben vom Reichsministerium des Innern. — Gedruckt in der Reichsdruckerei, Berlin.

VI/291
Die »Nürnberger Gesetze« vom 15. September 1935

kerung vorgegangen worden ist, wird seit Mitte 1941 zunächst mit Massenexekutionen, dann in den Gaskammern der Vernichtungslager die völlige Ausrottung der Juden betrieben. In einem historisch beispiellosen Akt der Barbarei wird bis zum Kriegsende mehr als die Hälfte der europäischen Juden ermordet.

Die Anfänge der Judenverfolgung

Seit Anfang März 1933 beginnt sich der Judenhaß in einer Vielzahl von Ausschreitungen und Gewalttaten zu entladen. Sie gehen zumeist von örtlichen NSDAP-Funktionären und der SA aus. Mit einem dreitägigen Boykott jüdischer Geschäfte, Anwaltskanzleien und Arztpraxen, der am 1. April beginnt, versucht die NS-Führung, die antisemitische Bewegung unter ihre Kontrolle zu bringen. Zugleich werden mit einer Reihe von Gesetzen »nichtarische« Beamte, Professoren, Richter und Staatsanwälte in den einstweiligen Ruhestand versetzt sowie jüdische Rechtsanwälte und Ärzte in ihrer Berufsausübung beschränkt. Diese Diskriminierung wird in den folgenden Jahren auf immer weitere Bereiche ausgedehnt.

Die Nürnberger Gesetze

Einen vorläufigen Höhepunkt erreicht die Entrechtung des jüdischen Bevölkerungsteils mit den auf Anordnung Hitlers kurzfristig vorbereiteten »Nürnberger Gesetzen« vom 15. September 1935. Im »Reichsbürgergesetz« wird zwischen vollberechtigten »Reichsbürgern« – dies können nur noch »Staatsangehörige deutschen oder artverwandten Blutes« sein – und bloßen Staatsangehörigen unterschieden. Mit dem »Gesetz zum Schutze des deutschen Blutes und der deutschen Ehre« werden Eheschließungen und »außerehelicher Verkehr« zwischen Juden und Nichtjuden verboten. Wegen des neuen Straftatbestandes der »Rassenschande« werden in der Folgezeit Hunderte von Personen verurteilt.

Jüdisches Leben unter dem Hakenkreuz

Seit 1933 sehen sich die deutschen Juden nicht nur einer immer schärferen staatlichen Diskriminierung, sondern auch zahllosen tagtäglichen Schikanen ausgesetzt. Ihr Eigentum ist bedroht, ihre berufliche Existenz wird schrittweise vernichtet, und auch ihr Leben ist teilweise bereits gefährdet. Der äußere Druck stärkt in der jüdischen Bevölkerung das Zusammengehörigkeitsgefühl und den Willen zur Selbstbehauptung. Er führt zu einer Intensivierung des jüdischen Kulturlebens und zum Aufbau zahlreicher Selbsthilfeorganisationen. Knapp die Hälfte der deutschen Juden wird durch die nationalsozialistischen Machthaber bis 1939 in die Emigration getrieben, doch können sich viele Emigranten nicht dauerhaft vor der Verfolgung in Sicherheit bringen.

Das November-Pogrom

Am 9. November 1938 nimmt das NS-Regime das Attentat eines 17jährigen Juden auf einen deutschen Diplomaten in Paris zum Anlaß für massive Verfolgungsaktionen im ganzen Reich. In der sogenannten »Reichskristallnacht« werden jüdische Geschäfte durch Poli-

VI/292
Deutscher Ortseingang 1935

VI/293
Die brennende Synagoge am Frankfurter Börneplatz am 10. November 1938

zei- und SA-Trupps verwüstet, teilweise geplündert und fast alle Synagogen niedergebrannt. Mehr als 25.000 Juden werden verhaftet und zumeist in Konzentrationslager gebracht. Eine sich anschließende Welle von Erlassen drängt die noch nicht inhaftierten Juden in ein entwürdigendes Außenseiterdasein. Mit dem November-Pogrom kündigt sich die letzte Phase nationalsozialistischer Judenverfolgung an.

Judendeportation und Judenvernichtung

Hitlers Drohung vom Januar 1939, ein zukünftiger Krieg werde »die Vernichtung der jüdischen Rasse in Europa« zur Folge haben, wird mit Beginn des Rußlandfeldzuges im Juni 1941 konsequent in die Tat umgesetzt. An die Stelle der bisherigen Verfolgungsmaßnahmen und zeitweiser Überlegungen zu einer

VI/294
Deportation der Juden in Baden-Baden 1942

Vertreibung der Juden tritt nun die »Endlösung der europäischen Judenfrage«, wie der planmäßige Völkermord im Protokoll der Wannsee-Konferenz vom 20. Januar 1942 bezeichnet wird. Nach Massenerschießungen durch sogenannte »Einsatzgruppen« in den besetzten Gebieten Osteuropas wird die Ausrottung des europäischen Judentums schließlich in Vernichtungslagern systematisch durchgeführt.

Auschwitz

Mit kaum vorstellbarer technischer Perfektion wird der millionenhafte Mord vor allem in Auschwitz, Majdanek, Treblinka und anderen Vernichtungslagern in Polen vollzogen. Aus allen besetzten europäischen Ländern werden die Juden meist in Viehwaggons der Eisenbahn herantransportiert. Die Mehrzahl von ihnen – vor allem Frauen und Kinder – wird sogleich für den Tod in der Gaskammer »selektiert«, während die übrigen Zwangsarbeit verrichten müssen und einem langsamen, qualvollen Tod entgegengehen. Noch bis Ende 1944, bis kurz vor der Befreiung durch die Rote Armee arbeiten die Vernichtungslager mit stetig steigender Kapazität. Insgesamt fallen dem nationalsozialistischen Rassenwahn etwa 5 bis 6 Millionen Juden zum Opfer.

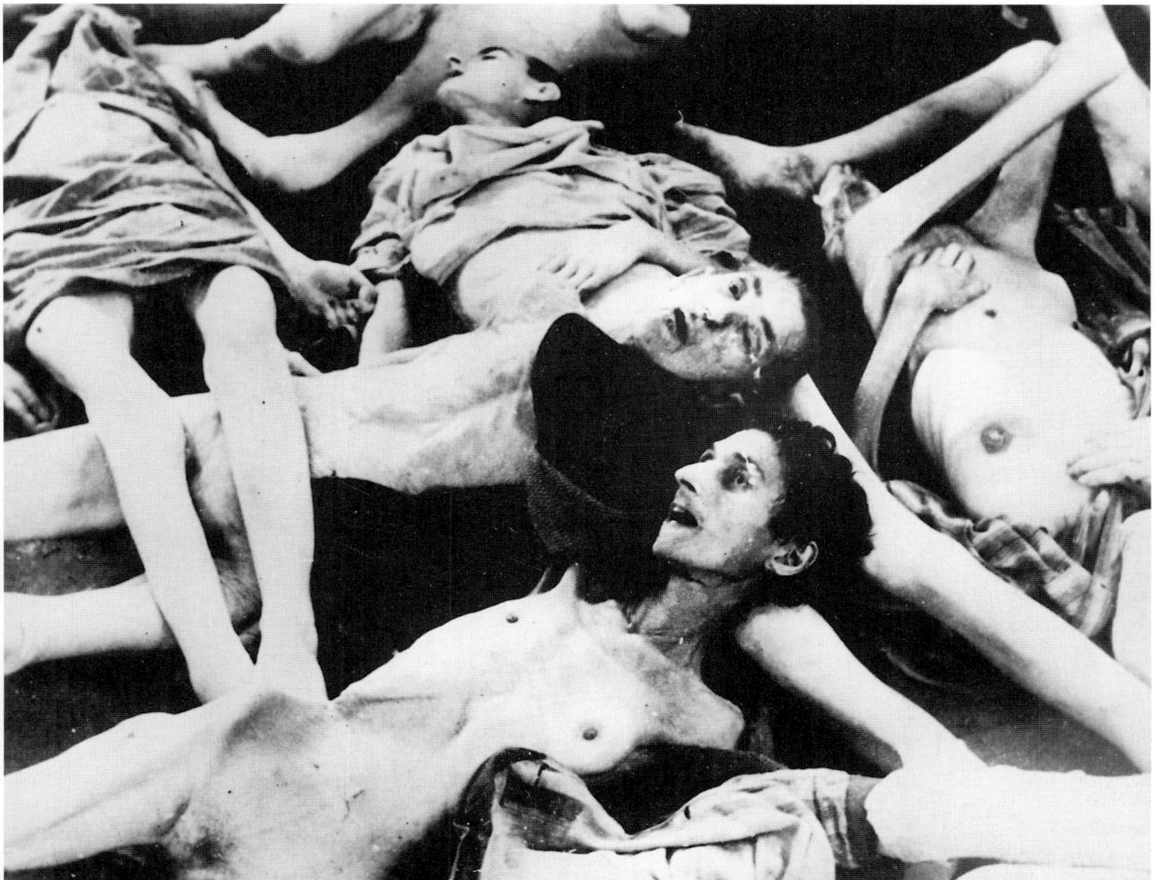

VI/295 Massengrab im Vernichtungslager Auschwitz 1945

VI/296
Selektion an der Rampe des Vernichtungslagers Auschwitz-Birkenau

10. Zwischen Revision und Expansion

Von Anfang an verfolgt die nationalsozialistische Außenpolitik expansionistische Ziele. Doch überwiegt für die deutsche Öffentlichkeit und das Ausland in den ersten Jahren der Eindruck, Hitler setze lediglich die Bemühungen der Weimarer Regierungen um eine Revision des Versailler Vertrages fort. Mit seiner scheinbar zurückhaltenden Politik versucht das NS-Regime, die kritische Anfangsphase zu überbrücken, in der es mit einer ausländischen Intervention rechnen muß, ohne selbst schon hinreichend für einen Konflikt gerüstet zu sein. In der Tat lassen sich die europäischen Mächte über die wahren Ziele Hitlers täuschen und finden sich bereit, die deutschen Verstöße gegen internationale Abkommen zu akzeptieren und sich mit dem nationalsozialistischen Deutschland sogar auf neuer Grundlage zu arrangieren.

Schritt für Schritt gelingt es Hitler, die rüstungspolitischen Fesseln des Versailler Vertrages abzustreifen und die nach dem Ersten Weltkrieg verlorene Großmachtstellung Deutschlands zurückzugewinnen: Bereits Ende 1933 erklärt Deutsch-

VI/297
Plakat zur Volksabstimmung über den »Anschluß« Österreichs im April 1938

land seinen Austritt aus dem Völkerbund. 1935 wird das Saargebiet nach einer Volksabstimmung, in der über 90% der Saarländer für Deutschland votiert haben, wieder an das Reich angegliedert. Im Schatten dieses Prestigeerfolges wird im März 1935 die allgemeine Wehrpflicht eingeführt. 1936, im Jahr der Olympischen Spiele in Deutschland, marschiert die Wehrmacht in die entmilitarisierte Rheinlandzone ein. Mit dem Anschluß Österreichs im März 1938 ist dann jene Grenze erreicht, die den bisherigen Kurs der Revision von einer Politik der Expansion, der Eroberung neuer Gebiete, trennt.

Hitlers außenpolitisches Programm

Schon in »Mein Kampf« hat Hitler unmißverständlich dargelegt, daß er sich außenpolitisch nicht mit der Rückgewinnung der Grenzen von 1914 und der Wiederherstellung der deutschen Großmachtposition begnügen will. In enger Verknüpfung von Außen- und Rassenpolitik sieht er das Hauptziel vielmehr in der Eroberung von »Lebensraum« für die »germanische Herrenrasse« im Osten Europas. In einer geheimen Ansprache vor hohen Offizieren der Reichswehr bekräftigt Hitler am 3. Februar 1933 diese Zielsetzungen. Für die deutsche und ausländische Öffentlichkeit beteuert er freilich in seiner »Friedensrede« am 17. Mai 1933 vor dem Reichstag die außenpolitische Kontinuität und das Streben nach einem friedlichen Ausgleich.

Kooperation und Konfrontation

Hitler ist zunächst bestrebt, dem im Ausland weitverbreiteten Mißtrauen gegenüber seinem Regime entgegenzuwirken und eine völlige Isolierung Deutschlands zu verhindern. Diesem Ziel dient auch die unveränderte Übernahme der Diplomaten des Auswärtigen Amtes unter Außenminister von Neurath durch die neue Regierung. Ein erster außenpolitischer Erfolg kann mit dem Reichskonkordat verbucht werden, das am 20. Juli 1933 zwischen dem Deutschen Reich und dem Vatikan geschlossen wird. Mit Polen, das sich am nachhaltigsten vor einer verschärften deutschen Revisionspolitik fürchten muß, wird am 26. Januar 1934 sogar ein Nichtangriffspakt vereinbart. Auf der anderen Seite nutzt Hitler jede sich bietende Chance, die alte Ordnung von Versailles aufzubrechen. Bereits am 14. Oktober 1933 erklärt Deutschland seinen Austritt aus dem Völkerbund.

VI/298
Wahlpropaganda in der Münchener Rosenstraße für die Volksabstimmung und Reichstagswahl am 12. November 1933

VI/299
Jubelnde Menschen auf dem Wiener Heldenplatz während der Rede Adolf Hitlers am 15. März 1938

Aufrüstung

Hinter der Fassade einer kooperationsbereiten Außenpolitik betreibt das NS-Regime eine entschiedene Aufrüstung: Schon im Herbst 1934 erreicht das Heer wieder eine Stärke von 250.000 Mann und auch die neu aufgebaute Luftwaffe eine erhebliche Kampfkraft. Mit der Einführung der allgemeinen Wehrpflicht im März 1935 wird diese eindeutig gegen den Versailler Vertrag verstoßende Aufrüstung auch öffentlich bekannt gemacht. Die Proteste von seiten der europäischen Mächte bleiben schwach. Im Juni 1935 gelingt es mit dem deutsch-britischen Flottenabkommen im Gegenteil, die Aufrüstungspolitik auch diplomatisch abzusichern. Einer weiteren schrittweisen Beseitigung der Deutschland durch den Versailler Vertrag auferlegten Fesseln steht nichts mehr im Wege.

11. Der Weg in den Krieg

Hitler führt das nationalsozialistische Deutschland zielstrebig und geradlinig in den Krieg. Seine außen- und rassenpolitischen Ziele sind – daran besteht für Hitler selbst kein Zweifel – nur mit kriegerischen Mitteln zu erreichen. Zudem wird der Krieg auch aufgrund der gewaltigen Rüstungsanstrengungen und der wirtschaftlichen Einseitigkeit der nationalsozialistischen Politik zunehmend unausweichlich.

Als Bündniskonstellation schwebt Hitler für den großen Eroberungskrieg im Osten ein Arrangement mit England vor, eine Aufteilung der Interessensphären zwischen der alten kolonialen Weltmacht Großbritannien und der neuen kontinentalen Weltmacht Deutschland. Der unbedingte Wille, Bewegung in die angeblich erstarrten Verhältnisse zu bringen und als aufstrebende Nation mehr Macht zu gewinnen, führt das NS-Regime jedoch beinahe zwangsläufig an die Seite jener Staaten, die ebenfalls aggressiv ihren Einflußbereich erweitern wollen: Italien und Japan.

Lange Zeit sehen Großbritannien und Frankreich den Angriffen Hitler-Deutschlands und seiner Bündnispartner auf die Ordnung von Versailles beinahe tatenlos zu. Noch im September 1938 versuchen sie, durch ein Nachgeben in der Sudetenfrage den Frieden zu sichern. Erst das deutsche Vorgehen gegen die Rest-Tschechei wenige Monate später veranlaßt die Westmächte zu einem Umdenken und zur Abgabe einer Garantieerklärung für Polen und andere ost- und südosteuropäische Länder. Der nächste aggressive Schritt Deutschlands muß nun in den großen Krieg führen. Er beginnt am 1. September 1939 mit dem deutschen Angriff auf Polen.

VI/300
Die Verhandlungspartner der Münchener Konferenz am 29. September 1938

VI/301
Ohnmächtiger Protest der Prager Bevölkerung beim Einmarsch der deutschen Truppen im März 1939

Berlin, Rom, Tokio

Trotz aller ideologischen Nähe ist das Verhältnis zwischen Deutschland und Italien zunächst durch den Gegensatz vor allem in der Österreich-Frage belastet. Erst der Eroberungskrieg, den Italien 1935 in Abessinien beginnt, führt zu wachsenden Spannungen mit England und Frankreich und einer Annäherung der »faschistischen« Mächte. Die neuen Fronten festigen sich im Spanischen Bürgerkrieg, in den Deutschland und Italien auf seiten der Aufständischen um General Franco eingreifen. Im November 1936 spricht der italienische Diktator Mussolini erstmals von einer »Achse Berlin – Rom«. Als Deutschland am 25. November 1936 den »Antikominternpakt« mit Japan schließt, dem ein Jahr später auch Italien beitritt, ist das Bündnissystem für den bevorstehenden Krieg vollendet.

Das Münchener Abkommen

Nach dem Anschluß Österreichs richtet sich der Expansionsdrang des NS-Regimes gegen die Tschechoslowakei. Hitler läßt Pläne für ein militärisches Vorgehen ausarbeiten. Zugleich werden die Sudetendeutschen als »Sprengsatz« innerhalb der Tschechoslowakei benutzt. Als sich die Situation im September 1938 bis an den Rand eines Krieges zuspitzt, kommen England, Frankreich und Italien im Münchener Abkommen den deutschen Forderungen entgegen. Über ihren Kopf hinweg wird die Tschechoslowakei gezwungen, das Sudetenland an Deutschland abzutreten. Mit seiner Nachgiebigkeit versucht vor allem der britische Premierminister Chamberlain, Deutschland doch noch in eine neue gesamt-

VI/302
Unterzeichnung des deutsch-sowjetischen Nichtangriffsvertrages in Moskau am 23. August 1939

europäische Ordnung einzubinden. Aber bereits im März 1939 marschieren deutsche Truppen unter Bruch des Münchener Abkommens in das Restgebiet der Tschechei ein.

Der Kriegsausbruch

Seit Ende 1938 wendet sich die deutsche Politik verstärkt dem östlichen Nachbarland Polen zu. Das NS-Regime bietet Polen für ein Entgegenkommen in den bilateralen Fragen ein Bündnis gegen die Sowjetunion und territoriale Gewinne im Osten an. Als die polnische Regierung ablehnt, faßt Hitler – unbeeindruckt von der englisch-französischen Garantieerklärung für Polen – den Entschluß zu einer militärischen Lösung. Zugleich sucht er nun vorübergehend die Verständigung mit der Sowjetunion, die schließlich zum deutsch-sowjetischen Nichtangriffspakt vom 23. August 1939 führt. In einem geheimen Zusatzprotokoll vereinbaren die Diktatoren Hitler und Stalin die Aufteilung Polens und eine Abgrenzung der Interessensphären. Wenige Tage später überschreiten deutsche Truppeneinheiten die polnische Grenze.

VI/303
Vormarsch deutscher Truppen in Polen im September 1939

VI/304
Hitler mit den nach dem Sieg über Frankreich neu ernannten Generalfeldmarschällen im September 1940

12. »Weltmacht oder Untergang«

Der Zweite Weltkrieg beginnt für die deutschen Truppen mit schnellen Siegen sowohl gegen Polen im Herbst 1939 als auch gegen die nord- und westeuropäischen Staaten im Frühjahr 1940. Mehr denn je sind Hitler und die deutsche Führung nun von der Überlegenheit des deutschen Volkes und der germanischen Rasse überzeugt und gewillt, ein Weltreich von ganz neuen Dimensionen zu schaffen.

Nach dem Angriff auf die Sowjetunion im Juni 1941 wird vollends deutlich, was in Polen unter deutscher Herrschaft bereits begonnen worden ist: Der Krieg wird im Osten von deutscher Seite auf Befehl Hitlers nicht nur als Eroberungs-, sondern als rassischer Vernichtungsfeldzug geführt. Millionen von Menschen fallen den systematischen Mordaktionen deutscher Sondereinheiten gegen Juden, gegen die polnische Führungsschicht und gegen kommunistische Funktionäre in der Sowjetunion zum Opfer, Millionen kommen als Kriegsgefangene oder aufgrund der unmenschlichen deutschen Besatzungspolitik ums Leben.

Militärisch sind jedoch die deutschen Kräfte nach dem Einmarsch in die Sowjetunion, nach dem Kriegseintritt der USA im Dezember 1941 und aufgrund der weiteren Fronten in Südosteuropa und Nordafrika überfordert. Mit der deutschen Niederlage in der Schlacht von Stalingrad Anfang 1943 ist die Kriegswende gekommen. Vor der Übermacht der gegnerischen Koalition müssen die deutschen Truppen in der Folgezeit Schritt für Schritt zurückweichen. Der von den Nationalsozialisten im Februar 1943 proklamierte totale Krieg endet nach millionenfachen Opfern mit der deutschen Kapitulation am 8. Mai 1945 in der totalen Niederlage, im Untergang des Deutschen Reiches und der völligen Zerstörung des eigenen Landes.

Schnelle Siege

Nach dem Überfall vom 1. September 1939 vermag sich Polen gegen die überlegenen deutschen Kräfte nur wenige Wochen zu wehren. Hitler erringt seinen ersten »Blitzsieg«. Seiner Kriegführung kommt entgegen, daß England und Frankreich, die das deutsche Vorgehen am 3. September mit der Kriegserklärung beantworten, keine zweite Front eröffnen. So kann die Wehrmacht in getrennten Feldzügen zunächst Polen bezwingen, dann seit April 1940 Dänemark und Norwegen besetzen und – unter Bruch der Neutralität der Benelux-Staaten – im Mai und Juni 1940 Frankreich besiegen und die britischen Truppen vom Kontinent vertreiben. Hitlers Kalkül, doch noch zu einem Arrangement mit England kommen oder es militärisch niederringen zu können und sich damit einen freien Rücken im Westen zu sichern, geht jedoch in den folgenden Monaten nicht auf.

Der Krieg gegen die Sowjetunion

Am 22. Juni 1941 beginnt überraschend der deutsche Angriff auf die Sowjetunion. Das »Unternehmen Barbarossa« ist von Hitler und den Militärs als ein weiterer »Blitzkrieg« geplant. Doch anders als im Westen soll der Gegner nicht nur militärisch besiegt, sondern im

VI/305
Erschießung von Geiseln durch einen deutschen Offizier im jugoslawischen Pancevo im April 1941

VI/306
Hungernde russische Kriegsgefangene flehen um Brot

wahrsten Sinne des Wortes physisch vernichtet werden. Seine kommunistische Führungsschicht soll ermordet, seine Bevölkerung dezimiert, seine Lebensgrundlagen sollen zerstört werden. Zwar gelingt es der Wehrmacht zunächst, wiederum weit in das gegnerische Territorium vorzustoßen, doch im Dezember 1941 bleibt der deutsche Vormarsch vor Moskau stecken. Auch neue Erfolge im Sommer 1942 ändern nichts daran, daß angesichts der starken deutschen Verluste und des ungebrochenen Widerstandswillens der sowjetischen Seite an einen endgültigen deutschen Sieg nicht zu denken ist.

VI/307
Front vor Moskau im Januar 1942

VI/308
Deutsche Soldaten auf dem Marsch nach Stalingrad im Sommer 1942

Die Kriegswende

Im Sommer 1942 erreicht der deutsche Herrschaftsbereich seine größte Ausdehnung. Doch den Belastungen, die sich aus der Länge der Fronten und der Überzahl der Gegner ergeben, sind weder die militärischen Kräfte Deutschlands noch seine Rohstoffversorgung und Rüstungsproduktion gewachsen. Großbritannien, die Sowjetunion und die USA haben sich zu einer festen »Anti-Hitler-Koalition« zusammengefunden. Sie sind sich darin einig, daß zunächst Deutschland niedergerungen und zur »bedingungslosen Kapitulation« gezwun-

VI/309
Sammelstelle für gefallene deutsche Soldaten in Stalingrad im Februar 1943

VI/310
Amerikanische Bomber bei einem Angriff über Berlin 1945

gen werden soll. Mit dem englischen Durchbruch in Nordafrika, der Landung englischer und amerikanischer Truppen in Marokko und vor allem der erfolgreichen sowjetischen Gegenoffensive bei Stalingrad zeichnet sich im November 1942 die militärische Wende ab.

Der Weg in die totale Niederlage

Die Landung der westlichen Alliierten in der Normandie und eine sowjetische Großoffensive leiten im Juni 1944 die letzte Kriegsphase ein. Während britische und amerikanische Einheiten im September und sowjetische Truppen im Oktober 1944 die deutschen Grenzen erreichen, fallen die letzten deutschen Städte unter den Bomben der alliierten Geschwader in Schutt und Asche. Doch für Hitler und sein Regime gibt es nach wie vor nur die Alternative: Sieg oder Untergang. Erst mit der vollständigen Besetzung Deutschlands durch die Truppen der Alliierten kann im Mai 1945 der Krieg in Europa beendet werden. Seine Bilanz stellt alles bislang Dagewesene in den Schatten. Insgesamt fordert der Zweite Weltkrieg etwa 55 Millionen Menschenleben. Auf deutscher Seite fallen ihm rund 6,5 Millionen Menschen zum Opfer.

VI/311
Der Berliner Gendarmenmarkt nach einem Bombenangriff

Deutschland nach 1945

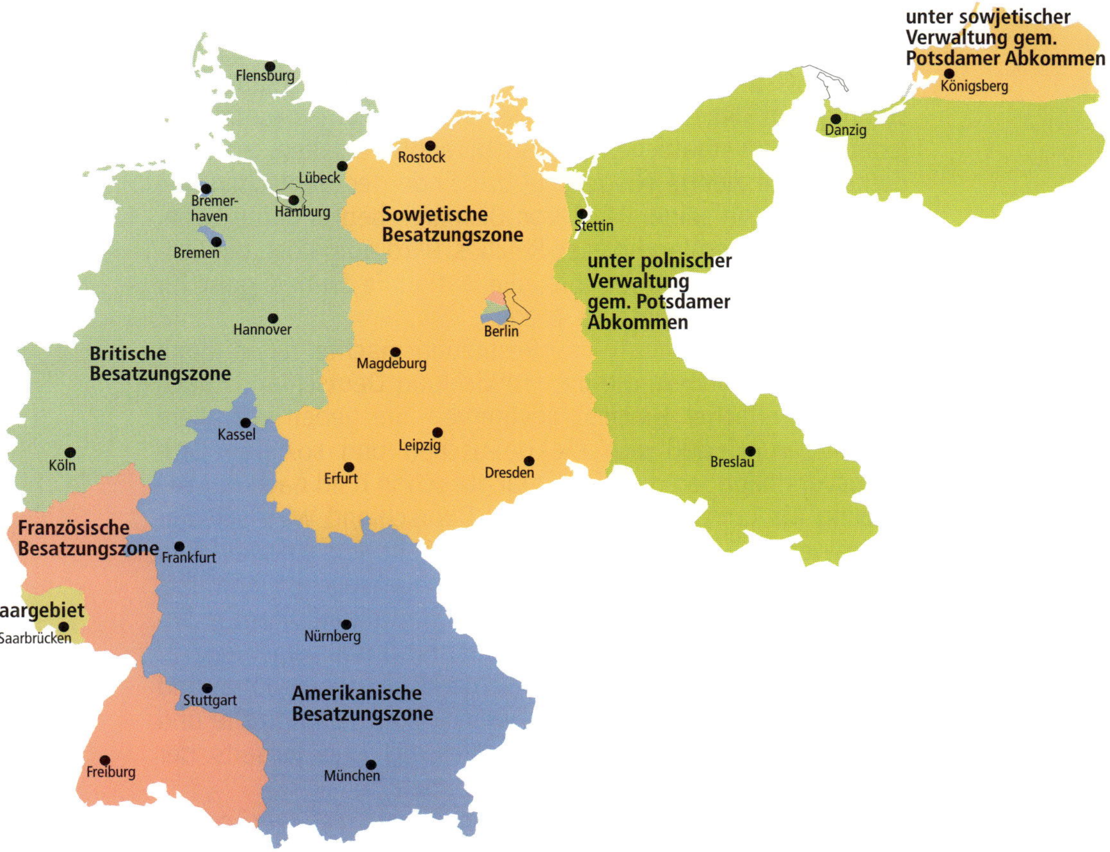

Das geteilte Deutschland

Das geteilte Deutschland

Die bedingungslose Kapitulation der deutschen Wehrmacht, mit der am 8. Mai 1945 in Europa der Zweite Weltkrieg endet, besiegelt für das deutsche Volk einen ungleich tieferen politischen Sturz, als es ihn je zuvor in seiner Geschichte erlebt hat. Anders als nach dem Ersten Weltkrieg ist Deutschland vollständig von den Truppen der vier Siegermächte besetzt und jeder eigenen staatlichen Gewalt beraubt. Vor allem aber bedeutet diese zweite Niederlage das Ende des deutschen Nationalstaates in seiner 1871 von Bismarck begründeten Form. Preußen, das Kernland dieses Reiches, wird aufgelöst, die Ostprovinzen werden abgetrennt, die nationale Einheit geht für mehr als vier Jahrzehnte verloren.

Unter der Herrschaft der Besatzungsmächte fallen dann jene Entscheidungen, die die Entwicklung Deutschlands nach 1945 in vielfacher Hinsicht bestimmen. Sie gehen vor allem darauf zurück, daß sich die politischen und sozialen Ordnungsvorstellungen der Siegermächte schon bald nach der Besetzung als unvereinbar erweisen. Deutschland wird seit der Jahreswende 1946/47 im Zeichen des Kalten Krieges zum Kampffeld des ideologischen und machtpolitischen Konflikts zwischen Ost und West, zwischen den Hauptkontrahenten Sowjetunion und USA. Dieser Gegensatz führt über eine Vielzahl von Stationen zur Spaltung Deutschlands in zwei Staaten und bestimmt letztlich auch darüber, welche politischen Kräfte und welches politisch-soziale System diesseits und jenseits der innerdeutschen Grenze zum Zuge kommen.

Die Westmächte fördern in ihren Zonen die Begründung einer am liberalen Rechtsstaatsideal orientierten und bundesstaatlich organisierten parlamentarischen Demokratie. Dieser Prozeß findet seinen Höhepunkt am 23. Mai 1949 mit der Verkündung des Grundgesetzes für die Bundesrepublik Deutschland. Parallel hierzu setzen sich mit der Währungsreform im Juni 1948 und im Zeichen des Marshall-Plans nach heftigen Auseinandersetzungen zwischen den deutschen Parteien die Befürworter einer von staatlichen Eingriffen weitgehend freien und auf dem Privateigentum beruhenden, aber sozial verpflichteten Marktwirtschaft gegen die zunächst entworfenen Sozialisierungspläne durch. Dagegen wird im sowjetischen Einflußbereich nach der Anfangsphase einer antifaschistisch-demokratischen Zusammenarbeit aller Parteien eine zunehmend allein von den Kommunisten beherrschte politische Ordnung aufgebaut und das Wirtschaftssystem durch Kollektivierung von Grund und Boden und durch Vergesellschaftung von Banken und Schlüsselindustrien in Richtung auf eine sozialistische Planwirtschaft umgestaltet. Dieser Weg führt am 7. Oktober 1949 zur Gründung auch eines ostdeutschen Staates, der Deutschen Demokratischen Republik.

Entgegen der Hoffnung, die nationale Einheit in absehbarer Zeit zurückgewinnen zu können, vertieft sich die Spaltung Deutschlands in den fünfziger Jahren beständig. In der Bundesrepublik setzt sich nach zähem Ringen unter Führung von Bundeskanzler Adenauer das Konzept einer entschiedenen Westorientierung durch, das schließlich 1955 in der Aufnahme der Bundesrepublik als souveränes und gleichberechtigtes Mitglied in die westliche Staatengemeinschaft gipfelt. Im Gegenzug wird die DDR Schritt für Schritt in den von der Sowjetunion beherrschten Ostblock eingebunden, bis sie schließlich 1955 vollwertiges Mitglied des Warschauer Paktes wird. Militärisch hochgerüstet stehen sich die Blöcke an der innerdeutschen Grenze gegenüber. Auch deutsche Soldaten auf beiden Seiten sichern den status quo und tragen mit dazu bei, daß die Entwicklung in beiden deutschen Staaten in ganz unterschiedliche Richtungen verläuft.

Im Westen beginnt nach anfänglichen Schwierigkeiten ein beispielloser wirtschaftlicher Aufschwung, der sich, getragen von dem enormen Wiederaufbaubedarf eines schwer zerstörten Landes und begünstigt durch eine langanhaltende weltweite Hochkonjunktur, ungebrochen bis in die sechziger Jahre fortsetzt. Seine Früchte kommen nicht nur bald allen Bevölkerungsschichten in Form eines ständig steigenden materiellen Wohlstandes zugute. Das »Wirtschaftswunder« ermöglicht auch die rasche Lösung der gewaltigen sozialen Probleme, die Nationalsozialismus und Krieg als Erbe hinterlassen haben, und schafft die finanziellen Voraussetzungen, ein dicht geknüpftes Netz der sozialen Sicherung aufzubauen. Nicht zuletzt aber beschert die anhaltende wirtschaftliche Prosperität und das Fehlen scharfer sozialer Spannungen der Nachkriegsdemokratie jene innenpolitische Stabilität, an der es der Weimarer Republik so sehr gemangelt hat.

Im Osten etabliert sich dagegen unter Einsatz von Gewalt und Terror eine weitgehend nach sowjetischem Vorbild gestaltete kommunistische Diktatur. Die Politik der SED zielt, wie es seit 1952 auch offen heißt, auf den planmäßigen »Aufbau des Sozialismus«. In zwei großen Schüben zu Beginn und gegen

Ende der fünfziger Jahre wird die Landwirtschaft kollektiviert und in Industrie, Handel und Gewerbe der volkseigene Betrieb durchgesetzt. Trotz gewisser Aufbauerfolge bessern sich die Lebensverhältnisse nur sehr allmählich. Am 17. Juni 1953 kulminiert die Unzufriedenheit der Bevölkerung in einem offenen Aufstand, der mit Hilfe sowjetischer Panzer blutig niedergeschlagen wird. Jahr für Jahr verlassen zudem mehr als 100.000 Menschen die DDR in Richtung Westen. Erst nach der völligen Abriegelung der Grenzen durch den Mauerbau vom 13. August 1961 vermag sich die DDR, wenngleich der wirtschaftliche Rückstand gegenüber dem Westen weiter wächst, als Staat zu stabilisieren. Während die SED-Führung in scharfer Abgrenzung die Eigenstaatlichkeit betont und um internationale Anerkennung wirbt, mehren sich auch in der Bundesrepublik die Stimmen, die für einen Kurswechsel in der Deutschlandpolitik eintreten.

Nicht nur in dieser Hinsicht sind die sechziger Jahre für die Bundesrepublik eine Zeit des Übergangs. Der erste scharfe konjunkturelle Einbruch und die durch ihn verursachte Krise der Regierung Erhard im Herbst 1966 werden als so schwerwiegend empfunden, daß sich CDU/CSU und SPD zu ihrer Überwindung auf eine zeitlich begrenzte gemeinsame Regierungsarbeit verständigen. Auch zeigt sich eine steigende Bereitschaft, die im Zuge des Wiederaufbaus errichtete politische und soziale Ordnung zu reformieren und so den vielfach gewandelten Bedingungen anzupassen. Dieser Wunsch nach einem neuen Aufbruch äußert sich zum einen in der vor allem von Studenten getragenen Protestbewegung der späten sechziger Jahre, und er führt zum anderen zum Machtwechsel von 1969, mit dem erstmals ein Sozialdemokrat das Amt des Bundeskanzlers übernimmt.

Die sozialliberale Regierung konzentriert ihre außenpolitischen Bemühungen darauf, nun auch mit den osteuropäischen Staaten zu einem Ausgleich zu gelangen. In einer Reihe von Verträgen mit der Sowjetunion, Polen, der CSSR und der DDR werden Gewaltverzichtsvereinbarungen getroffen, die aus dem Zweiten Weltkrieg resultierenden Realitäten anerkannt und konkrete Verbesserungen für die Menschen in beiden Teilen Deutschlands erzielt. Nach der Überwindung erheblicher Widerstände gegen diese Politik in beiden deutschen Staaten – sie klingen im Osten erst nach der Ablösung Ulbrichts durch Erich Honecker 1971 und im Westen nach der Bestätigung der Regierung Brandt/Scheel in der Bundestagswahl 1972 ab – beginnt für die Bundesrepublik und die DDR mit dem Grundlagenvertrag eine neue Epoche des geregelten Nebeneinanders.

Die innere Entwicklung der Bundesrepublik wird nach einer vorübergehenden Reformeuphorie besonders durch den tiefgreifenden Umschwung bestimmt, der sich im Gefolge der ersten Ölkrise vom Herbst 1973 vollzieht. Die sozialliberale Koalition ist unter dem seit Mai 1974 amtierenden Bundeskanzler Helmut Schmidt darum bemüht, die Auswirkungen der weltweiten Rezession auf die Bundesrepublik durch Konjunktur- und Beschäftigungsprogramme und durch eine international abgestimmte Wirtschaftspolitik zu begrenzen. Doch führen die anhaltende Wirtschaftskrise und das nach der sowjetischen Intervention in Afghanistan im Dezember 1979 gespannte Verhältnis zwischen Ost und West schließlich zum Auseinanderbrechen der SPD/FDP-Koalition. Das Bündnis aus CDU/CSU und FDP, das unter Bundeskanzler Helmut Kohl am 1. Oktober 1982 die Regierungsverantwortung übernimmt, vollzieht vor allem eine Wende in der Wirtschafts- und Sozialpolitik. Getragen von einer weltweiten Hochkonjunktur gelingt es durch finanz- und sozialpolitische Sanierungsmaßnahmen zu einem realen Wachstum zurückzukehren, ohne jedoch die strukturellen Krisenerscheinungen überwinden zu können, die sich in einigen Branchen aufgrund des technologischen Wandels und wachsender internationaler Konkurrenz zeigen.

Die DDR erlebt unter der Führung Erich Honeckers zunächst einen merklichen politischen und wirtschaftlichen Aufschwung. Endlich weltweit als Staat anerkannt, agiert die SED politisch offener und flexibler. Die Verbesserungen in der Versorgung der Bevölkerung erweisen sich allerdings bald als kaum noch finanzierbar. Seit Ende der siebziger Jahre beginnt sich immer deutlicher abzuzeichnen, daß die Ostblockstaaten mit dem beschleunigten wirtschaftlichen und technologischen Strukturwandel nicht mehr oder nur noch um den Preis der Erschöpfung aller Ressourcen mithalten können. Zugleich gewinnt die Opposition in der DDR trotz aller Unterdrückungsmaßnahmen nach und nach an personeller und organisatorischer Kontinuität. Anders als die sowjetische Führung unter Michail Gorbatschow zeigt die SED-Spitze jedoch keine Bereitschaft, grundlegende politische und wirtschaftliche Reformen einzuleiten. Die DDR gerät daher im Herbst 1989 in eine tiefe innere Krise, in der die sich machtvoll regende Demokratiebewegung zunächst zum Ende der kommunistischen Alleinherrschaft und nach den ersten freien Volkskammerwahlen zur Vereinigung der beiden deutschen Staaten am 3. Oktober 1990 führt.

VII/312
Einmarsch amerikanischer Truppen im hessischen Bensheim am 27. März 1945

1945–1955: Die Teilung

1. Das Deutschland der Sieger

Mit der vollständigen Besetzung des Deutschen Reiches durch alliierte Truppen, mit der bedingungslosen Kapitulation und mit der Übernahme der uneingeschränkten Regierungsgewalt durch die USA, Großbritannien, Frankreich und die UdSSR ist nicht nur die militärische Niederlage besiegelt; Deutschland ist zum bloßen Objekt der Politik der Siegermächte geworden.

Schon während des Krieges hat sich die Anti-Hitler-Koalition auf Grundzüge einer europäischen Nachkriegsordnung und eine Reihe von Regelungen für die Behandlung Deutschlands verständigt. Große Teile des Reiches östlich von Oder und Neiße sollen abgetrennt werden und in polnische bzw. sowjetische Verwaltung übergehen, das Restgebiet in vier Besatzungszonen aufgeteilt werden und Berlin ein eigenes, von den vier Mächten gemeinsam regiertes Territorium bilden. Die Regierungsgewalt für ganz Deutschland soll in den Händen eines aus den vier Oberbefehlshabern zusammengesetzten Alliierten Kontrollrates liegen.

Im übrigen aber erschöpft sich die Einigkeit der Siegermächte in dem Willen, für die Zukunft jede Gefahr eines erneut von Deutschland ausgehenden Krieges auszuschließen und das nationalsozialistische Regime restlos zu beseitigen. Auch die auf der Potsdamer Konferenz

VII/313
Einmarsch sowjetischer Truppen in Berlin-Schöneberg im April 1945

erzielten Vereinbarungen, darunter über die wirtschaftliche Einheit Deutschlands und den Neuaufbau einer demokratischen Ordnung, sind lediglich vage Umschreibungen der gemeinsamen Zielvorstellungen. Sie können die bestehenden massiven Interessengegensätze kaum überdecken.

Der Alliierte Kontrollrat erweist sich deshalb bald in den meisten Fragen als entscheidungsunfähig; seine

VII/314
Befreiung von KZ-Häftlingen in Dachau am 29. April 1945

Kompetenzen gehen zunehmend auf die Oberbefehlshaber und Militärregierungen in den einzelnen Zonen über. Die geplanten deutschen Zentralverwaltungen scheitern am französischen Veto. Die Wirtschaftseinheit fällt den Auseinandersetzungen um die vor allem von der Sowjetunion geforderten Reparationen zum Opfer. Und in der Frage der politischen Demokratisierung orientiert sich jede Besatzungsmacht primär an ihrem eigenen politischen System. Damit ist eine Auseinanderentwicklung der vier Zonen eingeleitet, die bereits in Richtung der später vollzogenen Teilung Deutschlands wirkt.

Zwischen Befreiung und Besatzung

Der Einmarsch der alliierten Truppen wird von der deutschen Bevölkerung je nach Siegermacht und eigener politischer Grundhaltung sehr verschieden erlebt und empfunden. Die Stunde der Niederlage ist zugleich die Stunde der Befreiung, der Beseitigung einer unmenschlichen Gewaltherrschaft. Das Wortpaar Befreiung und Besatzung umschreibt aber auch das Dilemma, vor das sich die alliierte und die deutsche Politik in den folgenden Jahren gestellt sehen: Die Sieger wollen ihren Willen durch-

VII/315
Leichen im Konzentrationslager Nordhausen nach der Befreiung 1945

VII/316
Flüchtlingsfrau auf dem Weg nach Westen

setzen und doch auf diesem Wege eine demokratische Ordnung begründen, die Deutschen sind bestrebt, ihre Interessen zu vertreten und doch mit den Besatzungsmächten loyal zusammenzuarbeiten.

Die Zusammenbruchsgesellschaft

Deutschland ist bei Kriegsende ein schwer zerstörtes Land. Seine Wirtschaft liegt völlig darnieder, fast alle Verkehrs- und Nachrichtenverbindungen sind unterbrochen. Millionen von Menschen, Deutsche und Ausländer, befinden sich auf Wanderschaft – evakuiert vor Bombenangriffen und einrückenden Truppen, geflohen oder vertrieben aus der angestammten Heimat, verschleppt zur Zwangsarbeit, befreit aus Konzentrationslagern und Gefängnissen, entlassen aus dem Kriegsdienst, unterwegs auf der Suche nach Angehörigen und einem neuen Zuhause. Für die meisten

VII/317
Plenarsitzung der Potsdamer Konferenz im Juli/August 1945

von ihnen steht zunächst der Kampf ums eigene Überleben im Vordergrund, der Kampf gegen Hunger und materielle Not. Schon nach wenigen Wochen aber gewinnt der Wille zum Aufbau, zu einem umfassenden Neubeginn die Oberhand.

Die Politik der Besatzungsmächte

In der Deutschlandpolitik der Siegermächte überlagern sich in jeweils unterschiedlicher Mischung und Gewichtung vielfältige Interessen: das Sicherheitsbedürfnis und

VII/318
Einmarsch der sowjetischen Armee in Gera am 2.Juli 1945

die Reparationsforderungen, das Bestreben, Deutschland ganz oder in Teilen dem eigenen Einflußbereich einzuverleiben, und die Bereitschaft zur demokratischen Neuordnung, für die jede Siegermacht allerdings in Orientierung an ihrem eigenen politischen System ein ganz eigenes Konzept entwickelt. Zusammen mit den weltpolitischen Gegensätzen ergeben sich daraus Spannungen, die nur in einer kurzen Übergangsphase etwa bis zur Jahreswende 1946/47 Kompromisse zulassen. Auch das Besatzungssystem, die Aufteilung in vier Zonen, das Vetorecht jeder Siegermacht und das ungeklärte Verhältnis zwischen Kontrollrat und den Zonenbefehlshabern, trägt wenig zu einer einheitlichen Besatzungspolitik bei.

Die Entnazifizierung

Die Ahndung der unter der nationalsozialistischen Herrschaft begangenen Verbrechen und die Entfernung aller aktiven Nationalsozialisten aus ihren Stellungen gehören zu den wichtigsten Zielen der Siegermächte. Doch nur der Prozeß gegen die Hauptkriegsverbrecher in Nürnberg wird von den Alliierten gemeinsam durchgeführt. Bei der eigentlichen Entnazifizierung aber werden in allen Zonen verschiedene Wege beschritten: Die Sowjetunion betrachtet sie primär als einen Teilaspekt der gesellschaftlichen Umwälzung im kommunistischen Sinne. Dagegen wird die Entnazifizierung im Westen, vor allem in der amerikanischen Zone, als eine Frage der individuellen Schuld und der

VII/319
Der Gerichtssaal beim Nürnberger Kriegsverbrecherprozeß 1945/46

»Erziehung zur Demokratie« (Reeducation) gesehen. Im Zuge des Wiederaufbaus und im Zeichen des Kalten Krieges rückt man hier von dem anfangs rigorosen Vorgehen allerdings zunehmend ab. 1948 wird die Entnazifizierung de facto eingestellt, ohne daß sie den hohen in sie gesetzten Erwartungen gerecht geworden ist.

VII/320
Entnazifizierungsfragebogen in der amerikanischen Besatzungszone

MG / PS / G/ 9a
(Rev. 15 May 45)

MILITARY GOVERNMENT OF GERMANY

Fragebogen

WARNING: Read the entire Fragebogen carefully before you start to fill it out. The English language will prevail if discrepancies exist between it and the German translation. Answers must be typewritten or printed clearly in block letters. Every question must be answered precisely and conscientiously and no space is to be left blank. If a question is to be answered by either "yes" or "no", print the word "yes" or "no" in the appropriate space. If the question is inapplicable, so indicate by some appropriate word or phrase such as "none" or "not applicable". Add supplementary sheets if there is not enough space in the questionnaire. **Omissions or false or incomplete statements are offenses against Military Government and will result in prosecution and punishment.**

WARNUNG: Vor Beantwortung ist der gesamte Fragebogen sorgfältig durchzulesen. In Zweifelsfällen ist die englische Fassung maßgebend. Die Antworten müssen mit der Schreibmaschine oder in klaren Blockbuchstaben geschrieben werden. Jede Frage ist genau und gewissenhaft zu beantworten, und keine Frage darf unbeantwortet gelassen werden. Das Wort „ja" oder „nein" ist an der jeweilig vorgesehenen Stelle unbedingt einzusetzen. Falls die Frage durch „ja" oder „nein" nicht zu beantworten ist, so ist eine entsprechende Antwort, wie z. B. „keine" oder „nicht betreffend" zu geben. In Ermangelung von ausreichendem Platz in dem Fragebogen können Bogen angeheftet werden. **Auslassungen sowie falsche oder unvollständige Angaben stellen Vergehen gegen die Verordnungen der Militärregierung dar und werden dementsprechend geahndet.**

A. PERSONAL / A. Persönliche Angaben

1. List position for which you are under consideration (include agency or firm) — 2. Name (Surname) (Fore Names). — 3. Other names which you have used or by which you have been known — 4. Date of birth — 5. Place of birth. — 6. Height. — 7. Weight — 8. Color of hair. — 9. Color of eyes. — 10. Scars, marks or deformities — 11. Present address (City, street and house number). — 12. Permanent residence (City, street and house number). — 13. Identity card type and Number. — 14. Wehrpass No. — 15. Passport No. — 16. Citizenship. — 17. If a naturalized citizen, give date and place of naturalization. — 18. List any titles of nobility ever held by you or your wife or by the parents or grandparents of either of you. — 19. Religion. — 20. With what church are you affiliated? — 21. Have you ever severed your connection with any church, officially or unofficially? — 22. If so, give particulars and reason. — 23. What religious preference did you give in the census of 1939? — 24. List any crimes of which you have been convicted, giving dates, locations and nature of the crimes. —

1. Für Sie in Frage kommende Stellung: ....
2. Name .... Zu-(Familien-)name .... Vor-(Tauf-)name 3. Andere von Ihnen benutzte Namen oder solche, unter welchen Sie bekannt sind. ....
4. Geburtsdatum .... 5. Geburtsort ....
6. Größe .... 7. Gewicht .... 8. Haarfarbe .... 9. Farbe der Augen ....
10. Narben, Geburtsmale oder Entstellungen ....
11. Gegenwärtige Anschrift .... (Stadt Straße und Hausnummer)
12. Ständiger Wohnsitz .... (Stadt, Straße und Hausnummer)
13. Art der Ausweiskarte .... Nr. .... 14. Wehrpaß-Nr. .... 15. Reisepaß-Nr. ....
16. Staatsangehörigkeit .... 17. Falls naturalisierter Bürger, geben Sie Datum und Einbürgerungsort an ....
18. Aufzählung aller Ihrerseits oder seitens Ihrer Ehefrau oder Ihrer beiden Großeltern innegehabten Adelstitel. ....
19. Religion .... 20. Welcher Kirche gehören Sie an? .... 21. Haben Sie je offiziell oder inoffiziell Ihre Verbindung mit einer Kirche aufgelöst? .... 22. Falls ja, geben Sie Einzelheiten und Gründe an .... 23. Welche Religionsangehörigkeit haben Sie bei der Volkszählung 1939 angegeben? .... 24. Führen Sie alle Vergehen, Uebertretungen oder Verbrechen an, für welche Sie je verurteilt worden sind, mit Angaben des Datums, des Orts und der Art. ....

B. SECONDARY AND HIGHER EDUCATION / B. Grundschul- und höhere Bildung

Name & Type of School (If a special Nazi school or military academy, so specify) Name und Art der Schule (Im Falle einer besonderen NS oder Militärakademie geben Sie dies an)	Location Ort	Dates of Attendance Wann besucht?	Certificate Diploma or Degree Zeugnis, Diplom o. akademischer Grad	Did Abitur permit University matriculation? Berechtigt Abitur od. Reifezeugnis zur Universitätsimmatrikulation?	Date Datum

25. List any German University Student Corps to which you have ever belonged — 26. List (giving location and dates) any Napola Adolph Hitler School, Nazi Leaders College or military academy in which you have ever been a teacher. — 27. Have your children ever attended any of such schools? Which ones, where and when? — 28. List (giving location and dates) any school in which you have ever been a Vertrauenslehrer (formerly Jugendwalter).

25. Welchen deutschen Universitäts-Studentenburschenschaften haben Sie je angehört? ....
26. In welchen Napola, Adolf-Hitler-, NS Führerschulen oder Militärakademien waren Sie Lehrer? Anzugeben mit genauer Orts- und Zeitbestimmung. ....
27. Haben Ihre Kinder eine der obengenannten Schulen besucht? .... Welche, wo und wann? ....
28. Führen Sie (mit Orts- und Zeitbestimmung) alle Schulen an, in welchen Sie je Vertrauenslehrer (vormalig Jugendwalter) waren. ....

C. PROFESSIONAL OR TRADE EXAMINATIONS / C. Berufs- oder Handwerksprüfungen

Name of Examination Name der Prüfung	Place Taken Ort	Result Resultat	Date Datum

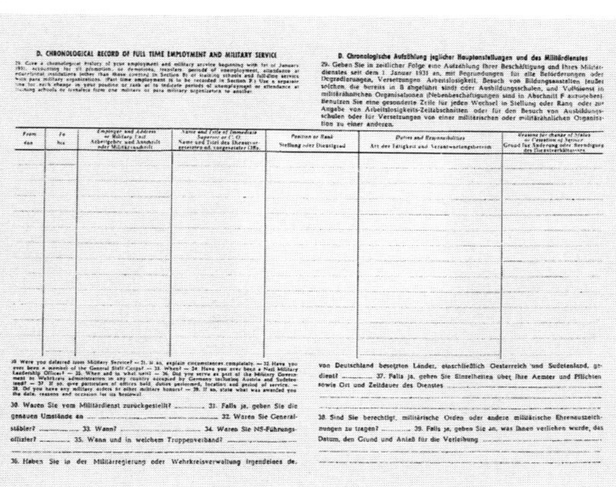

D. CHRONOLOGICAL RECORD OF FULL TIME EMPLOYMENT AND MILITARY SERVICE

D. Chronologische Aufzählung jeglicher Hauptanstellungen und des Militärdienstes

29. Geben Sie in zeitlicher Folge eine Aufzählung Ihrer Beschäftigung und Ihres Militärdienstes seit dem 1. Januar 1931 an, mit Begründungen für alle Beförderungen oder Degradierungen, Versetzungen, Arbeitslosigkeit, Besuch von Bildungsanstalten (außer solchen, die bereits in B angeführt sind) oder Ausbildungsschulen, und Volldienst in militärähnlichen Organisationen (Nebenbeschäftigungen sind in Abschnitt F anzugeben). Benutzen Sie eine gesonderte Zeile für jeden Wechsel in Stellung oder Rang, oder zur Angabe von Arbeitslosigkeits-Zeitabschnitten oder für den Besuch von Ausbildungsschulen oder für Versetzungen von einer militärischen oder militärähnlichen Organisation zu einer anderen.

From von	To bis	Employer and Address or Military Unit Arbeitgeber und Anschrift oder Militäreinheit	Name and Title of Immediate Superior or C. O. Name und Titel des Dienstvorgesetzten od. vorgesetzter Offz.	Position or Rank Stellung oder Dienstgrad	Duties and Responsibilities Art der Tätigkeit und Verantwortungsbereich	Reasons for change of Status or Cessation of Service Grund für Änderung oder Beendigung des Dienstverhältnisses

30. Waren Sie vom Militärdienst zurückgestellt? .... 31. Falls ja, geben Sie die genauen Umstände an .... 32. Waren Sie Generalstäbler? .... 33. Wann? .... 34. Waren Sie NS-Führungsoffizier? .... 35. Wann und in welchem Truppenverband? ....

36. Haben Sie in der Militärregierung oder Wehrkreisverwaltung irgendeines der von Deutschland besetzten Länder, einschließlich Oesterreich und Sudetenland, gedient? .... 37. Falls ja, geben Sie Einzelheiten über Ihre Aemter und Pflichten sowie Ort und Zeitdauer des Dienstes ....

38. Sind Sie berechtigt, militärische Orden oder andere militärische Ehrenauszeichnungen zu tragen? .... 39. Falls ja, geben Sie an, was Ihnen verliehen wurde, das Datum, den Grund und Anlaß für die Verleihung ....

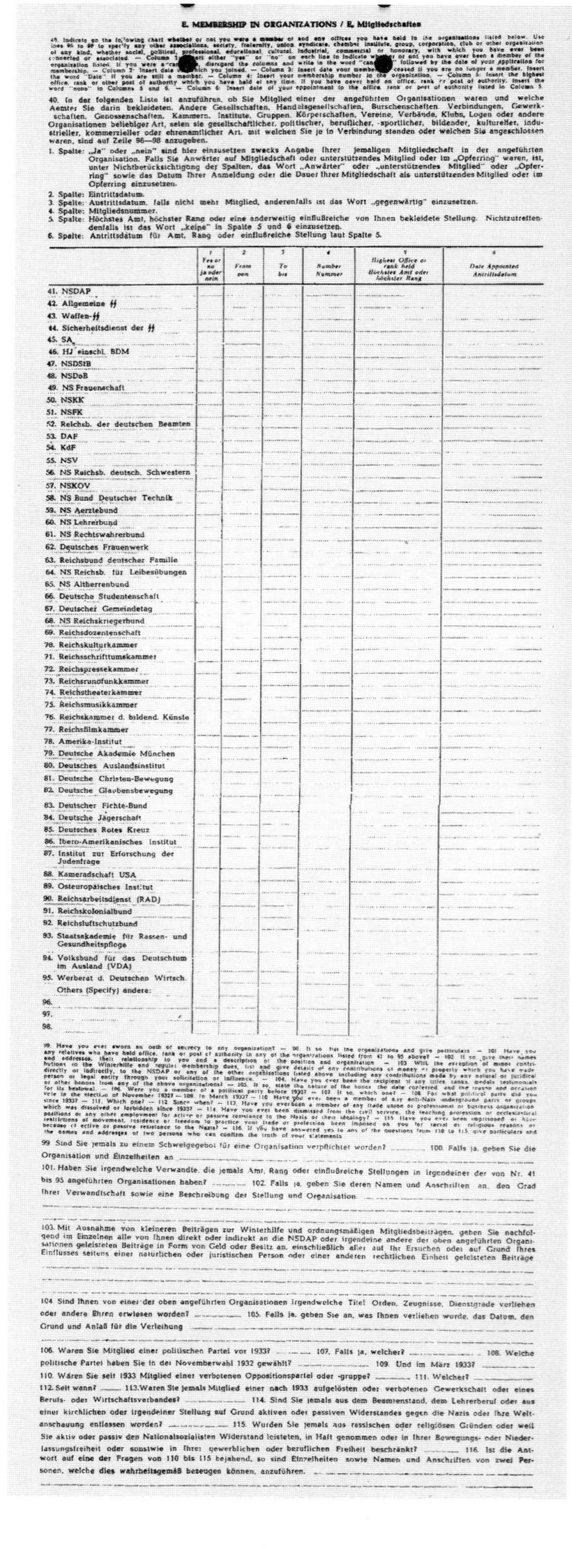

E. MEMBERSHIP IN ORGANIZATIONS / E. Mitgliedschaften

40. In der folgenden Liste ist anzuführen, ob Sie Mitglied einer der angeführten Organisationen waren und welche Aemter Sie darin bekleideten. Andere Gesellschaften, Handelsgesellschaften, Burschenschaften, Verbindungen, Gewerkschaften, Genossenschaften, Kammern, Institute, Gruppen, Körperschaften, Vereine, Verbände, Klubs, Logen oder andere Organisationen beliebiger Art, seien sie gesellschaftlicher, politischer, beruflicher, sportlicher, bildender, kultureller, industrieller, kommerzieller oder ehrenamtlicher Art, mit welchen Sie je in Verbindung standen oder welchen Sie angeschlossen waren, sind auf Zeile 96—98 anzugeben.

1. Spalte: „Ja" oder „nein" sind hier einzusetzen zwecks Angabe Ihrer jemaligen Mitgliedschaft in der angeführten Organisation. Falls Sie Anwärter auf Mitgliedschaft oder unterstützendes Mitglied oder im „Opferring" waren, ist, unter Nichtberücksichtigung der Spalten, das Wort „Anwärter" oder „unterstützendes Mitglied" oder „Opferring" sowie das Datum Ihrer Anmeldung oder die Dauer Ihrer Mitgliedschaft als unterstützendes Mitglied oder im Opferring einzusetzen.
2. Spalte: Eintrittsdatum.
3. Spalte: Austrittsdatum, falls nicht mehr Mitglied, anderenfalls ist das Wort „gegenwärtig" einzusetzen.
4. Spalte: Mitgliedsnummer.
5. Spalte: Höchstes Amt, höchster Rang oder eine anderweitig einflußreiche von Ihnen bekleidete Stellung. Nichtzutreffendenfalls ist das Wort „keine" in Spalte 5 und 6 einzusetzen.
6. Spalte: Antrittsdatum für Amt, Rang oder einflußreiche Stellung laut Spalte 5.

	1 Yes or no ja oder nein	2 From von	3 To bis	4 Number Nummer	5 Highest Office or rank held Höchstes Amt oder höchster Rang	6 Date Appointed Antrittsdatum
41. NSDAP						
42. Allgemeine SS						
43. Waffen-SS						
44. Sicherheitsdienst der SS						
45. SA						
46. HJ einschl. BDM						
47. NSDStB						
48. NSDoB						
49. NS Frauenschaft						
50. NSKK						
51. NSFK						
52. Reichsb. der deutschen Beamten						
53. DAF						
54. KdF						
55. NSV						
56. NS Reichsb. deutsch. Schwestern						
57. NSKOV						
58. NS Bund Deutscher Technik						
59. NS Aerztebund						
60. NS Lehrerbund						
61. NS Rechtswahrerbund						
62. Deutsches Frauenwerk						
63. Reichsbund deutscher Familie						
64. NS Reichsb. für Leibesübungen						
65. NS Altherrenbund						
66. Deutsche Studentenschaft						
67. Deutscher Gemeindetag						
68. NS Reichskriegerbund						
69. Reichsdozentenschaft						
70. Reichskulturkammer						
71. Reichsschrifttumskammer						
72. Reichspressekammer						
73. Reichsrundfunkkammer						
74. Reichstheaterkammer						
75. Reichsmusikkammer						
76. Reichskammer d. bildend. Künste						
77. Reichsfilmkammer						
78. Amerika-Institut						
79. Deutsche Akademie München						
80. Deutsches Auslandsinstitut						
81. Deutsche Christen-Bewegung						
82. Deutsche Glaubensbewegung						
83. Deutscher Fichte-Bund						
84. Deutsche Jägerschaft						
85. Deutsches Rotes Kreuz						
86. Ibero-Amerikanisches Institut						
87. Institut zur Erforschung der Judenfrage						
88. Kameradschaft USA						
89. Osteuropäisches Institut						
90. Reichsarbeitsdienst (RAD)						
91. Reichskolonialbund						
92. Reichsluftschutzbund						
93. Staatsakademie für Rassen- und Gesundheitspflege						
94. Volksbund für das Deutschtum im Ausland (VDA)						
95. Werberat d. Deutschen Wirtsch.						
Others (Specify) andere:						
96.						
97.						
98.						

99. Sind Sie jemals zu einem Schweigegebot für eine Organisation verpflichtet worden? .... 100. Falls ja, geben Sie die Organisation und Einzelheiten an ....

101. Haben Sie irgendwelche Verwandte, die jemals Amt, Rang oder einflußreiche Stellungen in irgendeiner der von Nr. 41 bis 95 angeführten Organisationen haben? .... 102. Falls ja, geben Sie deren Namen und Anschriften an, den Grad Ihrer Verwandtschaft sowie eine Beschreibung der Stellung und Organisation ....

103. Mit Ausnahme von kleineren Beiträgen zur Winterhilfe und ordnungsmäßigen Mitgliedsbeiträgen, geben Sie nachfolgend im Einzelnen alle von Ihnen direkt oder indirekt an die NSDAP oder irgendeine andere der oben angeführten Organisationen geleisteten Beiträge in Form von Geld oder Besitz an, einschließlich aller auf Ihr Ersuchen oder auf Grund Ihres Einflusses seitens einer natürlichen oder juristischen Person oder einer anderen rechtlichen Einheit geleisteten Beiträge ....

104. Sind Ihnen von einer der oben angeführten Organisationen irgendwelche Titel, Orden, Zeugnisse, Dienstgrade verliehen oder andere Ehren erwiesen worden? .... 105. Falls ja, geben Sie an, was Ihnen verliehen wurde, das Datum, den Grund und Anlaß für die Verleihung ....

106. Waren Sie Mitglied einer politischen Partei vor 1933? .... 107. Falls ja, welcher? .... 108. Welche politische Partei haben Sie in der Novemberwahl 1932 gewählt? .... 109. Und im März 1933? ....
110. Waren Sie seit 1933 Mitglied einer verbotenen Oppositionspartei oder -gruppe? .... 111. Welcher? ....
112. Seit wann? .... 113. Waren Sie jemals Mitglied einer nach 1933 aufgelösten oder verbotenen Gewerkschaft oder eines Berufs- oder Wirtschaftsverbandes? .... 114. Sind Sie jemals aus dem Beamtenstand, dem Lehrerberuf oder aus einer kirchlichen oder irgendeiner Stellung auf Grund aktiven oder passiven Widerstandes gegen die Nazis oder ihre Weltanschauung entlassen worden? .... 115. Wurden Sie jemals aus rassischen oder religiösen Gründen oder weil Sie aktiv oder passiv den Nationalsozialisten Widerstand leisteten, in Haft genommen oder in Ihrer Bewegungs- oder Niederlassungsfreiheit oder sonstwie in Ihrer gewerblichen oder beruflichen Freiheit beschränkt? .... 116. Ist die Antwort auf eine der Fragen von 110 bis 115 bejahend, so sind Einzelheiten sowie Namen und Anschriften von zwei Personen, welche dies wahrheitsgemäß bezeugen können, anzuführen. ....

VII/321
Propaganda an einer Hauswand für den Volksentscheid in Sachsen am 30. Juni 1946

VII/322
Konrad Adenauer vor dem zerstörten Kölner Rathaus 1945

2. Kontinuität und Neubeginn

Eine Stunde Null, einen völligen Neuanfang hat es 1945 nicht gegeben. Zwar herrscht nach den Erfahrungen mit der nationalsozialistischen Diktatur und angesichts der Zerstörungen nicht nur materieller Art zunächst fast allgemein die Überzeugung vor, daß nur ein grundlegender Neubeginn Deutschland wieder eine bessere Zukunft sichern könne. Neue Anstöße gehen zudem von den Besatzungsmächten aus. Dennoch knüpft der Aufbau einer neuen wirtschaftlichen, sozialen und politischen Ordnung strukturell, personell und von den politischen Konzeptionen her in vielfacher Weise an Weimarer oder auch ältere Traditionen an.

Eine Schlüsselrolle in diesem Prozeß nehmen schon bald die politischen Parteien ein, bei deren Gründung sich, auch wenn die Zersplitterung der Weimarer Zeit überwunden werden kann, die großen Hauptströmungen des historisch gewachsenen Parteiensystems erneut durchsetzen. Neben der KPD, die unter Führung der Gruppe Ulbricht von Anfang an weitgehend der von Moskau vorgegebenen Linie folgt, gelingt es als ersten den Sozialdemokraten, an deren Spitze in den westlichen Besatzungszonen der Hannoveraner Kreis um Kurt Schumacher steht, sich wieder zu organisieren und ein allgemein akzeptiertes Programm zu entwickeln. Dagegen gelangen CDU und CSU als völlig neue Parteien, in denen sich Kräfte aus dem katholischen, liberalen und konservativen Lager vereinigt haben, erst später zu einer einheitlichen Programmatik und Politik. In der LDP/FDP finden schließlich die beiden seit 1866/67 in verschiedenen Parteien organisierten Flügel des Liberalismus zusammen.

Im Mittelpunkt des Neubeginns steht die Wiederbegründung eines demokratischen Staatswesens, mit dem zunächst auf der Ebene der Kommunen und dann auch der Länder begonnen wird. Während sich zwischen den Parteien über die Gestaltung der politischen Verfassung trotz mancher weltanschaulichen Differenzen und unterschiedlicher Vorstellungen über das künftige Verhältnis von Bund und Ländern ein breiter Grundkonsens herausbildet, gehen die Auffassungen über die Wirtschaftsordnung weit auseinander. Vor allem die Sozialdemokraten kämpfen für eine parlamentarische Demokratie auf der Grundlage einer sozialistischen Wirtschaftsform. Für eine Marktwirtschaft unter Wahrung der bisherigen privaten Besitzverhältnisse treten die Liberalen ein. Ein breites Meinungsspektrum, das von gemäßigt sozialistischen Ideen bis hin zu entschieden marktwirtschaftlichen Positionen reicht, ist dagegen in den neuen Unionsparteien repräsentiert. Erst im Zuge der westdeutschen Staatsgründung setzen sich hier 1948/49 die Anhänger der sozialen Marktwirtschaft eindeutig durch, wie überhaupt erst in jener Phase der Teilung die Fronten und Kräfteverhältnisse definitiv geklärt werden.

Ein neuer Aufbruch?

Meist in Anknüpfung an den Widerstand gegen das Hitler-Regime finden sich oft schon in den Wochen der Besetzung politische Gruppen zusammen, die über alle alten Parteigrenzen hinweg den sofortigen Aufbau einer neuen demokratischen Ordnung anstreben. Dieser »antifaschistische« Einheitswille wird jedoch im sowjetischen Einflußbereich schon früh im kommunistischen Sinne umgedeutet und mißbraucht. Die westlichen Besatzungsmächte favorisieren zunächst den Wiederaufbau der Verwaltung und stützen sich dabei mehr auf jene deutschen Politiker, deren Namen ihnen aus der Weimarer Zeit bekannt sind oder die ihnen von den als unbelastet geltenden Kirchen empfohlen werden. Erst allmählich und unter strenger Aufsicht sollen mit der Zulassung von Zeitungen und Rundfunkanstalten die Voraussetzungen für ein neues demokratisches Leben geschaffen werden.

VII/323
Werbung für den Antifa-Block an einer Berliner Straßenbahn 1945

VII/324
Arbeitssitzung im Büro Schumacher in Hannover 1946

VII/325
Sitzung der CDU/CSU-Arbeitsgemeinschaft in Frankfurt am Main im April 1948

Die Gründung der Parteien und Gewerkschaften

Als erste Besatzungsmacht gibt die Sowjetunion – nicht zuletzt mit dem Ziel, die politische Entwicklung in ganz Deutschland zu prägen – bereits am 10. Juni 1945 den Weg für die Gründung von Parteien und die Bildung von Gewerkschaften frei. Eher zögernd folgen im Spätsommer die Amerikaner und Briten und gegen Jahresende die Franzosen.

VII/326
Pieck, Grotewohl und Ulbricht auf dem SED-Vereinigungsparteitag am 21./22. April 1946

VII/327
Sitzung des liberalen Parteivorstandes in Frankfurt am Main am 3. November 1947

Nach dem Scheitern zeitweiliger Sammlungsbestrebungen auf der Linken und Rechten werden in allen Zonen mit nur wenigen regionalen Ausnahmen vier Parteien lizenziert: SPD und KPD werden wiederbegründet, die Liberalen schließen sich unter verschiedenen Namen (FDP, LDP, DVP) zusammen, und als neue Volksparteien katholischer wie evangelischer Christdemokraten bilden sich die CDU und in Bayern die CSU. In der SBZ vereinigen sich Kommunisten und Sozialdemokraten allerdings bereits im April 1946 unter massivem Druck zur Sozialistischen Einheitspartei Deutschlands, die nun zunehmend die politische Führungsrolle für sich beansprucht.

Parallel zu den Gründungen der politischen Parteien organisieren sich die Arbeitnehmer in weltanschaulich neutralen, nicht an eine einzelne Parteirichtung gebundenen Industriegewerkschaften, die jedoch im Osten schon bald unter den bestimmenden Einfluß der SED geraten.

VII/328
Eröffnung der Verfassunggebenden Landesversammlung in Württemberg-Baden im Juli 1946

Die Bildung der Länder

In allen Zonen werden 1945/46 – nicht zuletzt als Folge der Zerschlagung Preußens – neue Länder geschaffen. Die Besatzungsmächte ziehen jene Grenzen, die in der Bundesrepublik mit Ausnahme des Südwestens bis heute oder doch, wie in den neuen Bundesländern, heute wieder Bestand haben. Vor allem in der amerikanischen und

VII/329
Demonstrationszug der »antifaschistischen Polizei« in Leipzig im September 1945

französischen Politik nehmen die Länder eine herausgehobene Stellung ein: Sie werden rasch zu parlamentarisch-demokratisch verfaßten Gemeinwesen mit einer Fülle von Befugnissen ausgebaut. Diesem Modell schließt sich nach einer eher zentralistisch orientierten Anfangsphase auch die britische Politik an, so daß der föderalistische Aufbau prägend für die politische Ordnung der Bundesrepublik wird.
Auch in der sowjetischen Besatzungszone erhalten die Länder zwar 1947 im formalen Sinne demokratische Verfassungen, doch sind die Schlüsselstellungen in den Ministerien schon früh durch Kommunisten besetzt. Mehr und mehr fallen alle wichtigen Entscheidungen in Absprache mit der Besatzungsmacht in der SED-Führung und den in Berlin residierenden Zentralverwaltungen.

Wiederaufbau und Sozialisierung

Dem allgemeinen Willen zum Wiederaufbau stehen im Nachkriegsdeutschland vielfältige Hindernisse entgegen: Die Kriegsschäden an den Produktionsanlagen werden durch die alliierten Demontagen noch verstärkt. Rohstoffknappheit und Transportprobleme hemmen den Neuanfang ebenso wie die schlechte Ernährungslage. Der Wirtschaftskreislauf ist durch die Zerrüttung der Währung und den Mangel an Waren aller Art nachhaltig gestört. Zwangsbewirtschaftung und Schwarzer Markt bestimmen das Bild. Nicht nur Kommunisten und Sozialdemokraten können sich unter diesen Voraussetzungen einen Wiederaufbau allein unter sozialistischen Vorzeichen vorstellen. Bis weit in die Reihen der CDU hinein

VII/330
Hungernde Kinder bei der Essensausgabe in Berlin 1947

VII/331
Trümmerfrauen in
Berlin 1945

reichen die Befürworter von Sozialisierungen und Bodenreform, eines Ausbaus der Mitbestimmungsrechte und lenkender Eingriffe des Staates in die Wirtschaft. Breite Mehrheiten stimmen in Sachsen ebenso für die Sozialisierung wie in Hessen für einen entsprechenden Artikel der Landesverfassung und im nordrhein-westfälischen Landtag für die Verstaatlichung des Kohlebergbaus.

Der kulturelle Neuanfang

Nach den Jahren der Unterdrückung jeder freien Meinungsäußerung und künstlerischen Tätigkeit lechzen viele Menschen förmlich nach Kultur. Sie drängen sich vor den Theatern, Konzertsälen und Kinos. Bücher und Zeitschriften finden reißenden Absatz. Unter oft schwierigen äußeren Bedingungen entfaltet sich schnell wieder

VII/332
Freilegung des Goethe-Schiller-Denkmals in Weimar durch sowjetische Soldaten im Juli 1945

ein breites kulturelles Leben. Viele Schriftsteller und Künstler, die vor den Nationalsozialisten ins Ausland fliehen mußten, kehren nach Deutschland zurück. Auch diejenigen, die sich in eine Art innere Emigration zurückgezogen haben, melden sich wieder öffentlich zu Wort. Gerade in der Literatur und Publizistik ist der Wille zu einem umfassenden Neuanfang besonders ausgeprägt. Hier sind deshalb schon früh enttäuschte Stimmen zu vernehmen, die die angeblich zu starken Kontinuitäten in der Nachkriegspolitik kritisieren und von einer bloßen Restauration sprechen. Andererseits zeichnet sich auch der kulturelle Wiederaufbau durch eine Rückbesinnung auf die positiven Traditionen der deutschen Geschichte und Kultur aus. Vor allem die Hundertjahrfeier der Revolution von 1848/49 und das Goethejahr 1949 bieten Anlaß, sich auf das demokratische Erbe und die Werte der deutschen Klassik zu berufen.

VII/333
Empfang für Thomas Mann in Weimar 1949

VII/334
Passanten vor dem Antiquariat Rosen in Berlin 1947

VII/335
Konferenz der alliierten Außenminister in Moskau im März/April 1947

3. Wege zur Teilung

Bereits 1945 hört das Deutsche Reich de facto auf zu bestehen. Denn von Anfang an gelingt es den Siegermächten nicht, sich über eine einheitliche Besatzungspolitik zu verständigen und so die wirtschaftliche und politische Einheit Deutschlands zu erhalten. Mit dem Kalten Krieg, dessen Ursachen weit über Deutschland und dessen spezifische Probleme hinausreichen, wird die deutsche Teilung zunächst besiegelt.

Die Sowjetunion sieht in den Protesten gegen ihr Vorgehen in Osteuropa und in der Ablehnung ihrer Reparationsforderungen eine Einkreisungspolitik der kapitalistischen Länder und geht offen zum Ausbau ihrer Vorherrschaft in Osteuropa über. Unter dem Eindruck dieser expansiven sowjetischen Politik verlassen die USA die bisherige Linie der Abgrenzung von Interessensphären und der partiellen Kooperation. Am 12. März 1947 verkündet der amerikanische Präsident die Truman-Doktrin, die den Übergang zu einer Politik der Eindämmung des Kommunismus markiert. Der neue Kurs findet seinen sichtbarsten Ausdruck im Marshall-Plan für den wirtschaftlichen Wiederaufbau (West-)Europas, der zugleich das Ziel verfolgt, die Sonderrolle Frankreichs in der Deutschlandpolitik zu beenden.

Nach dem Scheitern der Londoner Viermächtekonferenz im Dezember 1947 werden in rascher Folge die zur Gründung eines westdeutschen Staates notwendigen Schritte vollzogen. Auf sie antwortet die Sowjetunion mit Gegenzügen in ihrer Zone und Pressionsversuchen. Über die Währungsreform und die Verfassungsberatungen des Parlamentarischen Rates führt der Weg zur Konstituierung der Bundesrepublik Deutschland am 23. Mai 1949. Wenige Monate später, am 7. Oktober 1949, erfolgt auch die Gründung eines ostdeutschen Staates, der Deutschen Demokratischen Republik.

Den meisten deutschen Politikern fällt es schwer, von der Einheit Deutschlands Abschied zu nehmen und zu akzeptieren, daß eine wirtschaftliche und politische Gesundung der drei Westzonen nur auf diesem Weg erreicht werden kann.

Sie beschreiten ihn schließlich in der Erwartung, daß eine demokratische und ökonomisch prosperierende Bundesrepublik wie ein Magnet das restliche Deutschland förmlich anziehen werde und daß auf diese Weise eine Wiedervereinigung binnen weniger Jahre erreicht werden könne.

Im Osten sind nach wie vor nicht nur die Kommunisten politisch aktiv. Auch viele demokratische Politiker und Gewerkschaftler, viele Schriftsteller und Künstler, die die Teilung Deutschlands nicht hinnehmen wollen, geben sich angesichts der Parole der nationalen Einheit, die die Sowjets und die SED auf ihre Fahnen geschrieben haben, mehr oder minder lange Illusionen über die Entwicklung in der SBZ hin. Auf dem Wege zur DDR wird jedoch immer deutlicher, daß hinter dem gesamtdeutschen Anspruch der »Volkskongreßbewegung« eine rigorose kommunistische Gleichschaltungspolitik steht. In der DDR entsteht nicht der demokratischere und sozialere Kern der künftigen deutschen Nation, sondern eine kommunistische Diktatur nach sowjetischem Vorbild.

VII/336
Werbung für den Marshallplan, Plakat, 1948

Der Kalte Krieg

Die schon bei Kriegsende sich abzeichnende weltweite Konfrontation zweier ideologisch konträrer Machtblöcke wird 1946 für Europa in immer stärkerem Maße bestimmend. Ein »Eiserner Vorhang« (Churchill) senkt sich vor dem sowjetisch beherrschten Teil des Kontinents nieder. Deutschland wird zum Hauptbrennpunkt des Kalten Krieges. Im Zeichen des weltpolitischen Gegensatzes werden die ohnehin zwischen den Siegermächten in der Deutschlandpolitik bestehenden Differenzen unüberbrückbar. Nach dem Scheitern der Moskauer Außenministerkonferenz im April 1947 ergreifen die USA die Initiative: Mit Unterstützung Großbritanniens und später auch Frankreichs werden die Westzonen schrittweise in das westliche Wirtschafts- und Staatensystem einbezogen. Alle deutschen Bemühungen, den sich abzeichnenden Verlust der nationalen Einheit aufzuhalten, scheitern an den Machtrealitäten und den auch schon auf deutscher Seite unüberwindlich gewordenen Gegensätzen.

Marshallplan und Währungsreform

Unter dem Eindruck der schlechten wirtschaftlichen Lage und der zunehmenden Spannungen mit der UdSSR entschließen sich die USA und Großbritannien, der wirtschaftlichen Gesundung ihrer Zonen den Vorrang einzuräumen. Als erster Schritt werden beide Gebiete am 1. Januar 1947 zur sogenannten Bizone zusammengelegt. Als zweiter Schritt folgt im Juni 1947 die Verkündung eines wirtschaftlichen Hilfsprogramms für Europa durch den amerikanischen Außenminister Marshall, in das auch die drei Westzonen einbezogen werden, an dem sich der Osten jedoch erwartungsgemäß nicht beteiligt. Der dritte Schritt, die Währungsreform vom

VII/337
Kundgebung gegen den Marshall-Plan in Ost-Berlin am 1. Mai 1948

VII/338
Ausgabe der neuen DM-Banknoten in München am 20. Juni 1948

20. Juni 1948, mit der die nahezu wertlos gewordene Reichsmark durch die neue Deutsche Mark abgelöst wird, wird zugleich von einer weitgehenden Aufhebung der Zwangsbewirtschaftung begleitet. Alle drei Schritte fördern nicht nur den wirtschaftlichen Aufschwung in den Westzonen, sondern bringen auch eine Vorentscheidung zugunsten der von Ludwig Erhard propagierten marktwirtschaftlichen Politik und vertiefen die Gräben zum Osten.

Das Scheitern der Viermächtepolitik

Der Ausbau der Bizone und vor allem dann der gegen die Sowjetunion gerichtete Marshall-Plan beschleunigen die Teilung Deutschlands. Die Gespräche zwischen den vier Mächten erhalten zunehmend reinen Alibicharakter. Am 20. März 1948 verlassen die sowjetischen Vertreter in Reaktion auf die immer konkreter werdenden Pläne für einen westdeutschen Staat den Alli-

27
Buckow-West
27
3575

VII/340
Berliner Polizisten aus Ost und West an der Sektorengrenze in der Bernauer Straße im Frühjahr 1949

ierten Kontrollrat, das oberste Gremium der Besatzungsmächte für ganz Deutschland. Ihren Höhepunkt erreicht die Ost-West-Konfrontation in den Auseinandersetzungen um die Vier-Sektoren-Stadt Berlin. Die Sowjets nehmen die Währungsreform in den Westzonen am 24. Juni 1948 zum Anlaß einer Blockade aller Land- und Wasserverbindungen nach West-Berlin. Die Westmächte antworten mit der Luftbrücke: Elf Monate lang, bis zum 12. Mai 1949, wird die Zwei-Millionen-Stadt vollständig auf diesem Wege versorgt. Während dieser Zeit vollzieht sich unter dem Druck kommunistischer Übergriffe auch die Spaltung des politischen Lebens der Stadt. In Berlin und Deutschland sind damit die Machtbereiche abgesteckt.

VII/341
Erstürmung des neuen Stadthauses in Berlin durch Demonstranten am 6. September 1948

/II/339
Linke Seite)
uftbrückenflugzeug
iber einer West-
erliner Straße
948/49

VII/342
Die drei westlichen Militärgouverneure bei der Übergabe der Frankfurter Dokumente am 1. Juli 1948

Von Frankfurt nach Bonn

Mit den Frankurter Dokumenten vom 1. Juli 1948 fordern die Westmächte die Ministerpräsidenten ihrer Zonen auf, eine Verfassung für einen westdeutschen Staat ausarbeiten zu lassen. Nur zögernd stimmen die deutschen Politiker, nicht zuletzt unter dem Eindruck der Blockade, zu. Am 1. September 1948 nimmt in Bonn der »Parla-

VII/343
Schlußabstimmung des Parlamentarischen Rates über das Grundgesetz am 8. Mai 1949

VII/344
Die erste Bundesregierung nach ihrer Vereidigung am 20. September 1949

mentarische Rat« seine Arbeit auf. Seine 65 Abgeordneten – je 27 von SPD und CDU/CSU, 5 von der FDP und je 2 von KPD, Deutscher Partei (DP) und Zentrum – sind von den Landtagen gewählt worden. Nach langwierigen Verhandlungen, in denen die auf deutscher Seite erzielten Kompromisse mehrfach durch die Forderung der Militärgouverneure nach weitergehenden Rechten für die Länder gefährdet werden, verabschiedet am 8. Mai 1949 eine breite Mehrheit von 53 Abgeordneten gegen nur 12 Stimmen aus CSU, DP, KPD und Zentrum das »Grundgesetz für die Bundesrepublik Deutschland«. Nach der Genehmigung durch die Militärgouverneure und der Billigung durch die Landtage wird die neue Verfassung am 23. Mai 1949 feierlich verkündet. Die Bundesrepublik Deutschland ist gegründet.

Vom Volkskongreß zur DDR

Ende 1947 initiiert die SED einen »Volkskongreß für Einheit und gerechten Frieden«. Dem Namen nach soll er die nationale Einheit propagieren und eine gesamtdeutsche Verfassung ausarbeiten. De facto dient er, da seine Delegierten nicht durch demokratische Wahlen legitimiert sind, weit mehr dazu, die Herrschaft der SED in der SBZ zu stabilisieren und später dann einen ostdeutschen Staat zu schaffen. Im März 1948 wählt der 2. Volkskongreß als ständiges Organ einen

ES LEBE
DIE NATIONALE FRONT
DES DEMOKRATISCHEN
DEUTSCHLAND

VII/346
Übergabe der Verwaltungsfunktionen durch die sowjetische Armee an die DDR-Regierung am 10. Oktober 1949

Deutschen Volksrat aus 400 Delegierten (davon 100 aus den Westzonen), der bis zum Oktober 1948 einen Verfassungsentwurf ausarbeiten läßt und diesen am 19. März 1949 einstimmig verabschiedet. Der 3. Volkskongreß wird im Mai 1949 bereits erstmals nach Einheitslisten gewählt, auf die allerdings trotz massiver Wahlfälschungen nur rund zwei Drittel der abgegebenen Stimmen entfallen. Mit der wiederum einstimmig beschlossenen Inkraftsetzung der Verfassung durch den 3. Deutschen Volksrat am 7. Oktober 1949 wird die Deutsche Demokratische Republik offiziell gegründet.

VII/347
Abschreiten einer Ehrenformation der Volkspolizei durch DDR-Präsident Pieck am 11. Oktober 1949

'II/345
-inke Seite)
itzung des Deut-
chen Volksrates in
st-Berlin am 7. Ok-
ober 1949

4. West- und Ostintegration

Mit der Verkündung des Grundgesetzes der Bundesrepublik im Mai und der DDR-Verfassung im Oktober 1949 ist der Konstituierungsprozeß zweier Staaten in Deutschland noch keineswegs abgeschlossen. Die Weichen sind zwar gestellt, aber die detaillierte Ausgestaltung der inneren Ordnung fehlt noch ebenso wie die äußere Souveränität.

Im Westen fällt eine wesentliche Vorentscheidung über den künftigen politischen Kurs mit der ersten Bundestagswahl am 14. August 1949, in der eine »bürgerliche Koalition« aus CDU/CSU, FDP und Deutscher Partei eine knappe Mehrheit erreicht. Im Inneren wird die Politik der Sozialen Marktwirtschaft fortgesetzt, nach außen erstrebt Bundeskanzler Adenauer die völlige Gleichberechtigung der Bundesrepublik im Rahmen des westlichen Bündnissystems. Die wirtschaftlichen Schwierigkeiten und die nahezu unüberschaubaren sozialen Lasten führen jedoch in den Anfangsjahren zu großer politischer Unsicherheit. Der innere und der äußere Kurs der Bundesrepublik sind zwischen den Parteien auf das heftigste umstritten. Erst die Bundestagswahl 1953, in der die Regierungskoalition mit breiter Mehrheit bestätigt wird, beendet die Gründungskrise.

Im Osten wird unter dem Deckmantel eines formal weiter bestehenden Mehrparteiensystems im-mer deutlicher das sowjetische Modell auf die DDR übertragen. Politisch verlieren CDU und LDP auch noch die letzten Reste an Eigenständigkeit. Sie dienen nun ebenso wie die gleichgeschalteten Massenorganisation nur mehr da-zu, die Herrschaft der SED zu sichern. Jede Form von Opposition, gerade auch in den Reihen der SED selbst, wird

VII/348
Fließbandproduktion von Volkswagen 1949

VII/349
Arbeitslose im Flur eines Arbeitsamtes nach der Währungsreform

mit großer Radikalität unterdrückt. Wirtschaftlich setzt sich unter der Parole »Von der Sowjetunion lernen, heißt siegen lernen« eine einseitige Ausrichtung auf die Schwerindustrie durch, so daß sich trotz steigender Produktionsziffern die Lebensverhältnisse der Bevölkerung nur wenig bessern. Die allmähliche krisenhafte Zuspitzung dieser Probleme gipfelt im Arbeiteraufstand vom 17. Juni 1953.
Das Jahr 1953 bildet so in doppeltem Sinne ein Jahr der Entscheidung – der Entscheidung für eine wirtschaftlich prosperierende und politisch stabile Entwicklung der Bundesrepublik in enger Anlehnung an den Westen und der Entscheidung für die gewaltsame Sicherung einer an der Sowjetunion orientierten Herrschafts- und Gesellschaftsordnung in der DDR. Mit den 1955 in Kraft tretenden Verträgen wird dieser Prozeß der West- und Ostintegration der beiden deutschen Staaten abgeschlossen und die Teilung vollendet.

Die Politik der »Sozialen Marktwirtschaft«

Die von Ludwig Erhard im Frankfurter Wirtschaftsrat parallel zur Währungsreform eingeleitete Politik der Sozialen Marktwirtschaft hat in den Anfangsjahren der Bundesrepublik ihre eigentliche Bewährungsprobe zu bestehen. Erhards Kurs einer konservativen Finanzpolitik und einer Bevorzugung der Exportwirtschaft will vor allem Investitionsanreize geben, den Konsum aber zunächst zurückhalten. Er setzt insofern bewußt auf eine vorübergehende soziale Unausgewogenheit. Den zeitweise bereits hohen Wachstumsraten steht eine zunächst noch steigende Arbeitslosigkeit und ein mäßiges Lohnniveau gegenüber. Nur durch den zurückhaltenden Kurs der Gewerkschaften wird diese schwierige Phase überstanden. Etwa seit 1952/53 kommen die Früchte des wirtschaftlichen Aufschwungs auch breiteren Schichten der Bevölkerung in Form von kräftigen Einkommensverbesserungen zugute.

Der»Aufbau des Sozialismus« in der DDR

Nicht erst seit der Gründung der DDR 1949 zielt die Wirtschaftspolitik, wie die SED auf ihrer 2. Parteikonferenz im Juli 1952 auch ganz offen proklamiert, auf den planmäßigen »Aufbau des Sozialismus«. Durch die bereits 1945 begonnene Bodenreform wird – zunächst noch mit Zustimmung aller Parteien – der Großgrundbesitz enteignet und das Land an Neubauern verteilt. Viele allein nicht existenzfähige Bauern müssen sich ab 1952 zu Landwirtschaftlichen Produktionsgenossenschaften (LPGs) zusammenschließen. Auch in Industrie und Handel kommt den volkseigenen Betrieben eine wachsende Bedeutung zu, wobei die schrittweise Rückgabe der »Sowjetischen Aktiengesellschaften« in deutsche Hände eine große Rolle spielt. Neben der Veränderung der Eigentumsverhältnisse heißt Aufbau des Sozialismus vor allem Einordnung aller wirtschaftlichen Aktivitäten in eine zentrale Planung, die 1949 mit dem Zweijahrplan beginnt und seit 1951 mit einem Fünfjahrplan intensiviert wird. Von entscheidender Bedeutung ist, daß die DDR in dieser Zeit trotz fehlender Voraussetzungen vorrangig eine eigene Schwerindustrie aufbaut, zukunftsträchtigere und für den Konsum der Bevölkerung produzierende Industriezweige aber vernachlässigt.

VII/350
Das Hüttenwerk Hennigsdorfs als volkseigener Betrieb 1946/47

VII/351
(Rechte Seite)
Werbung für den ersten Fünfjahrplan der DDR, Plakat, 1952

BAUTEN DES FÜNFJAHRPLANES
EISENHÜTTENKOMBINAT OST (EKO)
Aus sowjetischem Erz und polnischer Kohle
wird deutscher Friedensstahl

VII/352
Konstituierende Sitzung des Bundestages am 7. September 1949

Die Stabilisierung der parlamentarischen Demokratie

VII/353
Vereidigung von Theodor Heuss als Bundespräsident am 12. September 1949

Die Stabilität der politischen Ordnung ist in der Bundesrepublik anfangs noch keineswegs gesichert. Gefahren gehen einerseits vom politischen Extremismus auf der Rechten wie Linken aus, der aber letztlich, u. a. mit Parteiverboten, niedergehalten werden kann. Andererseits deutet sich in den Wahlerfolgen zahlreicher neugegründeter Flüchtlings- und Regionalbewegungen eine bedenkliche Parteienzersplitterung an, die teilweise auch in der CDU, der CSU und der FDP zu heftigen innerparteilichen Kämpfen führt. Begünstigt durch den raschen wirtschaftlichen Wiederaufstieg und unterstützt durch die 5%-Sperrklausel kehrt sich diese Tendenz jedoch schon in der Bundestagswahl 1953 in einen massiven Trend hin zu einem Dreiparteiensystem um. Vor allem die CDU/CSU, die sogar die absolute Mehrheit der Sitze erringen kann, zeigt sich zur Integration eines breiten politischen Spektrums fähig. »Bonn ist nicht Weimar« kann der Schweizer Publizist Fritz René Allemann Ende 1953 in seinem gleichnamigen Buch mit Befriedigung konstatieren.

VII/354
Demonstration in Ost-Berlin 1950

VII/355
Wahlwerbung für die Nationale Front der DDR, Plakat, 1950

Der Übergang zur SED-Herrschaft

Nach den Buchstaben ihrer Verfassung, die sich in vielem an das Weimarer Vorbild anlehnt, ist die DDR bei ihrer Gründung ein freiheitlicher Staat mit Grundrechten, Gewaltenteilung und einem demokratisch gewählten Parlament als oberstem Staatsorgan. Doch zeigt schon der wachsende Personenkult um Lenin und vor allem Stalin, daß sich die DDR Schritt für Schritt dem sowjetischen Modell eines kommunistischen Einparteienregimes annähert. Eine große Rolle spielen dabei die im Mai 1950 auch von CDU und LDP akzeptierte Wahl der Volkskammer nach Einheitslisten und die Instrumentalisierung der Massenorganisationen, besonders der FDJ und des FDGB, für die Ziele der SED. Zugleich wird gegen jede Form von Opposition rücksichtslos vorgegangen. Für den in dieser frühen Phase besonders heftigen Terror ist in erster Linie das am

8. Februar 1950 gebildete Ministerium für Staatssicherheit verantwortlich, das direkt dem Politbüro der SED untersteht. Doch auch die Justiz trägt mit Schauprozessen und Tausenden von politisch motivierten Verfahren einen wesentlichen Teil bei.

Der Wiederaufbau der Städte

Zu den wichtigsten politischen Aufgaben zählt im kriegszerstörten Deutschland der Wiederaufbau der Städte und damit die Schaffung von Wohnraum für die Millionen von Ausgebombten, Flüchtlingen und Vertriebenen. In der Bundesrepublik gelingt es insbesondere mit dem staatlich geförderten Sozialen Wohnungsbau, in wenigen Jahren die größte Wohnungsnot zu beseitigen. Auch die DDR versucht, mit einem »nationalen Aufbauprogramm« die allerdings hier geringeren Zerstörungen auszugleichen. Im Zuge des Wiederaufbaus werden jedoch hier wie dort auch zahlreiche erhaltenswerte und erhaltungsfähige Bauten abgerissen. Viele Innenstädte verlieren ihr charakteristisches Gesicht zugunsten eintönig moderner Fassaden und einer autogerechten Straßengestaltung. Dabei spielen im Westen wie im Osten Ideen, die auf eine völlige Neu- und Umgestaltung der Städte zielen, eine erhebliche Rolle – in der Bundesrepublik vor allem durch das rasche Tempo des Wiederaufbaus, in der DDR, wie etwa bei der Sprengung des Berliner Stadtschlosses, als unmittelbarer Ausfluß der kommunistischen Ideologie.

Die sozialpolitische Bewältigung der Kriegsfolgen

Der Krieg hat beiden deutschen Staaten gewaltige soziale Lasten hinterlassen. Millionen von Kriegsopfern, Invaliden, Witwen und Waisen, müssen unterstützt und versorgt werden. Die größte sozialpoli-

VII/356
Die neuerbaute Stalin-Allee im Januar 1953

VII/357
Das 1953 erbaute Hochhaus der Städtischen Werke am Plärrer in Nürnberg

tische Aufgabe aber besteht in der Eingliederung der Flüchtlinge und Vertriebenen. 1950 zählen in der Bundesrepublik rund 8 Millionen zu diesem Personenkreis, während in der DDR gut 3 Millionen sogenannte Umsiedler leben. Nach entbehrungsreichen Anfangsjahren mit oft langem Lageraufenthalt und Arbeitslosigkeit gelingt den meisten Vertriebenen mit Hilfe staatlicher Unterstützungsmaßnahmen die Integration. In der Bundesrepublik ist dieser sozialpolitische Erfolg auch daran ablesbar, daß die Vertriebenenpartei BHE 1957 nicht wieder in den Bundestag einzieht. Gemeinsam bemühen sich alle demokratischen Parteien um die materielle Wiedergutmachung des von den Nationalsozialisten vor allem an der jüdischen Bevölkerung begangenen Unrechts, für die die Bundesrepublik nicht nur individuelle Entschädigungen, sondern auch Zahlungen an den Staat Israel leistet.

VII/358
Flüchtlingslager in
Schleswig-Holstein
1945

VII/359
Antrittsbesuch von Bundeskanzler Adenauer bei den Hohen Kommissaren am 21. September 1949

Die Wiederbewaffnungsdiskussion

Mit großer Leidenschaft wird in der Bundesrepublik um die außenpolitische Orientierung gerungen. Bundeskanzler Adenauer will die noch fehlende Gleichberechtigung in enger Anlehnung an die Weltmacht USA auf dem Wege der westeuropäischen Integration gewinnen, die sich in den meisten Ländern auf eine regelrechte Europabegeisterung stützen kann. Den entscheidenden Schlüssel sieht Adenauer in dem Angebot einer westdeutschen

VII/360
Unterzeichnung des Deutschland-Vertrages in Bonn am 26. Mai 1952

VII/361
Demonstration in Ost-Berlin am 1. Mai 1953

Wiederbewaffnung, an der die Westmächte unter dem Eindruck des Korea-Krieges überaus interessiert sind. Gegen diesen Kurs opponieren vor allem die Sozialdemokraten unter Führung Kurt Schumachers. Im Kern kreisen die Debatten um die Frage, ob nur durch die Westbindung die Sicherheit der Bundesrepublik garantiert und langfristig auch die Wiedervereinigung erreicht werden könne oder ob dem Ziel der deutschen Einheit der absolute Vorrang eingeräumt werden und jeder Schritt unterbleiben müsse, der die Teilung vertiefe. Gegen heftigen innenpolitischen Widerstand kommt es schließlich am 26./27. Mai 1952 zur Unterzeichnung des Deutschland-Ver trages, der der Bundesrepublik die Souveränität bringen soll, und des Vertrages über die Gründung einer Europäischen Verteidigungsgemeinschaft.

Das Ende der gesamtdeutschen Hoffnungen

Die westliche Politik wird in der DDR von einer heftigen Propaganda für die deutsche Einheit begleitet. Die Sowjetunion versucht noch im März und April 1952, die Vertragsunterzeichnungen durch das Angebot eines neutralisierten Gesamtdeutschland und freier Wahlen zu stoppen, das wiederum im Westen zu vehementen Diskussionen über die Ernsthaftigkeit der Stalin-Noten führt. Stalins Tod im März 1953 nährt erneut Hoffnungen auf eine Wiedervereinigung. Auch im Inne-

93

VII/362
Sowjetische Panzer auf dem Potsdamer Platz am 17. Juni 1953

VII/363
Unterzeichnung des NATO-Vertrages in Paris am 23. Oktober 1954

ren sieht sich das SED-Politbüro unter dem Druck des Wechsels in der sowjetischen Führung am 9. Juni zu einem »Neuen Kurs« veranlaßt. Da indes die gerade erst erhöhten Arbeitsnormen nicht zurückgenommen werden, kommt es wenige Tage später zu spontanen Arbeiterstreiks und -demonstrationen. Binnen Stunden greift die Bewegung am 17. Juni 1953 von der Ostberliner Stalinallee auf nahezu die gesamte DDR über. Zu den wirtschaftlichen kommen schnell politische Forderungen wie der Ruf nach freien Wahlen hinzu. Doch wird der Aufstand in kurzer Zeit durch sowjetische Panzer blutig niedergeschlagen. Ulbrichts Stellung in der SED-Führung ist nur kurzfristig schwer erschüttert. Mit einer kompromißbereiten Haltung der Sowjetunion in der deutschen Frage ist nach dem Scheitern des Aufstandes kaum mehr zu rechnen.

In den Blöcken

Auch in der Bundesrepublik sind mit dem Wahlsieg der Regierung Adenauer in der Bundestagswahl 1953, in der die Befürworter von Wiederbewaffnung und Westintegration eine Zwei-Drittel-Mehrheit erreichen, die Würfel gefallen. Daß an eine Ost-West-Verständigung über Deutschland nicht zu denken ist, wird auf einer Viermächtekonferenz im Januar/Februar 1954 in Berlin noch einmal definitiv bestätigt. Allerdings findet der EVG-Vertrag in der französischen Nationalversammlung überraschend keine Mehrheit. Doch werden nun binnen weniger Wochen neue Verträge ausgehandelt und am 23. Oktober 1954 in Paris unterzeichnet: Die Bundesrepublik wird in die NATO, das westliche Verteidigungsbündnis, aufgenommen. Auch der Deutschland-Vertrag von 1952

VII/364
Begrüßung des sowjetischen KP-Chefs Chruschtschow und des Ministerpräsidenten Bulganin in Ost-Berlin am 24. Juli 1955

kann jetzt in einer revidierten Fassung in Kraft treten. Am 5. Mai 1955 wird die Bundesrepublik ein souveräner Staat. Die Sowjetunion antwortet im gleichen Monat mit der Gründung des Warschauer Paktes, zu dessen Mitgliedern auch die DDR zählt. Im Oktober folgt ein Vertrag, der die Souveränität der DDR proklamiert und auch hier das Besatzungsregime beendet. Die sowjetische Politik geht nun von der Existenz zweier deutscher Staaten aus, was auch in der Einladung an Bundeskanzler Adenauer zu einem Moskau-Besuch zum Ausdruck kommt. Die deutsche Teilung und die Einbindung der beiden deutschen Staaten in konträre Machtblöcke ist besiegelt.

VII/365
Bundeskanzler Adenauer mit Bulganin und Chruschtschow in Moskau am 12. September 1955

1955–1973: Die gespaltene Nation

5. Verschärfte Konfrontation

Militärisch hochgerüstet und politisch unversöhnlich stehen sich in Deutschland die beiden weltpolitischen Blöcke, die von den Vereinigten Staaten geführten westlichen Demokratien und die von der Sowjetunion beherrschten kommunistischen Länder des Ostens, gegenüber. Ein »Gleichgewicht des Schreckens«, die Drohung mit der atomaren Vernichtung des jeweiligen Gegners, garantiert die bestehenden Machtverhältnisse und damit auch die Teilung Deutschlands.

In der Bundesrepublik steht die zweite Hälfte der fünfziger Jahre im Zeichen einer weiter fortschreitenden wirtschaftlichen, sozialen und politischen Stabilisierung. Nach der Bundestagswahl 1957, in der die Unionsparteien die absolute Mehrheit erringen, befindet sich Bundeskanzler Adenauer auf dem Höhepunkt seiner Macht. Der gewaltige wirtschaftliche Aufschwung ermöglicht nicht nur einen beachtlichen Wohlstand, sondern auch den Aufbau eines immer dichter geknüpften sozialen Netzes. Durch die Gründung der Europäischen Wirtschaftsgemeinschaft und die Aussöhnung mit Frankreich erreicht die Einbindung der Bundesrepublik in den Westen eine neue Qualität.

In der DDR vermag die SED mit Walter Ulbricht an der Spitze, ihre Herrschaft zu festigen und in mehreren Schüben die sozialistische Umgestaltung von Wirtschaft und Gesellschaft erheblich voranzutreiben. Trotz zeitweiliger Erfolge werden jedoch die selbstgesetzten wirtschaftlichen Ziele nicht annähernd erreicht – nicht zuletzt aufgrund der forcierten Kollektivierung in Landwirtschaft und Handwerk seit 1959, die auch die Flüchtlings-

VII/366
Bundeskanzler Adenauers erster Besuch bei der Bundeswehr in Andernach am 20. Januar 1956

VII/367
Herbert Wehner bei seiner außenpolitischen Grundsatzrede vor dem Bundestag am 30. Juni 1960

zahlen wieder dramatisch ansteigen läßt. Die kommunistische Führung sieht ihren Staat durch die offene Flanke Berlin zutiefst bedroht. Nach dem Scheitern des sowjetischen Versuchs, die drei Westalliierten aus Westberlin zu verdrängen, entschließt sich die SED dazu, die Grenzen zwischen der DDR und Westberlin hermetisch abzuriegeln. Mit dem Mauerbau vom 13. August 1961, gegen den die Westmächte zwar protestieren, aber nicht einschreiten, und der Abwehr der sowjetischen Bedrohung der USA in der Kuba-Krise des Jahres 1962 wird der internationale Status quo endgültig festgeschrieben.

VII/368
Unterzeichnung der Römischen Verträge am 25. März 1957

VII/369
Adenauer und der französische Staatspräsident de Gaulle nach der Unterzeichnung des deutsch-französischen Freundschaftsvertrages in Paris am 22. Januar 1963

Die Politik der europäischen Integration

Nach den Entscheidungen des Jahres 1955 läßt in der Bundesrepublik der politische Streit um die Außen- und Wehrpolitik – abgesehen von zeitweise sehr heftigen Debatten um eine Atombewaffnung der Bundeswehr – allmählich nach. Seit 1959/60 wird die Einbindung in die westliche Allianz auch von der sozialdemokratischen Opposition akzeptiert. In der Deutschlandfrage hält die Regierung Adenauer in verschärfter Form an dem sogenannten Alleinvertretungsanspruch fest. Die Hallstein-Doktrin soll eine Anerkennung der DDR durch dritte Staaten verhindern.

VII/370
Die Chefs der kommunistischen Parteien auf dem 20. Parteitag der KPdSU am 28. Februar 1956

In der Europapolitik wird nach dem Scheitern der EVG und des Projekts einer Europäisierung des Saargebiets ein neuer Weg der wirtschaftlichen Integration beschritten, der 1957 zur Gründung der Europäischen Wirtschaftsgemeinschaft (EWG) mit sechs Mitgliedsstaaten führt. Neben der engen Bindung der Bundesrepublik an die westliche Führungsmacht USA entwickelt sich vor allem seit der Präsidentschaft von General de Gaulle ein besonders enges Verhältnis zu Frankreich, das 1963 im deutsch-französischen Freundschaftsvertrag gipfelt.

Die Stellung der DDR im östlichen Europa

Auch die DDR hat 1955 ein ganz neues Maß an Eigenstaatlichkeit gewonnen – wie nicht zuletzt die neue Staatsflagge unterstreichen soll, in die jetzt in die traditionellen Farben Schwarz-Rot-Gold Hammer und Zirkel eingefügt werden. Als souveräner Staat verfügt die DDR von nun an über eine eigene Armee und tritt als gleichberechtigter Vertragspartner in das osteuropäische Bündnissystem ein. An der unumschränkten Führungsrolle der Sowjetunion ändert sich allerdings auch in der nachstalinistischen Ära nichts. Die sowjetische Führung bestimmt nicht nur den außenpolitischen Kurs der DDR, sondern auch die gesamte Innenpolitik der SED folgt dem Vorbild und den Leitlinien der KPdSU. Wirtschaftspolitisch muß sich die DDR als Mitglied des Rates für gegenseitige Wirtschaftshilfe (RGW) in wachsendem Maße in ein System der osteuropäischen Arbeitsteilung einordnen, das primär nach den Interessen der Sowjetunion ausgerichtet ist.

VII/371
Übergabe der Truppenfahne an das erste Regiment der DDR-Volksarmee durch Verteidigungsminister General Stoph am 30. April 1956

VII/372
Betriebsfeier anläßlich der Produktion des fünfmillionsten Grundig-Rundfunkgerätes 1957

Das »Wirtschaftswunder«

Grundlage aller politischen und sozialen Stabilität in der Ära Adenauer ist der außerordentliche und über eineinhalb Jahrzehnte ungebrochene wirtschaftliche Aufschwung. Mit jährlichen realen Zuwachsraten um 10% steigt die Bundesrepublik binnen kürzester Zeit von einem eben noch schwer zerstörten Land zum drittgrößten Industriestaat der Erde auf. Bereits Anfang der fünfziger Jahre wird vor allem im Ausland von einem deutschen »Wirtschaftswunder« gesprochen. Die fünfziger Jahre sind zugleich eine Periode eines tiefgreifenden Strukturwandels, der in seinem ganzen Ausmaß und seinen Folgen erst allmählich zu Tage tritt. In Industrie und Handel wird der Klein- und Mittelbetrieb zunehmend durch den Großbetrieb verdrängt, neue Wirtschaftszentren entstehen, und der Ausbau der Verkehrswege verändert Landschaften und Städte. Alles dies führt zu einer grundlegenden Umgestaltung vieler Lebensbereiche.

VII/373
(Rechte Seite)
Werbung des Deutschen Gewerkschaftsbundes für die Fünf-Tage-Woche, Plakat, 1954

samstags gehört Vati mir
1. MAI
DEUTSCHER GEWERKSCHAFTSBUND

Der wirtschaftliche Strukturwandel in der DDR 1955–1961

In der zweiten Hälfte der fünfziger Jahre scheint sich die wirtschaftliche Entwicklung der DDR zu stabilisieren. Obwohl auch unter dem 2. Fünfjahrplan die Schwerindustrie weiter ausgebaut wird, kann die Konsumgüterindustrie nun aufholen. Die Versorgungslage der Bevölkerung bessert sich, die Lebensmittelkarten können 1958 endlich abgeschafft werden. Die relativ günstige wirtschaftliche Entwicklung verleitet die SED allerdings zu der ganz und gar unrealistischen Erwartung, die Bundesrepublik bis 1961 »einholen und überholen« zu können. Zugleich wird trotz deutlicher Krisenzeichen – der Fünfjahrplan muß 1959 abgebrochen und durch einen neuen Siebenjahrplan ersetzt werden – eine neue Phase auf dem Weg zum »Sieg der sozialistischen Produktionsverhältnisse« in Angriff genommen: Unter massivem Druck müssen sich Anfang 1960 nahezu alle Einzelbauern den LPGs anschließen. Zugleich wird auch in Handwerk und Handel die Kollektivierung forciert. Dieser verschärfte Sozialisierungskurs trägt in entscheidendem Maße zu dem dramatischen Anstieg der Flüchtlingszahlen bei.

VII/374
Das Präsidium des V. Parteitages der SED während der Rede von Parteichef Walter Ulbricht am 10. Juli 1958

VII/375
Raketennachbildung beim Pioniertreffen in Erfurt am 21. August 1961

VII/376
Die Delegierten des Godesberger Parteitages der SPD am 15. November 1959

Die Kanzlerdemokratie

Bundeskanzler Adenauer gelingt es, die im Grundgesetz angelegte herausgehobene Stellung des Regierungschefs so auszufüllen, daß hierfür das Wort von der Kanzlerdemokratie geprägt wird. Adenauer verdankt diese Position sowohl seinem außenpolitischen Geschick als auch seiner Fähigkeit, eine Koalition höchst heterogener Kräfte zusammenzuhalten und für sich zu nutzen. Nach der Dynamik der An-

VII/377
Demonstration aus Anlaß der Spiegel-Affäre im Oktober 1962

VII/378
Konrad Adenauer,
Gemälde von Oskar
Kokoschka, 1966

VII/379
Verabschiedung Konrad Adenauers als Bundeskanzler im Bundestag am 15. Oktober 1963

fangsjahre beginnt die Regierungspolitik mit dem so erfolgreichen Kanzler als alles beherrschender Zentralfigur gegen Ende der fünfziger Jahre jedoch Anzeichen der Erstarrung zu zeigen. Sowohl der SPD, die sich mit dem Godesberger Programm zur Westbindung und zur sozialen Marktwirtschaft bekennt, als auch der FDP, die 1956 in die Opposition geht und eine schwere innerparteiliche Krise zu überstehen hat, gelingt eine innere Erneuerung. Dagegen werden die Autorität und Dominanz des über 80 Jahre alten Kanzlers von vielen zunehmend als lähmend empfunden. Doch erst im Oktober 1963 erklärt Adenauer nach 14 Jahren Amtszeit seinen Rücktritt.

Die Sicherung der SED-Herrschaft

Die SED sieht sich durch den XX. Parteitag der KPdSU im Februar 1956 – vor allem durch die dort vollzogene partielle Abrechnung mit den stalinistischen Verbrechen – mit neuen politischen Leitlinien konfrontiert. Der Versuch der SED-Führung, die Entstalinisierung im eigenen Land in eng begrenzten Bahnen zu halten, trifft auf den Widerstand einer parteiinternen Opposition, die bis in das Politbüro reicht, jedoch 1957/58 schrittweise ausgeschaltet wird. Danach ist die Führungsrolle des SED-Parteichefs Ulbricht, um den ein zunehmender Personenkult getrieben wird, für lange Zeit gefestigt. Dies bestätigt sich auch 1960, als Ulbricht nach dem Tod von Staatspräsident Pieck auch den Vorsitz im neugebildeten Staatsrat übernimmt. Während in dieser Zeit die Bedeutung der Blockparteien weiter zurückgeht, gewinnen die Massenorganisationen an Gewicht in der SED-Strategie. Vor allem der FDJ und dem FDGB mit ihrer millionenstarken Mitgliedschaft fällt die Aufgabe zu, große Teile der Bevölkerung in den SED-Staat einzubinden.

VII/380
Abgeschlagener Kopf einer Stalin-Statue in Budapest 1956

Der Mauerbau am 13. August 1961

Gestärkt durch ihre Erfolge in der Weltraumfahrt ergreift die Sowjetunion Ende 1958 in der Deutschlandpolitik die Initiative und fordert ultimativ den Abzug der Westmächte aus Berlin, der jedoch von diesen entschieden abgelehnt wird. Die wachsenden internationalen Spannungen in und um Berlin führen 1960/61 zusammen mit den inneren Schwierigkeiten der DDR zu einer dramatisch anschwellenden Flüchtlingswelle. Die SED-Führung sieht keine andere Möglichkeit mehr, als die Massenflucht durch die Abriegelung der Grenzen nach Westberlin zu stoppen. In der Nacht

VII/381
SED-Chef Ulbricht bei seiner Wahl zum Staatsratsvorsitzenden in der Volkskammer am 12. September 1960

VII/383
Das Brandenburger Tor am Morgen des 13. August 1961

vom 12. zum 13. August errichten Volkspolizei, Kampfgruppen und Volksarmee entlang der Berliner Sektorengrenze Stacheldrahtverhaue, die in den folgenden Tagen und Wochen durch eine Mauer ersetzt werden. Die Westmächte achten zwar sorgfältig darauf, daß ihre Rechte in Bezug auf Berlin und Deutschland als Ganzes nicht geschmälert werden, schreiten aber gegen den Mauerbau selbst nicht ein. Wie die Kuba-Krise im folgenden Jahr endet daher auch die Krise um Berlin mit der Festschreibung des Status quo.

VII/384
Besuch des amerikanischen Präsidenten John F. Kennedy an der Berliner Mauer am 26. Juni 1963

VII/382
(Linke Seite)
Bau der Berliner Mauer am 13. August 1961

6. Jahre des Übergangs

Im Rückblick zeigen sich die sechziger Jahre als eine schwierige Phase des Übergangs. In vielen Bereichen verändern sich die Faktoren, die bisher die Entwicklung geprägt haben, von Grund auf: Mit dem Mauerbau und der Kuba-Krise hat der Kalte Krieg seinen Höhepunkt überschritten. Die östliche und westliche Einflußsphäre sind klarer als je zuvor voneinander abgegrenzt. Von dieser Basis aus werden in den sechziger Jahren erste vorsichtige Versuche unternommen, die internationalen Spannungen abzubauen und zu vertraglich geregelten Beziehungen zu finden. Das wichtigste Ergebnis dieser Bemühungen ist der 1968 unterzeichnete Atomwaffensperrvertrag. Auch die beiden deutschen Staaten sind nun gezwungen, ihre Haltung zueinander von Grund auf zu überdenken. Sie können sich allerdings zunächst lediglich über wenige pragmatische Fragen wie den Interzonenhandel und die Passierscheinabkommen verständigen.

Für die DDR eröffnet sich nach dem Mauerbau die Chance zu einer wirtschaftlichen Stabilisierung, zumal auch die sozialistische Umgestaltung der Eigentumsverhältnisse 1960 zu einem vorläufigen Abschluß gekommen ist. Ein neues Planungssystem und eine Reihe von Reformen, darunter im Bildungswesen, tragen zu einer Modernisierung bei. Obwohl der wirtschaftliche Rückstand zum Westen auch jetzt weiter wächst, ist doch, gerade im Vergleich mit der Zeit bis 1961, die Festigung der DDR als Staat unübersehbar. Auch aus westdeutscher Perspektive wird aus der »Zone« mehr und mehr die

DDR, mit deren staatlicher Existenz sich die Politik der Bundesrepublik abfinden und auseinandersetzen muß.
Für die Bundesrepublik sind die sechziger Jahre auch innenpolitisch die Zeit nach Adenauer. Manches politische Defizit der vorangegangenen Ära wie etwa die nicht abgeschlossene Auseinandersetzung mit der NS-Vergangenheit oder das Ausbleiben einer Bildungsreform tritt jetzt zutage. Auch die zunehmend kritische Haltung der Jugend gegenüber den Werten und Auffassungen der Aufbaugeneration verstärkt den Reformdruck. Doch erst die schwere wirtschaftliche Struktur- und Konjunkturkrise von 1966/67 führt zu einem Wechsel der parteipolitischen Konstellation. Die große Koalition, in der die Sozialdemokraten erstmals seit 1949 auf der Bundesebene Regierungsverantwortung übernehmen, vermag zwar eine Fülle von grundlegenden Reformen durchzuführen und das staatliche Instrumentarium an viele Erfordernisse der modernen Industriegesellschaft anzupassen. Doch bleiben andere Themen zwischen CDU/CSU und SPD so umstritten, daß es zu keinen Lösungen kommt. Gegen Ende der sechziger Jahre läuft deshalb alles auf einen tiefgreifenderen Umschwung, auf einen Wechsel in der politischen Führung hinaus.

Die Wohlstandsgesellschaft im Westen

Zu Beginn der fünfziger Jahre ist die Gesellschaft der Bundesrepublik noch durch scharfe soziale Trennlinien zwischen Arbeitern, Angestellten und Selbständigen geprägt. Im Zuge des wirtschaftlichen Strukturwandels geht jedoch sowohl der

VII/385
Betriebsschluß bei BMW in München Mitte der fünfziger Jahre

VII/386
Angestellte im Büro einer Sparkasse um 1960

Anteil der Arbeiter als auch der der Selbständigen in Landwirtschaft, Handel und Gewerbe deutlich zurück. Unterstützt durch sozialpolitische Reformen verläuft die Entwicklung in Richtung auf eine industrielle Arbeitnehmergesellschaft. Obwohl sich die Einkommensunterschiede zwischen Unter- und Oberschicht sogar noch vergrößern, trägt der wachsende allgemeine Wohlstand und der damit einhergehende Massenkonsum entscheidend dazu bei, daß sich die Lebensweisen aller Schichten in hohem Maße angleichen. Regelrechte Konsumwellen zeigen dabei die vorrangigen Bedürfnisse der Bevölkerung an: Einer »Eß-«, »Kleidungs-« und dann »Wohnungswelle« folgt seit Ende der fünfziger Jahre der Trend zu Reise und Urlaub. Parallel hierzu übernimmt mehr und mehr das Auto die Rolle des zentralen Statussymbols. Nicht zuletzt kommt mit dem Fernsehen ein neues Informations- und Unterhaltungsmedium auf, das in allen Lebensbereichen nachhaltige Veränderungen bewirkt.

VII/387
Werbetafeln für eine Ausstellung in Düsseldorf 1952

VII/388
WISMUT-Kumpel bei einer Arbeitspause um 1960

Eine neue Gesellschaft?

Von Anfang an soll nach dem Willen der kommunistischen Führung in der DDR eine neue Gesellschaftsordnung, ein Arbeiter- und Bauernstaat, aufgebaut werden. Ausgelöst durch die Sozialisierungs- und Kollektivierungspolitik und noch verstärkt durch die Fluchtbewegung in den Westen tendiert daher die gesellschaftliche Entwicklung in der DDR noch viel stärker als in der Bundesrepublik zu einer Arbeitnehmergesellschaft – allerdings anders als im Westen verbunden mit einer Nivellierung auf niedrigem Niveau. Als ein DDR-spezifisches Phänomen bildet sich darüber eine in vieler Hinsicht privilegierte Schicht von Funktionären aus. Eine Besonderheit ist auch der gegen 90% tendierende Anteil berufstätiger Frauen. Im übrigen aber bleibt die gesellschaftliche Entwicklung in der DDR in hohem Maße auf das westdeutsche Vorbild fixiert. Im Vergleich zu dem dort erreichten Wohlstand und Konsumstandard, an dem sich die Wünsche und Ansprüche der DDR-Bevölkerung orientieren, bleibt im Osten, zumindest über eine lange Zeit, eine Gesellschaft des Mangels bestehen.

VII/389
Arbeiterin einer Hausfrauenbrigade im Stahlwerk Brandenburg im Sommer 1960

VII/390
Neonazistische Schmierereien auf jüdischen Grabsteinen 1964

Die Schatten der Vergangenheit

Eine Reihe von Ereignissen lenkt in den sechziger Jahren den Blick verstärkt auf die Hypothek der nationalsozialistischen Vergangenheit: der Eichmann-Prozeß in Jerusalem, das Auschwitz-Verfahren in Frankfurt am Main und die heftige Debatte, die in der Bundesrepublik über die Verlängerung der Verjährungsfrist für NS-Verbrechen –

VII/391
Proteste gegen den 2. Bundesparteitag der NPD 1967

für die sich schließlich eine breite parlamentarische Mehrheit ausspricht – geführt wird. Ihre eigentliche Brisanz erhalten diese Vorgänge jedoch erst, als nicht zuletzt auf Grund der wirtschaftlichen Krisensituation die 1964 gegründete Nationaldemokratische Partei überraschende Wahlerfolge erzielen kann. Vor allem im Ausland ruft der Aufstieg neonazistischer Kräfte Erinnerungen an die Schlußphase der Weimarer Republik wach.

Dagegen vertritt die SED die Auffassung, die DDR sei als antifaschistischer Staat weder politisch noch personell durch die NS-Vergangenheit betroffen. Sie versucht zugleich, den Antifaschismus als Waffe in der politischen Auseinandersetzung mit der Bundesrepublik zu benutzen.

VII/392
Antifaschistische Kundgebung in Ost-Berlin 1964

VII/393
Abbruch einer stillgelegten Zeche im Ruhrgebiet

VII/394
»Ist das Wirtschaftswunder zu Ende?«, Titelbild des »Spiegel« am 3. Januar 1966

Von Erhard zur großen Koalition

Bundeskanzler Erhard tritt die Nachfolge Adenauers in einer – wie es zunächst aussieht und wie auch sein Wahlsieg vom Herbst 1965 zu bestätigen scheint – unveränderten politischen Lage an. Doch erweist sich seine Regierungszeit mehr und mehr als eine schwierige Phase des Übergangs. Neben manchen außenpolitischen Problemen spielt dabei die wirtschaftliche Entwicklung eine entscheidende Rolle. Nachdem aufgrund der Kohlenkrise zunächst das Ruhrgebiet betroffen ist, erlebt die Bundesrepublik 1966 einen allgemeinen Konjunktureinbruch. Daß in dieser Situation die neonazistische NPD überraschend Wahlerfolge für sich verbuchen kann, nährt erhebliche Zweifel an der Krisenfestigkeit des politischen Systems der Bundesrepublik. Die wirtschaftlichen und politischen Schwierigkeiten werden schließlich im Herbst 1966 als so schwerwiegend empfunden, daß sich die Überzeugung durchsetzt, nur eine große Koalition aus CDU/CSU und SPD könne die Krise überwinden.

VII/395
DDR-Soldaten an einem Grenzübergang

VII/396
Propaganda zur Steigerung der Arbeitsproduktivität in Ost-Berlin 1967

Die DDR unter Ulbricht

Nach dem Mauerbau befindet sich Walter Ulbricht, zugleich Erster Sekretär der SED, Vorsitzender des Staatsrats und Vorsitzender des Nationalen Verteidigungsrats, auf dem Höhepunkt seiner Macht. Unterstützt durch ein »Neues Ökonomisches System der Planung und Leitung« (NÖSPL), das den volkseigenen Betrieben größere Selbständigkeit zugesteht und mehr Leistungsanreize einführt, gelingt eine wirtschaftliche Stabilisierung. Nach Konflikten mit den sowjetischen Wirtschaftsinteressen und dem Anspruch der SED auf zentralisierte Herrschaft muß der Wirtschaftskurs allerdings 1967 teilweise korrigiert werden. Auch in anderen Bereichen, etwa der Kulturpolitik, ist seit Mitte der sechziger Jahre wieder eine Verhärtung der SED-Politik festzustellen. Je mehr in Bonn über den deutschlandpolitischen Kurs diskutiert wird, desto stärker grenzt sich die DDR von der Bundesrepublik ab und betont – besonders mit dem Staatsangehörigkeitsgesetz von 1967 und der neuen Verfas-

VII/397
Kurt-Georg Kiesinger und Willy Brandt besiegeln die Bildung der Großen Koalition

sung von 1968 – ihre staatliche Eigenständigkeit. Doch bleiben die Erfolge im Ringen um die internationale Anerkennung zunächst noch sehr begrenzt.

Krisenbewältigung und Reformpolitik

Die große Koalition aus CDU/CSU und SPD versteht sich von vornherein als ein Bündnis auf Zeit zur Lösung ganz bestimmter Aufgaben. Im Mittelpunkt steht zunächst die Bewältigung der wirtschaftlichen Krisensitutation. Hierfür wird unter der Verantwortung von Wirtschaftsminister Schiller (SPD) und Finanzminister Strauß (CSU) ein ganz neues Instrumentarium entwickelt, mit dem bereits 1968 wieder ein deutliches Wachstum erreicht werden kann. Daneben werden jene Probleme angegangen, für deren Lösung bisher die notwendigen verfassungsändernden Mehrheiten gefehlt haben: die Notstandsgesetzgebung, die Reform der Finanzverfassung oder auch die Neuregelung des Verhältnisses zwischen Bund und Ländern im Bildungs- und Gesundheitsbereich. Diese durchgängige Anpassung des Staates an die Bedürfnisse einer hochindustrialisierten Gesellschaft muß als die eigentliche Leistung der großen Koalition angesehen werden. Doch löst die erdrückende Regierungsmehrheit Sorgen um den Fortbestand der parlamentarischen Demokratie aus, die erheblich zu den heftigen Protestaktionen jener Jahre beitragen.

VII/398
Bundeswirtschaftsminister Schiller und Bundesfinanzminister Strauß

Sozialer Wertewandel in West und Ost

In den sechziger Jahren ist in der Bundesrepublik wie auch in anderen westlichen Ländern ein fundamentaler Wertewandel zu beobachten. Vorbereitet und begleitet durch eine vehemente Sozialkritik in der Literatur und in den Gesellschaftswissenschaften sowie durch das Aufkommen neuer Musikrichtungen wendet sich ein großer Teil der jüngeren Generation gegen die elterlichen Lebensformen und Verhaltensmuster: gegen Familienorientierung und die herrschende Sexualmoral, gegen alle Formen von Autorität und Traditionsbindung, gegen eine einseitige Leistungs- und Konsumorientierung, gegen den offiziellen Antikommunismus und die politischen Bindungen an die USA. Ausgehend von den Universitäten kulminiert dieser Konflikt, verstärkt durch die Kritik an der Kriegführung der USA in Vietnam und an der Politik der großen Koalition, in den Jahren 1967/68 in einer Welle von Demonstrationen und zum Teil auch gewalttätigen Protesten, die erst nach dem Regierungswechsel von 1969 allmählich abklingen. Die Jugend der DDR folgt zwar auch hier in manchen Äußerlichkeiten dem westlichen Vorbild, wird jedoch insgesamt aufgrund ihrer ganz anders gearteten Lebenssituation erst deutlich später von dem Wertewandel erfaßt.

VII/399
Weltjugendfestspiele in Ost-Berlin im Juli/August 1973

VII/400
Demonstration gegen den Vietnam-Krieg auf dem Berliner Kurfürstendamm am 18. Februar 1968

7. Machtwechsel und neue Ostpolitik

In der Bundesrepublik vollzieht sich 1969 nach zwanzigjähriger Regierungsführung durch die CDU/CSU ein auch im Ausland vielbeachteter Machtwechsel. Nachdem bereits bei der Bundespräsidentenwahl im März der SPD-Kandidat Heinemann mit den Stimmen von SPD und FDP gewählt worden ist, zieht nach der Bundestagwahl im September mit Willy Brandt zum ersten Mal ein Sozialdemokrat in das Bundeskanzleramt ein. Brandt führt eine sozialliberale Koalition, die sich allerdings nur auf eine knappe Mehrheit im Bundestag stützen kann.

Von Anfang an bildet der Wille, die Politik der Westintegration durch einen Ausgleich auch mit den östlichen Nachbarn zu ergänzen, eine – wenn nicht die – entscheidende Grundlage dieses Regierungsbündnisses. Die neue Ostpolitik wird von zwei Hauptmotiven und -zielen getragen: Zum einen gehen ihre Befürworter mit Blick auf die internationale Position der Bundesrepublik von der Notwendigkeit aus, sich den zunehmenden Entspannungstendenzen im Ost-West-Verhältnis anzupassen und damit auch wieder eine größere außenpolitische Handlungsfähigkeit zu erreichen. Zum anderen richten sie ihr Augenmerk auf die Einheit der Nation; konkrete Verbesserungen in den Beziehungen zur DDR und vor allem intensivere Kontakte zwischen den Menschen sollen dem zunehmenden Auseinanderleben der beiden deutschen Staaten entgegenwirken und langfristig die deutsche Frage offenhalten.

Die bald in Gang kommenden Verhandlungen treffen auf beiden Seiten auf erhebliche Widerstände und Kritik. Vor allem die DDR-Führung sieht neben der Chance, durch eine Anerkennung die außenpolitische Isolierung überwinden zu können, auch das Risiko, durch eine zu starke Öffnung gegenüber dem Westen die innere Stabilität zu gefährden, und versucht eher zu bremsen. Erst der Wechsel von Ulbricht zu Honecker im Mai 1971 beseitigt dieses Hemmnis weitgehend.

In der Bundesrepublik fällt weiten Kreisen der Bevölkerung wie auch der Mehrheit der CDU/CSU-Opposition die Aufgabe der bisherigen ost- und deutschlandpolitischen Grundpositionen, insbesondere die Anerkennung der DDR als Staat und der Oder-Neisse-Grenze, überaus schwer. Erst die eindeutige Bestätigung der sozialliberalen Koalition in der Bundestagswahl vom November 1972 läßt hier die scharfen Auseinandersetzungen abklingen.

Im Ergebnis aber gelingt mit den Ostverträgen eine weitgehende Normalisierung des Verhältnisses zwischen der Bundesrepublik und den Ostblockstaaten. Die Verträge erweitern den außenpolitischen Handlungsspielraum der Bundesrepublik und tragen auch erheblich zum allgemeinen Entspannungsprozeß zwischen Ost und West bei. Für die beiden deutschen Staaten beginnt mit dem Grundlagenvertrag von 1973 nach fast zwei Jahrzehnten der Konfrontation und der politischen Sprachlosigkeit eine neue Epoche des geregelten Nebeneinanders.

Der Machtwechsel von 1969

Zunehmende Spannungen in der großen Koalition kündigen 1968/69 einen bevorstehenden Regierungswechsel an. Als ein Signal in diese Richtung wird vor allem die Bundespräsidentenwahl im März 1969 verstanden, in der sich der sozialdemokratische Kandidat, Justizmini-

VII/401
Bundespräsident Heinemann überreicht Bundeskanzler Brandt am 21. Oktober 1969 die Ernennungsurkunde

VII/402
Das Kabinett Brandt-Scheel vor der Villa Hammerschmidt am 22. Oktober 1969

ster Heinemann, nach langem Ringen um die Stimmen der FDP gegen den Unionskandidaten, Verteidigungsminister Schröder, durchsetzt. Obwohl definitive öffentliche Festlegungen unterbleiben, wird bereits vor der Bundestagswahl am 28. September 1969 allgemein von der Möglichkeit einer SPD/FDP-Bundesregierung ausgegangen. Auf der Grundlage eines geringen Stimmenvorsprungs verständigen sich die Vorsitzenden von SPD und FDP, Willy Brandt und Walter Scheel, noch in der Wahlnacht im Grundsatz auf die Bildung einer gemeinsamen Regierung. Am 21. Oktober 1969 wird Willy Brandt mit der knappen Mehrheit von 251 Stimmen zum Bundeskanzler gewählt. Die zweite Republik hat ihre Fähigkeit zum demokratischen Wechsel bewiesen.

Von Ulbricht zu Honecker

Auch in der DDR wird der Bonner Regierungswechsel von hohen Erwartungen begleitet. Doch ist es nicht die Unzufriedenheit der DDR-Bevölkerung mit dem eigenen Regime, die am 3. Mai 1971 für viele überraschend zur Ablösung Walter Ulbrichts als Erster Sekretär der SED führt. Den Hintergrund bildet vielmehr die wachsende politische Eigenmächtigkeit Ulbrichts gegenüber der Sowjetunion. Vor allem mit ihrer kompromißlosen Haltung gegenüber der neuen Ostpolitik der Bundesrepublik erregt die DDR-Führung den Unwillen der Sowjetunion und anderer osteuropäischer Länder. Unter Ulbrichts Nachfolger, seinem langjährigen Kronprinzen Erich Honecker, erkennt die SED nicht nur wieder die sowjetische

VII/403
Walter Ulbricht an seinem 78. Geburtstag am 30. Juni 1971

Führungsrolle speziell in der Außen- und Wirtschaftspolitik bedingungslos an, sondern die neue Parteispitze ist nach den polnischen Arbeiterunruhen von 1970 zugleich bemüht, auf die sozialen und materiellen Interessen der unteren Einkommensschichten stärker einzugehen.

Die Öffnung nach Osten

Bereits in seiner Regierungserklärung gibt Bundeskanzler Brandt die Bereitschaft zu erkennen, über die bisherigen Gewaltsverzichtsangebote hinaus den Status quo in Europa einschließlich der staatlichen Existenz der DDR anzuerken-

VII/404
Erich Honecker nach seiner Wahl als Erster Sekretär des ZK der SED auf dem VIII. Parteitag am 15. Juni 1971

VII/405
Unterzeichnung des Moskauer Vertrages am 12. August 1970

VII/406
Kranzniederlegung am Mahnmal im Warschauer Ghetto durch Bundeskanzler Brandt am 7. Dezember 1970

nen. Während erste Gespräche mit der DDR-Führung in Erfurt und Kassel durch deren Beharren auf der völkerrechtlichen Anerkennung ergebnislos bleiben, gelingt es Brandts engstem außenpolitischen Berater, Staatssekretär Egon Bahr, in Gesprächen mit der Sowjetunion zu einer Übereinkunft zu kommen. Der am 12. August 1970 unterzeichnete Moskauer Vertrag bildet den Mittelpunkt des von der sozialliberalen Regierung ausgehandelten Systems der Ostverträge. Die in

VII/407
Unterzeichnung des Vier-Mächte-Abkommens über Berlin am 3. Juni 1972

ihm enthaltene Vereinbarung über den Gewaltverzicht und die Achtung der bestehenden Grenzen nimmt auch schon die Kernpunkte der späteren Verträge mit Polen, der CSSR und der DDR vorweg. Mit ihm verbunden ist ferner das Vier-Mächte-Abkommen über Berlin, das Erleichterungen für den Transitverkehr nach West-Berlin bringt, Besuche von West-Berliner im Ostteil der Stadt und in der DDR ermöglicht und die Bindungen West-Berlins an den Bund bestätigt.

VII/408
Unterzeichnung des deutsch-deutschen Grundlagenvertrages in Ost-Berlin am 21. Dezember 1972

VII/409
Verleihung des Friedensnobelpreises an Bundeskanzler Brandt am 10. Dezember 1971

Das parlamentarische Ringen um die Ostverträge

Von Anfang an werden die Vertragsverhandlungen in der Bundesrepublik von heftigen innenpolitischen Auseinandersetzungen begleitet, die in ihrer Schärfe nur mit den Debatten um die Westintegration zu Beginn der fünfziger Jahre zu vergleichen sind. Ende 1971, mit Beginn des parlamentarischen Ratfizierungsverfahrens, tritt das Ringen in seine entscheidende Phase. Es wird noch dadurch verschärft, daß einige Abgeordnete der Regierungsparteien in das Lager der Opposition überwechseln und die

VII/410
Demonstration gegen die Ostverträge in Bonn 1972

SPD/FDP-Koalition ihre Mehrheit zu verlieren droht. Doch der Versuch der CDU/CSU, ihren Fraktionsvorsitzenden Rainer Barzel durch ein konstruktives Mißtrauensvotum zum Bundeskanzler wählen zu lassen, scheitert unter nicht ganz geklärten Umständen knapp. Schließlich findet sich die Unionsmehrheit bereit, sich auf der Grundlage der Anerkennung deutscher Rechtsvorbehalte in einer »gemeinsamen Entschließung des Deutschen Bundestages« und im »Brief zur deutschen Einheit« bei der Abstimmung über die Ostverträge der Stimme zu enthalten und ihnen damit am 17. Mai 1972 zur Annahme im Bundestag zu verhelfen. Aus der vorgezogenen Bundestagswahl vom 19. November 1972 geht die sozialliberale Koalition nach einem erbittert geführten Wahlkampf gestärkt hervor.

VII/411
Bundeskanzler Brandt und Vizekanzler Scheel am Abend der Bundestagswahl vom 19. November 1972

1973–1990: Von der Koexistenz zur Wiedervereinigung

8. Zwei deutsche Staaten

Nach dem Abschluß der Ostverträge, der auf der internationalen Ebene von der Beilegung weiterer Konflikte, vor allem des Vietnam-Krieges, begleitet ist, sind die siebziger Jahre durch eine allgemeine Entspannung der Ost-West-Beziehungen gekennzeichnet. Die beiden Machtblöcke und damit auch die beiden deutschen Staaten sollen trotz aller politisch-ideologischen Differenzen und der wechselseitigen militärischen Bedrohung in friedlicher Koexistenz leben – so die von beiden Seiten offiziell vertretene Zielsetzung.

Die DDR erlebt im Gefolge der Entspannungspolitik in der ersten Hälfte der siebziger Jahre eine Phase des politischen und wirtschaftlichen Aufschwungs: Endlich weltweit als Staat anerkannt, gibt sie sich unter der neuen Führung von Erich Honecker politisch offener und flexibler. Und wirtschaftlich kann sie auf eine erhebliche Verbesserung in der Versorgung der Bevölkerung verweisen. Allerdings bricht diese Aufwärtsentwicklung, ohnehin mit einer wachsenden Auslandsverschuldung und Devisenabhängigkeit erkauft, etwa 1976/77 ab, als sich die weltweite Rezession auch im Ostblock bemerkbar macht. Zudem sieht sich das SED-Regime nach der Konferenz für Sicherheit und Zusammenarbeit in Europa (KSZE) zunehmend mit Forderungen nach Einhaltung der Menschenrechte konfrontiert, oppositionellen Regungen, auf die die DDR-Führung wieder mit verstärkter Repression reagiert.

Auch die Bundesrepublik profitiert in ihrer Außenpolitik und in ihren Wirtschaftsbeziehungen von dem gewandelten Ost-West-Klima. Weit mehr aber wird die westdeutsche Entwicklung in den siebziger Jahren durch den grundlegenden Umschwung bestimmt, der sich in der Wirtschafts-, Finanz- und Innenpolitik im Gefolge der ersten Ölkrise vom Herbst 1973 vollzieht. Für große Reformprogramme fehlen nun der Sinn und das Geld, die Poli-

VII/412
Bundesaußenminister Walter Scheel vor der UNO-Vollversammlung am 19. September 1973

VII/413
Bundeskanzler Schmidt und der DDR-Staatsratsvorsitzende Honecker auf der KSZE in Helsinki am 1. August 1975

tik ist vollauf damit beschäftigt, das Staatsschiff durch die Klippen einer weltweiten wirtschaftlichen Rezession zu steuern. Die Grenze zwischen beiden Phasen wird deutlich durch den Wechsel in der Führung der sozialliberalen Koalition von Bundeskanzler Brandt und Vizekanzler Scheel zu Helmut Schmidt als Regierungschef und Hans-Dietrich Genscher als Außenminister im Mai 1974 markiert.

Die zwischen den beiden deutschen Staaten bestehenden Bindungen und Verbindungen entwickeln sich in den siebziger Jahren ambivalent. Einerseits schaffen die neuen Verträge mehr Kontaktmöglichkeiten zwischen den Menschen. Andererseits ist nicht zu übersehen, daß sich die Deutschen in Ost und West mehr als 25 Jahre nach Kriegsende und angesichts der nun auch vertraglich bestätigten Teilung zunehmend in ihrem Staat einzurichten und auf ihre jeweiligen Probleme zu konzentrieren beginnen. Vor allem das »Provisorium« Bundesrepublik wird, wie nicht zuletzt die jetzt zahlreich erscheinenden Darstellungen seiner Geschichte belegen, von vielen als ein Dauerzustand gesehen.

Das Nebeneinander

Die Aufnahme der beiden deutschen Staaten in die UNO am 18. September 1973 unterstreicht vor aller Welt die neue politische Situation in Deutschland. Die Bundesrepublik und die DDR haben zu einer relativen Normalisierung ihrer Beziehungen gefunden, die trotz mancher Rückschläge und Ernüchterungen konkrete Verbesserungen für die Menschen bringt. Für die DDR wird damit auch der Weg frei zur lange erstrebten internationalen

Anerkennung; binnen weniger Jahre nehmen fast alle Staaten der Welt diplomatische Beziehungen zu Ostberlin auf. Zugleich versucht die SED-Führung, sich mit großer Entschiedenheit von der Bundesrepublik abzugrenzen und die Dauerhaftigkeit der eigenen staatlichen Existenz zu unterstreichen: 1974 werden aus der DDR-Verfassung alle Hinweise auf Deutschland und eine Wiedervereinigung gestrichen. Das vertraglich geregelte Nebeneinander erweitert auch den außenpolitischen Handlungsspielraum der Bundesrepublik, indem nicht nur die Beziehungen zu den Ostblockstaaten – nicht zuletzt wirtschaftlich – intensiviert, sondern auch darüber hinaus die Fesseln des bisherigen Alleinvertretungsanspruchs abgelegt werden können.

Honecker – ein neuer Anfang?

Mit dem Wechsel an der Spitze der SED ist auch ein deutlicher Wandel des allgemeinen politischen Klimas verbunden. Eine Verbesserung der materiellen Lebensbedingungen und eine Reihe von sozialpolitischen Maßnahmen soll die Bevölkerung ebenso stärker in den Staat integrieren wie erweiterte Partizipationsmöglichkeiten in Elternaktiven, in kommunalen Vertretungen oder auch als Schöffen. Zugleich wird das Politbüro deutlich verjüngt und in einer Reihe von kulturellen Fragen eine liberalere Haltung eingenommen. Auch bei den Weltjugendfestspielen 1973 versucht das Regime, Offenheit zu demonstrieren. Alles dies bedeutet jedoch keine Abstriche an den Machtpositionen der SED.

VII/414
Einweihung des Palasts der Republik in Ost-Berlin 1976

VII/415
Empfang für den sowjetischen KP-Chef Breschnew in Ost-Berlin im Oktober 1974

Im Gegenteil: Die Methoden werden zwar in mancher Hinsicht flexibler, die Zentralisierung der Entscheidungen nimmt unter Honecker aber eher noch zu. Im Zuge der verschärften Abgrenzungspolitik gegenüber dem Westen ist in vielen Bereichen, etwa im Erziehungssystem, zudem eine weiter wachsende Ideologisierung zu verzeichnen. Deutlich sichtbar wird die unverändert repressive Politik, als die SED-Führung 1976/77 in verschärfter Form gegen die sich nach der KSZE verstärkt regende Opposition vorgeht.

VII/416
Regimekritiker Robert Havemann vor dem Kreisgericht Fürstenwalde am 14. Juni 1979

VII/417
Demonstration gegen die Strafbarkeit der Abtreibung 1975

Die inneren Reformen

Die Sozialliberale Koalition tritt 1969 auch in der Innenpolitik mit Plänen für eine grundlegende Neuorientierung an. Das Leitmotiv faßt Bundeskanzler Brandt in seiner Regierungserklärung in die Formel »Mehr Demokratie wagen«. Das konkrete Reformprogramm reicht von der Liberalisierung und Modernisierung des Rechtssystems über den Ausbau des Netzes der sozialen Sicherung und die Erweiterung der betrieblichen Mitbestimmung bis hin zur Verbesserung des Bildungswesens. Wegen der heftigen Auseinandersetzungen um die Ostpolitik kann das 1969 formulierte Programm allerdings im wesentlichen erst nach 1972 schrittweise durchgesetzt werden – und dann auch nur mit vielfachen Einschänkungen gegenüber den ursprünglichen Ziel-

VII/418
Rede des IG-Metall-Vorsitzenden Brenner zur Mitbestimmung im Oktober 1968

setzungen. Neben Differenzen zwischen SPD und FDP und dem Widerspruch, der von der Unionsmehrheit im Bundesrat und dem Bundesverfassungsgericht bei einigen wichtigen Reformgesetzen eingelegt wird, zieht vor allem die sich verschlechternde wirtschaftliche Lage der Reformtätigkeit auch finanzielle Grenzen.

Weltwirtschaftliche Abhängigkeiten

Schon seit 1970 beginnt der finanzielle Rahmen für eine reformorientierte Politik enger zu werden. Zugleich wächst, wie sich zunächst vor allem auf den Devisenmärkten zeigt, die Abhängigkeit von allgemeinen Entwicklungstendenzen der

VII/419
Bundeskanzler Brandt und DDR-Spion Guilleaume im April 1974

VII/420
Das erste Kabinett Schmidt-Genscher bei Bundespräsident Heinemann am 16. Mai 1974

Weltwirtschaft. Als Folge des Ölpreisschocks vom Herbst 1973 geraten dann alle westlichen Industrieländer 1974/75 in eine schwere Wirtschaftskrise. Die Bundesregierung ist bemüht, mit Konjunktur- und Beschäftigungsprogrammen die Auswirkungen der Krise zu begrenzen. Zudem versuchen die westlichen Regierungen mit den Weltwirtschaftsgipfeln, regelmäßigen Treffen der Finanzminister oder auch dem Europäischen Währungssystem neue Formen einer international abgestimmten Wirtschaftspolitik zu begründen. Dennoch blei-

VII/421
Erster Weltwirtschaftsgipfel in Rambouillet bei Paris 1975

VII/422
Sonntagsfahrverbot
im Ölkrisenwinter
1973

ben die folgenden Jahre durch hohe Arbeitslosigkeit, hohe Inflationsraten und eine wachsende Staatsverschuldung gekennzeichnet. In der politischen Diskussion häufen sich daher die Stimmen, die an dem ökonomischen Nutzen der staatlichen Ankurbelungsprogramme zweifeln oder die sich unter Hinweis auf die – auch ökologischen – Grenzen des bisher gewohnten Wachstums für ein prinzipielles Umdenken aussprechen.

Scheinbare Stabilität

Als neue ökonomische Leitlinie verkündet die SED unter Honecker die »untrennbare Einheit von Wirtschafts- und Sozialpolitik«. Die wirtschaftliche Entwicklung soll sich nun – so heißt das – in besonderem Maße an den materiellen Interessen der »Werktätigen« orientieren. Die neue Zielsetzung hindert die SED allerdings nicht daran, 1972 die bis dahin noch halbstaatlichen Kleinbetriebe abrupt zu sozialisieren und dafür auch eine Verschlechterung in der Konsumgüterversorgung hinzunehmen. Neben allgemeinen Einkommenserhöhungen und einer Reihe von sozialpolitischen Maßnahmen, die vor allem die Lage der berufstätigen Frauen verbessern, steht im Mittelpunkt des neuen Kurses der Wohnungsbau. Immerhin können bis 1975 mehr als 600.000 neue Wohnungen fertiggestellt werden. Der Preis für die hohen Konsum- und Sozialausgaben unter Honecker ist jedoch eine drastisch wachsende Auslandsverschuldung. Sie wird zu einem schwerwiegenden Problem, als auch die DDR gegen Ende der siebziger Jahre von der weltweiten Öl- und Rohstoffknappheit betroffen wird.

VII/423
Leipziger Messe

VII/424
Feier zur Fertigstellung der dreimillionsten Wohnung seit 1971 am 12. Oktober 1988

VII/425
Opernregisseur
Walter Felsenstein
bei einer Probe in
der Komischen Oper

Zwei Staaten – eine Kultur?

Das scheinbar endgültige Nebeneinander zweier Staaten in Deutschland regt in den siebziger Jahren zu Debatten darüber an, was nach den Jahrzehnten der Teilung die deutsche Nation noch zusammenhält oder ob sich schon neue, auf die beiden Staaten bezogene Identitäten ausgebildet hätten. Neben den wieder intensivierten menschlichen Kontakten wird dabei als einheitsbewahrender Faktor vor allem die durch die gemeinsame Sprache vermittelte Kultur genannt. Trotz mancher kultureller Differenzen, zu denen neue, alternative Kulturformen im Westen entscheidend beitragen, finden außer dem klassischen Erbe nach wie vor viele Schriftsteller, Musiker und andere Künstler der Gegenwart ein breites Publikum in beiden Staaten. Insofern stärken gerade auch die sich 1976/77 häufenden Ausbürgerungen und Ausreisen prominenter DDR-Künstler ungewollt die kulturellen Bindungen über die Grenze hinweg. Auf der anderen Seite ist die SED-Führung massiv bemüht, durch die bewußte Aufnahme bestimmter historischer Traditionen die Ausbildung einer DDR-eigenen Identität zu fördern. Doch auch im Westen werden jene Stimmen lauter, die in Absetzung von einer nationalen Orientierung die eigentliche Staatsräson der Bundesrepublik in ihrer Bindung an die westlichen Werte des demokratischen Verfassungsstaates sehen.

VII/426
DDR-Sänger Wolf Biermann bei seinem Konzert in Köln im November 1976

9. Krisen und Wandel

Nach einem Jahrzehnt der Verständigung zwischen Ost und West fallen im Dezember 1979 zwei Ereignisse zeitlich eng zusammen, die schon bald als das Ende der Entspannung verstanden werden: der NATO-Nachrüstungsbeschluß, mit dem sich das westliche Verteidigungsbündnis gegen die verstärkte Rüstung der UdSSR wendet, und der sowjetische Einmarsch nach Afghanistan. Insbesondere die USA vollziehen in Reaktion auf die sowjetische Politik – vor allem seit 1981 unter dem neuen Präsidenten Reagan – einen entschiedenen Kurswechsel. Parallel zu dieser Krise in den internationalen Beziehungen stürzt eine erneute drastische Erhöhung der Öl- und Rohstoffpreise die gesamte Weltwirtschaft in eine tiefe Rezession.

In der Bundesrepublik führt diese doppelte Herausforderung zu heftigen innenpolitischen Auseinandersetzungen: Gegen die westliche Nachrüstungspolitik formiert sich eine breite Protestbewegung, die bis weit in das Regierungslager hineinreicht. Der Konflikt zwischen Ökologie und Ökonomie verschärft sich durch die neue parteipolitische Konkurrenz der Grünen. Vor allem aber kann sich die Regierung Schmidt/Genscher immer weniger über den wirtschafts- und finanzpolitischen Kurs verständigen, so daß die SPD/FDP-Koalition schließlich am 17. September 1982 auseinanderbricht.

Das Bündnis aus CDU/CSU und FDP, das unter Bundeskanzler Helmut Kohl am 1. Oktober 1982 die Regierungsverantwortung übernimmt, gründet sich besonders auf die Zielsetzung, durch eine neue Wirtschafts- und Finanzpolitik die Rezession zu überwinden. Die nachfolgende Phase des konjunkturellen Aufschwungs ist zugleich in

VII/427
Tatort der Entführung des Arbeitgeberpräsidenten Schleyer am 5. September 1977

allen westlichen Industrienationen eine Zeit des verschärften technologischen Wandels, der eng mit dem Vordringen des Computers in alle Lebensbereiche verknüpft ist. Immer stärker wird die wirtschaftliche Entwicklung durch ein Nebeneinander von Prosperität und struktureller Krise geprägt. In der Deutschland- und Außenpolitik dominieren die Elemente der Kontinuität. Westintegration und um Ausgleich bemühte Ostpolitik bilden auch nach 1982 das Fundament der westdeutschen Außenpolitik. So setzt die Regierung Kohl/Genscher zwar gegen harten innenpolitischen Widerstand den NATO-Nachrüstungsbeschluß um, bemüht sich aber gleichzeitig, den in den Jahren zuvor erreichten Stand der innerdeutschen Beziehungen nicht zu gefährden.
Auch die DDR sieht weder nach der Afghanistan-Krise noch nach dem Bonner Regierungswechsel einen Anlaß, die Beziehungen zur Bundesrepublik einzufrieren. Als unausgesprochene Gegenleistung für westdeutsche Kredite erklärt sie sich vielmehr zum Abbau der Selbstschußanlagen an der innerdeutschen Grenze und zu erweiterten Reisemöglichkeiten für ihre Bürger bereit. Dabei spielt allerdings eine große Rolle, daß die DDR als Folge der zweiten Ölkrise unter massiven wirtschaftlichen Problemen leidet, die durch den westlichen Geldzufluß nur mühsam überbrückt werden können. Vor allem der technologische Wandel entwickelt sich zu einer Herausforderung, der sich die DDR und die anderen Ostblockstaaten immer weniger gewachsen zeigen.

VII/428
Terroristen-Fahndungsplakat
1971/72

Der Terrorismus

Bereits seit den frühen siebziger Jahren sieht sich die Bundesrepublik mit dem internationalen Problem des Terrorismus konfrontiert. Ihren Höhepunkt erreichen die terroristischen Anschläge 1977 mit den Morden an Generalbundesanwalt Buback, dem Bankier Ponto und Arbeitgeberpräsident Schleyer sowie der Entführung einer Lufthansa-Maschine. Regierung und Opposition arbeiten in dieser kritischen Situation eng zusammen, ringen jedoch zugleich heftig um die angemessenen Methoden der Terroristenbekämpfung. In den Gesetzesverschärfungen und manchen polizeilichen Maßnahmen sehen einige Kritiker eine Aushöhlung rechtsstaatlicher Prinzipien. Nach der strikten Ablehnung eines Eingehens auf die erpresserischen Forderungen der Terroristen im Herbst 1977 geht die Zahl der Anschläge zwar deutlich zurück, doch bilden terroristische Gewaltakte seither eine stets aktuelle Gefahr.

VII/429
Warnung vor erhöhter Luftverschmutzung

Naturzerstörung und Umweltschutz

Seit den siebziger Jahren entwickelt sich der Umweltschutz in der Bundesrepublik zu einem beherrschenden Thema der politischen Diskussion. Luft- und Wasserverschmutzung, Verkehrslärm oder der Bau von Großprojekten werden von immer mehr Menschen als eine elementare Bedrohung ihrer Lebenswelt empfunden. Die staatliche Umweltpolitik kann zwar erhebliche Erfolge vorweisen, vermag jedoch in vielen Bereichen nicht mit

VII/430
Verseuchte Gewässer bei ORWO in Wolfen

den steigenden Belastungen Schritt zu halten. Besondere Sorgen und Proteste löst – zumal nach dem Reaktorunglück in Tschernobyl 1986 – der Bau von Kernkraftwerken und deren Entsorgungseinrichtungen aus. Vor allem auf der Basis radikaler umweltpolitischer Forderungen formiert sich allmählich in den »Grünen« eine neue parteipolitische Kraft, die seit 1979 in viele Landesparlamente und 1983 auch

VII/431
Der zerstörte sowjetische Kernreaktor in Tschernobyl nach dem Unfall vom 26. April 1986

VII/432
Pressekonferenz der Grünen in Bonn am 27. September 1982

VII/433
Bundeskanzler Schmidt und der DDR-Staatsratsvorsitzende Honecker im Güstrower Dom am 12. Dezember 1981

in den Bundestag einzieht. Auch in der DDR trägt gerade die Umweltthematik entscheidend zur Entstehung oppositioneller Bewegungen bei, da die hier – entgegen allen offiziellen Verlautbarungen – besonders schweren Umweltschäden immer offenkundiger werden.

Das Ende der Entspannung

Mit zunehmender Besorgnis verfolgen die westlichen Staaten gegen Ende der siebziger Jahre die verstärkten Rüstungsanstrengungen der UdSSR. Nicht zuletzt auf Initiative von Bundeskanzler Schmidt droht die NATO im Dezember 1979, amerikanische Mittelstreckenwaffen in Europa zu stationieren, falls sich die UdSSR nicht zum Abbau ihrer neuen SS 20-Raketen bereit findet. Mit dem sowjetischen Einmarsch nach Afghanistan im gleichen Monat schlägt das Ost-West-Klima endgültig um. Beide deutsche Staaten sehen sich vor die schwierige Frage gestellt, ob sie unter den neuen Bedingungen die in den Jahren der Entspannung erreichten positiven Ergebnisse bewahren können. Zudem löst der neuerliche Rüstungswettlauf gerade in Deutschland als dem Stationierungs- und Zielgebiet vieler atomarer Waffen massive Friedensängste aus. In der Bundesrepublik kann die Regierung Schmidt/Genscher nur mit Mühe gegen die breite Friedensbewegung ihre außenpolitische Handlungsfähigkeit bewahren.

Regierungswechsel in Bonn

Seit 1979/80 wird die Bundesrepublik von der zweiten, durch hohe

VII/434
Friedensdemonstration in Bonn am 10. Oktober 1981

VII/435
Koalitionsverhandlungen zwischen der CDU/CSU und der FDP im September 1982

Öl- und Rohstoffpreise ausgelösten weltweiten Rezession erfaßt. Unter ihrem Eindruck spitzen sich, nachdem sich die sozialliberale Koalition in der Bundestagswahl vom 5. Oktober 1980 noch einmal eine Mehrheit hat sichern können, die wirtschafts- und finanzpolitischen Differenzen der Koalitionspartner zu. Unter wechselseitigen Vorwürfen und auch aufgrund starker Spannungen in der SPD-Fraktion bricht die Regierung Schmidt/Genscher schließlich am 17. September 1982 auseinander. Daraufhin verständigen sich CDU/CSU und FDP in Koalitionsgesprächen, die bei den Liberalen von heftigen innerparteilichen Auseinandersetzungen begleitet sind, auf die Bildung einer neuen Regierung. Am 1. Oktober 1982 wird der bisherige Oppositionsfüh-

VII/436
Helmut Kohl nach seiner Wahl zum Bundeskanzler mit seinem Amtsvorgänger Schmidt am 1. Oktober 1982

VII/437
Einsatz von Robotern zum Schweißen von Autokarosserien bei Opel in Rüsselsheim 1987

rer Helmut Kohl durch ein konstruktives Mißtrauensvotum zum Bundeskanzler gewählt. Nach ersten Maßnahmen und Entscheidungen vor allem in der Haushaltspolitik stellt sich die neugebildete Koalition am 6. März 1983 in vorgezogenen Bundestagswahlen dem Wählervotum und erreicht eine deutliche Bestätigung des Regierungswechsels.

Von der Wirtschaftskrise zur Hochkonjunktur

Ihr Hauptaufgabenfeld sieht die neue Koalition aus CDU/CSU und FDP in der Überwindung der schweren Wirtschaftskrise. Durch eine Konsolidierung der öffentlichen Haushalte, Kürzungen bei den Sozialausgaben, eine Sanierung der Rentenfinanzen sowie steuerliche

VII/438
IG-Metall-Kundgebung für die Durchsetzung der 35-Stunden-Woche in Bonn am 28. Mai 1984

Erleichterungen sollen die Bedingungen für die wirtschaftliche Entwicklung verbessert werden. Unterstützt durch außerordentliche Exporterfolge gelingt es tatsächlich, zu einem realen Wachstum zurückzukehren und die Inflationsrate zu senken. Weitgehend ungelöst bleibt allerdings das Problem der Arbeitslosigkeit, deren weiterer Anstieg zwar gestoppt wird, die sich aber auf hohem Niveau stabilisiert. Die Wirtschaftsentwicklung der achtziger Jahre bleibt daher ambivalent, der wirtschaftspolitische Kurs zwischen Regierung und Opposition entsprechend umstritten: Der allgemeinen Hochkonjunktur steht eine anhaltende Strukturkrise in traditionellen Industriesektoren wie dem Schiffbau, dem Bergbau und der Stahlindustrie gegenüber. Kräftige Einkommenszuwächse in weiten Kreisen kontrastieren mit sozialen Problemen in manchen Berufen und strukturschwachen Regionen.

Freizeit, Urlaub, Reisefreiheit

Schon seit den fünfziger Jahren beginnt sich in der Bundesrepublik mit wachsendem Wohlstand und kürzerer Arbeitszeit der Urlaub, der bald auch immer häufiger im Ausland verbracht wird, zu einem gesellschaftlich besonders geschätzten Gut zu entwickeln. Dieser Stellenwert des Urlaubs und der Freizeit hat sich seither im Zuge weiterer massiver Arbeitszeitverkürzungen und eines weltweiten Tourismus noch erheblich erhöht. Auch die DDR versucht, diesen in allen modernen Industrienationen zu be-

VII/439
Werbung für deutsche Urlauber im spanischen Torremolinos

VII/440
Trabant vor einer Datscha

obachtenden Tendenzen durch ein breites Freizeit- und Urlaubsangebot zu entsprechen, das allerdings durchweg staatlich organisiert ist und vorgegebenen Leitbildern wie etwa dem eines »kulturvollen Freizeitverhaltens« folgt. Den Wünschen nach mehr Individualtourismus auch ins Ausland soll die Ende 1971 vollzogene Öffnung der Grenzen zu Polen und der CSSR entgegenkommen, die jedoch später wieder eingeschränkt wird. Ebensowenig vermag die in den achtziger Jahren großzügiger gehandhabte Genehmigung von Westreisen das

VII/441
Rentner auf dem Bahnhof Friedrichstraße in Ost-Berlin

Grunddilemma der SED-Politik zu ändern: Reisefreiheit bleibt für die meisten Bürger der DDR das zentrale persönlich-politische Anliegen, deren Verweigerung der entscheidende Makel ihres Staates.

Jugend zwischen Resignation und Aufbruch

Nach den Jahren des politischen Aufbegehrens um 1968 macht sich in der westdeutschen Jugend in den siebziger Jahren ein resignativer Zug breit, der vor allem durch die schlechten Berufsaussichten der geburtenstarken Jahrgänge gefördert wird. Als Reaktion hierauf sind ein starkes Karrierestreben zu beobachten wie auch die Suche nach alternativen Orientierungen, die Teile der Jugend den »etablierten« Parteien entfremden. In der DDR sind Kinder und Jugendliche von klein auf in ein staatliches Erziehungssystem eingebunden, das den sozialistischen Menschen heranbilden soll, dem aber die meisten Jugendlichen skeptisch bis ablehnend gegenüberstehen. Je mehr sich die Jugend mit dem Staat der DDR identifiziert, desto kritischer fragt sie, warum dieser Staat der eigenen Jugend nicht mehr Vertrauen und eigene Gestaltungsmöglichkeiten gewährt. Die beständige Verweigerung auch kleinster Freiheiten führt viele Jugendliche in eine oppositionelle Haltung.

VII/442
Disco im FDJ-Club
1977

Das Ende der Ressourcen?

Auch die DDR wird gegen Ende der siebziger Jahre von der weltweiten wirtschaftlichen Rezession betroffen. Die höheren Rohstoffkosten können, besonders nachdem die Sowjetunion 1981 ihre Rohöllieferungen kürzt, kaum mehr durch Produktions- und Exportsteigerungen ausgeglichen werden. Hinzu kommt aber noch, daß sich in vielen Bereichen eine Überalterung des Bestandes, eine zu geringe Anpassung der Industrieanlagen an moderne Produktionserfordernisse offenbart. Milliardeninvestitionen in Zukunftstechnologien wie den Computersektor können den Rückstand kaum ausgleichen und reißen zudem neue Löcher auf. Besonders deutlich sichtbar ist diese Erschöpfung der Ressourcen in den städtischen Wohnvierteln, wo viel zu spät damit begonnen wird, die alte Bausubstanz zu erhalten und zu sanieren. Mit wachsenden wirtschaftlichen Schwierigkeiten steigern sich auch die Bemühungen der DDR, auf allen nur erdenklichen Wegen Devisen zu erhalten. Die DM entwickelt sich in den achtziger Jahren immer mehr zur zweiten Währung in der DDR, mit der etwa in den Intershops sonst nicht erhältliche Waren erworben werden können. Die Wirkungen der Devisenzufuhr sind deshalb zweischneidig: Die DM stabilisiert und untergräbt zugleich das sozialistische Wirtschaftssystem.

VII/443
Veraltete Hochöfen in Eisenhüttenstadt

St. 17.5.87(2/2)

VII/444
Verrottete Industrieanlagen im Fotochemischen Kombinat Wolfen im Dezember 1989

10. Das Ende der Teilung

Das Ende der deutschen Teilung ist gewiß nicht ohne äußere Einwirkungen auf die Ostblockstaaten und speziell die DDR zustandegekommen, aber es ist keinesfalls das Ergebnis einer zielgerichteten westlichen Politik gewesen, sondern weit mehr das Resultat eines inneren Erosionsprozesses. Als der neue sowjetische KP-Chef Gorbatschow 1985 mit vorsichtigen Schritten seinen Reformkurs beginnt, konzentriert sich die überalterte SED-Führung unter Erich Honecker schon bald darauf, ein Übergreifen des Wandels auf den eigenen Staat zu verhindern, und verstößt damit gegen dessen Lebensgesetz, die uneingeschränkte Unterordnung unter die Moskauer Politik. Sichtbar vor allem an der hohen Zahl von Ausreiseanträgen, den sich verstärkenden Regungen der Opposition und schließlich der neuen Fluchtwelle gerät die DDR in eine tiefe innere Krise, die schließlich kurz nach dem 40jährigen Staatsjubiläum dem Höhepunkt zustrebt. Mit der Öffnung der Grenzen zum Westen am Abend des 9. November 1989 muß die SED faktisch auch ihre politische Führungsrolle in der DDR aufgeben.

Die Mehrheit der Oppositionsgruppen tritt zunächst für eine demokratische Reform der DDR ein. Der »Runde Tisch«, durch den die neuen Parteien und Gruppen erstmals neben der SED und den Blockparteien Einfluß auf die Regierungspolitik erlangen, soll den Staatssicherheitsdienst auflösen, eine demokratische Verfassung ausarbeiten und freie Wahlen zur Volkskammer durchführen. Doch werden schon im November 1989 bei den Demonstrationen zunächst vereinzelt, dann immer häufiger Forderungen nach einer baldigen Wiedervereinigung laut. Aus der Parole

VII/445
Erste Begegnung zwischen Bundeskanzler Kohl und dem sowjetischen KP-Chef Gorbatschow in Moskau am 12. März 1985

VII/446
Empfang für den DDR-Staatsratsvorsitzenden Honecker vor dem Bundeskanzleramt in Bonn am 7. September 1987

»Wir sind das Volk« wird die neue Formel »Wir sind ein Volk«. Daß eine überwältigende Mehrheit der DDR-Bevölkerung sich eine Lösung der akuten wirtschaftlichen, sozialen und politischen Probleme nur im Rahmen einer staatlichen Einheit mit der Bundesrepublik vorstellen kann, macht dann vor allem das Ergebnis der ersten demokratischen Volkskammerwahl vom 18. März 1990 deutlich.

In dieser Situation zeigt sich bei den europäischen Nachbarn und auch in der Sowjetunion trotz mancher Vorbehalte und Bedenken eine fast unerwartet große Bereitschaft, ein vereinigtes Deutschland politisch zu akzeptieren. Die Lösungen für die vielfältigen völkerrechtlichen Probleme, darunter die Frage einer gesamtdeutschen NATO-Mitgliedschaft, werden – in einem allgemeinen Klima der Entspannung – in Verhandlungen zwischen den vier Siegermächten und den beiden deutschen Staaten sowie teilweise auch in direkten Gesprächen zwischen der Bundesrepublik und der Sowjetunion erarbeitet und so eine gefährliche Internationalisierung der deutschen Frage etwa über die KSZE vermieden.

Der innerdeutsche Weg zur Einheit vollzieht sich vor allem in zwei großen Schritten. Bereits am 1. Juli 1990 werden beide Staaten zu einem einheitlichen Wirtschaftsgebiet mit der DM als gemeinsamer Währung zusammengeschlossen. Die politische Einheit, die auf der Grundlage eines umfangreichen Einigungsvertrages in der Form eines Beitritts der DDR zur Bundesrepublik nach Artikel 23 des Grundgesetzes vollzogen wird, folgt drei Monate später, am 3. Oktober 1990.

VII/447
Besuch einer Delegation der Evangelische Kirche der DDR bei Erich Honecker am 6. März 1978

Der Wandel in Osteuropa

Mit der Reformpolitik des neuen sowjetischen KP-Chefs Michail Gorbatschow, die ihrerseits der Versuch einer Antwort auf die zunehmenden Krisenerscheinungen im sowjetischen Einflußbereich ist, beginnt seit 1985 ein grundlegender politischer Wandel in Osteuropa. Innenpolitisch soll eine schonungslose Abrechnung mit dem Stalinismus neue Wege in Politik, Wirtschaft und Gesellschaft eröffnen. Außenpolitisch schwenkt die UdSSR mit dem Rückzug ihrer Truppen aus Afghanistan und ihrer Bereitschaft zu umfassenden Abrüstungsvereinbarungen auf einen Kurs der Entspannung und der Kooperation mit dem Westen ein. In Osteuropa nutzen zunächst vor allem Polen und Ungarn den erweiterten Handlungsspielraum, den ihnen die neue sowjetische Politik gewährt, zum schrittweisen Aufbau einer demokratischen und pluralistischen Ordnung nach westlichem Vorbild, während sich die DDR-Führung mit wachsendem Starrsinn gegen alle Reformforderungen abzuschotten versucht.

Die Opposition in der DDR

Vierzig Jahre DDR sind auch die Geschichte stets von neuem und in unterschiedlichsten Formen auflebender Opposition und deren gewaltsamer Verfolgung. Seit den späten siebziger Jahren gewinnt die Opposition in der DDR jedoch zunehmend an personeller und organisatorischer Kontinuität. Die zu fast allen Zeiten besonders rege Opposition im Kulturbereich wird seither vor allem durch Initiativen verstärkt, die sich unter dem Dach der Kirchen sammeln und die sich zumeist der Friedens- und der Umweltpolitik widmen. Speziell in der jüngeren, in der DDR aufgewachsenen Generation wächst die Kritik an

VII/448
Mahnwache vor der Gethsemanekirche in Ost-Berlin im Oktober 1989

VII/449
Der sowjetische KP-Chef Gorbatschow und Erich Honecker auf der Ehrentribüne

VII/450
Militärparade zum 40. Jahrestag der DDR-Gründung am 7. Oktober 1989

einem Staat, der nicht einmal Formen systemkonformer Opposition duldet. Obwohl es dem Staatssicherheitsdienst gelingt, manche dieser oppositionellen Gruppen zu unterwandern, und er in vielen Fällen mit äußerster Härte gegen Oppositionelle vorgeht, schwillt die Bewegung parallel zu der politischen Entwicklung in anderen osteuropäischen Ländern bis 1989 kontinuierlich an.

Reform oder Revolution?

1989, als beide deutsche Staaten ihr vierzigjähriges Staatsjubiläum begehen, scheint die deutsche Teilung ein nach wie vor stabiler Dauerzustand zu sein. Doch wird in der DDR in den letzten Wochen vor dem 40. Jahrestag die politische Situation für die SED-Führung unter Erich Honecker immer prekärer. Während Tausende von DDR-Bürgern das Land über Ungarn oder auch die Tschechoslowakei verlassen, wächst die Oppositionsbewegung in der DDR von Tag zu Tag an. Nur wenige Tage nach dem Staatsfeiertag versammeln sich Hunderttausende von Menschen zu friedlichem Protest gegen das kommunistische Unterdrückungssystem. Am 18. Oktober 1989 wird Honecker als SED-Generalsekretär abgelöst, doch auch die neue Partei- und Staatsführung unter Egon Krenz kann die Lage nicht mehr stabilisieren. Mit der Öffnung der so lange geschlossenen Grenzen am Abend des 9. November 1989 wird zugleich die völlige innere Umgestaltung der DDR im demokratischen Sinne freigegeben.

VII/451
»Montagsdemonstration« in Leipzig am 16. Oktober 1989

VII/452
Das Brandenburger Tor am 10. November 1989

VII/453
Transparente mit Forderungen nach der deutschen Einheit bei einer »Montagsdemonstration« in Leipzig am 11. Dezember 1989

Die Vereinigung

Mit dem Umbruch in der DDR steht sogleich auch die Frage der deutschen Einheit auf der Tagesordnung. Die meisten Bürger der DDR denken – wie sich mehr und mehr zeigt – weniger an eine Reform ihres Staatswesens als an sein baldiges Aufgehen in einem größeren, demokratischen und wirtschaftlich prosperierenden Deutschland, ge-

VII/454
Konstituierende Sitzung der ersten frei gewählten Volkskammer am 5. April 1990

VII/455
Treffen der Außenminister der vier Siegermächte und der beiden deutschen Staaten in Bonn am 5. Mai 1990

gen das sich auch die Sowjetunion nach den Verhandlungen zwischen Bundeskanzler Kohl und Generalsekretär Gorbatschow im Kaukasus nicht mehr grundsätzlich sperrt. Während auf internationaler Ebene über die völkerrechtlichen Probleme einer deutschen Vereinigung verhandelt wird, werden nach den ersten freien Volkskammerwahlen in der DDR mit dem Aufbau einer demokratischen und marktwirtschaft-

VII/456
Deutsch-sowjetische Verhandlungen über die deutsche Vereinigung auf der Krim am 15. Juli 1990

VII/457
Demonstration für
die Währungsunion

lichen Ordnung auch die inneren Voraussetzungen für ein Zusammengehen der beiden deutschen Staaten geschaffen. In einer Reihe von Verträgen verständigen sich die Bundesrepublik und die DDR über die konkreten Schritte zur Erreichung der staatlichen Einheit. Als deren wichtigste müssen die am 1. Juli vollzogene Währungs-, Wirtschafts- und Sozialunion und die Unterzeichnung des Einigungsvertrages am 31. August 1990 gesehen werden. Am 23. August beschließt die Volkskammer mit Zweidrittelmehrheit den Beitritt der DDR zur Bundesrepublik Deutschland zum 3. Oktober 1990.

VII/458
Unterzeichnung des Einigungsvertrages durch die Minister Schäuble und Krause in Ost-Berlin am 31. August 1990

VII/459
Feier anläßlich des Beitritts der DDR zur Bundesrepublik vor dem Reichstag am 2./3. Oktober 1990

VII/460
Erste Sitzung des gesamtdeutschen Bundestages im Berliner Reichstagsgebäude am 4. Oktober 1990

Die Bundesrepublik Deutschland seit 1990

Der Weg in die Gegenwart

Der Weg in die Gegenwart

Die innere und äußere Entwicklung der Bundesrepublik wird in den neunziger Jahren vor allem durch die direkten und indirekten Folgen der großen Umwälzungen des Jahres 1989 bestimmt. Der Zusammenbruch des kommunistischen Machtbereichs eröffnet für viele Menschen nicht nur im wiedervereinigten Deutschland Perspektiven für eine freiheitliche und demokratische Zukunft, die viele Jahrzehnte undenkbar schienen. Doch er schafft zugleich durch das große wirtschaftliche und soziale Gefälle zwischen West- und Osteuropa und durch die oft auch konkurrierenden Selbstbestimmungsansprüche verschiedenster Nationalitäten eine Fülle neuer politischer Probleme.

Im Inneren stellt sich die gewaltige Aufgabe, einheitliche Lebensverhältnisse in allen Ländern der erweiterten Bundesrepublik zu schaffen. Das ist zunächst ein materielles Problem: Die Übernahme hoher Schuldenlasten, die Sanierung alter und die Ansiedlung neuer Industrien und Gewerbe in den Ländern der ehemaligen DDR, die Schaffung einer modernen Infrastruktur, die Einbeziehung ihrer Bürger in die sozialen Sicherungssysteme und der Aufbau einer leistungsfähigen kommunalen und staatlichen Verwaltung sowie eines rechtsstaatlichen Justizwesens erfordern immense finanzielle Mittel. Daß sie nur durch drastisch steigende Abgabenlasten für alle Bürger aufgebracht und daß dennoch viele soziale Härten in den neuen Ländern nicht vermieden werden können, führt zu erheblicher Unzufriedenheit in Ost und West. Sie trägt noch zusätzlich dazu bei, die großen politischen, sozialen und kulturellen Unterschiede zu betonen, die sich aufgrund der vierzigjährigen Teilung ergeben haben. Ihre Überwindung wird – so erweist sich mehr und mehr – nicht minder schwierig sein als der wirtschaftliche und soziale Ausgleich.

In der internationalen Politik werden die teilweise euphorisch übersteigerten Erwartungen, daß mit dem Ende der Sowjetunion und des von ihr beherrschten Ostblocks die Spannungen zwischen den Staaten zurückgehen würden und daß eine insgesamt friedlichere Entwicklung beginnen werde, schon bald von der politischen Realität eingeholt. Die Staatengemeinschaft sieht sich zwar nicht mehr durch die globale atomare Bedrohung, wohl aber und vielleicht mehr als je zuvor durch aggressive Akte einzelner Staaten, durch alte und neue Konflikte zwischen den Staaten und durch zahlreiche innerstaatliche Auseinandersetzungen herausgefordert, humanitäre Hilfe und einen in vielen Fällen auch militärischen Beitrag zur Wiederherstellung des Friedens zu leisten. Vor diesem Hintergrund erwachsen der UNO, der NATO, der Europäischen Union, dem Europarat und der OSZE, jenen internationalen Organisationen, denen die Bundesrepublik seit langem angehört, neue Aufgaben.

Die Bewältigung dieser innen- und außenpolitischen Herausforderungen wird zudem noch zusätzlich durch eine ungünstige wirtschaftliche Entwicklung erschwert, in deren Verlauf die Arbeitslosigkeit dramatisch ansteigt und erhebliche Defizite in den öffentlichen Haushalten durch Abgabenerhöhungen und Ausgabenkürzungen ausgeglichen werden müssen. Sowohl aufgrund der hohen finanziellen Belastungen als auch aufgrund der scharfen Konkurrenzsituation auf den Weltmärkten konzentriert sich die politische Debatte in der Bundesrepublik mehr und mehr auf Maßnahmen und Gesetze, mit denen die Leistungsfähigkeit der deutschen Wirtschaft gesteigert und der Sozialstaat den veränderten Bedingungen angepaßt werden soll.

Wie angesichts dieser Vielzahl von inneren und äußeren Problemen die bislang von einer breiten Mehrheit anerkannten Grundmaximen der politischen und gesellschaftlichen Ordnung in Deutschland aufrechterhalten und erfolgreich weiterentwickelt werden können, ist Gegenstand der aktuellen politischen Auseinandersetzung. Ihre Zielrichtung und ihre Ergebnisse sind vielleicht weniger als je zuvor in der Geschichte der Bundesrepublik abzusehen.

LETZTERGRUSS
Tschüß
Ich liebe Euch doch alle!
TRABANT
LEGENDE AUF RÄDERN

Der Aufbau der neuen Länder

Nach der Vereinigung der beiden deutschen Staaten wird erst allmählich das ganze Ausmaß der Aufgaben deutlich, die sich beim Aufbau der neuen Bundesländer stellen: Hohe Altlasten nicht nur unmittelbar finanzieller Art sind zu übernehmen. Das Verkehrs- und Kommunikationssystem und die Verwaltungsstruktur müssen den Anforderungen einer modernen Industriegesellschaft angepaßt werden. Und der wirtschaftliche Umstrukturierungsprozeß erweist sich nach dem Wegfall der Märkte in Osteuropa und aufgrund der völlig veralteten Produktionsanlagen als weit schwieriger als ursprünglich vorauszusehen, zumal mit der Abschwächung der Wirtschaftskonjunktur seit dem Herbst 1992 die Bereitschaft der Unternehmen zu großen Investitionen in den neuen Ländern eher zurückgeht. Trotz aller Erfolge und sichtbaren Zeichen einer wirtschaftlichen Belebung gelingt es daher zunächst nicht, in ausreichendem Maße Arbeitsplätze zu schaffen. Während sich für die jüngere Generation gute Chancen zu eröffnen scheinen, finden viele ältere Arbeitnehmer nicht mehr oder nur vorübergehend eine Beschäftigung. Alle finanziellen Anstrengungen vermögen nicht zu verhindern, daß die Eingliederung der neuen Länder in die Bundesrepublik einen hohen sozialen Preis fordert.

Das Ringen um die innere Einheit

Bereits im Zuge der Wiedervereinigung wird darum gerungen, ob die neue Einheit allein auf der Übernahme der Verfassungs-, Wirtschafts- und Gesellschaftsordnung der Bundesrepublik in den neuen

VIII/462
Demonstration in Leipzig gegen die Massenarbeitslosigkeit in den neuen Bundesländern am 6. April 1991

VIII/461
(Linke Seite)
Produktion des letzten Trabant in Zwickau am 30. April 1991

VIII/463
Abstimmung im Deutschen Bundestag über die Hauptstadtfrage am 20. Juni 1991

Ländern basieren oder ob sie auch das Ergebnis einer grundlegenden Reform dieser Ordnung und eines wenigstens partiellen Ausgleichs zwischen Ost und West sein soll. Einem solchen Ausgleich stehen jedoch häufig nicht nur Gesichtspunkte der ökonomischen und administrativen Effizienz entgegen, sondern auch die strukturelle und personelle Belastung aus den Zeiten der kommunistischen Diktatur. Immerhin symbolisiert die mit knapper Mehrheit getroffene Entscheidung des Deutschen Bundestages für Berlin als deutsche Hauptstadt, daß die künftige Entwicklung der Bundesrepublik nicht allein in

VIII/464
Akten im Archiv des ehemaligen Staatssicherheitsdienstes der DDR in der Berliner Normannenstraße

VIII/465
Gipfeltreffen der europäischen Regierungschefs in Maastricht am 9./10. Dezember 1991

den alten Bahnen verlaufen soll. Viele ehemalige DDR-Bürger gewinnen dennoch den Eindruck, in der Bundesrepublik mit ihren eigenen Leistungen und Wertmaßstäben nicht hinreichend akzeptiert zu sein. Gleichwohl zeichnet sich ab, daß sich die Lebenseinstellungen zumindest der jüngeren Generation in Ost und West mehr und mehr angleichen.

Ein neues Europa

Die europäische Einigung schreitet auch nach dem Verschwinden des Eisernen Vorhangs zunächst in den bislang vorgezeichneten Linien voran. Zum Jahresbeginn 1993 wird in der »Europäischen Union« die völlige Freizügigkeit für Menschen, Güter und Dienstleistungen erreicht. Mit dem Beitritt von Finnland, Österreich und Schweden zum 1. Januar 1995 gehören nahezu alle westlichen Staaten der EU an. Im Mittelpunkt aller Debatten aber steht seit den Beschlüssen von Maastricht im Dezember 1991 die Einführung einer einheitlichen europäischen Währung. Sie setzt ein bisher nicht erreichtes Maß der wirtschaftlichen und politischen Abstimmung zwischen den Partnerländern voraus und würde daher auch die Integration erheblich verstärken. Angesichts der vielfältigen inneren und äußeren Belastungen fällt es den meisten Mitgliedsstaaten jedoch schwer, die Voraussetzungen hierfür zu schaffen. Zudem kommt auf die Europäische Union noch die große politische Aufgabe zu, die neuen Demokratien Osteuropas in den Integrationsprozeß einzubeziehen.

Deutschland und die neue Weltordnung

Mit der wachsenden Zahl internationaler Probleme sieht sich auch das vereinigte Deutschland neuen Herausforderungen gegenüber. Mehr als jedes andere westliche Land versucht die Bundesrepublik, den Wandel in Osteuropa politisch und finanziell zu unterstützen. Die Aufnahme einer großen Zahl von Flüchtlingen aus vielen Krisengebieten der Welt belastet, bei aller grundsätzlichen Bereitschaft der Bevölkerung zur Hilfe, die öffentlichen Haushalte und führt zu sozialen Spannungen bis hin zu ausländerfeindlichen Gewaltakten. Schließlich erwarten die Partnerländer, daß sich die Bundesrepublik nicht nur – wie beim Krieg gegen den Irak – finanziell, sondern auch mit eigenen Hilfs- und Truppenkontingenten an den Friedenseinsätzen der Vereinten Nationen beteiligt. Nach langwierigen innenpolitischen Auseinandersetzungen, die sich aus den auch historisch bedingten verfassungsrechtlichen Beschränkungen für militärische Einsätze im Ausland ergeben, nehmen Einheiten der Bundeswehr an den UN-Missionen in Kambodscha, Somalia und im ehemaligen Jugoslawien teil.

Der Sozialstaat in der Krise?

Schon seit den achtziger Jahren zeigt sich immer deutlicher, daß auch in Zeiten einer günstigen wirtschaftlichen Konjunktur die Arbeitslosenzahlen nicht mehr drastisch sinken und die Vollbeschäftigung nicht erreicht wird. In dieser Ent-

VIII/466
Boris Jelzin und Bill Clinton, der russische und der amerikanische Präsident, auf dem Weltwirtschaftsgipfel in Neapel am 9. Juli 1994

VIII/467
Wartende vor dem Eingang der Hamburger Ausländerbehörde 1992

wicklung, die sich durch den Umstrukturierungsprozeß in den neuen Bundesländern noch verschärft, schlägt sich der rasante technologische Wandel ebenso nieder wie die wachsende Konkurrenz durch osteuropäische Länder und die aufstrebenden asiatischen Industrienationen. Zugleich führen die hohe Arbeitslosigkeit und die Kosten der Wiedervereinigung zu steigenden Steuern und Sozialabgaben, die die Arbeitskosten belasten und die Nettoeinkommen mindern. Viele Unter-

VIII/468
Besuch von Bundesverteidigungsminister Rühe bei deutschen UNO-Einheiten im kroatischen Split am 29. August 1995

5000 Familien fordern den Erhalt der Arbeitsplätze!

VIII/470
Abbrucharbeiten in einem Brandenburger Stahlwerk 1995

nehmen reagieren darauf mit einschneidenden Rationalisierungsmaßnahmen und einem Ausbau ihrer internationalen Aktivitäten. Sowohl zwischen den Tarifparteien als auch zwischen Regierung und Opposition ist zunehmend umstritten, ob die akute Wirtschaftskrise mit weiteren Arbeitszeitverkürzungen, konjunkturbelebenden Maßnahmen und begrenzten Korrekturen an sozialen Leistungsgesetzen überwunden werden kann oder ob eine tiefgreifende Reform der wirtschaftlichen und sozialstaatlichen Ordnung der Bundesrepublik erforderlich ist.

VIII/471
Vereidigung von Bundespräsident Roman Herzog am 1. Juli 1994

VIII/469
(Linke Seite)
Kundgebung gegen den Arbeitsplatzabbau in Duisburg 1992

Das parlamentarische Berlin

Das parlamentarische Berlin

Die Parlamente und das parlamentarische System haben sich ihren Platz im politischen und gesellschaftlichen Leben Berlins neben der Hohenzollernmonarchie und den sie tragenden Kräften, vor allem der Bürokratie und dem Militär, erst allmählich erobert. Der Vereinigte Landtag, eine Versammlung von Delegierten der Provinziallandtage, mit dem im Frühjahr 1847 die parlamentarische Geschichte Berlins beginnt, wird wegen seiner oppositionellen Haltung bereits nach zwei Monaten wieder aufgelöst. Und auch die im Anschluß an die Märzrevolution 1848 gewählte preußische Nationalversammlung scheitert bei ihren Bemühungen, Preußen eine liberal geprägte konstitutionelle Ordnung zu geben. Die Verfassung wird von König Friedrich Wilhelm IV. nach dem Sieg der Gegenrevolution aus eigener Machtvollkommenheit erlassen. Entsprechend eng sind in ihr die Grenzen für das Abgeordnetenhaus, die nach dem Dreiklassenwahlrecht gewählte Volksvertretung; als Gegengewicht steht ihm zudem noch das vom König berufene Herrenhaus gegenüber. Erst im Zuge der Reichsgründung klingen die Auseinandersetzungen zwischen Parlamentsmehrheit und monarchischer Exekutive, die ihren Höhepunkt zwischen 1862 und 1866 im Verfassungskonflikt gefunden haben, ab. Der neue, nach dem allgemeinen, gleichen Wahlrecht gewählte Reichstag wird zwar weiterhin von der eigentlichen Regierungsmacht ferngehalten. Doch die Ausweitung der staatlichen Aufgabenfelder und damit auch der Reichsgesetzgebung stärkt langsam, aber stetig den Einfluß des Parlaments. Auf den Reichstag konzentriert sich mehr und mehr das politische Interesse der Öffentlichkeit und breiter Volksschichten.

Diese politische Entwicklung läßt sich sehr deutlich an der Parlamentsarchitektur, an den parlamentarischen Tagungsstätten ablesen. Während die ersten Parlamente in für andere Zwecke gebauten Sälen im Schloß, in der Singakademie, im Schauspielhaus am Gendarmenmarkt unterkommen, erhalten die beiden preußischen Kammern um 1850 eigene Baulichkeiten. Beide Häuser sind jedoch, ebenso wie das erste Domizil des Reichstags in der Leipziger Straße, nur notdürftig für die parlamentarische Nutzung hergerichtet und bleiben mehr oder minder unzureichende Provisorien. Erst 1894 kann der Reichstag das von Paul Wallot entworfene Gebäude am Königsplatz beziehen; das Herrenhaus und das Abgeordnetenhaus folgen wenige Jahre später mit neuen Tagungsstätten in der Leipziger Straße und in der Prinz-Albrecht-Straße. Mit diesen monumentalen und repräsentativen Baulichkeiten hat sich der Parlamentarismus in Berlin unübersehbar etabliert.

Die volle politische Verantwortung fällt den Parlamenten allerdings erst in der Stunde der militärischen Niederlage, mit der Revolution von 1918/19 zu. Die Weimarer Verfassung rückt den Reichstag ganz ins Zentrum der demokratischen Ordnung, an sein Vertrauen ist jetzt auch die Reichsregierung uneingeschränkt gebunden. Und aus dem Preußen der Junker ist nun das »rote« Preußen geworden, die republikanische Bastion mit einer sozialdemokratisch geführten Koalitionsregierung an der Spitze. Die politischen Erwartungen und Forderungen fast aller gesellschaftlichen Gruppen konzentrieren sich auf die Parlamente und die Parteien. Doch die Bereitschaft, Konflikte wirklich auf parlamentarischem Wege auszutragen und so zu einem Ausgleich der verschiedensten widerstreitenden Interessen zu gelangen, ist nur wenig ausgeprägt und geht gerade in den krisengeschüttelten letzten Jahren der Weimarer Republik noch weiter zurück. Die Machtstellung des Parlaments wird seit 1930 durch die Berufung von Präsidialkabinetten und durch die häufige Auflösung des Reichstags mehr und mehr ausgehöhlt. Am Ende der Republik von Weimar steht symbolhaft der Reichstagsbrand. Der Reichstag der nationalsozialistischen Diktatur hat mit einem demokratischen Parlament nur mehr den Namen gemein.

1945, bei Kriegsende liegen die Parlamentsgebäude Berlins ebenso wie weite Teile der Reichshauptstadt und des Deutschen Reiches in Schutt und Asche. Auf der Kuppel des Reichstags weht als Zeichen des Siegers die Sowjetflagge. Die parlamentarisch-demokratische Ordnung muß in Deutschland von Grund auf neu aufgebaut werden. In diesen Prozeß der Demokratiegründung in den drei westlichen Besatzungszonen sind die Westsektoren Berlins von Anfang an einbezogen. Nach dem Grundgesetz ist Berlin durch eigene Abgeordnete im Deutschen Bundestag vertreten – wenngleich nur mit eingeschränktem Stimmrecht. Seine Stellung als Hauptstadt und parlamentarisches Zentrum Deutschlands hat Berlin mit der Teilung jedoch zunächst für lange Zeit verloren. Erst mit der Wiederherstellung der deutschen Einheit im Oktober 1990 ergibt sich die Möglichkeit, wieder in vollem Umfang an die parlamentarisch-demokratischen Traditionen der Stadt anknüpfen zu können. Das Reichstagsgebäude wird wieder der Sitz des deutschen Nationalparlaments.

472
Im Berliner Schloß finden bis 1918 die feierlichen Parlamentseröffnungen statt

I. 1847–1870: Die Parlamente in Opposition

Die ersten Parlamente

Die parlamentarische Geschichte Preußens und damit auch Berlins beginnt am 11. April 1847 mit der feierlichen Eröffnung des Vereinigten Landtags im Berliner Schloß. Mit dessen Einberufung ist König Friedrich Wilhelm IV. den zunehmenden Forderungen nach einer gesamtpreußischen Vertretungskörperschaft entgegengekommen, doch sollen ihre Befugnisse nicht über das Recht zur Steuerbewilli-

473
Sitzung des Vereinigten Landtags im Weißen Saal des Königlichen Schlosses im Frühjahr 1847

474
Die 1825–1827 nach einem Entwurf Schinkels erbaute Singakademie

gung hinausreichen. Als die Mehrheit der Versammlung auf einer Ausweitung der Kompetenzen im vollen parlamentarischen Sinne besteht, wird der Vereinigte Landtag nach nur zwei Monaten wieder aufgelöst.

Mit dem vorläufigen Sieg der Revolution im März 1848 wird auch die Wahl einer preußischen verfassunggebenden Nationalversammlung nach dem allgemeinen Wahlrecht durchgesetzt, die zugleich mit den Wahlen für die Frankfurter Natio-

475
Im Frühjahr und Sommer 1848 tritt in der Singakademie die preußische Nationalversammlung zusammen

476
Ab September 1848 tagt die Nationalversammlung im Schauspielhaus am Gendarmenmarkt

477
Nach der erfolgreichen Gegenrevolution wird die Nationalversammlung am 11. November 1848 aus dem Schauspielhaus vertrieben und am 5. Dezember endgültig aufgelöst

nalversammlung am 1. Mai 1848 durchgeführt wird. Die Verfassungsberatungen führen jedoch zu keiner Einigung zwischen dem Monarchen und der Volksvertretung. Als im Herbst 1848 die gegenrevolutionären Kräfte die Oberhand gewinnen, wird die preußische Nationalversammlung gewaltsam aufgelöst. Friedrich Wilhelm IV. gibt dem Land aus eigener Machtvollkommenheit, per königlichem Erlaß eine Verfassung.

Als gewählte Volksvertretung, als »Zweite Kammer«, sieht die vom König noch mehrfach einseitig re-

478
Das Tagungsgebäude des Abgeordnetenhauses in der Leipziger Straße am Dönhoffplatz

vidierte Verfassung ein Abgeordnetenhaus mit nur begrenzten Rechten bei der Steuerbewilligung und in der Gesetzgebung vor. Für rechtsgültige Beschlüsse ist die Übereinstimmung von Krone und beiden Kammern erforderlich. Der geringe Stellenwert, der aus der Sicht der Regierung dem Parlament zukommt, zeigt sich auch an dem engen und unwirtlichen Gebäude, in dem das Abgeordnetenhaus bis fast zur Jahrhundertwende seinen Sitz hat.
Die »Erste Kammer«, das Herrenhaus, ist nach der preußischen Ver-

479
Grundriß des Abgeordnetenhauses, ursprünglich 1775 als Adelspalais erbaut, aus einem englischen Werk über Parlamentsarchitektur

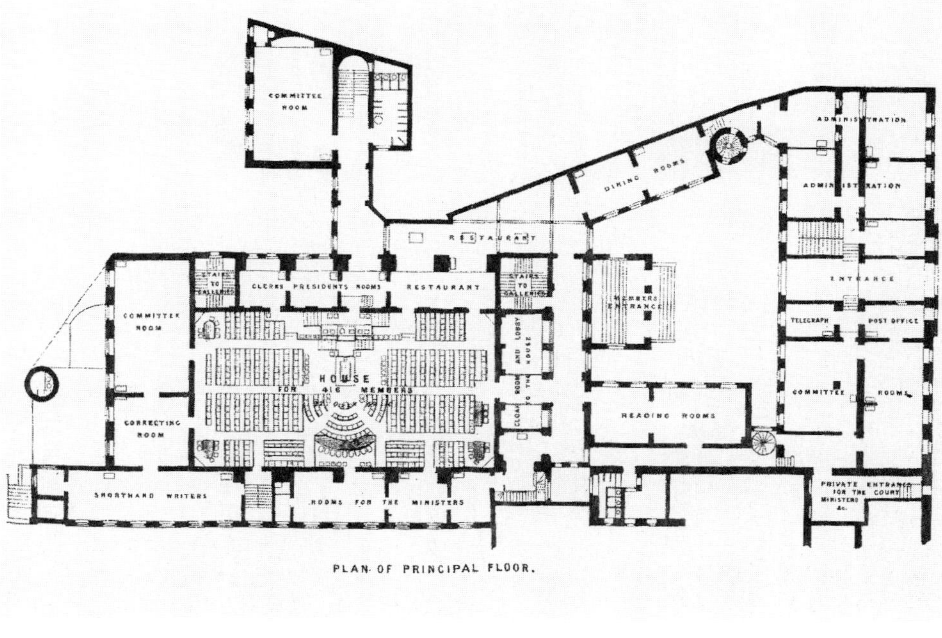

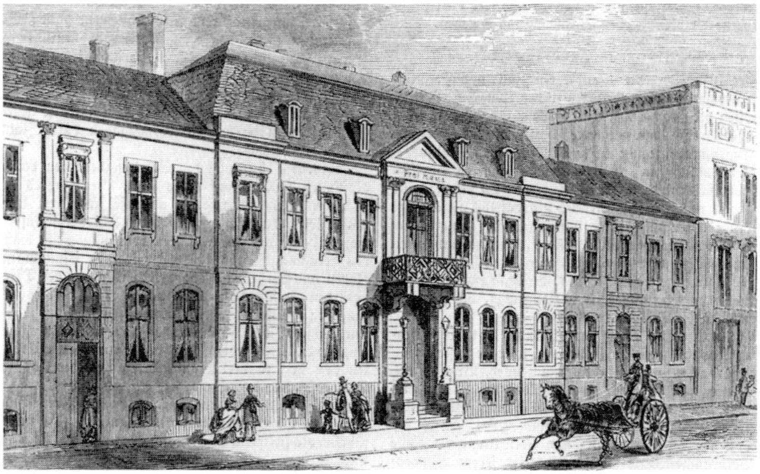

480
Das Herrenhaus bezieht ein früheres Adelspalais in der Leipziger Straße 3

fassung vor allem als Gegengewicht gegen das Abgeordnetenhaus konzipiert. Deshalb werden die Mitglieder des Herrenhauses zunächst zur Hälfte, dann vollständig vom König berufen. Die konservative Junkermehrheit erweist sich als zuverlässige Stütze der monarchischen Exekutive und verteidigt vor allem die Interessen des Adels.

Parlamentarismus in der preußischen Monarchie

Das Abgeordnetenhaus wird nach einem zwar allgemeinen, aber ungleichen, indirekten und nicht geheimen Wahlrecht gewählt. Die Wähler sind nach ihrer Steuerleistung in drei Klassen eingeteilt. Die kleine Zahl der Großverdiener (4%

481
Zwischen 1867 und 1870 tagt der Reichstag des Norddeutschen Bundes im Sitzungssaal des Herrenhauses

482
Bismarck während einer Sitzung des preußischen Abgeordnetenhauses 1862

der Bevölkerung) kann danach ebenso viele Wahlmänner und Abgeordnete stellen wie die große Mehrheit der kleinen Steuerzahler (80% der Bevölkerung). Über Jahrzehnte hinweg trägt dieses Wahlrecht bei wachsendem Wohlstand vor allem der Mittelschicht allerdings entscheidend zu den liberalen Mehrheiten im Abgeordnetenhaus bei.

Die Abgeordneten können sich auf einen zunehmenden Rückhalt in der Bevölkerung stützen, die Wahlbeteiligung steigt bis 1862 auf – angesichts des Dreiklassenwahlrechts – beachtliche 34%. Die Parlamentarier rekrutieren sich in hohem Maße aus dem Bildungsbürgertum, wobei vor allem Beamte und insbesondere Justizbeamte in den Reihen der liberalen Opposition stehen, die sich zu Beginn des Heeres- und Verfassungskonflikts in der Deutschen Fortschrittspartei fester organisiert. Die Berliner Wahlkreise zählen stets zu ihren sicheren Bastionen.

Die Spannungen zwischen Krone und Parlament klingen nach der gescheiterten Revolution von 1848/49 nur vorübergehend ab. Gegen Ende der 1850er Jahre beginnt sich die liberale Opposition neu zu formieren; sie ist verstärkt darum bemüht, die parlamentarischen Rechte zu behaupten und auszubauen. Über die Frage der Heeresreform kommt es zu einem schwerwiegenden Verfassungskonflikt mit der monarchischen Exekutive, der erst 1866/67 im Zeichen der nationalen Einigung durch einen Kompromiß zwischen den nationalliberalen Kräften und Bismarck beigelegt wird.

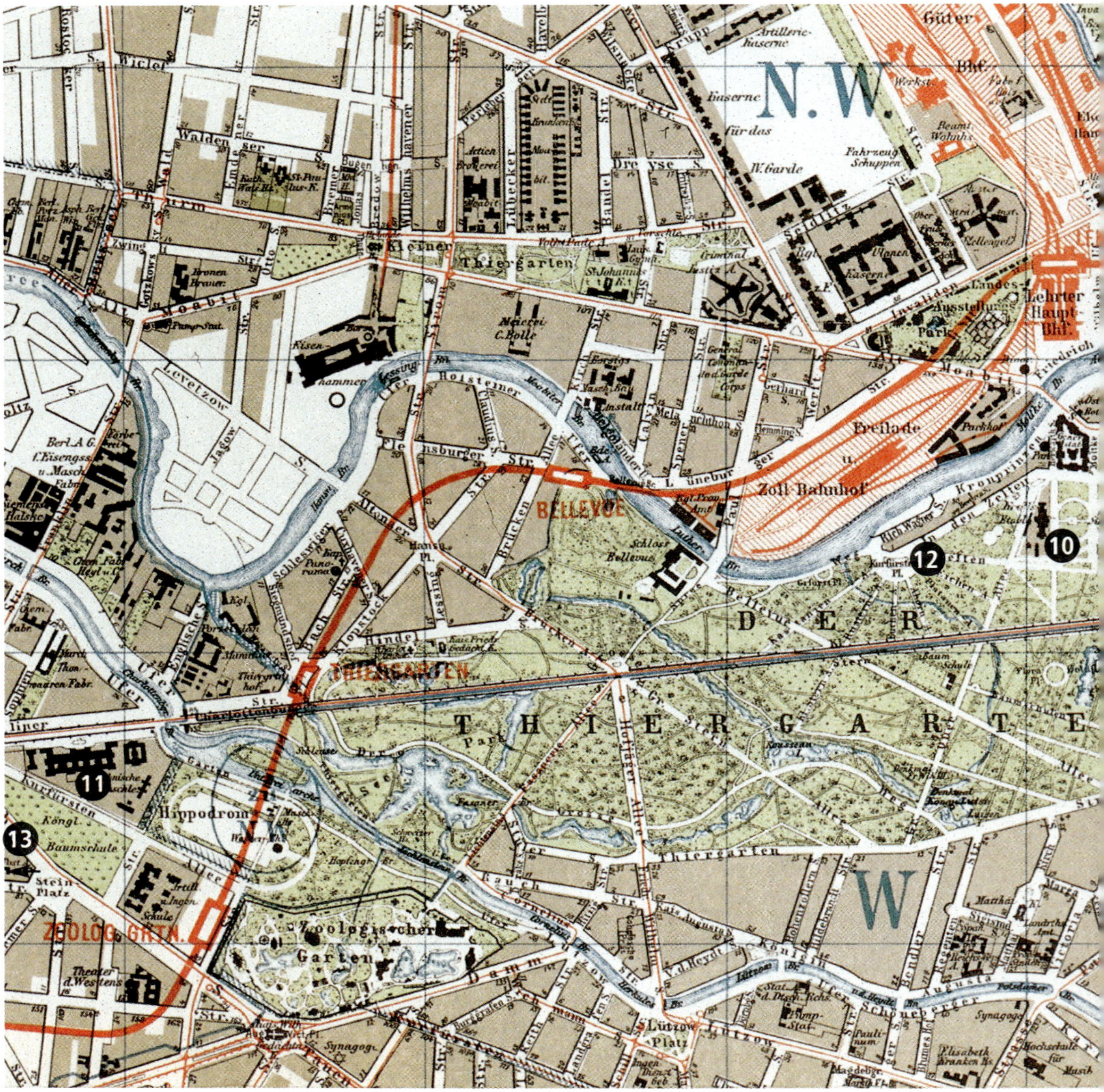

1 Das Stadtschloß

2 Die Singakademie

3 Das Schauspielhaus am Gendarmenmarkt

4 Das preußische Abgeordnetenhaus in der Leipziger Straße 75

5 Das preußische Herrenhaus in der Leipziger Straße 3

6 Das provisorische Reichstagsgebäude in der Leipziger Straße 4

7 Das Reichstagsgebäude am Königsplatz

8 Das neue preußische Abgeordnetenhaus in der Prinz-Albrecht-Straße 5

9 Das neue preußische Herrenhaus in der Leipziger Straße 3-4

10 Die Kroll-Oper am Königsplatz

11 Das Hauptgebäude der Technischen Universität

12 Die Kongreßhalle

13 Die Ostpreußenhalle unter dem Funkturm

II. 1871–1918: Die Konsolidierung des Parlamentarismus

Parlamentarismus im Kaiserreich

Neben dem preußischen König als erblichem Bundesoberhaupt sieht die Verfassung des Norddeutschen Bundes von 1867, die vier Jahre später weitgehend unverändert für das Deutsche Reich übernommen wird, als zentrales Verfassungsorgan den Reichstag vor. Sein politischer Einfluß beschränkt sich jedoch überwiegend auf die Gesetzgebung einschließlich der Haushaltsbewilligung, während die Regierung fast ausschließlich vom Willen des Monarchen abhängig ist. Dies sichert vor allem einem starken Reichskanzler wie Bismarck einen überragenden Einfluß auf die Politik des Deutschen Reiches.
Der Reichstag wird nach dem allgemeinen, gleichen, direkten und geheimen Wahlrecht gewählt, für das sich Bismarck vor allem als Kampfmittel gegen die Liberalen entschieden hat. Gewählt ist der Kandidat, der – eventuell in einer Stichwahl – die absolute Mehrheit der Stimmen auf sich vereinigt. Das begünstigt Parteien mit festen regionalen Hochburgen und behindert besonders die Sozialdemokratie, zumal die Wahlkreiseinteilung nicht dem Verstädterungsprozeß und der Bildung von industriellen Ballungsgebieten angepaßt wird.
Der Reichstag tagt nicht permanent, sondern wird nur ein- bis zweimal im Jahr vom Kaiser zu jeweils mehrwöchigen Sitzungsperioden einberufen. Der Reichstag ist formal in ausgeloste Abteilungen gegliedert, doch wird der parlamentarische Alltag von Anfang an weitgehend durch die Fraktionen geprägt: Sie benennen meist die Redner für die Plenardebatten und besetzen de facto die für die Gesetzesberatungen so wichtigen Ausschüsse und Kommissionen. Der Reichstag ist damit in der Praxis ein Instrument der modernen Parteiendemokratie; auf ihn konzentriert

483
Der Reichstag erhält im Sommer 1871 ein Provisorium in der Leipziger Straße 4

484
Sitzung des Reichstags im provisorischen Reichstagsgebäude, der ehemaligen Königlich-Preußischen Porzellanmanufaktur, um 1872

sich mehr und mehr das politische Interesse der Öffentlichkeit und breiter Volksschichten.
In den Jahren des Kaiserreichs nimmt die Abhängigkeit der Reichsexekutive vom Reichstag und seiner Mehrheit langsam, aber stetig zu. Vor allem die zunehmende Ausweitung der staatlichen Aufgabenfelder und damit auch der Reichsgesetzgebung stärkt den Einfluß des Parlaments. Von der eigentlichen Regierungsmacht jedoch werden die Parlamentarier bis in die Stunde der militärischen Niederlage im Ersten Weltkrieg hinein ferngehalten. Der fortbestehende Dualismus zwischen Parlament und Regierung gehört zu den schweren Belastungen einer parlamentarisch-demokratischen Entwicklung in Deutschland.

Bauten für den Parlamentarismus

Nach ersten Sitzungen im Gebäude des preußischen Abgeordnetenhauses tritt der Reichstag mehr als zwanzig Jahre lang in einer provisorischen Tagungsstätte zusammen: in der im Sommer 1871 in großer Eile für diese Zwecke umgebauten ehemaligen Königlich-Preußischen Porzellanmanufaktur. Alle Überlegungen und Planungen für ein neues endgültiges Domizil scheitern lange Zeit u. a. an den Spannungen zwischen der monarchischen Exekutive und dem Parlament und daran, daß der bereits 1871 ins Auge gefaßte Bauplatz an der Ostseite des Königsplatzes zunächst nicht zur Verfügung steht.

485
1894 wird das Reichstagsgebäude am Königsplatz fertiggestellt

Erst 1884 beginnen nach langen Verhandlungen um das Grundstück und zwei großen Architektenwettbewerben die Arbeiten am neuen Reichstagsgebäude. Gebaut wird nach einem Entwurf des Frankfurter Architekten Paul Wallot, der um einen im Sinne der Zeit modernen, gegen den überkommenen Historismus gerichteten Stil, eine Art synthetischen Reichsstil, bemüht ist. Nach zehnjähriger Bauzeit kann am 5. Dezember 1894 der Schlußstein gelegt werden. Der Reichstag erhält ein monumentales und repräsentatives Gebäude, das allerdings für

486
Reichskanzler Michaelis hält am 19. Juli 1917 vor dem Reichstag seine Antrittsrede

487
Das neue Sitzungsgebäude des Abgeordnetenhauses an der Prinz-Albrecht-Straße

den Alltag der künftigen Parlamentsarbeit in Fraktionen und Ausschüssen nur bedingt geeignet ist. Auch die beiden preußischen Kammern können in den 1890er Jahren in neue Tagungsstätten umziehen. Auf einem Doppelgrundstück zwischen der Leipziger Straße und der Prinz-Albrecht-Straße – Teile des Areals hatten bisher das Herrenhaus und das provisorische Reichstagsgebäude belegt – entstehen neue Parlamentsgebäude, die die ganz unzureichenden Provisorien aus der Mitte des 19. Jahrhunderts ablösen.

488
Nach dem Umzug des Reichstags an den Königsplatz wird auf dem Grundstück Leipziger Straße 3 und 4 das neue preußische Herrenhaus errichtet

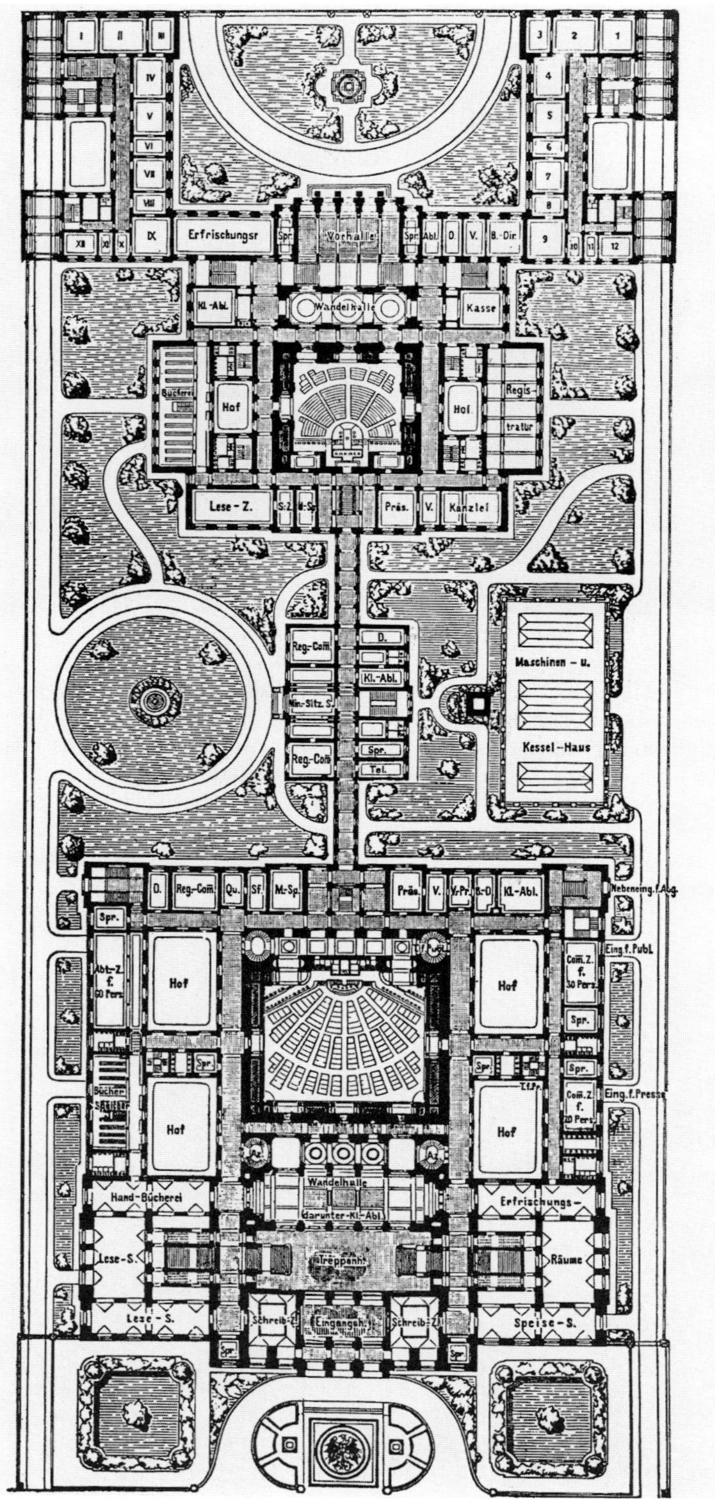

489
Das Doppelgrundstück zwischen Leipziger Straße und Prinz-Albrecht-Straße mit den Gebäuden des Herrenhauses (oben) und des Abgeordnetenhauses (unten)

Parlament und Parlamentarier in Berlin

Das politische und gesellschaftliche Leben Berlins wird im Kaiserreich in hohem Maße durch die Monarchie und die sie tragenden Schichten, vor allem auch durch das Militär, geprägt. Die Gewichtsverteilung zwischen Monarch und Parlament findet ihren sichtbarsten Ausdruck in der alljährlichen feierlichen Reichstagseröffnung: Sie findet nicht – wie etwa in England – im Parlament, sondern im Weißen Saal des Schlosses statt. Im Rahmen des höfischen Zeremoniells und angesichts der Dominanz von Uniformen erscheinen die Abgeordneten fast als bloße Statisten.

Die überwiegende Mehrzahl der Abgeordneten kommt nur zu den Sitzungsperioden des Reichstags nach Berlin. Die Fraktionen haben meist feste Treffpunkte in Lokalen der näheren Umgebung des Reichstages. Gelegentlich werden Empfänge für die Abgeordneten gegeben – berühmt sind vor allem Bismarcks parlamentarische Soireen. So selbstverständlich die führenden Köpfe des Reichstags zur Berliner Oberschicht zählen, so wenig wird doch das gesellschaftliche Leben der Reichshauptstadt durch das Parlament und die Parlamentarier geprägt.

Auch nach der Reichsgründung bleiben die Berliner Wahlkreise noch lange Jahre fest in der Hand des Linksliberalismus. Große Teile des Berliner Bürgertums bekunden mit dieser Wahlentscheidung ihre politischen Vorbehalte gegenüber der Hohenzollernmonarchie. Mit der fortschreitenden Entwicklung Berlins zur Industriemetropole, mit dem weiteren Anwachsen der Arbeiterschaft und aufgrund der scharfen sozialen Gegensätze verändert sich jedoch das politische Bild: Zunächst gehen der Norden und Nordosten, dann seit Mitte der 1890er Jahre alle Wahlkreise der Reichshauptstadt an die Sozialdemokratie über.

490
Der Zentrumspolitiker Ludwig Windhorst auf einer Soiree bei Bismarck im Mai 1879

III. 1919–1945: Blüte und Untergang des Parlamentarismus

Das Parlament als Zentrum der Demokratie

Mit dem Zusammenbruch des monarchischen Obrigkeitsstaates in der Revolution von 1918 stehen sich als Alternativen für die Neugestaltung der politischen Ordnung das Rätesystem und die parlamentarische Demokratie gegenüber. Im preußischen Abgeordnetenhaus tagt im Dezember 1918 zeitweise der Reichskongreß der Arbeiter- und Soldatenräte. Die Führung der Mehrheitssozialdemokraten unter Friedrich Ebert setzt jedoch gegenüber den radikaleren Kräften Wahlen zu einer verfassunggebenden Nationalversammlung und damit ein parlamentarisches Regierungssystem durch.
Aus dem Preußen der Junker, der Hauptstütze der Hohenzollernmonarchie, wird in den Jahren der Weimarer Republik das rote Preußen, die republikanische Bastion mit einer sozialdemokratisch geführten Koalitionsregierung aus SPD, Zentrum und Liberalen an der Spitze. Die politisch konstanteren Verhältnisse im preußischen Landtag ohne vorzeitige Parlamentsauflösungen und häufige Regierungswechsel leisten einen wesentlichen Beitrag zur vorübergehenden Stabilisierung der Republik.
Die Weimarer Verfassung rückt den Reichstag ganz in das Zentrum der demokratischen Ordnung. Seine Position im Gesetzgebungsverfahren wird durch den Reichsrat, die Vertretung der Länder, kaum mehr begrenzt. Vor allem aber wird die Reichsregierung uneingeschränkt an das Vertrauen der Parlamentsmehrheit gebunden. Allerdings leben in der starken Stellung des Reichspräsidenten und in seinen Machtreserven deutliche obrigkeitsstaatliche Vorbehalte gegenüber

491
Sitzung des Reichskongresses der Arbeiter und Soldatenräte im preußischen Abgeordnetenhaus im Dezember 1918

492
(Rechte Seite)
»Reichstagssitzung 1930: Breitscheid spricht«, Gemälde von Annot

der parlamentarischen Demokratie fort, die in der Endphase der Weimarer Republik verhängnisvolle Wirkungen haben.
Die Weimarer Verfassung beseitigt mit der Einführung des Frauenstimmrechts und des Verhältniswahlrechts auch alle Ungerechtigkeiten des bisherigen Wahlsystems: Jede Stimme soll fortan das gleiche Gewicht haben und sich in der Zusammensetzung des Parlaments in gleicher Weise spiegeln – eine Form von Wahlgerechtigkeit, die jedoch zugleich die fortdauernde Zersplitterung des Parteiensystems begünstigt und die Schaffung regierungsfähiger Mehrheiten erschwert.

Die Berliner Gesellschaft in der Demokratie

Berlin hat sich zu einer Metropole von europäischem Rang entwickelt. Wirtschaftliche Dynamik, die hektische Turbulenz des Verkehrs, reklamebunte Fassaden, die großen Kaufhäuser prägen das Gesicht der Viermillionenstadt. In den Cafes und im Nachtleben, in der Theater-, Literatur- und Kunstszene ebenso wie in vielen Beispielen moderner Architektur manifestiert sich die besondere urbane Kultur Berlins in den zwanziger Jahren. Weit mehr als vor dem Weltkrieg bestimmen aber auch politische Konflikte und Auseinandersetzungen das öffentliche Leben in der Reichshauptstadt.
Die politischen Erwartungen und Forderungen fast aller gesellschaftlichen Gruppen konzentrieren sich in der Weimarer Republik auf das Parlament und die Parteien. In Berlin selbst dominieren bei den Reichstags- und Landtagswahlen nach wie vor die Arbeiterparteien, wobei die Sozialdemokratie seit 1930 sogar von der KPD übertroffen wird. Die Bereitschaft jedoch, Konflikte wirklich auf parlamentarischem Wege auszutragen und so zu einem Ausgleich der verschiedensten widerstreitenden Interessen zu gelangen, ist nur wenig ausgeprägt und geht gerade in Krisenzeiten noch mehr zurück.

493
Zuhörer auf der Tribüne des Reichstages im Oktober 1930

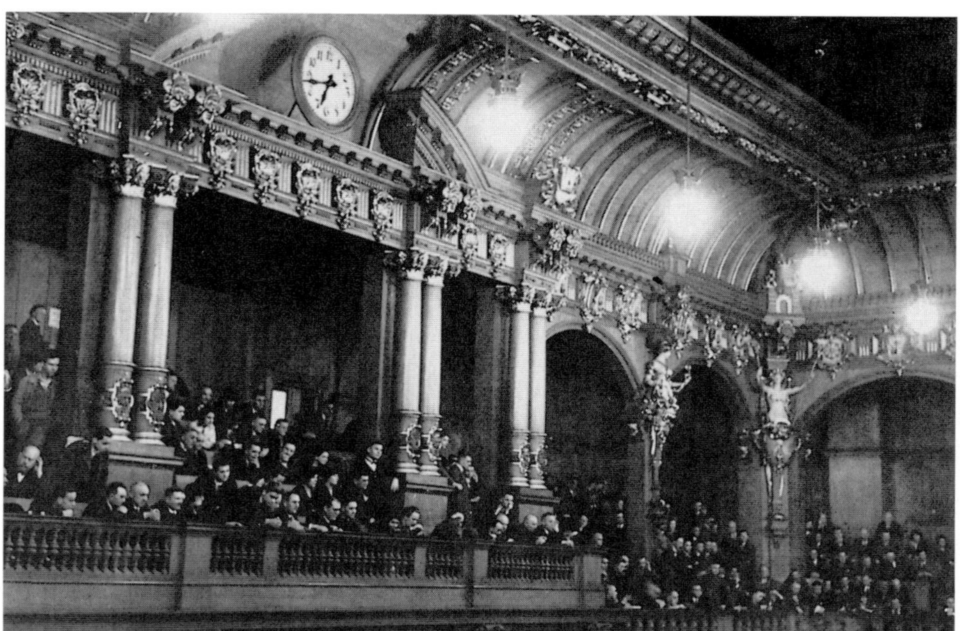

Die junge Republik wird von den Parteien der äußersten Linken und Rechten erbittert bekämpft. Sie nutzen dabei konsequent alle Freiheiten und Möglichkeiten, die die pluralistisch-demokratische Ordnung bietet. Vor allem rechtsextremistische Kreise schrecken auch vor Mordanschlägen auf prominente demokratische Politiker nicht zurück. Vielfältige innere Reserven und politische Vorbehalte gegenüber der Republik von Weimar schwächen die Reihen ihrer Verteidiger.

Krise und Untergang des Parlamentarismus

Die schweren politischen und sozialen Konflikte, die auf der Weimarer Republik lasten, brechen nach 1929 im Zeichen der Weltwirtschaftskrise in verschärftem Maße auf. Ihre Austragung verlagert sich zunehmend aus dem Parlament hinaus auf die Straße. Zugleich gelingt es den antidemokratischen Kräften von links und besonders von rechts in den Wahlen von 1930 und 1932, die republiktragenden Parteien in die Minderheit zu drängen. Konservative Kreise um den Reichspräsidenten von Hindenburg versuchen die Krise zu einer Umgestaltung des politischen Systems im antiparlamentarischen und autoritären Sinne zu nutzen.

Mit der Berufung von Präsidialkabinetten werden seit 1930 die Einwirkungsmöglichkeiten des Reichstags auf Zusammensetzung und Politik der Reichsregierung mehr und mehr eingeschränkt. An die Stelle ordentlicher Gesetzgebung tritt vielfach das Notverordnungsrecht des Reichspräsidenten; oppositionellen Regungen des Reichstags wird mit dem Instrument der Parlamentsauflösung begegnet. Am 20. Juli 1932 wird mit der Absetzung der preußischen Landesregierung durch Reichskanzler von Papen eine der letzten republikanischen Bastionen beseitigt und damit auch der preußische Landtag de facto seiner politischen Rechte beraubt.

494
Die an der Westseite des Königsplatzes gelegene Kroll-Oper

495
Sitzung des gleichgeschalteten Reichstags der NS-Zeit in der Kroll-Oper

In der Nacht vom 27. zum 28. Februar 1933 brennt der Reichstag. Vor allem der Plenarsaal und Teile der darüberliegenden Kuppel werden ein Raub der Flammen. Der bald aufkommende Verdacht, die Nationalsozialisten, die den Brand virtuos ausnutzen, seien die Täter, läßt sich allerdings – wie heute deutlich ist – nicht belegen.

Der Reichstagsbrand steht symbolhaft am Ende der parlamentarisch-demokratischen Republik von Weimar. Mit der am 28. Februar erlassenen Notverordnung »zum Schutz von Volk und Staat«, die die wichtigsten Grundrechte außer Kraft setzt, beginnen die Jahre des nationalsozialistischen Terrors und der Diktatur.

Der Reichstag, der zu seinen wenigen Sitzungen nach dem Reichstagsbrand in der dem Reichstagsgebäude gegenüberliegenden Kroll-Oper zusammentritt, besiegelt am 23. März 1933 mit seiner Zustimmung zum Ermächtigungsgesetz selbst seine völlige Ausschaltung aus dem Gesetzgebungsprozeß. Auch im nationalsozialistischen Einparteienstaat finden zwar noch sog. Wahlen zum Reichstag statt, doch dessen uniformierte Abgeordnete sind nur mehr eine Staffage und Statisterie für den unumschränkt herrschenden Diktator Hitler.

IV. 1945–1987: Die zweite Demokratie

Hauptstadt ohne Reich

Bei Kriegsende liegen die Parlamentsgebäude Berlins ebenso wie weite Teile der Reichshauptstadt und des Deutschen Reiches in Schutt und Asche. Vor allem der Reichstag ist in den letzten Kriegsjahren durch Bomben und Artillerietreffer schwer beschädigt worden, auf seiner Kuppel weht zunächst als Zeichen des Siegers die Sowjetflagge. Die parlamentarisch-demokratische Ordnung muß in Deutschland nach den Jahren der nationalsozialistischen Diktatur von Grund auf neu begründet werden.
Die Sektorengrenze, die im Zuge der Spaltung Deutschlands in zwei Staaten mit unterschiedlicher Gesellschafts- und Verfassungsordnung auch Berlin teilt, durchschneidet zugleich das alte Regierungsviertel, das allerdings schon im Zuge der nationalsozialistischen Baupolitik einschneidende Veränderungen erfahren hatte. Sein größter Teil, darunter auch die preußischen Parlamentsgebäude, liegt unmittelbar jenseits der Grenze in Ost-Berlin. Diesseits der Mauer befindet sich – abgesehen vom früheren Diplomatenviertel – allein das Reichstagsgebäude.

Wiederaufbau und Erneuerung

In den Prozeß der Demokratiegründung nach 1945 sind die Westsektoren Berlins von Anfang an einbezogen. Nach dem Grundgesetz ist Berlin durch eigene Abgeordnete im Deutschen Bundestag vertreten – wenngleich aufgrund alliierter Vorbehalte nur mit eingeschränktem Stimmrecht. Zwischen 1955 und 1965 tritt der Bundestag auch noch mehrfach zu Plenarsitzungen in Berlin zusammen. Diese Sitzungen können bis zur Berlin-Krise von 1958 ohne Proteste der DDR und

496
Das Hauptgebäude der Technischen Universität während des Wiederaufbaus

497
Plenarsitzung des Deutschen Bundestages am 19. Oktober 1955 im Großen Hörsaal des Physikalischen Instituts der Technischen Universität

der Sowjetunion abgehalten werden. Seit dem Viermächte-Abkommen von 1971 ist die Präsenz des Deutschen Bundestages in Berlin jedoch auf Sitzungen von Ausschüssen und einzelnen Fraktionen begrenzt.
Nach langen Diskussionen und Überlegungen beginnt 1961 der Wiederaufbau des Reichstages. Er soll nach dem Willen des Deutschen Bundestages wieder als Parlamentsgebäude genutzt werden und deshalb auch einen neuen Plenarsaal erhalten. Auf eine Wiederherstellung der Kuppel wird jedoch ebenso verzichtet wie auf eine vollständige Restaurierung des Gebäu-

498
1957 und 1965 tritt der Deutsche Bundestag in der neu errichteten Kongreßhalle zusammen

499
Die Ostpreußenhalle unter dem Funkturm, zwischen 1954 und 1969 Tagungsort der Bundesversammlung bei der Wahl des Bundespräsidenten

des. Vielmehr wird – nach Plänen des Berliner Architekten Paul Baumgarten – eine moderne Neugestaltung des Reichstags angestrebt. 1971 können die Bauarbeiten abgeschlossen werden. Als Sitz des Deutschen Bundestages in Berlin ist das wiederhergestellte Reichstagsgebäude zugleich ein Symbol der parlamentarisch-demokratischen Tradition in Deutschland und der nationalen Einheit.

Die Revolution in der DDR im Herbst 1989 und die Wiederherstellung der nationalen Einheit im Oktober 1990 eröffnen auch für das parlamentarische Leben in Berlin neue Perspektiven. Das Reichstags-

500
Das zwischen 1961 und 1971 wiederaufgebaute Reichstagsgebäude

501
Der neugestaltete Plenarsaal im Reichstagsgebäude 1971

gebäude steht im Mittelpunkt der Feiern zum Tag der deutschen Einheit. Der neue, gesamtdeutsche Bundestag tritt wieder zu Plenarsitzungen im Reichstagsgebäude zusammen. Mit den Entscheidungen des Deutschen Bundestages, seinen Sitz künftig in die Hauptstadt Berlin zu verlegen und den Wallot-Bau durch den britischen Architekten Norman Foster zu einem modernen Parlamentsgebäude umgestalten zu lassen, wird das Reichstagsgebäude nach den Jahrzehnten der nationalsozialistischen Diktatur und der deutschen Teilung seine Aufgabe als Haus des deutschen Nationalparlaments zurückgewinnen.

502
Computersimulation der neuen Reichstagskuppel

Zeittafel

Um 1800		Grundlegende Herausforderung der alten politischen und gesellschaftlichen Ordnung Mitteleuropas durch die Französische Revolution
1803	25. 2.	Reichsdeputationshauptschluß, Säkularisation aller geistlichen Fürstentümer
1806	11. 7.	Gründung des Rheinbundes
	6. 8.	Niederlegung der deutschen Kaiserkrone durch Franz II.
	14. 10.	Doppelschlacht bei Jena und Auerstedt
1807	7. 7.	Friede von Tilsit zwischen Frankreich und Preußen
	30. 9.	Freiherr vom Stein leitender Minister in Preußen, Beginn der Reformzeit
1809	12. 10.	Metternich leitender Minister in Österreich
1813	28. 2.	Preußisch-russisches Militärbündnis von Kalisch
	16.–19. 10.	Völkerschlacht bei Leipzig
1814	30. 3.	Einzug der verbündeten Truppen in Paris, Verbannung Napoleons nach Elba
	18. 9.	Eröffnung des Wiener Kongresses
1815	1. 3.	Landung Napoleons in Frankreich
	8. 6.	Verabschiedung der Bundesakte, Gründung des Deutschen Bundes
	18. 6.	Niederlage Napoleons bei Waterloo, Verbannung nach St. Helena
	26. 9.	Stiftung der Heiligen Allianz zwischen Rußland, Preußen und Österreich
1816	6. 11.	Eröffnung der Bundesversammlung in Frankfurt am Main
1817	18. 10.	Wartburgfest der Deutschen Burschenschaften
1818/1820		Moderne Verfassungen in Bayern, Baden, Württemberg und Hessen-Darmstadt
1819	23. 3.	Ermordung des konservativen Schriftstellers von Kotzebue durch den Studenten Sand
	6.–31. 8.	Karlsbader Konferenz, Unterdrückung der liberalen und nationalen Bewegung
1820	24. 5.	Verabschiedung der Wiener Schlußakte, Ergänzungen der Bundesakte von 1815
1830	27.–29. 7.	Julirevolution in Frankreich, Übergreifen der Unruhen auf Braunschweig, Hannover, Kurhessen und Sachsen
1832	27.–30. 5.	Hambacher Fest

1833	4. 4.	Erstürmung der Frankfurter Hauptwache durch Studenten und Bürger
1834	1. 1.	Inkrafttreten des Vertrages über den Deutschen Zollverein
1835	7. 12.	Inbetriebnahme der ersten deutschen Eisenbahn zwischen Nürnberg und Fürth
1837	1. 11.	Aufhebung des Staatsgrundgesetzes in Hannover, Protest und Amtsenthebung von sieben Göttinger Professoren
1844	Juni	Aufstand der schlesischen Weber
1847	3. 2.	Einberufung des Vereinigten Landtages in Preußen
	Juni	Gründung des Bundes der Kommunisten in London unter Führung von Karl Marx und Friedrich Engels
	12. 9.	Versammlung süddeutscher Demokraten in Offenburg
	10. 10.	Treffen gemäßigter west- und süddeutscher Liberaler in Heppenheim
1848	22.–24. 2.	Revolutionäre Unruhen in Paris, Abdankung von König Louis Philippe
	27. 2.	Eine Mannheimer Volksversammlung formuliert die sog. Märzforderungen
	7. 3.	Erste revolutionäre Versammlungen in Berlin
	13.–15. 3.	Aufstand in Wien, Rücktritt Metternichs
	18. 3.	Unruhen und Straßenkämpfe in Berlin
	21. 3.	Proklamation König Friedrich Wilhelms IV. von Preußen: »An mein Volk und an die deutsche Nation«
	29. 3.	Berufung des liberalen Ministeriums Camphausen-Hansemann in Preußen
	31. 3.–3. 4.	Tagung des Vorparlaments in der Frankfurter Paulskirche, Beschluß über die Einberufung einer deutschen Nationalversammlung
	12. 4.	Beginn der republikanischen Erhebung in Baden unter Führung von Hecker und Struve
	15. 5.	Ein zweiter Aufstand in Wien erzwingt die Einberufung eines Reichstages
	18. 5.	Zusammentritt der deutschen Nationalversammlung in der Frankfurter Paulskirche
	29. 6.	Schaffung einer provisorischen Zentralgewalt, Wahl von Erzherzog Johann von Österreich zum Reichsverweser

1848	26. 8.–16. 9.	Auf Druck der Großmächte schließt Preußen im Konflikt mit Dänemark um Schleswig-Holstein den Waffenstillstand von Malmö, der von der Frankfurter Nationalversammlung zunächst abgelehnt wird, schließlich jedoch angenommen werden muß
	6./7. 10.	Dritter Aufstand in Wien
	31. 10.	Rückeroberung Wiens durch kaiserliche Truppen
	2. 11.	Berufung des konservativen Ministeriums Brandenburg in Preußen
	21. 11.	Fürst zu Schwarzenberg tritt an die Spitze des kaiserlichen Ministeriums in der Habsburger-Monarchie
	2. 12.	Abdankung des österreichischen Kaisers Ferdinand I., Thronbesteigung seines Neffen Franz Joseph I.
	5. 12.	Auflösung der preußischen Nationalversammlung, Oktroyierung einer Verfassung
	21. 12.	Verabschiedung des Gesetzes über die Grundrechte des deutschen Volkes durch die Frankfurter Nationalversammlung
1849	4. 3.	Auflösung des österreichischen Reichstages, Oktroyierung einer Verfassung
	27./28. 3.	Annahme der deutschen Reichsverfassung in der Frankfurter Paulskirche, Wahl von Friedrich Wilhelm IV. von Preußen zum deutschen Kaiser
	28. 4.	Ablehnung der deutschen Kaiserkrone durch den preußischen König
	Mai – Juli	Reichsverfassungskampagne, Aufstände in Sachsen, Breslau und Baden werden blutig niedergeschlagen
	26. 5.	Dreikönigsbündnis zwischen Preußen, Sachsen und Hannover, Verabschiedung der sog. Erfurter Reichsverfassung auf der Basis der preußischen Unionspolitik
	6.–18. 6.	Tagung des Rumpfparlaments in Stuttgart
	20. 12.	Rücktritt des Reichsverwesers Erzherzog Johann
1850	31. 1.	Inkrafttreten der oktroyierten preußischen Verfassung
	1. 9.	Wiedereröffnung des Frankfurter Bundestages
	29. 11.	Vertrag von Olmütz: Ende der preußischen Unionspolitik
1854/1856		Krimkrieg zwischen England, Frankreich und Rußland, Neutralität Österreichs und Preußens
1858	7. 10.	Wilhelm (I.) von Preußen übernimmt die Regentschaft für seinen geisteskranken Bruder Friedrich Wilhelm IV., Beginn der »Neuen Ära«
1859	3. 5.– 11. 7.	Krieg Piemonts und Frankreichs gegen Österreich

1859	16. 9.	Gründung des Deutschen Nationalvereins als Organisation der Anhänger eines kleindeutschen Nationalstaats unter preußischer Führung
1861	2. 1.	Tod Friedrich Wilheims IV. von Preußen, Thronbesteigung Wilhelms I.
	26. 2.	Patent über die Verfassung der österreichischen Monarchie
	6. 6.	Gründung der Deutschen Fortschrittspartei
1862	29. 3.	Abschluß des preußisch-französischen Handelsvertrages
	24. 9.	Berufung Bismarcks zum preußischen Ministerpräsidenten, Verschärfung des Verfassungskonflikts um die Heeresreform
	28. 10.	Gründung des deutschen Reformvereins als Organisation der Befürworter einer großdeutschen Nationalstaatslösung
1863	23. 5.	Gründung des Allgemeinen Deutschen Arbeitervereins in Leipzig unter Führung Ferdinand Lassalles
	16. 8.–1. 9.	Frankfurter Fürstentag
1864		Preußisch-österreichischer Krieg gegen Dänemark um Schleswig-Holstein
1865	14. 8.	Vertrag von Gastein zwischen Preußen und Österreich über die Verwaltung Schleswig-Holsteins
1866	21. 6.–26. 7.	Deutscher Krieg
	3. 7.	Schlacht von Königgrätz/Sadowa
	23. 8.	Friede von Prag: Auflösung des Deutschen Bundes, Anerkennung der Führungsstellung Preußens in Deutschland
	3. 9.	Annahme der Indemnitätsvorlage durch das preußische Abgeordnetenhaus, Beilegung des Verfassungskonflikts
	17. 11.	Gründung der Nationalliberalen Partei
1867	12. 2.	Wahlen zum Konstituierenden Reichstag des Norddeutschen Bundes
	12. 6.	Österreichisch-ungarischer Ausgleich
	21. 12.	»Dezembergesetze« in Österreich, Beginn einer liberalen Ära
1869	7.–9. 8.	Gründung der Sozialdemokratischen Arbeiterpartei in Eisenach unter Führung von August Bebel und Wilhelm Liebknecht
1870	13. 7.	Emser Depesche

1870	18. 7.	Verkündung des Dogmas von der päpstlichen Unfehlbarkeit durch das I. Vatikanische Konzil
	19. 7.	Kriegserklärung Frankreichs an Preußen
	2. 9.	Kapitulation einer französischen Armee bei Sedan und Gefangennahme Kaiser Napoleons III.
	19. 9.	Beginn der Belagerung von Paris
1871	18. 1.	Proklamation des Deutschen Kaiserreiches in Versailles
	10. 5.	Friede von Frankfurt am Main: Abtretung Elsaß-Lothringens an Deutschland und Zahlung einer Kriegsentschädigung von 5 Mrd. Francs. Beginn des Kultur kampfes in Preußen und im Deutschen Reich
1873	9. 5.	Börsenkrach in Wien, Beginn der Phase der »Großen Depression«
	22. 10.	Dreikaiserabkommen zwischen Österreich-Ungarn, Rußland und dem Deutschen Reich
1875	April/Mai	»Krieg-in-Sicht«-Krise
	22.–27. 5.	Lassalleaner und Marxisten vereinigen sich in Gotha zur »Sozialistischen Arbeiterpartei«
1876	15. 2.	Gründung des Centralverbandes deutscher Industrieller
1878		Kaiser Wilheim I. wird bei einem Attentat schwer verwundet
	13. 6.–13. 7.	Berliner Kongreß
	18. 10.	Verabschiedung des Sozialistengesetzes durch den Reichstag
1879	12. 7.	Verabschiedung der Schutzzollgesetze durch den Reichstag
	7. 10.	Zweibund zwischen dem Deutschen Reich und Österreich-Ungarn
1880	14. 7.	Mit einem ersten Milderungsgesetz beginnt in Deutschland der Abbau des Kulturkampfes
1883	15. 6.	Annahme des Krankenversicherungsgesetzes im Deutschen Reichstag
1884	27. 6.	Einführung der Unfallpflichtversicherung in Deutschland. Erwerbung deutscher Kolonien in Südwestafrika, Togo und Kamerun
1885		Erwerb Deutsch-Ostafrikas
1887	18. 6.	Abschluß des sog. Rückversicherungsvertrages zwischen Rußland und dem Deutschen Reich
1888	9. 3.	Tod Kaiser Wilhelms I., Thronbesteigung seines todkranken Sohnes Friedrich III.

1888	15. 6.	Tod Friedrichs III., Thronbesteigung seines ältesten Sohnes Wilhelm II.
1890	25. 1.	Der Reichstag lehnt eine Verlängerung des Sozialistengesetzes ab; es läuft am 30. 9. 1890 aus
	20. 3.	Entlassung Bismarcks als Reichskanzler und preußischer Ministerpräsident; unter seinem Nachfolger General Leo von Caprivi »Neuer Kurs« in der Sozial- und Zollpolitik
	27. 3.	Nichtverlängerung des deutsch-russischen Rückversicherungsvertrages
	1. 7.	Helgoland-Sansibar-Vertrag, Ausgleich der deutsch-britischen Kolonialinteressen
1891	1. 7.	Gründung des Alldeutschen Verbandes in Berlin
1893	18. 2.	Gründung des Bundes der Landwirte als Organisation des ostelbischen Großgrundbesitzes
1894	26. 10.	Im Zusammenhang mit der »Umsturzvorlage« gegen die SPD Entlassung von Reichskanzler Caprivi, Nachfolger Chlodwig Fürst zu Hohenlohe-Schillingsfürst
1895	21. 6.	Eröffnung des Kaiser-Wilhelm-Kanals (Nord-Ostsee-Kanal)
1896	1. 7.	Billigung des Bürgerlichen Gesetzbuches (BGB) durch den Reichstag, es tritt am 1. 1. 1900 in Kraft
1900	17. 10.	Als Nachfolger des zurückgetretenen Fürst Hohenlohe wird der Staatssekretär des Äußeren, Bülow, neuer Reichskanzler
1905/1906		Erste Marokkokrise zwischen Frankreich und dem Deutschen Reich
1908	Okt./Nov.	Daily-Telegraph-Affäre, Stärkung der Stellung des Reichstags
1909	14. 7.	Als Nachfolger des zurückgetretenen Reichskanzlers Bülow wird Theobald von Bethmann Hollweg neuer Regierungschef
1911		Zweite Marokkokrise
1912	12. 1.	Bei den Reichstagswahlen werden die Sozialdemokraten erstmals auch nach Sitzen zur stärksten Partei
1914	28. 6.	Ermordung des österreichischen Thronfolgers Erzherzog Franz Ferdinand durch serbische Nationalisten in Sarajewo
	28. 7.	Kriegserklärung Österreich-Ungarns an Serbien
	30. 7.	Russische Generalmobilmachung
	1. 8.	Deutsche Mobilmachung und Kriegserklärung an Rußland

1914	3. 8.	Deutsche Kriegserklärung an Frankreich
	4. 8.	Großbritannien beantwortet die Verletzung der belgischen Neutralität durch deutsche Truppen mit der Kriegserklärung an das Deutsche Reich
	4. 8.	Bewilligung der Kriegskredite im Reichstag durch alle Parteien einschließlich der SPD
	26.–31. 8.	Schlacht bei Tannenberg, Vernichtung der 2. russischen Armee
1916	21. 2.–Juli	Schlacht um Verdun
	29. 8.	Übernahme der Obersten Heeresleitung durch von Hindenburg und Ludendorff
1917	9. 1.	Beschluß über den uneingeschränkten U-Boot-Krieg im deutschen Hauptquartier
1917	8. 3.	Ausbruch der Revolution in Rußland, Abdankung von Zar Nikolaus II.
	6. 4.	Kriegserklärung der USA an das Deutsche Reich
	6.–8. 4.	Gründungsparteitag der Unabhängigen Sozialdemokratischen Partei in Gotha
	14. 7.	Entlassung von Reichskanzler Bethmann Hollweg auf Drängen der Obersten Heeresleitung
	19. 7.	Verabschiedung der sog. Friedensresolution im Reichstag mit der Forderung nach einem Verständigungsfrieden, Bildung des Interfraktionellen Ausschusses aus Zentrum, SPD und Linksliberalen
	6./7. 11.	Oktoberrevolution in Rußland, Putsch der Bolschewisten
	15. 12.	Waffenstillstand zwischen Rußland und dem Deutschen Reich
1918	28. 1.	Massenstreiks in Berlin und anderen deutschen Großstädten
	3. 3.	Friede von Brest-Litowsk
	29. 9.	Ultimative Forderung der Obersten Heeresleitung nach einem Waffenstillstandsangebot
	3. 10.	Bildung einer neuen Reichsregierung unter Prinz Max von Baden, in die auch Vertreter der Mehrheitsparteien eintreten
	24.–28. 10.	Verfassungsreform. Parlamentarisierung der Reichsexekutive
	28. 10.	Beginn der Meuterei der deutschen Hochseeflotte
	3.–4. 11.	Matrosenaufstand in Kiel
	6.–8. 11.	Übergreifen der revolutionären Bewegung auf das übrige Reich

1918	9. 11.	Ausrufung der Republik durch den Sozialdemokraten Scheidemann
	10. 11.	Bildung des Rats der Volksbeauftragten aus SPD und USPD
	15. 11.	Stinnes-Legien-Abkommen zwischen Arbeitnehmern und Arbeitgebern
	16.–20. 12.	Reichskongreß der Arbeiter- und Soldatenräte in Berlin
	23. 12.	Meuterei der Volksmarinedivision in Berlin
	29. 12.	Austritt der USPD-Vertreter aus dem Rat der Volksbeauftragten
	31. 12.	Gründung der KPD
1919	5.–12. 1.	Spartakus-Aufstand in Berlin
	15. 1.	Ermordung von Rosa Luxemburg und Karl Liebknecht
	19. 1.	Wahl zur Nationalversammlung
	11. 2.	Der Sozialdemokrat Friedrich Ebert wird von der Nationalversammlung in Weimar zum Reichspräsidenten gewählt
	13. 2.	Bildung der Regierung Scheidemann, Weimarer Koalition aus SPD, Zentrum und DDP
	1.–3. 5.	Niederwerfung der Münchener Räterepublik
	16. 6.	Ultimatum an die deutsche Regierung zur Annahme des Friedensvertrages
	28. 6.	Unterzeichnung des Versailler Vertrages
	11. 8.	Verkündung der Weimarer Reichsverfassung
1920	13.–17. 3.	Kapp-Lüttwitz-Putsch in Berlin
	März/April	Kommunistische Aufstände im Ruhrgebiet und in Mitteldeutschland
	6. 6.	Reichstagswahl; die Parteien der Weimarer Koalition verlieren die Mehrheit
1921	20. 3.	Volksabstimmung in Oberschlesien
	26. 8.	Ermordung des Zentrumspolitikers Erzberger durch Rechtsradikale
1922	16. 4.	Vertrag von Rapallo zwischen der UdSSR und dem Deutschen Reich
	24. 6.	Ermordung von Reichsaußenminister Rathenau durch rechtsradikale Attentäter
1923	11. 1.	Besetzung des Ruhrgebiets durch französische und belgische Truppen
	13. 1.	Verkündung des passiven Widerstands gegen die Ruhrbesetzung

1923	26. 9.	Abbruch des Ruhrkampfes durch die Regierung Stresemann, Verhängung des Ausnahmezustandes in Bayern, die von der Reichsregierung mit dem Ausnahmezustand für das Reich beantwortet wird
	19. 10.–18. 2. 24	Konflikt zwischen Bayern und dem Reich
	22./23. 10.	Kommunistischer Aufstandsversuch in Hamburg
	29. 10.	Reichsexekution gegen die sächsische SPD/KPD-Landesregierung
	8./9. 11.	Hitler-Putsch in München
	15. 11.	Neue Währung, Ende der Inflation
	23. 11.	Sturz der Regierung Stresemann
1924	Juli/August	Annahme des Dawes-Plans durch die Londoner Reparationskonferenz und durch den Reichstag
	7. 12.	Reichstagswahl: Gewinne der SPD und der bürgerlichen Mitte, Beginn einer relativen Stabilisierung der Weimarer Republik
1925	28. 2.	Tod von Reichspräsident Ebert, Wahl Generalfeldmarschall von Hindenburgs zu seinem Nachfolger
	1. 12.	Unterzeichnung der Locarno-Verträge
1926	24. 4.	Unterzeichnung des Freundschafts- und Neutralitätsvertrages mit der Sowjetunion in Berlin
	10. 9.	Eintritt Deutschlands in den Völkerbund
1928	28. 6.	Bildung einer Großen Koalition aus SPD, Zentrum, DDP und DVP unter dem sozialdemokratischen Kanzler Müller
1929	7. 6.	Youngplan zur endgültigen Regelung des Reparationsproblems
	3. 10.	Tod von Reichsaußenminister Stresemann
	25. 10.	»Schwarzer Freitag« in New York, Beginn der Weltwirtschaftskrise
1930	27. 3.	Sturz der Regierung Müller über die Finanzierung der Arbeitslosenversicherung
	30. 3.	Ernennung des Zentrumspolitikers Brüning zum Kanzler einer Minderheitsregierung
	30. 6.	Vorzeitige Räumung des Rheinlands durch die französischen Truppen
	16. 7.	Erste Notverordnung des Reichspräsidenten zur »Sicherung von Wirtschaft und Finanzen«
	14. 9.	Reichstagswahl: Erdrutsch zugunsten der NSDAP
1931	11. 10.	Bildung der Harzburger Front aus NSDAP, DNVP und Stahlhelm

1932	10. 4.	Wiederwahl von Reichspräsident von Hindenburg
	30. 5.	Rücktritt der Regierung Brüning
	1. 6.	Bildung eines Rechtskabinetts unter Franz von Papen
	20. 7.	Reichsexekution gegen Preußen, Absetzung der sozial demokratisch geführten Landesregierung
	31. 7.	Reichstagswahl: Aufstieg der NSDAP zur stärksten Fraktion
	6. 11.	Erneute Reichstagswahl: Rückgang der Nationalsozialisten
	17. 11.	Rücktritt des Kabinetts von Papen
	3. 12.	Ernennung General von Schleichers zum Reichskanzler
1933	28. 1.	Rücktritt von Reichskanzler von Schleicher
	30. 1.	Ernennung Hitlers zum Reichskanzier
	27. 2.	Reichstagsbrand
	28. 2.	»Verordnung des Reichspräsidenten zum Schutz von Volk und Staat«
	5. 3.	Reichstagswahl, Mehrheit für die NSDAP und die mit ihr koalierende DNVP
	23. 3.	Annahme des Ermächtigungsgesetzes durch den Reichstag gegen die Stimmen der SPD
	31. 3.	Erstes Gesetz zur Gleichschaltung der Länder
	1. 4.	Organisierter Boykott jüdischer Geschäfte
	7. 4.	Zweites Gesetz zur Gleichschaltung der Länder
	2. 5.	Auflösung der Gewerkschaften
	Juni/Juli	Auflösung aller Parteien mit Ausnahme der NSDAP
	20. 7.	Konkordat zwischen dem Deutschen Reich und dem Vatikan
	14. 10.	Austritt Deutschlands aus dem Völkerbund
1934	30. 6.	»Röhm-Putsch«, Ausschaltung der SA-Führung, Ermordung General von Schleichers
	2. 8.	Tod von Hindenburgs, Vereidigung der Wehrmacht auf den »Führer und Reichskanzler« Hitier
1935	13. 1.	Volksabstimmung im Saargebiet über die Rückführung ins Reich
	16. 3.	Wiedereinführung der allgemeinen Wehrpflicht
	15. 9.	»Nürnberger Gesetze«, Entrechtung der jüdischen Bevölkerung
1936	7. 3.	Einmarsch deutscher Truppen in das entmilitarisierte Rheinland

1936	1. 8.	Eröffnung der Olympischen Spiele in Berlin
	25. 10.	Deutsch-italienischer Vertrag, »Achse Berlin–Rom«
	25. 11.	Antikominternpakt zwischen Deutschland und Japan
1938	12. 3.	Einmarsch deutscher Truppen in Österreich
	29. 9.	Münchener Abkommen über die Abtretung der sudetendeutschen Gebiete an das Deutsche Reich
	9. 11.	»Reichskristallnacht«, organisierte Ausschreitungen gegen die deutschen Juden
1939	15. 3.	Einmarsch deutscher Truppen in die Tschechoslowakei, Bildung des Reichsprotektorats Böhmen und Mähren
	23. 3.	Rückgabe des Memelgebietes an das Deutsche Reich
	23. 8.	Abschluß des deutsch-sowjetischen Nichtangriffspaktes
	1. 9.	Beginn des deutschen Angriffs auf Polen
	3. 9.	Kriegserklärung Großbritanniens und Frankreichs an das Deutsche Reich
1940	9. 4.	Besetzung Dänemarks, Invasion in Norwegen
	10. 5.	Deutscher Angriff auf Belgien, die Niederlande, Luxemburg und Frankreich
	22. 6.	Unterzeichnung des deutsch-französischen Waffenstillstands in Compiégne
1941	22. 6.	Angriff gegen die Sowjetunion
	11. 12.	Kriegserklärung Deutschlands an die USA
1942	20. 1.	»Wannsee-Konferenz«, Ankündigung der »Endlösung der Judenfrage«
1943	14.–25. 1.	Konferenz von Casablanca zwischen Roosevelt und Churchill, Forderung nach »bedingungsloser Kapitulation«
	31. 1.–2. 2.	Kapitulation der 6. deutschen Armee in Stalingrad
1944	6. 6.	Alliierte Landung in Nordwestfrankreich
	20. 7.	Attentat von Stauffenbergs auf Hitler, Staatsstreichversuch in Berlin und Paris
1945	4.–11. 2.	Konferenz von Jalta
	12. 4.	Tod des amerikanischen Präsidenten Roosevelt
	25. 4.	Zusammentreffen amerikanischer und sowjetischer Truppen bei Torgau an der Elbe
	30. 4.	Selbstmord Hitlers
	7.–9. 5.	Unterzeichnung der deutschen Kapitulation in Reims und Berlin-Karlshorst

1945	10. 6.	Befehl Nr. 2 der SMAD, Zulassung von Parteien und Gewerkschaften
	11. 6.–5. 7.	Gründung von KPD, SPD, CDU und LDP in Berlin
	1.–4. 7.	Rückzug der britischen und amerikanischen Truppen aus Sachsen, Thüringen und Mecklenburg, Einmarsch westlicher Truppen in Berlin
	14. 7.	Bildung der »Einheitsfront der antifaschistisch-demokratischen Parteien« in Berlin
	17. 7.–2. 8.	Potsdamer Konferenz
	Aug./Sept.	Beginn der Parteizulassung in den westlichen Besatzungszonen
1946	20./27. 1.	Erste Gemeindewahlen in der amerikanischen Zone
	7. 3.	Gründung der Freien Deutschen Jugend (FDJ)
	21./22. 4.	Vereinigung von KPD und SPD zur SED in der SBZ und Ost-Berlin
	30. 6.	Volksentscheid in Sachsen über die Enteignung von »Kriegsverbrechern und Naziaktivisten«
	6. 9.	Rede von US-Außenminister Byrnes in Stuttgart
	1. 10.	Verkündung der Urteile im Nürnberger Hauptkriegsverbrecherprozeß
	20. 10.	Landtagswahlen in der sowjetischen Besatzungszone
	2. 12.	Washingtoner Abkommen über die wirtschaftliche Zusammenlegung der britischen und amerikanischen Zone
1947	25. 2.	Formelle Auflösung des Landes Preußen durch den Kontrollrat
	10. 3.–24. 4.	Moskauer Außenministerkonferenz der vier Siegermächte
	5. 6.	Ankündigung eines wirtschaftlichen Wiederaufbauprogramms für Europa durch US-Außenminister Marshall
	6./7. 6.	Münchener Ministerpräsidentenkonferenz
	10. 6.	Konstituierung des Wirtschaftsrates der Bizone in Frankfurt am Main
	14. 6.	Bildung der »Deutschen Wirtschaftskommission« in der SBZ
	25. 11–5. 12.	Londoner Außenministerkonferenz der vier Siegermächte
1948	23. 2.–6. 3. und 20. 4.–2. 6.	Sechsmächtekonferenz in London, Verabschiedung der Londoner Empfehlungen über die Gründung eines westdeutschen Staates
	20. 3.	Letzte Sitzung des Alliierten Kontrollrats

1948	20./21. 6.	Währungsreform in den Westzonen
	24. 6.	Beginn der Berliner Blockade
	1.7.	Übergabe der »Frankfurter Dokumente« an die westdeutschen Ministerpräsidenten
	10.–23. 8.	Verfassungskonvent auf Herrenchiemsee
	1. 9.	Konstituierung des Parlamentarischen Rates in Bonn
1949	4. 5.	Jessup-Malik-Abkommen über die Aufhebung der Berliner Blockade am 12. 5.
	15.–16. 5.	Wahlen zum III. Deutschen Volkskongreß in der SBZ, erste Wahl nach Einheitslisten
	23. 5.	Verkündung des Grundgesetzes für die Bundesrepublik Deutschland
	14. 8.	Wahl zum ersten Deutschen Bundestag
	7. 9.	Konstituierende Sitzung des Deutschen Bundestages
	12. 9	Wahl von Theodor Heuss (FDP) zum Bundespräsidenten
	15. 9.	Wahl von Konrad Adenauer (CDU) zum Bundeskanzler
	21. 9.	Inkrafttreten des Besatzungsstatuts
	7. 10.	Konstituierung der Deutschen Demokratischen Republik
	11. 10.	Wahl von Wilhelm Pieck (SED) zum Präsidenten der DDR
	22. 11.	Petersberger Abkommen über die Beendigung der Demontagen
1950	16. 1.	Aufhebung der Lebensmittelrationierung in der Bundesrepublik
	8. 2.	Bildung eines Ministeriums für Staatssicherheit in der DDR
	15. 6.	Bundestagsbeschluß über den Beitritt der Bundesrepublik zum Europarat
	25. 6.	Beginn des Korea-Krieges
	29. 9.	Beitritt der DDR zum »Rat für gegenseitige Wirtschaftshilfe«
1951	10.4.	Verabschiedung des Gesetzes über die paritätische Mitbestimmung in der Montanindustrie durch den Bundestag
	18. 4.	Unterzeichnung des Montanunion-Vertrages in Paris
1952	26. 5.	Unterzeichnung des Deutschland-Vertrages in Bonn
	27. 5.	Unterzeichnung des Vertrages über die Europäische Verteidigungsgemeinschaft (EVG) in Paris

1952	9.–12. 7.	Beschluß der 2. SED-Parteikonferenz über die »planmäßige Errichtung der Grundlagen des Sozialismus in der DDR«
	23. 7.	Aufteilung der Länder in der DDR in 14 Bezirke und 217 Kreise
	10. 9.	Unterzeichnung des Wiedergutmachungsabkommens zwischen Israel und der Bundesrepublik
1953	5. 3.	Tod Stalins
	17. 6.	Aufstand in Ost-Berlin und der DDR
	27. 7.	Waffenstillstand in Korea
1954	25. 3.	Erklärung der UdSSR über die Anerkennung der Souveränität der DDR
	23. 10.	Unterzeichnung der Pariser Verträge über den NATO-Beitritt der Bundesrepublik und die deutsche Wiederbewaffnung nach der Ablehnung des EVG-Vertrages in der französischen Nationalversammlung
1955	5. 5.	Inkrafttreten der Pariser Verträge, Souveränität der Bundesrepublik
	14. 5.	Gründung des Warschauer Paktes unter Einschluß der DDR
	20. 9.	Bestätigung der »vollen Souveränität« der DDR
	9.–13. 9.	Besuch von Bundeskanzler Adenauer in Moskau
	23. 10.	Volksabstimmung im Saargebiet, Ablehnung einer Europäisierung
1956	18. 1.	Beschluß der Volkskammer über die Schaffung der »Nationalen Volksarmee«
	20./23. 2	Sturz der Regierung Arnold in Nordrhein-Westfalen durch die FDP, Spaltung der FDP-Bundestagsfraktion, Austritt der FDP aus der Bundesregierung
1957	1. 1.	Eingliederung des Saarlandes in die Bundesrepublik
	22. 1.	Verabschiedung des Rentenreformgesetzes durch den Bundestag
	25. 3.	Unterzeichnung der Verträge über die Europäische Wirtschaftsgemeinschaft in Rom
	15. 9.	Bundestagswahl, absolute Mehrheit für die CDU/CSU
1958	29. 5.	Abschaffung der Lebensmittelkarten in der DDR
	10. 11.	»Berlin-Ultimatum« der Sowjetunion
1959	1. 7.	Wahl von Heinrich Lübke zum Bundespräsidenten
	13.–15. 11.	Godesberger Bundesparteitag der SPD, Verabschiedung eines neuen Grundsatzprogramms

1960	30. 6.	Bundestagsrede von Herbert Wehner, Bekenntnis der SPD zu Wiederbewaffnung und Westintegration
	12. 9.	Nach dem Tod Piecks Bildung des Staatsrats der DDR unter dem Vorsitz Walter Ulbrichts
1961	13. 8.	Bau der Berliner Mauer
1962	14.–28. 10.	Kuba-Krise
	Okt./Nov.	Spiegel-Affäre, Rücktritt von Bundesverteidigungsminister Strauß
1963	22. 1.	Unterzeichnung des deutsch-französischen Freundschaftsvertrages in Paris
	24./25. 6.	Wirtschaftskonferenz der SED und des Ministerrats, »Neues ökonomisches System der Planung und Leitung der Volkswirtschaft« (NÖSPL)
	15./16. 10.	Rücktritt von Bundeskanzler Adenauer, Wahl von Wirtschaftsminister Erhard zu seinem Nachfolger
	17. 12.	1. Passierscheinabkommen zwischen der DDR und dem West-Berliner Senat
1964	24. 9.	Nach dem Tod Otto Grotewohls wird Willi Stoph Vorsitzender des Ministerrates der DDR
1965	24. 2.	Staatsbesuch von Walter Ulbricht in Ägypten
1966	27. 10.	Rücktritt der FDP-Minister aus dem Kabinett Erhard
	1. 12.	Bildung einer Großen Koalition aus CDU/CSU und SPD unter Bundeskanzler Kiesinger
1967	31. 1.	Aufnahme diplomatischer Beziehungen zwischen der Bundesrepublik und Rumänien, Lockerung der Hallstein-Doktrin
	14. 2.	Konstituierung der »Konzertierten Aktion« unter Vorsitz von Wirtschaftsminister Schiller
	20. 2.	Gesetz über die »Staatsbürgerschaft« der DDR
	8. 6.	Verabschiedung des Stabilitätsgesetzes durch den Bundestag
1968	6. 4.	Volksentscheid über die neue DDR-Verfassung
	11.–17. 4.	Attentat auf den Studentenführer Dutschke, »Osterunruhen« in Berlin und anderen Städten der Bundesrepublik
	30. 5.	Verabschiedung der Notstandsgesetze durch den Bundestag
	21. 8.	Einmarsch von Truppen des Warschauer Pakts in die Tschechoslowakei
1969	5. 3.	Wahl von Gustav Heinemann (SPD) zum Bundespräsidenten

1969	28. 9.	Bundestagswahl, erhebliche Stimmengewinne der SPD
	21./22. 10.	Wahl des SPD-Vorsitzenden Brandt zum Bundeskanzler, Bildung einer SPD/FDP-Bundesregierung
	28. 11.	Unterzeichnung des Atomwaffensperrvertrages durch die Bundesrepublik
1970	19. 3.	Treffen zwischen dem DDR-Ministerratsvorsitzenden Stoph und Bundeskanzler Brandt in Erfurt
	21. 5.	Gegenbesuch von Stoph in Kassel
	12. 8.	Unterzeichnung des deutsch-sowjetischen Gewaltverzichts-Vertrages in Moskau
	7. 12.	Unterzeichnung des deutsch-polnischen Vertrages in Warschau
1971	3. 5.	Ablösung von Ulbricht als Erster Sekretär des ZK der SED, zu seinem Nachfolger wird Erich Honecker gewählt
	3. 9.	Unterzeichnung des Vier-Mächte-Abkommens über Berlin
	10. 12.	Verleihung des Friedensnobelpreises an Bundeskanzler Brandt
1972	27. 4.	Scheitern des konstruktiven Mißtrauensvotums der CDU/CSU-Fraktion gegen Bundeskanzler Brandt
	17. 5.	Ratifizierung des Moskauer und des Warschauer Vertrages durch den Bundestag
	26. 5.	Unterzeichnung der Verkehrsvertrages zwischen der DDR und der Bundesrepublik
	19. 11.	Bundestagswahl: SPD und FDP gewinnen eine deutliche Mehrheit
	21. 12.	Unterzeichnung des Grundvertrages zwischen der DDR und der Bundesrepublik in Ost-Berlin
1973	18. 9.	Aufnahme der Bundesrepublik und der DDR in die Vereinten Nationen
	Oktober	Beginn einer weltweiten Ölkrise, Lieferbeschränkungen und Preiserhöhungen der arabischen Ölländer
1974	6. 5.	Rücktritt von Bundeskanzler Brandt
	15. 5.	Wahl von Außenminister Scheel (FDP) zum Bundespräsidenten
	16./17. 5.	Wahl von Finanzminister Schmidt (SPD) zum Bundeskanzler, Erneuerung der SPD/FDP-Koalition
	4. 9.	Aufnahme diplomatischer Beziehungen zwischen der DDR und den USA
1975	1. 8.	Unterzeichnung der KSZE-Schlußakte in Helsinki

1976	3. 10.	Bundestagswahl: Die sozialliberale Koalition kann sich knapp behaupten
	16. 11.	Ausbürgerung von Wolf Biermann aus der DDR
1977	7. 4.	Ermordung von Generalbundesanwalt Buback
	30. 7.	Ermordung des Bankiers Ponto
	5. 9.–19. 10.	Entführung und Ermordung von Arbeitgeberpräsident Schleyer, Entführung einer Lufthansa-Maschine, Befreiung der Geiseln in Mogadischu, Selbstmord der Terroristen Baader, Ensslin und Raspe
1978	16./17. 7.	Weitwirtschaftsgipfel der sieben wichtigsten westlichen Industriestaaten in Bonn
1979	23. 5.	Wahl von Bundestagspräsident Carstens (CDU) zum Bundespräsidenten
	7.–10. 6.	Erste Direktwahl zum Europäischen Parlament
	12. 12.	Nachrüstungsbeschluß des NATO-Ministerrates
	27. 12.	Sowjetische Intervention in Afghanistan
1980	30. 6./1. 7.	Moskau-Besuch von Bundeskanzler Schmidt
	5. 10.	Bundestagswahl: SPD und FDP können ihre Mehrheit verstärken
1981	10. 10.	Friedensdemonstration in Bonn
	11.–13. 12.	Besuch von Bundeskanzler Schmidt in der DDR
1982	17. 9.	Bruch der Sozialliberalen Koalition, Rücktritt der FDP-Minister
	1. 10.	Ablösung von Bundeskanzler Schmidt und der SPD-Minderheitsregierung durch eine CDU/CSU/FDP-Koalition unter Bundeskanzler Kohl
1983	6. 3.	Bundestagswahl: CDU/CSU und FDP erhalten die absolute Mehrheit der Mandate und können ihre Koalition fortsetzen. Mit den Grünen zieht eine neue Fraktion in den Bundestag ein
	29. 3.	Der Deutsche Bundestag wählt Helmut Kohl erneut zum Bundeskanzler
	21./22. 11.	Bundestagsdebatte über den NATO-Doppelbeschluß und die Nachrüstung
1984	Mai – Juli	Arbeitskampf in der Metall- und Druckindustrie um die 35-Stunden-Woche
	23. 5.	Wahl des Berliner Regierenden Bürgermeisters Richard von Weizsäcker zum Bundespräsidenten
1985	2.–5. 5.	Weltwirtschaftsgipfel in Bonn
	5. 5.	Besuch von US-Präsident Reagan in Bergen-Belsen und Bitburg

1985	2./3. 12.	EG-Gipfel über die Reform der Europäischen Gemeinschaft und den Beitritt Spaniens und Portugals
1986	Januar	Höhepunkt der Neue-Heimat-Affäre
	26. 4.	Unglück im sowjetischen Reaktor Tschernobyl
1987	25. 1.	Bundestagswahl: CDU/CSU und FDP behaupten ihre Mehrheit und bilden erneut die Bundesregierung
	7.–11. 9.	Besuch des DDR-Staatsratsvorsitzenden Honecker in der Bundesrepublik
1988	27.–28. 6.	Die Staats- und Regierungschefs der Europäischen Gemeinschaft beschließen auf einem Gipfeltreffen in Hannover die Gründung des Binnenmarktes der EG für den 1. Januar 1993
	27.–29. 9.	Jahrestagung des Internationalen Währungsfonds (IWF) und der Weltbank in Berlin
1989	23. 5.	Die Bundesversammlung wählt Richard von Weizsäcker erneut zum Bundespräsidenten
	24. 5.	40 Jahre Bundesrepublik Deutschland: 40. Jahrestag des Inkrafttretens des Grundgesetzes
	7. 10.	40. Jahrestag der Gründung der Deutschen Demokratischen Republik
	9. 10.	Massendemonstration in Leipzig für Reformen und Demokratie
	18. 10.	Ablösung von Erich Honecker als SED-Generalsekretär
	9. 11.	Öffnung der Berliner Mauer, Reisefreiheit für DDR-Bürger
	30. 11.	Ermordung des Vorstandssprechers der Deutschen Bank, Alfred Herrhausen
1990	18. 3.	Erste demokratische Volkskammerwahl in der DDR
	1. 7.	Inkrafttreten der Währungs-, Wirtschafts- und Sozialunion zwischen der Bundesrepublik und der DDR
	23. 8.	Die Volkskammer DDR erklärt den Beitritt der DDR zum Geltungsbereich des Grundgesetzes zum 3. 10. 1990
	3. 10.	Beitritt zur Bundesrepublik Deutschland
	2. 12.	Erste gesamtdeutsche Bundestagswahl; CDU/ CSU und FDP erringen erneut die Mehrheit und bilden die Bundesregierung
1991	17. 1.–3. 3.	Krieg der alliierten Streitkräfte gegen die irakische Besetzung Kuwaits
	1. 4.	Ermordung des Präsidenten der Berliner Treuhandanstalt, Detlev Karsten Rohwedder

1991	20. 6.	Der Bundestag entscheidet sich mit 337 zu 320 Stimmen für die Verlegung von Parlament und Regierung in die Hauptstadt Berlin
	20.–28. 6.	Unabhängigkeitserklärung von Slowenien und Kroatien, Beginn des Bürgerkrieges in Jugoslawien
	19.–22. 8.	In der Sowjetunion scheitert ein Putsch konservativer Kräfte gegen den Reformkurs von Präsident Gorbatschow am Widerstand der Bevölkerung
	17.–23. 9.	Gewalttaten im sächsischen Hoyerswerda und andere Städten gegen Asylbewerber
	8. 12.	Auflösung der Sowjetunion, Gründung der Gemeinschaft unabhängiger Staaten in Minsk
	9.–10. 12.	EG-Gipfeltreffen in Maastricht, Unterzeichnung der Verträge über die Wirtschafts- und Währungsunion und die politische Union
1992	27. 4.	Rücktritt von Bundesaußenminister Genscher nach 18jähriger Amtszeit
	3. 6.	Weltumweltgipfel in Rio de Janeiro
	29. 7.	Erich Honecker wird von Rußland an Deutschland ausgeliefert; am 12. 11. beginnt vor dem Berliner Landgericht der Prozeß gegen ihn wegen der Todesschüsse an der Mauer
	22. 11.	Drei Menschen kommen bei einem Brandanschlag rechtsradikaler Attentäter auf ein Wohnhaus in Mölln ums Leben
	6. 12.	Die Koalitionspartner CDU/CSU und FDP und die SPD-Opposition verständigen sich auf eine Ergänzung des Grundgesetzartikels zum Asylrecht und eine Neuregelung des Asylverfahrens
1993	1. 1.	Vollendung des europäischen Binnenmarktes
	3. 5.	Der SPD-Vorsitzende und Ministerpräsident von Schleswig-Holstein, Björn Engholm, tritt wegen einer falschen Aussage über die Barschel-Pfeiffer-Affäre von 1987 zurück
	22. 7.	Erster Blauhelm-Einsatz deutscher Soldaten im somalischen Belet-Huen
	3./4. 10.	In Moskau wird der von Parlamentspräsident Chasbulatow und Vizepräsident Ruzkoj angezettelte Putsch gegen Präsident Jelzin blutig niedergeschlagen
	28. 10.	Frankfurt am Main wird von den EG-Regierungschefs zum Sitz des Europäischen Währungsinstituts bestimmt
	1. 11.	Der zwei Jahre zuvor unterzeichnete Vertrag von Maastricht über die »Europäische Union« tritt in Kraft

1994	23. 5.	Wahl des bisherigen Präsidenten des Bundesverfassungsgerichts, Roman Herzog, zum Bundespräsidenten
	29. 5.	Tod Erich Honeckers in Chile
	16. 10.	Bundestagswahl: CDU/CSU und FDP behaupten knapp ihre Mehrheit, Erfolge der PDS in den neuen Ländern
1995	30. 6.	Der Bundestag beschließt die Entsendung von Einheiten der Bundeswehr zum Schutz der internationalen Eingreiftruppe in Bosnien-Herzegowina
	16. 11.	Der saarländische Ministerpräsident Lafontaine wird auf dem SPD-Bundesparteitag in Mannheim in einer Kampfabstimmung anstelle von Rudolf Scharping zum Parteivorsitzenden gewählt
1996	5. 5.	Die geplante Vereinigung der Länder Berlin und Brandenburg findet in einer Volksabstimmung keine ausreichende Mehrheit

Umschlag (v.l.n.r.):

Landesbildstelle, Berlin
– Zentrum für audio-
visuelle Medien –
(Reichstag, Berlin)

Bundesarchiv, Koblenz
(Paulskirche, Frankfurt/M.)

Presse- und Informationsamt
der Bundesregierung, Bonn
– Bundesbildstelle –
(Abgeordnetenhaus und
Deutscher Bundestag, Bonn)

Karl Mittenzwei, Berlin
(Deutscher Bundestag, Berlin)

Inhalt:
siehe ab Seite 501.

AEG-Telefunken, Zentralbibliothek Berlin
174

Erich Anders, Hamburg
294

Archiv Museum der Arbeit, Hamburg
386

Archiv für Kunst u. Geschichte, Berlin
75, 113, 214, 226, 279, 295, 482, 488, 490

Archiv Gerstenberg, Wietze
16, 23, 26, 38, 39, 44, 53, 76, 79, 86, 88, 99, 110, 112, 119, 128, 129, 130, 131, 132, 136, 139, 140, 141, 143, 148, 164, 166, 167, 169, 170, 173, 177, 183, 185, 187, 209

Archiv der sozialen Demokratie (AdsD), Bonn-Bad Godesberg
168, 180, 221, 324

Associated Press, Frankfurt Main
465, 471

Bayerisches Hauptstaatsarchiv, München
108

Bayerische Staatsbibliothek, München
257, 261, 299

Berlin und seine Bauten
489

Berlinische Galerie
493

Bildstelle VfWD
362

Bundesarchiv, Außenstelle Frankfurt/Main
24, 90, 91

Bundesarchiv Koblenz
92, 93, 95, 190, 196, 208, 210, 212, 251, 252, 260, 262, 267, 286, 297, 302, 308, 310, 356, 364, 370, 373, 375, 376, 381, 388, 392, 423, 424, 443

Bundeskriminalamt
428

Collection, The Museum of Modern Art, New York
231

Michael S. Cullen, Berlin
479

Kurt Desch Verlag, München
180

Deutsche Presse-Agentur, Bildarchiv
193, 314, 316, 326, 327, 328, 335, 342, 343, 358, 363, 366, 377, 379, 383, 410, 411, 413, 418, 419, 422, 427, 432, 437, 438, 457

Deutscher Bundestag
1, 7, 11, 35, 40, 56, 84, 155, 162, 184, 199, 200, 215, 238, 265, 322, 365, 369, 378, 390, 391, 393, 429, 434, 435, 454, 461, 462, 463, 472, 473, 474, 475, 477, 478, 480, 481, 484, 485, 486, 487, 492, 495

Deutsches Historisches Museum, Berlin
175, 201, 202, 203, 204, 205, 253, 277, 305, 321, 340, 351, 372, 387, 389

Deutsches Museum, München
172

Gerhard Gäbler, Leipzig
441

Geheimes Staatsarchiv Preußischer Kutlurbesitz, Berlin
116, 147

v. Gerlach-Parsow, Hohenstein
135

Germanisches Nationalmuseum, Nürnberg
32, 61, 64, 85, 105

Generallandesarchiv Karlsruhe
58, 59, 60

Geschwister-Scholl-Archiv, München
274

G+J Berliner Zeitung Verlag GmbH & Co
329, 330, 333, 355, 403, 404, 414, 425, 430, 453

Goethe-Museum, Düsseldorf
13

Claus-Peter Groß, Tegernsee
179, 336

Wolfgang Haut, Nidderau
459

Heimatmuseum Ludwigsburg
31

Heimatmuseum Weißenhorn
66

Rudolf Herz, München
269

Historisches Museum der Stadt Frankfurt/Main
27, 49, 63, 94, 142 ,293

Historisches Museum, Pfalz
65

Heinrich Hoffmann, München
254, 300

Hanns Hubmann
336

Hulton Deutsch, London
331

Colorfoto Hans Hinz, Basel
195

Imperial War Museum, London
317

Interfoto Friedrich Rauch, München
347

Internationaal Institut voor Sociale Geschiedenis, Amsterdam
133

Jürgens, Köln
445

Keystone-Pressedienst
380, 431, 456

Kladderadatsch
138

Barbara Klemm, Frankfurt/Main
426, 452, 460

Kunsthistorisches Museum, Wien
2

Kunstmuseum Basel
55

KZ-Gedenkstätte, Dachau
272

Landesarchiv Berlin
103, 192

Landesbildstelle Berlin
15, 114, 125, 171, 186, 189, 191, 194, 197, 198, 206, 207, 222, 323, 237, 255, 285, 290, 341, 382, 400, 407, 476, 478, 483, 494, 496, 497, 498, 499, 500, 501

Landesmuseum Mainz
12

Klaus Lehnarz, Berlin
440

Leipziger Illustrierte
36, 45, 68, 71, 72, 73, 74, 78, 80, 82, 83, 87, 89, 96, 97, 98, 100, 102, 104, 106, 107, 111, 115, 126, 127

Maschinenfabrik Augsburg-Nürnberg AG (MAN), Augsburg
124

Klaus Mehner
451

Klaus Morgenstern, Berlin
415

Museum der Stadt Regensburg
3, 4

Naumann-Stiftung
320

Politisches Archiv des Auswärtigen Amtes, Bonn
149, 176

Presse- und Informationsamt der Bundesregierung, Bundesbildstelle, Bonn
239, 339, 344, 352, 353, 360, 367, 368, 397, 398, 401, 402, 405, 409, 420, 455, 458, 502

Privatbesitz
20

Propyläen Verlag, Berlin
19

Reichsgesetzblatt
259, 291

Réunion des Musées Nationaux, Paris
14

Klaus Rose
417

Sammlung der Deutschen Akademie der Künste
25

Gerhard Schoenberner, Berlin
273

Dr. Erich Schwan, Darmstadt
151

Der Spiegel
394

Staatliche Graphische Sammlungen, München
18

Staatliche Museen Preußischer Kulturbesitz, Nationalgalerie Berlin
48

Staatliche und Städtische Kunstsammlung Kassel
46, 62

Staatsbibliothek Preußischer Kulturbesitz, Bildarchiv, Berlin
6, 10, 33, 34, 41, 42, 51, 52, 101, 118, 120, 121, 122, 134, 137, 144, 145, 146, 150, 152, 154, 156, 157, 158, 159, 160, 161, 163, 165, 178, 181, 182, 204, 227, 245, 246, 248, 249, 250, 259, 276, 292, 301, 313, 334, 338, 395, 491

Stadtarchiv Augsburg
9

Stadtarchiv Frankfurt/Main
81, 280, 281, 289

Stadtarchiv Hamburg
17, 47, 50

Stadtarchiv Heidelberg
70

Stadtarchiv Konstanz
69

Stadtarchiv München
37, 264, 283, 284, 298

Stadtarchiv Nürnberg
357

Städtisches Museum Wetzlar
5

Städtisches Reiss-Museum
30, 54

Stadtmuseum Berlin
22, 43, 77, 153, 448

Stadtmuseum München
8, 28, 57

Stiftung Bundeskanzler-Adenauer
325

Stiftung der Parteien und Massenorganisationen der DDR im Bundesarchiv
318, 332, 337, 345, 346, 350, 374

Stiftung Deutsche Kinemathek
234

Horst Sturm, Berlin
408

Süddeutscher Verlag, Bilderdienst, München
213, 223, 224, 229, 247, 256, 266, 268, 271, 275, 287, 304, 306, 309, 312, 349, 354, 359, 385, 439, 449, 464, 466, 467, 468, 469,470

Walter Tuphorn, Höchstadt/Aisch
307

Ullstein Bilderdienst, Berlin
211, 216, 217, 218, 219, 220, 225, 228, 230, 232, 233, 235, 236, 240, 241, 242, 243, 244, 263, 270, 278, 282, 303, 311, 315, 319, 361, 371, 396, 412, 416, 421, 433, 436, 446, 447, 450, 454

Universitätsbibliothek der Freien Universität Berlin
29

Universitätsbibliothek der Technischen Universität Berlin
117, 123

Volkswagenwerk AG, Wolfsburg
348

Wehrgeschichtliches Museum Rastatt
109

Werksarchiv Krauss-Maffei, München
288

Yad Vaschem
296

ZENIT, Berlin
444

Gerhard Zwickert, Berlin
442

Paula Abraham, Berlin
ABZ/Haeckel, Berlin
Konrad-Adenauer-Stiftung, Bonn
AEG-Telefunken, Berlin
Agentur für Bilder zur Zeitgeschichte
Wolfgang Albrecht, Berlin
Erich Anders, Hamburg
Jörg P. Anders, Berlin
Amerika-Gedenkbibliothek, Berlin
Archiv der Deutschen Burschenschaft, Frankfurt/Main
Archiv Gerstenberg, Wietze
Archiv der sozialen Demokratie (AdsD), Bonn-Bad Godesberg
Archiv für Kunst und Geschichte, Berlin
Archiv Museum der Arbeit, Hamburg
argus/Hamburg
Associated Press GmbH, Frankfurt/Main
Augustinermuseum der Stadt Freiburg i. Breisgau
Auswärtiges Amt, Bonn

Badisches Generallandesarchiv, Karlsruhe
Heinrich Bauer-Verlag
Bauhaus-Archiv, Berlin
Fred Bayer, Berlin
Bayer AG, Leverkusen
Bayerische Staatsbibliothek, München
Bayerisches Hauptstaatsarchiv, München
Berliner Morgenpost, Berlin
Berliner Post- und Fernmeldemuseum
Berliner Verkehrs-Betriebe (BVG)
Berlinsche Galerie
Bezirksamt Tiergarten, Abt. Bauwesen, Berlin
Bildstelle VfWD
Manfred Bleif, Berlin
Herbert Bode, Bonn
Karl-Heinz Buller, Berlin
Bundesarchiv, Außenstelle Frankfurt/Main
Bundesarchiv Koblenz
Bundeskriminalamt Wiesbaden
Bundesministerium für Verteidigung, Bonn
Bundesministerium für Wirtschaft, Bonn
Bundespostmuseum, Frankfurt/Main
Bundespräsidialamt, Bonn
Burda-Verlag
Burschenschaft Teutonia zu Jena in Berlin

CDU, Bonn
Collection, The Museum of Modern Art, New York
Michael S. Cullen, Berlin

Kurt Desch Verlag, München
Gerd Deutsch, Berlin
Deutsche Bank AG, Frankfurt/Main
Deutsche Bundesbank, Frankfurt/Main
Deutsche Presse-Agentur, Bildarchiv Berlin
Deutscher Bundestag
Deutsches Bergbau-Museum, Bochum
Deutsches Historisches Museum, Berlin
Deutsches Museum, München

EUROPA GmbH.

FDP, Bonn
Margarete Feist, Berlin
Frankfurter Allgemeine, Frankfurt/Main
Friedrich-Ebert-Stiftung, Bonn

Gerhard Gäbler, Leipzig
Prof. Dr. Lothar Gall, Frankfurt
Geheimes Staatsarchiv Preußischer Kulturbesitz, Berlin
Generallandesarchiv Karlsruhe
v. Gerlach-Parsow, Hohenstein
Germanisches Nationalmuseum, Nürnberg
Geschwister-Scholl-Archiv, München
Goethe-Museum, Düsseldorf
Karl Greiser
Prof. Claus-Peter Groß, Rottach-Egern
Großherzogliche Privatsammlungen, Darmstadt
Gruner und Jahr AG + Co, Hamburg

G+J Berliner Zeitung Verlag GmbH & Co, Berlin

Horst Haitzinger
Hamburger Kunsthalle
Irmin Hammelbacher, München
Wilma Hauck, Berlin
Wolfgang Haut, Nidderau
Hauptstaatsarchiv Stuttgart
HDG, Bonn
Hilde Havel, Berlin
Heimatmuseum Ludwigsburg
Heimatmuseum Weißhorn
Historisches Museum Pfalz
Gisela Hegenwald-Goetze
Brigitte Heligoth
Rudolf Herz, München
Herzog-August-Bibliothek Wolfenbüttel
Dr. Hans-Jürgen Heß, Berlin
Hessische Landes-Hochschulbibliothek, Darmstadt
Hessische Landesbibliothek, Wiesbaden
Hessisches Landesmuseum, Darmstadt
Ursula Heuss-Wolff
Colorfoto Hans Hinz, Basel
Historisches Museum der Stadt Frankfurt/Main
Historisches Museum Pfalz
Hoesch Werke AG, Dortmund
Heinrich Hoffmann, München
Hanns Hubmann, Kröning
Burghard Hüdig
Hulton Deutsch, London

Imperial War Museum London
Industriegewerkschaft Metall, Frankfurt/Main
Institut für Zeitgeschichte, München
Institut für Zeitungsforschung, Dortmund
Interfoto Friedrich Rauch, München
International Instituut voor Sociale Geschiedenis, Amsterdam
Internationales Zeitungsmuseum der Stadt Aachen

Jürgens, Köln

Elfriede Kante, Berlin
Hilde Kaspar, Berlin
Keystone-Pressedienst
Barbara Klemm
Helga Kneidl, Hamburg
Kladderadatsch
Stefan Kresin, Heidelberg
Fritz Krüger, Berlin
Friedrich Krupp GmbH, Essen
Kunstbibliothek der Staatlichen Museen Preußischer Kulturbesitz, Berlin
Kunstgewerbemuseum, Staatliche Museen Preußischer Kulturbesitz, Berlin
Kunsthistorisches Museum, Wien
Kunstmuseum Basel
Martin Kupke, Berlin
KZ-Gedenkstätte Dachau

Landesarchiv Berlin
Landesbildstelle Baden
Landesbildstelle Berlin
Landesbildstelle Karlsruhe
Landeshauptstadt München
Landesmuseum Mainz
Leipziger Illustrierte
Klaus Lehnarz, Berlin

Märkisches Museum
Sammlung Flensburg-Mürwik
Maschinenfabrik Augsburg-Nürnberg (MAN), Augsburg
Wilfried Matthias, Bronzekunstwerkstatt, Berlin
Klaus Mehner
Klaus Morgenstern, Berlin
Museen der Stadt Wien
Museum für Hamburgische Geschichte, Hamburg
Museum der Stadt Regensburg
Preußischer Kulturbesitz, Berlin
Museum Wiesbaden

Neue Theaterkunst, Berlin
Detlev Niemann, Hamburg
Herbert Nitert, Berlin

Ilsemarie Ollk, Berlin
Olympia Werke AG, Wilhelmshaven

Parlamentsarchiv Bundeshaus, Bonn
Willi Peiter, Diez

Pix-Features
Politisches Archiv des Auswärtigen Amtes, Bonn
Pressedienst Glaser, Berlin
Pressofoto Lehnartz
Presse- und Informationsamt der Bundesregierung, Bundesbildstelle, Bonn
Preußischer Kulturbesitz, Berlin
Propyläen Verlag, Berlin
Prof. Hubertus Protz, Berlin

Tamara Raaman, Jerusalem
Dr. Christoph Rabenstein, Bayreuth
Réunion des Musées Nationaux, Paris
Ringier Dokumentationszentrum, Zürich
Klaus Rose, Iserlohn
Ruhrland- und Heimatmuseum der Stadt Essen

Sammlung der Deutschen Akadfemie der Künste
Alfred Schaefer, Berlin
Schiller-Nationalmuseum, Marbach
Elisabeth von Schlegell, Berlin
Margret Schmitt, Berlin
Andreas Schoelzel, Berlin
Gerhard Schoenberner, Berlin
Wolf Schöne
Harald H. Schröder FFM
Margarete Schuppmann, Berlin
Dr. Erich Schwan, Darmstadt
Senatsbibliothek Berlin
Sven Simon, Hamburg
Spiegel-Verlag, Hamburg
Axel-Springer-Verlag
Staatliche Graphische Sammlungen, München
Staatliche Schlösser und Gärten
Staatliche und Städtische Kunstsammlung Kassel
Staatsbibliothek Bamberg
Staatsbibliothek Preußischer Kulturbesitz, Berlin
Staatsbibliothek Preußischer Kulturbesitz, Bildarchiv, Berlin
Staats- und Universitätsbibliothek Hamburg
Stadtbibliothek Mainz
Stadtarchiv Augsburg
Stadtarchiv Frankfurt/Main
Stadtarchiv Hamburg
Stadtarchiv Heidelberg
Stadtarchiv Konstanz
Stadtarchiv Mannheim
Stadtarchiv München
Stadtmuseum Berlin
Stadtmuseum München
Städtisches Museum Wetzlar
Städtisches Reiss-Museum
Stiftung Bundeskanzler-Adenauer-Haus, Rhöndorf
Stiftung Deutsche Kinemathek, Berlin
Stiftung der Parteien und Massenorganisationen der DDR im Bundesarchiv, Berlin
Horst Sturm, Berlin
Stuttgarter Nachrichten
Süddeutscher Verlag, Bilderdienst, München

Walter Tuphorn, Höchstadt/Aisch

Ullstein Bilderdienst, Berlin
Universitätsbibliothek der Freien Universität Berlin
Universitätsbibliothek der Technischen Universität Berlin

Verkehrsmuseum Nürnberg
Verwaltung der Staatlichen Schlösser und Gärten, Berlin
Volkswagenwerk AG, Wolfsburg

Wehrgeschichtliches Museum Rastatt
Gertrud Weinhold, Berlin
Detlef Weiß, Berlin
Werner-von-Siemens-Institut, München
Westfälisches Landesmuseum für Kunst und Kulturgeschichte, Münster

Wolfgang Zierau, Berlin
Günter Zint
ZENIT, Berlin

Wissenschaftliche Planung und Katalog:
Prof. Dr. Lothar Gall
Priv.-Doz. Dr. Dieter Hein

Veranstalter:
Deutscher Bundestag

Gestaltung und visuelle Konzeption:
Prof. Claus-Peter Groß
Margret Schmitt

Produktion:
Grapach GmbH, Dahlwitz-Hoppegarten
Heimann + Co., Berlin
Museumstechnik GmbH, Berlin
Wilhem Noack, Berlin

Fotoreproduktionen:
Wolfgang Schackla, Berlin

Dioramen:
Heinz Bert Dreckmann, Berlin

Film und Dia-Schau:
Anita AV-Produktion
Joachim Baumann, Berlin
R.C.F. Film GmbH, Berlin

Kataloggestaltung:
Margret Schmitt

Druck des Kataloges:
Koelblin-Fortuna-Druck
Aschmattstraße 8
76532 Baden-Baden

Cafeteria

Aufzug

Ausstellungsebene 4

VIII. Der Weg in die Gegenwart

Ausstellungsebene 3

VII. Das geteilte Deutschland

Ausstellungsebene 2

V. Die Weimarer Republik

VI. Das Dritte Reich

Ausstellungsebene 1.1

III. Industrielle Revolution und Reichsgründung

IV. Das kaiserliche Deutschland

Ausstellungsebene 1

I. Von der ständischen zur bürgerlichen Welt

II. Die Revolution von 1848/49

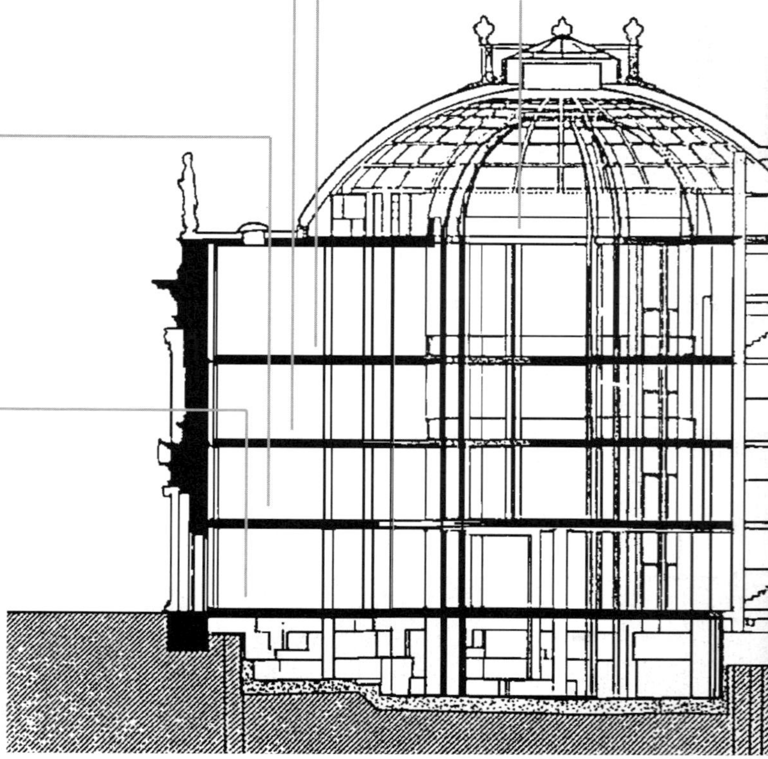

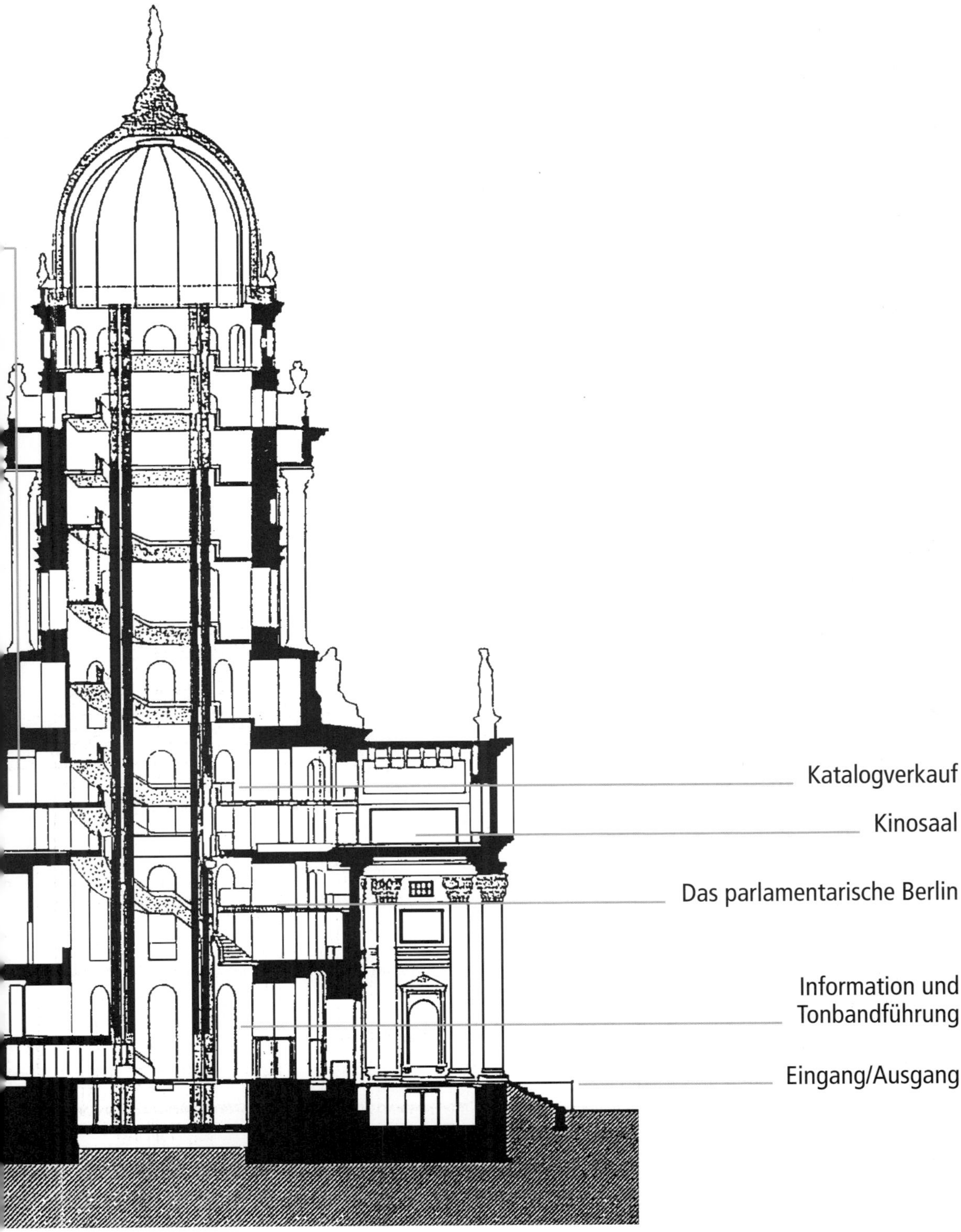
Katalogverkauf
Kinosaal
Das parlamentarische Berlin
Information und Tonbandführung
Eingang/Ausgang